DESCRIPTION
TOPOGRAPHIQUE, PHYSIQUE, CIVILE, POLITIQUE ET HISTORIQUE

DE

LA PARTIE FRANÇAISE

DE

L'ILE SAINT-DOMINGUE

AVEC DES OBSERVATIONS GÉNÉRALES

SUR SA POPULATION
SUR LE CARACTÈRE ET LES MŒURS DE SES DIVERS HABITANTS, SUR SON CLIMAT
SA CULTURE, SES PRODUCTIONS, SON ADMINISTRATION, ETC.

Renfermant

LES DÉTAILS LES PLUS PROPRES A FAIRE CONNAITRE L'ÉTAT DE CETTE COLONIE

A l'époque du 18 Octobre 1789

PAR

M. L.-E. MOREAU DE SAINT-MÉRY

DEUXIÈME ÉDITION

FAITE D'APRÈS L'INITIATIVE DE MM. S. ROUZIER ET LÉON LAFORESTERIE

Précédée d'une Notice sur Moreau de Saint-Méry
et accompagnée de l'Atlas in-folio spécial à l'Ile Saint-Domingue
publié par l'Auteur

TOME DEUXIÈME

PARIS
ÉDITÉ PAR L. GUÉRIN ET Cie
THÉODORE MORGAND, LIBRAIRE-DÉPOSITAIRE
5, RUE BONAPARTE, 5

1875

DESCRIPTION

TOPOGRAPHIQUE PHYSIQUE, CIVILE, POLITIQUE ET HISTORIQUE

DE

LA PARTIE FRANÇAISE

DE

L'ILE SAINT-DOMINGUE

TOME DEUXIÈME

DESCRIPTION

TOPOGRAPHIQUE, PHYSIQUE, CIVILE, POLITIQUE ET HISTORIQUE

DE

LA PARTIE FRANÇAISE

DE

L'ILE SAINT-DOMINGUE

AVEC DES OBSERVATIONS GÉNÉRALES

SUR SA POPULATION
SUR LE CARACTÈRE ET LES MŒURS DE SES DIVERS HABITANTS, SUR SON CLIMAT
SA CULTURE, SES PRODUCTIONS, SON ADMINISTRATION, ETC.

Renfermant

LES DÉTAILS LES PLUS PROPRES A FAIRE CONNAITRE L'ÉTAT DE CETTE COLONIE

A l'époque du 18 Octobre 1789

PAR

M. L.-E. MOREAU DE SAINT-MÉRY

DEUXIÈME ÉDITION

FAITE D'APRÈS L'INITIATIVE DE MM. S. ROUZIER ET LÉON LAFORESTERIE

Précédée d'une Notice sur Moreau de Saint-Méry
et accompagnée de l'Atlas in-folio spécial à l'Ile Saint-Domingue
publié par l'Auteur

TOME DEUXIÈME

PARIS

ÉDITÉ PAR L. GUÉRIN ET Cie

THÉODORE MORGAND, LIBRAIRE-DÉPOSITAIRE

5, RUE BONAPARTE, 5

1875

DESCRIPTION

TOPOGRAPHIQUE ET POLITIQUE

DE LA PARTIE FRANÇAISE

DE

L'ÎLE SAINT-DOMINGUE.

SUITE DE LA VILLE DU CAP.

QUATRIÈME SECTION.

C'est celle de tout le Cap qui offre le plus d'établissements publics, et conséquemment le plus de choses à examiner et à décrire. Commençons par dire qu'elle n'existait point, même en 1710, époque où son territoire se trouvait entièrement hors du *bourg*, car ce n'était pas encore la *ville* du Cap.

Cette section est bornée au nord par la ravine, comme les trois premières; à l'est, par la rue des Marmousets tout entière et un bout de la rue Espagnole; au sud, par la rue du Cimetière, jusqu'aux casernes du manége, qui ferment cette rue, puis, au-dessus de ces casernes, par des épatements du morne du Cap, et à l'ouest par ce morne. Cette section a une forme irrégulière, à cause d'une gorge où elle entre au nord-ouest.

Parmi les choses remarquables qu'elle contient, celle qui frappe le plus l'œil de l'observateur, c'est la maison appelée *le Gouvernement*, que l'on distingue parfaitement dans la seconde des vues du Cap de mon atlas. Au siècle dernier, lorsque les capucins étaient les missionnaires de la partie du nord, mais après la destruction du Port-de-Paix en 1695, leur maison principale, où devait résider leur supérieur, fut d'abord au bas du Cap, sur le morne des Capucins, et enfin on leur en construisit une dans l'enclos actuel du Gouvernement.

Lorsque les jésuites arrivèrent, en 1704, ils prirent le logement des capucins, qui était hors de la ville, dans ce qu'on nommait alors la savane du bourg du Cap. On se ressouvient qu'en 1710, les jésuites avaient obtenu la concession du terrain qui porta ensuite leur nom. Ils y formèrent leur établissement, qui prenait depuis la rue Royale jusqu'au point où est à présent la rue des Vierges ; il était au nord et au sud comme il est resté. Ils y firent élever une maison alignée du septentrion au midi, sur la rue Saint-Sauveur. Une belle avenue de poiriers allait depuis cette maison jusqu'au bas de la place Montarcher. Le long de la rue Saint-François-Xavier était leur chapelle, construite toute de pierres de taille, et formant avec la maison un retour d'équerre. Vers 1738, ces religieux projetèrent leur maison actuelle, qu'ils firent exécuter en 1748, et dont la terrasse était déjà formée en 1739.

Au moyen des deux îlots donnés en toute propriété aux jésuites par la paroisse du Cap au-dessus de leur enclos, par la transaction du 3 juillet 1746, cet enclos s'étendit de 120 pieds dans l'ouest. Ils prirent, le 3 juillet 1747, une concession de tout leur terrain, à partir de la rue Espagnole, sans renoncer, comme l'on fait, à titre de desservant de la paroisse, à la jouissance des deux îlots qui ne leur avaient jamais appartenu, et qui sont ceux de la place Montarcher et de la Comédie.

Le terrain qui leur a été concédé en 1747 se trouve donc avoir la longueur de cinq îlots et des quatre rues qui les auraient partagés, ce qui fait 696 pieds, sur une largeur de 264, formée par celle de deux îlots et de la rue qui auraient été entre eux. Le choix de ce local est très-propre à faire juger de la perspicacité de ces religieux.

Le bâtiment qu'ils y ont construit est de maçonnerie, avec un étage ; il a 216 pieds de long sur 36 de large ; son toit est d'ardoise. Dans l'origine, sa distribution était monastique et offrait de grandes galeries ou dortoirs, pris sur la largeur du côté de l'ouest, et les chambres donnaient sur la ville. Deux pavillons parallèles, de 60 pieds de long sur 15 de large en retour d'équerre sur le derrière, servaient aux distributions communes. Celui du bout sud, qui a aussi un étage, avait au rez-de-chaussée un réfectoire, des offices, etc.; l'autre, qui n'a qu'un rez-de-chaussée, était destiné à être la chapelle. Les jésuites ont joui de cette maison depuis 1748, qu'elle fut achevée, jusqu'au mois de décembre 1763 qu'ils furent renvoyés.

Comme le sort de la société en France était connu dans la colonie avant même qu'on y procédât contre elle, MM. de Bory et de Clugny avaient écrit au ministre, le 5 septembre 1762, qu'il serait convenable que cette maison fût destinée aux administrateurs qui résidaient alors au Cap. De son côté le conseil supérieur, qui s'assemblait encore au Magasin du roi, demanda, par un arrêté du 15 décembre suivant, qu'on la fît servir à loger les tribunaux et leurs greffes; qu'on mît les prisons dans l'étendue de son enclos; qu'on prît le jardin pour former une place au-devant des casernes, et une partie du local pour faire un logement aux missionnaires.

M. de Bory s'y logea le premier, puis M. de Belzunce, lorsqu'il devint gouverneur général; après lui M. de Montreuil, qui eut l'intérim et ensuite M. d'Estaing qui y fit faire beaucoup de dépenses en embellissements lorsqu'il arriva, au mois d'avril 1764. La maison a conservé cette destination jusqu'au départ de ce dernier, au mois de juillet 1766; mais la résidence des administrateurs devant être le Port-au-Prince, elle demeura inoccupée. Ce fut alors que la paroisse du Cap éleva la question de savoir si elle n'avait pas le droit de réclamer les biens possédés par les jésuites au Cap, au Terrier-Rouge et au Petit-Saint-Louis, comme étant affectés à l'entretien et à la construction des églises de la colonie, et à la subsistance des prêtres desservants; mais cette revendication, à qui l'on ne pouvait refuser un caractère frappant de justice, n'eut aucune suite.

Le 6 mars 1768, le roi acheta, des syndics des créanciers des jésuites, la maison dont je parle et les halles de la rue Neuve pour 200,000 livres tournois, et le 9 avril, le ministre décida qu'on y placerait le conseil, la sénéchaussée et l'amirauté, les différents greffes et les bureaux d'administration. Cette détermination n'ayant point été exécutée (je ne sais pourquoi), le 12 décembre 1771 le ministre ordonna de placer dans cette maison le Conseil, la sénéchaussée, l'ordonnateur et les bureaux, et les greffes des deux tribunaux. On s'occupa, depuis le mois de juin 1772 jusqu'à celui de janvier 1773, des dispositions locales nécessaires pour exécuter cet ordre. Il serait aussi long qu'ennuyeux de rendre compte de toutes les difficultés que cette exécution fit naître, des volumes qu'elle fit écrire par le conseil, par le commissaire qui faisait fonctions d'ordonnateur, et par l'intendant. Enfin, le 7 janvier 1773, le Conseil, marchant en corps, vint, du lieu de ses séances rue du Conseil, prendre possession de son nouveau local. La sénéchaussée et l'amirauté se rendirent aussi chacune dans le leur.

Lorsque M. d'Ennery arriva au Cap, le 16 août 1775, il prit le logement de l'ordonnateur, qu'à son départ pour le Port-au-Prince on divisa en trois parties. Celle du bas fut conservée pour le gouverneur général, lorsqu'il viendrait au Cap, dans ses voyages passagers; une portion de celle d'en haut pour l'intendant, et le reste de l'étage fut donné à un commissaire de la marine qui y avait ses bureaux. La guerre survint, et M. d'Argout prit tout ce qui avait été destiné, dans l'origine, à l'ordonnateur. MM. de Reynaud, de Lilancour et de Bellecombe s'y placèrent également, et lorsque ce dernier alla, en 1784, résider au Port-au-Prince, l'ordonnateur et ses bureaux reprirent le poste que M. du Chilleau leur a fait quitter cette année, pour y mettre le commandant de la partie du nord; ce que le ministre a approuvé.

Cette habitation successive ou alternative des gouverneurs a fait donner le nom de *Gouvernement* à tout le terrain des jésuites; l'on ne le désigne pas autrement. Le bâtiment, quoique fort simple, a de l'apparence et son étendue est remarquable pour le Cap. Le rez-de-chaussée, dans lequel on entre par la façade orientale, n'a qu'une porte au milieu du bâtiment, à laquelle on arrive par neuf marches de pierres de taille, et de chaque côté l'on compte onze croisées. Il y a aussi vingt-deux croisées au premier étage, et au-dessus de la porte en est une autre qui donne sur un grand balcon de fer. A ce balcon, répond supérieurement une espèce de lucarne détachée du toit et où se trouve placé le cadran de l'horloge du Gouvernement, qu'avec raison l'on suit comme un guide plus sûr que celle de la paroisse.

La distribution intérieure consiste d'abord dans un vestibule de 36 pieds en carré, qui sert de corps de garde lorsque le gouverneur est dans le bâtiment. A sa gauche, on entre par deux portes parallèles dans le salon d'audience du gouverneur, qui a 30 pieds en carré, et qui est suivi de trois autres pièces. Le long du salon et de ces pièces, à l'ouest, est un corridor de 6 pieds de large, qui aboutit à une porte donnant sur le côté sud de la maison. C'est à ce bout méridional, et près de la porte de sortie, qu'est, à droite, un bel escalier qui conduit à l'étage supérieur. On trouve aussi quatre pièces dans celui-ci. Une galerie y correspond au corridor d'en bas. L'aile sud forme dans son extrémité ouest, au rez-de-chaussée, une salle à manger où l'on arrive par un passage de 6 pieds, que bordent des offices. Au-dessus de la salle à manger sont plusieurs pièces commodes.

A droite du vestibule d'entrée, en face du corridor qui va à la porte du bout sud, en règne un autre, mais de 9 pieds de large, qui conduit à une porte, au bout nord. Trois des pièces qui bordent ce corridor, vers la ville, font partie du logement du gouverneur, et la quatrième, qui est la plus septentrionale, est la salle d'audience de l'amirauté, qui est tapissée d'un papier fleurdelisé et où l'on a mis un christ, et une table et des siéges pour les juges. Près la porte du bout nord est un escalier absolument semblable à celui de l'autre côté.

Un corridor correspondant à celui qui mène à la salle à manger, dans l'aile gauche, conduit ici à l'aile droite qui forme, dans sa totalité, la salle de la sénéchaussée. Elle est belle, bien éclairée, spacieuse. Une enceinte en acajou contient des fauteuils pour ses membres; une table est devant eux. En dehors de l'enceinte est un grand banc pour les procureurs, qui n'ont cependant pas d'autre salle des *pas perdus*, que le corridor de 9 pieds par lequel on communique au vestibule. La salle est tapissée comme celle de l'amirauté. Au-dessus des siéges est un tableau représentant un christ (produit d'une amende). On a mis en face un autre grand tableau de 6 pieds de haut sur 4 de large, représentant Louis XVI en pied et donné par M. Suarez d'Almeïda, procureur du roi de cette sénéchaussée, le 11 août 1783; destination approuvée le 16 par les administrateurs.

Le tournant de l'escalier laisse un intervalle entre lui et le mur nord du corridor de la sénéchaussée. On y voyait autrefois un brigadier et quatre archers de maréchaussée qui prenaient leurs mousquetons et bordaient la haie, lorsqu'un membre du conseil supérieur, dont ils étaient la garde, montait ou descendait l'escalier.

Cet escalier conduit à un palier où est un petit retranchement de 10 pieds en carré, à gauche, formé par une cloison de planches peintes en rouge, qui n'ont que 8 ou 9 pieds de hauteur et dont la partie supérieure est en claire-voie. C'était la chapelle du conseil que, par une indécente affectation, l'on avait placée dans ce lieu, malgré les réclamations continuelles de ce tribunal.

Trois portes donnent sur ce palier. Celle qui est en face de l'escalier conduisait au parquet du procureur général. On y remarquait une ancienne armoire d'acajou, qui renfermait les restes de quelques volumes achetés pour l'usage du conseil, d'après un arrêt du mois de septembre 1725. On jugeait, d'après ce corps de bibliothèque, que les ouvrages ne devaient être ni nouveaux ni nombreux; c'étaient les ordonnances, la coutume de Paris, et quelques dictionnaires de droit et de pratique. J'avais eu le bonheur d'y faire ajouter un exemplaire des *Loix et Constitutions des Isles sous le vent,* auquel on recourt assez souvent pour que je croie à l'utilité de cet ouvrage. Je l'ai entrepris avec le désir qu'il répande des lumières sur un pays auquel j'ai, pour ainsi dire, consacré ma vie tout entière.

Des deux autres portes du palier, l'une ouvre dans un petit corridor qui conduisait à la porte par où les membres du conseil se rendaient dans la salle d'audience, ou dans celle des délibérations. A la droite de ce corridor était un petit endroit pratiqué sous le comble de cette aile sans étage; c'était la buvette du conseil. Enfin la dernière porte du palier était celle de la salle des avocats, où une grande porte faisait entrer dans la salle d'audience.

Il ne manquait à cette salle, pour être véritablement belle, que d'être plus élevée. Mais un plafond blanchi au lait de chaux, et placé à environ 14 ou 15 pieds, l'écrasait. Elle était divisée, dans sa longueur, en deux parties égales, qui se trouvaient carrées chacune. La barre qui séparait les juges, des avocats et du public, marquait cette division. Un banc régnait de chaque côté pour l'auditoire. Il y en avait deux pour les avocats, et au bout de chacun d'eux, dans l'espace qui répondait à la porte pratiquée dans la barre, était un huissier sur un tabouret. La barre était une balustrade tournée, à deux points correspondants de laquelle deux crochets fixaient deux pupitres, presque plats, où l'avocat qui plaidait posait ses pièces.

L'enceinte occupée par les juges avait une forme demi-circulaire. Elle était garnie d'un banc à dossier, avec des coussins rembourrés et couverts de cuir de roussi noir, bordés de petits clous dorés. Au fond était le fauteuil du gouverneur général, avec un christ au-dessus; au devant de la place du président était un petit pupitre portatif. Les magistrats se plaçaient à droite et à gauche, en alternant suivant l'ordre de leur réception.

Une autre portion demi-circulaire intérieure et laissant,

entre elle et la première, un espace de 4 pieds, contenait un autre banc à dossier et des coussins, où le conseil se mettait aux petites audiences; enfin un troisième espace demi-circulaire en dedans de ce second, et conséquemment bien plus petit, était la place du procureur général et de ses substituts. Il avait devant lui une table, vers l'autre côté de laquelle se mettait le greffier, faisant face aux juges. Aux grandes audiences, les membres du ministère public montaient sur les petites formes du second rang, parce que les juges allaient sur les grandes, et le greffier se plaçait comme était le procureur général aux petites audiences.

A droite en entrant, à toucher la barre, mais dans l'angle intérieur de l'enceinte, était l'audiencier, assis au devant d'une petite table et faisant face à l'est.

Six grandes croisées de chaque côté éclairaient cette salle. Elles avaient des jalousies à battants, comme toutes celles de cette maison, mais, de plus, des châssis à battants aussi, garnis d'un canevas extrèmement fin. Toute la salle avait des bordures qui étaient d'acajou comme les siéges, les bancs, et tous les autres meubles qu'on y voyait. Entre les croisées, chaque panneau offrait des attributs de justice peints en jaune, et avec intelligence, et l'on en voyait aussi dans le cordon qui se trouvait au-dessus de ces croisées. Le fond de la salle était lambrissé. Le ton rembruni que le temps donne au bois d'acajou; la peinture, de la même nuance, qu'on avait mise dans les embrasures des fenêtres; le cuir de roussi noir qui couvrait les formes, la décoration des panneaux, l'habit noir des juges, des avocats et des huissiers; l'étendue de cette salle, le jour ménagé qui s'y répandait, tout y entretenait ce sentiment profond qui accompagne l'idée de la loi; tout y parlait aux bons de sa puissance protectrice et du besoin de l'aimer, et aux méchants de la nécessité de la craindre.

Entre l'arrondissement du banc des juges et les murs latéraux du bâtiment, l'on avait laissé un espace qui menait de chaque côté à deux portes qu'on apercevait de la salle d'audience. Elles faisaient parvenir à la dernière pièce du local du conseil ; c'était sa chambre de délibération et sa chambre criminelle. Elle était carrée aussi ; on s'y assemblait autour d'une très-grande table avec des fauteuils. C'est dans cette pièce qu'est la porte qui ouvre sur le balcon dont j'ai parlé, et qui marque le milieu du premier étage.

Persuadé que la plupart de mes lecteurs ne seraient pas satisfaits si je me bornais à leur dire que trois tribunaux s'assemblaient dans ce lieu, où deux se trouvent encore, sans les leur faire connaître, je vais leur en donner une idée succincte, parce que les autres détails appartiennent plus particulièrement à l'histoire ou au tableau raisonné de l'administration de la colonie, qui forme une autre partie de mon travail.

Dans l'origine de l'établissement de la colonie française de Saint-Domingue, les chefs des aventuriers et des flibustiers étaient les seuls juges des différends, et ces chefs réunissaient tous les pouvoirs. Lorsque ces hommes entreprenants eurent un chef nommé par le gouverneur général des îles, ou par le roi, celui-ci succéda à cette puissance illimitée et despotique, et conséquemment méconnue quelquefois.

Le 11 octobre 1664, le roi établit trois conseils supérieurs à Saint-Christophe, à la Martinique et à la Guadeloupe, pour juger les appels des juges que la compagnie des îles de l'Amérique y avaient ; mais il ne fut point question de Saint-Domingue, qui resta sans juges et sans conseil, comme par le passé. Enfin vers 1680, on imagina d'y former une espèce de corps judiciaire. Il se composait des officiers majors nommés par le roi, et de ceux des milices, à défaut desquels on appelait les notables habitants. Ce tribunal, qui jugeait en première et dernière instance, et qui appelait ses décisions des arrêts, s'assemblait dans les lieux principaux des différents quartiers où il y avait des affaires civiles ou criminelles à juger, et s'intitulait tantôt du mot générique de *Conseil souverain de Saint-Domingue,* tantôt de celui de Conseil souverain du lieu où il s'était assemblé ; de sorte qu'on voit des arrêts du *Conseil du Petit-Goave*, du *Conseil de Léogane*, du *Conseil de Nippes*.

Cet ordre de choses subsistait lorsque MM. de Sain-Laurent et Bégon, administrateurs généraux des Iles du Vent, vinrent à Saint-Domingue en 1684, et ils présidèrent plusieurs de ces conseils, dans les divers lieux où ils passèrent. Sentant toute l'imperfection d'un semblable régime, ils proposèrent de constituer réellement un ordre judiciaire, et c'est en conformité de leur demande que l'édit du mois d'août créa un Conseil souverain au Petit-Goave, avec quatre siéges royaux, pour juger en première instance.

L'un de ces siéges fut mis au Cap, et c'est celui qui y subsiste à présent. L'édit de sa création lui donne un sénéchal, un lieutenant, un procureur du roi et un greffier, et pour ressort, tout ce qui s'étend depuis le Port-Français jusqu'aux limites de la partie septentrionale de la colonie dans l'est. Sa composition est restée la même; mais son ressort s'est étendu dans l'ouest, et comprend aujourd'hui les treize paroisses de Limonade, de Sainte-Rose, du Quartier-Morin, du Dondon, de la Marmelade, de la Petite-Anse, du Cap, de la Plaine-du-Nord, de l'Acul, du Limbé, de Plaisance, du Port-Margot et du Borgne. Il est à remarquer cependant que la nomenclature de ce territoire n'a été fixée par aucune loi, mais par la convenance et par une espèce d'induction. Par exemple, lorsqu'il s'est formé des paroisses à l'ouest du Cap, on les a considérées comme des démembrements de celles qui existaient déjà, et elles ont dépendu de la sénéchaussée du Cap, quoiqu'elles dussent appartenir à celle du Port-de-Paix, qui venait jusqu'au Port-Français. Celles qui l'ont été encore plus tard, et qui ont eu une ordonnance d'érection, ont été attachées par cette ordonnance même à la sénéchaussée; on peut d'ailleurs conclure avec raison de la loi du prince, qui distrait en 1774 la paroisse du Borgne de la sénéchaussée du Port-de-Paix, pour la réunir à celle du Cap, que toutes celles qui sont en deçà sont nécessairement du ressort de cette dernière.

Ce fut au mois de juin 1686 que la sénéchaussée fut installée. Ses registres et ses minutes furent brûlées en janvier 1691 et en juin 1695, par les ennemis, dans les incendies du Cap. L'on a vu que ses premiers officiers furent tués à la bataille de Limonade, le 21 janvier 1691. Son plus ancien registre d'audience existant en ce moment commence le 20 août 1695, l'audience étant tenue par Zéphirin Falaise, procureur du roi, faisant fonctions de juge; Antoine Daspir, huissier, faisant fonctions de procureur du roi. Il y a une audience du 20 avril 1696, tenue par un M. Regondy, dont rien n'indique les qualités. On trouve, à la date du 18 juin suivant, une audience ainsi intitulée : « Vu l'absence de M. le juge et la déclaration de M. le procureur du roi, et vu la nécessité publique qu'il y a de tenir l'audience, avons fait approcher un tel, un tel, etc. » Les jugements sont rendus par M. de Galiffet, gouverneur de Sainte-Croix, et du Cap Saint-Domingue. Il prononce, dans une première cause, la main levée d'une saisie-arrêt en donnant caution, et reçoit le serment de cette caution. C'est encore M. de Galiffet qui tient l'audience du 14 juillet. Le 16 février 1697, c'est M. Escoffier. Le 21 août 1697, le juge se trouvant intéressé dans une cause, M. Fizet, curateur aux vacances, monte au tribunal, et y siège à sa place. A la même époque de 1697, M. Danzé, major du Cap, y nomme plusieurs huissiers. Le 15 juillet 1702, c'est le greffier qui continue l'audience, que quitte M. Robineau, sénéchal, *pour aller trouver M*^{me} *son épouse, qui était très-mal, suivant l'avis qu'on lui en donne.* On voit, par ces exemples, ce qu'était la sénéchaussée du Cap dans ses commencements.

Son plus ancien registre d'insinuation remonte au 17 août 1797 et commence par celle d'un contrat de mariage. Le plus ancien, quant aux enregistrements, va au 14 septembre 1699. Celui qui offre la plus ancienne déclaration d'un marronnage d'esclaves est du 31 juillet 1704, et commence par celle qu'y fait M. de Galiffet que quatre de ses nègres sont fugitifs.

C'est dans le greffe de cette sénéchaussée, qui a encore perdu plusieurs pièces dans l'incendie de la nuit du 20 au 21 décembre 1734, qu'on peut juger des ravages des insectes qui dévorent les papiers dans la colonie. Il y a d'anciens registres et d'anciens actes qu'ils ont rendus absolument illisibles. Convertissant le papier qu'ils mangent en une espèce de gluten terreux, ce gluten se durcit et rend les différentes feuilles de papier adhérentes les unes aux autres, de manière qu'on ne peut les désunir qu'en les déchirant. Il arrive quelquefois que ces feuilles sont criblées par des milliers de petits trous qui les changent en découpures ou dentelles, ou bien un registre ou une liasse d'actes, qui ont été attachés, semblent avoir été maçonnés par une couche d'un mortier léger. Ce n'est même pas toujours à raison de l'ancienneté des pièces qu'on peut en calculer le ravage; la nature du papier, l'humidité plus ou moins grande du lieu, concourent à accélérer leur destruction, et j'ai vu au greffe de la sénéchaussée du Cap, en 1783, des registres de baptême, etc., de la paroisse de cette ville en 1774, déjà illisibles dans quelques parties.

Qu'on juge, d'après ce seul fait, de l'utilité du dépôt des colonies établi à Versailles en 1776, et de ce qu'a de coupable la négligence que les officiers publics n'ont cessé de mettre dans la remise des pièces aux préposés de l'intendant, pour les envoyer à destination. Je ne puis m'empêcher aussi d'accuser hautement les administrateurs qui, préférant quelques commodités domestiques à un grand intérêt public, n'ont pas exécuté l'ordre réitéré de mettre les différents greffes du Cap dans la maison du Gouvernement, et qui ne sont pas effrayés, malgré l'exemple de 1734, de les voir placés indifféremment dans divers points de la ville, exposés à chaque instant à des incendies.

La juridiction n'eut, pendant longtemps, d'autre lieu d'assemblée que la maison du sénéchal, ou celle du gouverneur du Cap, lorsqu'il le suppléait. Avant 1699, le sénéchal tenait même l'audience sur son habitation, et ce fut M. de Galiffet qui l'obligea à remplir ce devoir au bourg; alors on prit le greffe. Ensuite on donna une salle d'audience, dont l'état était tel, vers 1713, que les juges n'y étaient à l'abri ni du soleil, ni de la pluie. On réunit alors la sénéchaussée au Conseil, placé dans un magasin sur la place d'armes, et on y disposa aussi un petit auditoire pour elle. Depuis elle n'a pas cessé d'être dans le même local que la cour supérieure, jusqu'à la réunion de celle-ci à la cour du Port-au-Prince.

Quoique l'édit ait donné un lieutenant à ce tribunal, il n'en a cependant eu un qu'en 1708. Aux mois de juillet et d'août 1739 les administrateurs y nommèrent deux conseillers, MM. Cothereau et Hirel, mais cette création fut désapprouvée et révoquée par le ministre, le 26 mai 1741. Le tribunal n'eut plus de conseillers jusqu'aux trois qu'a créés l'édit du mois de janvier 1787.

La multiplicité des fonctions du procureur du roi lui fit donner, par les administrateurs, un premier substitut, le 13 octobre 1737, dans M. Barbey, *garde-magasin* du roi, et depuis on a successivement établi un second substitut, un troisième, puis un quatrième, dans la personne de M. de Saint-Martin fils, nommé par commission du 2 décembre 1777, et qui est mort, en 1785, conseiller du Conseil du Cap, où je l'ai remplacé. Il y a aussi un substitut à résidence dans chaque paroisse dépendante de la sénéchaussée. Il y est une espèce de commissaire délégué de cette sénéchaussée, pour la justice et les actes provisoires qui requièrent célérité, ou pour ceux où le transport des officiers de la sénéchaussée deviendrait trop coûteux.

Le greffier a aussi choisi trois greffiers-commis pour l'aider. Il y a un audiencier établi depuis le commencement du siècle. Il porte une baguette noire garnie d'ivoire, et marche à la tête du tribunal aux cérémonies publiques.

La sénéchaussée ne prononçait qu'en première instance, au civil et au criminel; mais depuis 1787, elle a quelques cas présidiaux. Dans l'origine, les parties s'y défendaient en personne, et là, comme ailleurs, des défenseurs officieux remplacèrent les parties et c'étaient surtout les huissiers qui remplissaient ce rôle. A leur suite vinrent les solliciteurs de procès. Plusieurs fois on les proscrivit, et toujours ils se reproduisirent sous différentes formes. Enfin, le 14 juillet 1738, on créa des procureurs qui, au Cap, étaient communs au Conseil et à la sénéchaussée, et y faisaient les doubles fonctions d'avocats et de procureurs; mais depuis 1764, les procureurs sont exclusivement attachés aux siéges de première instance. Leur nombre a varié avec l'accroissement des affaires : actuellement ils sont vingt.

Les notaires ont existé même avant la sénéchaussée, et il y en avait de nommés par l'intendant des Iles, résidant à la Martinique. Leur nombre a varié aussi; il y en a douze dans la ville du Cap, et dix-huit répandus dans les autres paroisses de la juridiction.

Il y a vingt huissiers pour le service de tous les tribunaux du Cap. On sait qu'il en existait dans la colonie, lors même qu'elle n'avait que son conseil des milices. On les a augmentés suivant le besoin. Depuis le 26 février 1761, un arrêt du conseil du Cap les a mis en bourse commune et leur bureau a toujours été au même point; c'est la maison qui fait l'angle sud-est des rues de la Providence et Royale. Le bon ordre est maintenu, aux audiences de la sénéchaussée, par des archers de police dont elle est aussi accompagnée dans les fonctions et les cérémonies publiques.

La sénéchaussée a réuni toute la compétence maritime aux autres, depuis son établissement, jusqu'en 1718, qu'en vertu du règlement du roi, du 12 janvier 1717, qui met des siéges d'amirauté dans les ports coloniaux, où il y avait des sénéchaussées, il y en eut une au Cap. L'amirauté est composée d'un lieutenant, d'un procureur du roi, d'un greffier et d'huissiers. Dès le 6 septembre 1747, il y eut des officiers nommés pour celle du Cap; mais depuis lors, le sénéchal, soit comme breveté, soit comme juge le plus prochain (ainsi que le veut la création des amirautés coloniales), a toujours réuni, jusqu'au 10 octobre 1781, les fonctions de sénéchal et celles de lieutenant de l'amirauté, excepté depuis le 10 août 1719 jusqu'au mois de mai 1721, que la dernière place a été remplie par M. le Roy, qui n'avait que celle-là. Un arrêt du conseil d'État ayant prononcé l'incompatibilité de ces fonctions, le 7 juillet 1781, elles sont divisées depuis ce temps.

Quant au procureur du roi, il l'a été constamment de la sénéchaussée et de l'amirauté jusqu'au 24 août 1778. Ces places ont été déclarées incompatibles aussi par l'arrêt de 1781. Le greffe a été donné tantôt au titulaire de celui de la sénéchaussée, tantôt à un autre. Le lieutenant de l'amirauté nomme à l'intérim de ce greffier qui a deux greffiers-commis. Il a nommé aussi des huissiers, lorsqu'il ne s'en est pas trouvé de brevetés. Le premier de ce dernier genre ne l'a été que le 1er août 1741. Il y a actuellement quatre huissiers brevetés pour l'amirauté, mais ils sont réunis à la bourse commune et n'ont de particulier que le service de leur siége, qui a un audiencier breveté depuis 1719. Celui de la sénéchaussée le suppléait auparavant.

Il a existé autrefois des procureurs, spécialement désignés pour l'amirauté, quoique choisis parmi ceux de la sénéchaussée, et eux seuls y plaidaient et y instruisaient les affaires. Le lieutenant de l'amirauté les commissionnait, mais cette nomination amena des difficultés dont le résultat a été que les procureurs de la sénéchaussée sont, à ce titre, ceux de l'amirauté. Ce tribunal a de plus un receveur général des droits de M. l'amiral, un chirurgien-major, un apothicaire, un jaugeur et plusieurs interprètes.

Le Conseil supérieur du Cap avait été créé sous cette dénomination par un édit du mois de juin 1701, qui le composait du gouverneur général, de l'intendant, du gouverneur de la partie du nord, du commandant du Cap, de deux lieutenants de roi, de deux majors, de sept conseillers, d'un procureur général et d'un greffier. On retrancha du ressort du Conseil du Petit-Goave, qui comprenait toute la colonie, les quartiers du Cap et du Port-de-Paix (celui du Fort-Dauphin n'existait point encore et son territoire faisait partie du quartier du Cap), et tous ceux qui pourraient se former dans la bande du nord. Le Conseil était tenu de s'assembler au moins une fois par mois. Le gouverneur général y avait la préséance, et successivement l'intendant, le gouverneur du nord et le commandant du Cap, mais la présidence était attribuée à l'intendant et passait de lui au plus ancien conseiller. Ce tribunal supérieur fut installé au cap par M. de Galiffet, gouverneur de Sainte-Croix et du Cap, le 11 novembre 1701. J'ai dit qu'avant 1712 il n'avait eu aucun local fixe, et par quels logements intermédiaires il était arrivé à celui qu'il a actuellement dans la maison du gouvernement.

Le Conseil du Cap s'assemblait d'abord le premier lundi de chaque mois et jugeait tant qu'il y avait des procès en état. En août 1713, il n'eut plus de séance que tous les deux mois, mais en février 1716 il reprit l'usage du premier lundi du mois. Depuis longtemps il siégeait environ cent jours de l'année.

Comme l'intendant à qui l'édit de création attribuait la présidence résidait alors à la Martinique, le doyen des conseillers le représenta, à cet égard, jusqu'au commencement de l'année 1705, époque de l'arrivée de M. Deslandes, qui nommé ordonnateur, avait l'exercice des droits de président. M. Mithon les eut après lui, en vertu de provisions de premier conseiller, du 9 septembre 1708. Devenu intendant en 1718, il fut président en cette qualité, et dès 1719 il eut un second conseiller qui eut encore le droit de présider après l'intendant. Depuis lors jusqu'en 1769, le Conseil du Cap a toujours eu un premier ou un second conseiller; de manière qu'il avait toujours deux ou trois présidents étrangers à son corps, si l'on excepte, depuis 1766, que le second conseiller était M. Collet, pris dans le conseil, d'après une ordonnance du mois de février 1766.

Le Conseil qui, dans son origine, n'avait que sept conseillers et huit autres membres, dont sept étaient militaires, avait souffert différents changements. D'abord le nombre de conseillers avait été successivement augmenté, à cause des progrès de la colonie. Le 12 février 1726, l'entrée en avait été ouverte aux commissaires et aux contrôleurs de la marine, et le 9 mars 1734, à tous les officiers majors de son ressort. En 1738 et dans les années suivantes, les administrateurs avaient nommé des assesseurs à ce Conseil, où ils n'avaient point de voix, que dans les affaires où ils étaient rapporteurs, ou quand le nombre de juges nécessaire n'était pas complet; cette mesure provisoire était devenue définitive par les lettres patentes du mois d'août 1742, qui ont établi quatre assesseurs, qui sont des suppléants dont le titre s'éteint après trois années, s'il n'est pas renouvelé.

Le 24 mars 1763, une ordonnance du roi ne donna de séance au Conseil qu'au gouverneur général et à l'intendant; de manière qu'on n'y vit plus les états-majors, ni les commissaires et les contrôleurs de la marine. En 1766, le nombre de conseillers fut porté à douze; on en envoya plusieurs qui étaient des avocats du parlement de Paris, et ils eurent tous 12,000 liv. d'appointements et 1,500 liv. de loyer. Mais le tribunal reçut une autre composition au mois de septembre 1769. Il eut pour membres le gouverneur général, l'intendant, le commandant en second du Cap, un président choisi parmi les conseillers, le commissaire général de la marine, le lieutenant de roi du Cap, le plus ancien des commissaires de la marine, douze conseillers en comptant le président, quatre assesseurs, un procureur général, trois substituts et un greffier.

Le rang de toutes les personnes qui entraient au conseil du Cap lors de la réunion de 1787 était dans l'ordre où je viens de les nommer; c'est-à-dire que le gouverneur général était dans le fauteuil, l'intendant à sa droite, le commandant en second à sa gauche, le président après l'intendant, et en alternant ainsi des deux côtés du fauteuil. Cependant, lorsque l'intendant était hors du ressort du Conseil et qu'il y avait un commissaire général ou même un commissaire ordinaire avec l'ordre de faire les fonctions de commissaire général, il présidait privativement au président conseiller et prenait le pas sur lui. Mais, excepté l'intendant et le commissaire général, c'était-

le président, ou un conseiller par ordre d'ancienneté, qui présidait. Le Conseil avait aussi plusieurs conseillers honoraires qui avaient été ses membres ou ceux du conseil du Port-au-Prince, car il y avait de ces honoraires qui l'étaient des deux cours. Ils prenaient leur rang d'ancienneté parmi les conseillers, excepté avant le doyen des titulaires, qui les précédait toujours, parce qu'un conseiller honoraire ne peut jamais avoir droit ni à la présidence ni au décanat.

Le procureur général a rempli seul les fonctions jusqu'au 1er août 1739, que les administrateurs lui donnèrent un substitut qui fut M. Dumouriez-Duperrier ; le nombre des substituts fut ensuite successivement porté à trois.

Le greffier de cette cour, considéré à bien des égards comme un conseiller, puisqu'il obtenait l'honoraire comme eux, était autrefois appelé dans sa commission *conseiller secrétaire du roi et du conseil du Cap*. Il avait deux greffiers-commis.

Le conseil du Cap a eu son premier audiencier le 4 septembre 1706. Il portait une verge noire avec laquelle il précédait le Conseil aux cérémonies.

Ce tribunal était dans l'usage d'accorder une séance honorifique et la voix consultative aux membres des autres cours souveraines qui s'y présentaient. On les plaçait alors immédiatement après le doyen. On a vu siéger ainsi au conseil du Cap, notamment M. Le Maire, conseiller du conseil de Léogane, le 5 mars 1745, et M. de Saint-Mihiel, médecin du roi et conseiller du Conseil supérieur de l'Ile-de-France, le 28 mars 1782 ; ce dernier fut même placé entre le président et le doyen.

C'était encore un usage d'y faire asseoir les membres des sénéchaussées aux audiences à la gauche du procureur général et des substituts. On avait les mêmes égards pour des officiers militaires supérieurs, à partir du rang de major inclusivement.

J'ai dit que jusqu'en 1764 les procureurs de la sénéchaussée l'étaient aussi du Conseil et remplissaient partout les fonctions d'avocat, mais depuis cette époque, ce tribunal s'était attaché des avocats postulants qui, par ce moyen, étaient ses seuls officiers ministériels. Ceux-ci admettaient dans leurs bancs les notaires et les procureurs, et avaient pour chef leur doyen, sous le nom de bâtonnier. Leur nombre était limité, et ils ne pouvaient être reçus qu'avec un *visa* de l'intendant. On les avait fixés à douze, mais ce nombre avait été un peu excédé depuis quelques années. J'ai eu l'honneur d'appartenir à ce barreau depuis 1775 jusqu'en 1785, et même, lors de ma réception au conseil du Cap en qualité de conseiller, cette cour me dispensa, par un arrêt, de l'information de vie et de mœurs, attendu celle qui avait eu lieu lors de ma réception en qualité d'avocat près d'elle.

Les huissiers étaient aussi ceux des deux siéges inférieurs; il y en avait toujours quatre de service au Conseil.

Je me livrerais à des particularités qui grossiraient extrêmement cette description si je voulais donner une idée plus étendue des tribunaux du Cap. J'ajouterai cependant que le Conseil prononçait en dernier ressort sur les appels des jugements des sénéchaussées et des amirautés du Cap, du Fort-Dauphin et du Port-de-Paix; qu'il statuait en premier et en dernier ressort sur les appels comme d'abus, sur ce qui concernait les fabriques des paroisses et sur ce qui intéressait la police intérieure de ses membres ou des personnes qui lui étaient immédiatement attachées.

Mais puis-je, malgré ma résolution, ne pas dire quelque chose d'une localité dont tous les étrangers sont frappés : le costume des magistrats coloniaux, qui siégent en épée? Cette surprise doit cesser si l'on réfléchit à ce que j'ai rapporté de l'existence du conseil des milices, qui prenait son nom de ce que le chef de la colonie ou le lieutenant de roi le formait en rassemblant des officiers. Le commandant des milices de la paroisse en était le premier conseiller, le major des milices y faisait les fonctions de procureur général, et il serait vrai de dire que ce fut au courage qu'on décerna l'honneur de rendre la justice. On se soumettait au jugement de ceux à qui l'on obéissait dans les combats, et le tribunal était une cour martiale ambulante. En 1685, lorsqu'on créa le conseil du Petit-Goave pour toute la colonie, des douze conseillers choisis, onze et le procureur général étaient officiers des milices et ne cessèrent pas de l'être; ils conservèrent leur costume et l'arme dont ils savaient bien se servir. Les mêmes circonstances ayant accompagné, en 1701, le choix des conseillers du conseil du Cap, on y vit aussi les magistrats qui étaient officiers de milice garder leur épée en exerçant la justice.

Les affaires judiciaires augmentant successivement et consommant tout le temps des magistrats, ils finirent par renoncer aux emplois de la milice, et ils avaient même éprouvé des vexations assez renouvelées pour qu'ils crussent utile de demander l'exemption du service personnel. Mais dès que la patrie était menacée, on les voyait s'armer et se rendre des premiers pour partager les dangers avec leurs concitoyens.

Deux fois (en 1764 et en 1780) on s'occupa dans le conseil du Cap de savoir si l'on changerait ce costume, mais à la dernière époque on convint qu'il ne fallait pas s'occuper d'un pareil objet. Ainsi donc, la magistrature de Saint-Domingue (car dans l'origine les membres des tribunaux inférieurs étaient aussi employés dans les milices, et soldats en présence de l'ennemi), en conservant l'esprit de son institution primitive, se glorifie encore de représenter les premiers défenseurs, les premiers conquérants de la colonie. Ils siégent dans les lieux que leurs devanciers ont soumis à la France. Un habit qui laisse voir une épée qu'on sait manier et qu'on tient de ses prédécesseurs, vaut bien une longue robe, et l'amour de la justice n'exclut pas le courage. Les conseils de Saint-Domingue ont vu des magistrats de cours souveraines de la métropole adopter leur costume et accepter dans leur sein une place honorifique; M. Desmé Dubuisson, conseiller au Parlement de Paris, qui s'asseyait en robe dans la cour des Pairs, reprit l'épée lorsque dans un voyage qu'il fit dans la colonie il siéga en qualité de conseiller honoraire au conseil du Cap.

Ce n'a été que vers 1766 que le Conseil s'est habillé de

noir, ce qui a été imité par tout ce qui tient à l'ordre judiciaire. Auparavant, chaque conseiller portait un habit de la couleur qui lui plaisait; l'intendant imitait cet exemple, et quand la cour se mettait, suivant son usage alors, autour d'une table, le tribunal ne ressemblait pas mal à un comité de fermiers généraux, parce que c'était surtout aux habits galonnés qu'on donnait la préférence. On avait la fausse idée de vouloir rendre moins tranchante la chamarrure dorée des états-majors et des officiers d'administration de la marine. Revenu à des principes plus sains, on a pris l'habit noir, et l'on a vu M. d'Estaing siéger à son tour, vêtu de cette manière. Tout le temps que M. Caignet, commissaire général de la marine et ordonnateur au Cap, y a présidé le Conseil, ç'a été aussi en habit noir.

Il est temps que je reprenne la description de la maison du Gouvernement.

Le séjour en est très-agréable, parce qu'il se trouve dans un point très-élevé de la ville et que les brises le rafraîchissent. La vue en est belle, et dans un temps serein on aperçoit distinctement le cap la Grange, qui est à 14 lieues. L'œil se promène sur la mer et sur la plaine, depuis la paroisse de la Petite-Anse jusqu'à Limonade; il contemple les montagnes qui s'étendent de Sainte-Suzanne au Dondon, on voit les mâts qui indiquent la rade, on saisit une grande étendue de la ville, et, ramenant ses regards autour de soi, on trouve encore des objets qui les égayent, soit au devant, soit en arrière du bâtiment.

Cinq portes du rez-de-chaussée s'ouvrent dans différents points, du côté ouest, sur une cour qui est entourée par la maison, par ses deux ailes et en avant par un mur qui porte une claire-voie de bois. Cette cour forme une espèce de verger où sont des orangers dont les fruits sont excellents. Huit marches conduisent à une porte placée au milieu de la claire-voie et qui ouvre sur un potager de toute la largeur du terrain sur 20 toises de long. Au milieu est un bassin que renouvelle un conduit d'eau tirée du morne de l'ouest; cette eau sert aussi aux cuisines placées le long de la rue Saint-François-Xavier, un peu sur le derrière de l'aile gauche et donnant sur le potager. Enfin le local est terminé à l'ouest par un espace laissé contre le mur de clôture, pour former des couverts et des bosquets. La loge du jardinier en occupe le milieu.

Cette disposition élevée du terrain derrière la maison fait perdre à celle-ci beaucoup de son agrément dans les temps pluvieux et surtout durant les nords. L'inclinaison rapide du sol, qui se trouve d'ailleurs assez près du morne, fait qu'en peu d'instants l'eau traverse le potager, tombe dans la cour et, le bord inférieur de cette dernière étant de niveau avec les appartements du rez-de-chaussée, l'eau s'y répand si la pluie est considérable, ou y entretient une humidité sensible. Si le vent est nord, les ailes sont très-froides et surtout l'étage de celle du sud. J'ai vu qu'on était souvent obligé d'en laisser fermées toutes les ouvertures donnant au nord et qu'on y éprouvait encore une sensation piquante. Je crois, au total, que cette habitation ne sera jamais saine dans le bas, tant que le pavé n'en sera pas exhaussé, ou que la cour ne sera pas abaissée; et que quant à l'aile, où l'on éprouve une espèce d'hiver pour Saint-Domingue, il n'y a que l'élévation de l'étage de l'autre côté qui puisse la garantir.

Tout l'espace compris entre la façade de la maison et la rue Espagnole a absolument changé depuis 1781, que les soins de MM. Reynaud et le Brasseur l'ont fait sortir de l'état d'abandon où on le laissait. Auparavant, la terrasse, de 24 pieds de large, faite par les jésuites en 1739 régnait tout le long du bâtiment. On parvenait à cette terrasse par une rampe de 18 pieds de large, pratiquée à chaque extrémité, et encore à son milieu, au moyen d'une petite terrasse longitudinale de 15 pieds de large et de 100 pieds de long, au bout de laquelle étaient huit marches. Entre ce petit terre-plein et les deux rampes, était, de chaque côté, un carré long de mur, placé au bas et au bord de la terrasse, ayant 100 pieds de long sur 60 de large, où de superbes rosiers exhalaient leur parfum. Les murs portaient supérieurement une balustrade de bois, dont deux côtés se trouvaient conséquemment border le terre-plein. A 60 pieds de celui-ci commençait l'allée de poiriers qui se terminait à 50 pieds avant d'arriver à la porte d'entrée sur la rue Espagnole, et qui était au milieu d'une savane qui allait depuis cette porte jusqu'à la maison. Les arbres se détruisaient faute de soins; la savane, sillonnée par les eaux pluviales, avait des creux, des inégalités, en un mot, tout cet aspect était triste.

M. de Reynaud, logé au Gouvernement dans l'intérim de gouverneur général qu'il eut au mois d'avril 1780, voulut rendre ce séjour agréable au public, et y mit le zèle qu'il a montré dans tout ce qu'il a entrepris. De ce moment, la terrasse de 24 pieds a été prolongée de manière qu'elle en a 80, et qu'elle comprend toute la largeur et presque toute la longueur des deux grands carrés où l'on avait vu des rosiers; des balustres de pierres de taille bordent cette nouvelle terrasse : les deux rampes des bouts ont été élargies et pavées. Au bout sud du terrain et en face de la rue Saint-Jacques, l'on a placé une superbe porte grillée, en fer, aux deux côtés de laquelle sont de petites loges. Cette porte devait correspondre à une autre, qui aurait fait face dans la rue du Chat; ces deux entrées latérales auraient remplacé celles qui, posées au mur d'enclos au nord et au sud, répondent aux deux portes qui terminent les deux corridors du rez-de-chaussée.

En prolongeant des appentis appuyés sur le mur de la rue Saint-François-Xavier, l'on y a ajouté une buanderie, qui se trouve en face du puits, que de grands lavoirs de maçonnerie entourent. Au côté opposé, on a fait un logement pour le concierge, et des écuries. Au point où commençait la savane, et où finissent la buanderie d'un côté et le logement du concierge de l'autre, se trouve une magnifique grille de fer, qu'embellissent les ornements de la porte qui marque son milieu, et à laquelle on arrive en montant trois marches. Cette grille sépare, en quelque sorte, la maison du Gouvernement et ses dépendances, de ce qu'on nomme le jardin du Gouvernement, et qui est le partage du public.

L'allée de poiriers a entièrement disparu du jardin. L'espace, qui a 50 toises de long sur les 44 toises de largeur du terrain, est divisé en quatre grands carrés ou tapis verts de gazon, que bordent de jolis arbres. Une large plate-bande, aussi en gazon, règne sur les quatre côtés de la promenade, et cette plate-bande a elle-même intérieurement un rang d'arbres. L'allée principale qui mène vers la maison a 30 pieds de large, et les autres 24. Toutes ont des bancs de pierre de distance en distance, avec l'attention qu'il n'y en ait pas deux l'un vis-à-vis de l'autre, afin de rendre chaque compagnie plus indépendante, et pour punir un peu aussi la curiosité.

Les pignons des deux petits bâtiments qui donnent sur les bouts du jardin, dans l'ouest, ont été peints de manière à offrir, dans leurs perspectives, de petits enjolivements. A l'un de ces bouts est une porte étroite, avec un tourniquet, qui donne sur la rue Sainte-Marie, presque vis-à-vis celle du Lion. Quelque commode qu'elle soit, il n'est personne qui ne désirât la voir inderdite, puisque pour gagner quelques pas on veut arriver de ce point à la grande porte de la rue Espagnole, par une diagonale qui traverse et gâte le gazon de deux carrés. Il faut dire, quoique cette vérité soit affligeante, que les gênes sont quelquefois nécessaires pour que le public n'abuse pas lui-même de ce qui a ses jouissances pour objet.

Il y a encore 6 toises entre la plate-bande de l'est du jardin et le mur de clôture de cette partie. Ce mur, qui ne va qu'à hauteur d'appui, porte une claire-voie de bois avec des pilastres carrés de maçonnerie. Au milieu est la grande porte d'entrée, placée dans un évidement demi-circulaire. A la droite de cette porte, qui est en fer et élevée de quatre marches au-dessus de la rue, est un petit bâtiment où loge une garde, et aux deux angles des rues Sainte-Marie et Saint-François-Xavier, mais en dedans sont deux petits bâtiments, fermés presque en entier de jalousies, et destinés d'abord à être, l'un, salon de conversation, et l'autre, salle de concert; on en a fait des logements. Depuis ces petits corps de logis jusqu'à la porte d'entrée, M. de Reynaud avait fait pratiquer des treillages en portique, qu'on devait couvrir de fleurs, mais il était à peine parti pour la France, qu'un sentiment désapprobateur et peut-être jaloux les a fait ôter. On voulut punir le public de la reconnaissance qu'il avait montrée pour des embellissements dont il était l'objet, et l'on vit même un instant des chevaux mis à paître dans cette jolie promenade; un mouvement d'indignation fit justice de cette insultante idée.

La promenade du Gouvernement est celle que l'on préfère, parce que c'est la plus rapprochée de tout le monde, parce qu'on y est à l'abri des grandes brises, parce qu'elle est séparée de toute autre agitation que de celle de la promenade même; et le voisinage de la comédie lui assure cette prédilection. On ne saurait être trop sensible à ce présent de deux administrateurs à qui le Cap doit cette jouissance, entre beaucoup d'autres. Il est bien plus utile qu'on ne pense d'avoir, dans un pays chaud, un lieu de délassement où l'on puisse prendre de l'exercice. Les femmes surtout y sont appelées par le plaisir, par le désir de plaire, et les conseils de l'amour-propre tournent au profit de la santé.

C'est au devant du Gouvernement et entre lui et la comédie, qu'on fait chaque matin la parade des troupes destinées à la garde du jour.

L'édifice du Gouvernement est le premier sur lequel on ait vu des barres électriques au Cap. Elles y ont été posées en 1783. Dès le 23 juin de la même année, le tonnerre tomba sur celle du centre, et suivit le conducteur; mais arrivée à l'extrémité sud de la maison, où ce conducteur formait un angle aigu, la matière électrique s'échappa et vint frapper le mur près du pilastre oriental de la porte qui donne dans la rue Saint-François-Xavier. On a remédié à ce défaut, mais ce que je n'ai pas cessé de blâmer, c'est qu'on laisse le conducteur sur le passage de ceux qui viennent dans le bout sud du bâtiment, où il plonge dans la terre; de manière qu'un imprudent, un ignorant, un enfant, quelqu'un même qui ne le sait pas, peut dans un instant où l'atmosphère serait très-chargée d'électricité, se faire foudroyer, en déterminant le fluide à quitter sa direction et en se plaçant dans sa sphère d'activité.

Le concierge du Gouvernement, nommé par l'intendant, a 1,200 livres. Le soin particulier du local des tribunaux était confié à un concierge buvetier, nommé par le conseil et qui avait son logement dans un petit bâtiment parallèle aux cuisines. Enfin il y a un horloger commissionné par l'intendant ou l'ordonnateur, et payé 1,200 livres sur la caisse des amendes, pour soigner et entretenir l'horloge.

Mais c'est assez parler du *Gouvernement*, qui a sa grande entrée sur la rue des Marmousets. Je passe à la rue de l'Ours, qui est parallèle à celle-ci dans l'ouest. Il y a plus de trente ans que la rue de l'Ours est fermée dans le sud par une maison, au moyen de laquelle deux îlots se trouvent joints. Cette maison, où l'on a vu le greffe de la sénéchaussée, était occupée par M. de Bory, et il la quitta pour aller habiter le Gouvernement actuel, et depuis ce temps, elle a été louée par les commandants en second. Elle est bâtie en mansardes, avec un corps de logis entre cour et jardin. La cour a, au devant, une claire-voie qui va se terminer à l'extrémité de deux ailes. Cette situation est gaie et la maison a de la grâce, parce qu'elle est exhaussée et qu'on y arrive par plusieurs marches.

La rue du Lion est au-dessus de celle de l'Ours. Leurs deux noms sont tout aussi bizarres l'un que l'autre pour Saint-Domingue. C'est dans cette rue et à son angle sud-est avec la rue de la Providence, qu'habitait la veuve Cottin, cette femme vénérable, cette mulâtresse qui fit toujours taire le préjugé de la couleur et de la naissance par ses vertus. Charitable, hospitalière, elle prodigua aux malheureux tout ce qu'elle devait à la fortune, et son âme généreuse la rendait la mère des pauvres. J'aurais cru n'avoir décrit qu'imparfaitement cette section, si je n'avais pas indiqué l'endroit où demeurait ce modèle de bonté, à qui le conseil du Cap avait donné un grand et juste éloge, lorsqu'il l'excepta, le 22 mai 1760, de la défense faite à d'autres qu'à des blanches de remplir l'état de sage-femme. La veuve Cottin vient de payer le tribut à la nature.

La troisième rue au-dessus de celle des Marmousets porte aussi un nom ridicule, elle se nomme la rue du Chat. C'est dans l'îlot qui est entre la rue du Lion et celle du Chat, et sur la rue Sainte-Marie, qu'est l'un de ces asiles touchants fondés par la piété généreuse pour le soulagement des malheureux; il est connu sous le nom de Providence des femmes.

Un maître maçon, appelé François Dolioules, né en France, mais habitant la ville du Cap, avait conçu le dessein de donner une maison qu'il y possédait, aux religieuses de la même ville, comme le prouve son contrat de mariage qui contient cette donation, subordonnée toutefois à la jouissance de sa femme. Mais, témoin de ce qu'avait fait un autre citoyen en fondant un hospice pour les hommes, il fit, le 8 mai 1739, un testament par lequel il lègue cette maison et ses dépendances, pour former un hôpital aux pauvres femmes honteuses de la paroisse. Le curé du Cap était chargé de diriger l'établissement, dont l'exécution était toujours renvoyée après la mort de Mme Dolioules. Dolioules mourut deux jours après, âgé de 45 ans et fut suivi, peu après, de son épouse. En 1741, commença un procès entre les religieuses, qui invoquaient le contrat de mariage, les marguilliers réclamant pour les pauvres, le curateur aux vacances, représentant les héritiers Dolioules, et les administrateurs de la Providence des hommes, qui soutenaient que le nouvel hospice devait être régi comme l'autre. Le 8 mars 1743, un arrêt du conseil du Cap repoussa la prétention des religieuses et renvoya les administrateurs de la Providence des hommes à solliciter provisoirement de ceux de la colonie l'autorisation légale du don de Dolioules; ceux-ci l'accordèrent le 29 du même mois.

Telle a été l'origine de la Providence des femmes. Pour y suppléer, durant le procès, le curé et les administrateurs de celle des hommes achetèrent, à l'angle sud-ouest des rues Saint-Joseph et Vaudreuil, une maison qu'on appela *l'hôpital Saint-Joseph* et où l'on reçut en 1745 les pauvres femmes malades. On consacra à Sainte-Élisabeth le bienfait de Dolioules, et vers 1747, on transféra les femmes malades de l'hôpital Saint-Joseph dans la maison qu'il avait léguée, circonstance qui est cause que la maison Sainte-Élisabeth est souvent désignée sous le nom d'hôpital Saint-Joseph. L'administration de cet hospice a été confiée aux soins du curé du Cap jusqu'au mois d'avril 1751, que le père Desmarests, jésuite, demanda à en être déchargé. Cette administration a été réunie à celle de la Providence des hommes, ce qui me porte à en renvoyer les détails au moment où je parlerai de l'autre. C'est cette réunion qui est cause que l'on a crû longtemps, et que plusieurs personnes croient encore, que la Providence des femmes a eu le même fondateur que celle des hommes; de manière que le nom de Dolioules est, en quelque sorte, ignoré. Qu'on en juge par ce seul trait, c'est que les administrateurs des deux maisons le croient aussi et l'ont imprimé depuis 1779 jusqu'à présent.

La Providence des femmes, bâtie de maçonnerie, a dix lits d'hôpital et dix autres dans des cabinets. La grande salle a 60 pieds de long sur 24 de large. A son extrémité sud est une petite chapelle, fort simple; ainsi les infortunés que leurs maux retiennent dans leurs lits peuvent y recevoir les consolations qui naissent de la confiance dans un être infiniment bon, et que les consolations des hommes ne remplacent jamais pour le cœur du malheureux. Tout respire l'ordre et la propreté dans cette maison, qui a reçu quelquefois des femmes livrées à la plus affligeante maladie, puisqu'elles étaient privées de l'usage de leur raison. Elles y payent une pension, lorsque leur fortune le permet. On a depuis longtemps le projet de transférer cet hospice près de celui des hommes, et sans doute qu'alors on placera quelque part un mot qui rappelle Dolioules et sa touchante piété.

Il y avait dans cette maison, en 1788, vingt femmes et dix enfants. Les femmes ne sont pas toujours des malades, mais des infortunées, sans aucune ressource, et qui, assurées d'être logées et nourries, travaillent pour avoir de quoi se procurer de petites jouissances.

Parallèlement à la rue du Chat, est la rue du Pet-au-Diable, dont le nom burlesque a une origine qui m'est inconnue. Entre elles deux et à toucher la ravine, est un îlet que les prisons civiles occupent tout entier. J'ai annoncé ailleurs par quelles translations successives les prisons ont enfin été mises dans le local actuel, en vertu d'un arrêt du conseil du Cap du 20 juillet 1773.

Le terrain a été acheté des héritiers de Beaunay. Il y avait longtemps qu'on destinait des fonds à cette construction, et dès le 23 juillet 1733, MM. de Fayet et Duclos avaient imaginé, en s'érigeant en juges d'une imputation de commerce étranger, de faire payer à MM. Charette, Bonnegens, Boulard et Lanty, négociants à Léogane, et Jauvain, curateur aux vacances du même lieu, 55,000 livres d'amende, dont 25,000 furent destinées à bâtir une prison au Cap.

La prison actuelle est composée de plusieurs corps de bâtiments. Son enceinte est formée par des murs très-élevés. La distribution y est combinée pour que les personnes libres soient séparées des esclaves, et pour que les femmes ne soient pas mêlées aux hommes. Il y a quelques chambres particulières avec des lits au premier étage; dans les autres endroits ce sont des lits de camp. Des cours, assez grandes et bien pavées, servent à faire prendre l'air aux prisonniers le matin et le soir. Un conduit distribue l'eau partout, et ce précieux élément combat et la malpropreté et les effets d'un climat chaud. Cependant on n'a pas fait des bassins à laver, que tout exige. En général ce séjour de peine est rendu aussi doux qu'il puisse l'être par les détails, quoiqu'on doive regretter qu'on n'ait pas pris assez de précautions pour le nettoiement des latrines, qui répandent une mauvaise odeur. Les cachots n'offrent que l'idée d'une grande sûreté, sans qu'un raffinement barbare se soit plu à en accroître l'horreur. Tout dépend néanmoins de l'homme à qui le soin de ce lieu redoutable, mais nécessaire, est confié, et personne n'ignore que la sévérité qui dégénère en dureté, et l'économie qui se tourne en cupidité, peuvent faire d'un geôlier un affreux cerbère, un être aussi coupable que les criminels qu'il doit garder, mais que tout lui défend de vexer et d'affamer.

Quel moment plus propre à placer l'éloge d'un concierge des prisons du Cap, qui, quoique nommé à cet emploi par l'effet d'une protection qui pouvait n'offrir qu'un sujet rapace, montra, même en l'acceptant, une sorte de délicatesse, puisqu'il exigea que sa commission le désignât sous le titre de concierge-inspecteur? M. Fleury a prouvé, depuis 1781 jusqu'en 1784, qu'il n'est point d'état qu'un homme ne puisse honorer. Ses soins constants pour donner aux prisonniers tous les adoucissements conciliables avec la sûreté de leur détention; sa vigilante attention pour que les châtiments que les maîtres y font infliger à leurs esclaves n'y dégénérassent jamais en cruautés; la générosité qui l'a porté à payer plusieurs fois les dettes de ceux qu'il était chargé de garder, tout lui a mérité le tribut que je trouve doux de payer en ce moment à sa mémoire. Puissent ses successeurs s'occuper de le mériter à leur tour!

Il y a un factionnaire de la garnison à l'entrée de la geôle, qui donne sur la rue de la Providence. Pendant la guerre de 1778, lorsqu'on y avait mis beaucoup de prisonniers anglais, un second factionnaire était sur le morne de l'autre côté de la ravine. Il serait facile d'empêcher les évasions en faisant une petite vigie dans la plus grande cour, et qui les dominerait toutes. Un signal de l'homme qui y serait en sentinelle préviendrait de tous les projets de fuite et les déconcerterait.

La police intérieure de la prison est extrêmement douce, si même elle ne l'est pas trop quelquefois. Le secret y est une chose sur laquelle il ne faut pas compter.

Je ne puis m'empêcher de m'élever ici contre un des plus grands désordres dont la colonie puisse offrir le spectacle, et dont les prisons sont le principal théâtre.

Depuis 1741 que le législateur, écoutant un sentiment d'humanité, a commué la peine des galères et celle de mort au troisième cas de fuite des esclaves en celle de la chaîne perpétuelle, il a été établi une chaîne où ces condamnés sont tenus deux à deux, comme les forçats des ports de France, en mettant toujours ensemble deux individus du même sexe. Leur nombre s'est accru, et par le laps de temps, et encore parce que cette peine a été étendue par les tribunaux coloniaux à plusieurs autres cas. L'établissement de la chaîne avait le double objet de tempérer une loi sévère, et de mettre sans cesse sous les yeux des esclaves des hommes rigoureusement tenus et soumis à un travail continuel; mais qu'il s'en faut que ce second but soit atteint au Cap! D'abord on a soustrait les nègres de chaîne à l'inspection des juges de police, pour les mettre sous celle des officiers d'administration, qui, presque toujours étrangers à la colonie et destinés à n'y passer que quelques années, calculent moins les suites du mauvais régime à cet égard. Aussi presque tous ces nègres jouissent-ils d'une liberté digne d'être enviée par l'esclave. C'est surtout à des travaux domestiques, chez des administrateurs principaux ou en sous-ordre, qu'on les emploie. Ils vont sans chef, sans surveillants, et ce qu'on aura peine à croire, il en est dont on a absolument rompu les chaînes pour s'en servir plus utilement. C'est dans cet état que j'ai vu chez M. de Bellecombe le nègre Lindor, valet de M. Sainte-Marie, lieutenant particulier de la sénéchaussée, et qui avait été condamné à la chaîne à perpétuité pour des vols considérables. Je l'ai vu encore mieux vêtu que lorsqu'il servait son maître, et je fais cette comparaison parce qu'elle n'est pas insignifiante.

On croit avoir tranquillisé en disant que ces nègres sont obligés d'aller coucher à la prison; comme si un homme perverti ne pouvait être un scélérat que pendant la nuit! Un roman entrepris par un heureux génie pour corriger les mœurs chevaleresques de l'Espagne présente un fou délivrant des hommes qu'on mène aux galères, parce que, de bonne foi, il les croit innocents; mais on ne trouve nulle part, qu'aux colonies de l'Amérique, des personnes chargées de faire respecter les décrets de la justice occupées de rendre la liberté à ceux qu'elle a enchaînés comme dangereux. Quelle doit être la sensation du juge qui rencontre dans un état de liberté celui qu'il avait envoyé aux galères? celle du maître qui trouve de même l'esclave qu'il avait été forcé d'accuser pour un délit grave? Quelle doit être celle d'un esclave qui, après avoir vu son semblable entre les mains du bourreau, l'aperçoit plus heureux, plus libre et mieux traité qu'il ne l'a jamais été?

C'est dans la prison que les nègres galériens habitent, et là ils sont couchés indifféremment avec les autres prisonniers, pour lesquels ils sont une dangereuse compagnie, une funeste école. Enfin, pour que rien d'alarmant ne manquât à ce genre de désordre, on a confié la direction de ces galériens, hors de la geôle, à l'un d'entre eux, qu'on a même vu les dimanches avec deux chaînes de montre d'or. Il y a un cabaret, rue du Chat, où il se débite, au moins, une barrique de tafia par mois à ces hommes coupables. On frémirait d'entendre leurs conversations, et de voir, en les suivant un peu, de quelles complaisances ils sont l'objet de la part d'autres esclaves, à qui des maîtres trop crédules croient que leur vue doit faire horreur. Cet état de choses ne saurait subsister; il révolte tous les principes, il perpétue les crimes, il les favorise, il les encourage peut-être; je paye ma dette à la chose publique en le dénonçant.

Il y a, dans l'enceinte même de cette prison, une chambre criminelle, où se font les actes d'instruction du premier juge, ce qui dispense de transférer les prisonniers. Elle servait autrefois à cette affreuse épreuve, dont la seule pensée aurait dû révolter: c'était là que dans les horreurs de la torture, et après le serment de dire la vérité, il fallait racheter quelquefois par un aveu, et trop souvent par un mensonge, la cessation d'une atroce douleur, et se condamner soi-même, ou en conduire d'autres au supplice.

A l'angle de la prison, rues du Chat et de la Providence, est une fontaine publique très-utile à tout ce canton. Lors de la grande sécheresse de 1786, les nègres de la chaîne en vendaient l'eau, sous prétexte de la prendre pour le gouvernement, et les esclaves ne pouvaient pas aborder la fontaine sans payer 15 sous, pour avoir le droit d'y prendre de l'eau.

Il y a immédiatement au-dessus de l'îlot de la prison, dans l'ouest, la valeur d'un autre îlot inoccupée, et au devant duquel vient se terminer la rue Sainte-Avoye, percée du nord au sud. Cet espace, qui fait partie du terrain de la Providence des hommes, est celui où l'on projette la construction de la Providence des femmes, qui se trouverait ainsi entre la rue du Pet-au-Diable et celle de Sainte-Avoye, avec la rue de la Providence sur le devant et la ravine par derrière.

Nous voici arrivés à cette Providence des hommes, à celle qui a eu ce nom la première, qui l'a communiqué à l'autre, et qui l'a donné à la rue, jusqu'au point où elle rencontre, à l'est, la rue du Morne-des-Capucins. Qu'on me permette de présenter les détails qui la concernent, et de publier les louanges de son fondateur, Louis Turc de Castelveyre.

Cet homme précieux, né à Martigues, petite ville de Provence à 7 lieues de Marseille, le 25 août 1687, d'un père noble, partit en 1719 pour le Canada, avec M. Charron, pour l'aider dans les soins d'un hospice que ce dernier avait établi à Ville-Marie, dans l'île de Montréal, pour les orphelins, les vieillards et les infirmes. M. Charron étant mort dans la traversée, les administrateurs et l'évêque choisirent Castelveyre pour être supérieur des hospitaliers de la Croix-de-Saint-Joseph, vulgairement connus sous le nom de *Frères Charrons*, et il prit alors celui de frère Chrétien.

Deux ans après, il passa en France pour les affaires de cette maison, et y revint l'année suivante. Dans un second voyage, fait en 1723, il se livra à des spéculations où sa bonne foi fut trompée, et croyant en faire une plus heureuse à Saint-Domingue, il y passa en 1725, voulant y assurer le débouché des pêcheries et d'une brasserie de son hospice. Arrivé à Léogane, le frère Chrétien se laissa tenter par l'idée d'y former un hospice; il en établit même un, comme je le dis à la description de ce lieu, et il s'en occupait avec le zèle qui l'animait, lorsque ses créanciers de France, ou plutôt ceux de la maison du Canada, se plaignirent au ministre, qui prescrivit au gouverneur de Saint-Domingue de le faire repasser au Canada, même par la force. Le frère Chrétien, prévenu de cet ordre, redoutant M. de la Rochalar qui avait vu avec déplaisir son plan pour Léogane, alla se réfugier dans la partie espagnole, où il végéta pendant trois années. Apprenant enfin qu'on l'accusait de dilapidation en Canada, il revint dans la colonie, où il fut arrêté sur-le-champ, et embarqué pour la France. Il mouilla dans la rade de l'île d'Aix, où se trouvait une flûte qui allait en Canada, et sur laquelle on le transféra au mois de juillet 1728.

Arrivé à Québec, il ne put y faire juger le procès qu'on lui avait suscité, qu'au mois d'avril 1735. Il satisfit à tous ses engagements, mais aussi il n'avait plus de ressource. Dans cette douloureuse situation, Castelveyre rendu à lui-même, désormais étranger à l'habit et aux fonctions de frère hospitalier, résolut de retourner à Saint-Domingue, mais ce fut au Cap qu'il vint.

Dès qu'il y fut débarqué, il enseigna à lire et à écrire aux enfants. Au milieu de cette utile occupation, il considérait l'état déplorable de plusieurs individus qui, en débarquant d'Europe, étaient sans ressources et sans appui, et aussitôt la maison de Castelveyre est changée en hospice. Les jésuites l'encouragèrent, surtout le père Boutin, avec lequel il avait l'analogie de l'amour du bien et le désir de soulager l'infortune. MM. Prost et Desmé Dubuisson, négociants du Cap, concoururent à cette œuvre pie; et l'on vit Castelveyre se former une famille d'infortunés. Il était même parvenu à acquérir deux terrains dans le quartier de la ville appelé alors le Marécage, le 23 février et le 23 novembre 1739, et MM. de Larnage et Maillart lui en concédèrent un troisième. Ces succès enflammèrent Castelveyre, qui se détermina à se rendre adjudicataire d'une petite habitation dépendante de la succession de M. Asselin, et qui touchait à la ville.

C'est celle dont je parle en ce moment. Cette habitation, de 350 toises, de l'est à l'ouest sur 175 de largeur, et qui prend les deux bords de la ravine, avait trois bâtiments, beaucoup de vivres du pays, et neuf nègres. M. Le Normand de Mézy, alors ordonnateur au Cap (adjoint au ministère de la marine en 1758, et encore existant à Paris), l'un des grands partisans des vues de Castelveyre, lui avait conseillé cette acquisition, ainsi que M. Juchereau de Saint-Denis, faisant les fonctions de procureur général. La générosité de divers particuliers procura les 14,840 livres, prix de la vente, dont les membres du Conseil supérieur payèrent 7,000 livres.

Convaincu que son plan pouvait se réaliser, Castelveyre, qui se rappelait les chagrins qu'une administration de biens lui avait causés en Canada, voulut en être préservé à l'avenir. Dans cet esprit il fit au Conseil supérieur du Cap, le 12 novembre 1740, la déclaration qu'il abandonnait tout ce qu'il possédait, pour qu'on en formât un établissement où les enfants, les vieillards, les infirmes, les incurables et les hommes arrivant de France et se trouvant sans asile et sans secours, seraient reçus. Non content de ce dépouillement solennel (effectué le 15, par un acte reçu par M. Auriol, notaire, et accepté par le procureur général), Castelveyre ajouta qu'il voulait consacrer le reste de sa vie à cet établissement. En effet, de ce moment il prend l'habit d'hospitalier, et trouve son bonheur dans les devoirs que ce titre lui impose.

Le 7 janvier 1741, le Conseil du Cap fit un règlement pour la direction de cet asile ouvert à l'infortune, et on lui donna le nom sacré de *Providence,* qui rappelle si bien aux malheureux qu'un Être supérieur prend soin de toute la nature.

Le règlement dit qu'on y recevra les enfants pauvres de la ville du Cap et de ses dépendances, qu'on leur enseignera un métier, et qu'on les gardera jusqu'à vingt ans. Les vieillards, les infirmes y sont appelés et les mendiants doivent y être conduits. Ceux que l'espoir de la fortune amène de France, et qui n'ont trouvé que la misère, sont secourus jusqu'à ce qu'on puisse les placer; ce doit être aussi l'asile des incurables, avec la précaution de les séparer de ceux pour qui ils peuvent être dangereux. D'autres articles fixent la nourriture, les vêtements, les exercices de piété. Quant à l'administration, elle était confiée à deux personnes que le Conseil devait choisir tous les trois ans, et dont le curé du Cap était l'associé honoraire ; et pour l'intérieur, c'était à un hospitalier et à un sous-hospitalier à le régir.

D'après le règlement, le Conseil nomma, le 9 février, MM. Desmé Dubuisson et Prost administrateurs, l'un pour trois ans, et le second pour deux seulement, afin qu'ils ne fussent pas changés en même temps, et Castelveyre devint hospitalier, comme il l'avait ambitionné ; de sorte que la Providence se trouva dirigée par ses bienfaiteurs. Le même jour, ce tribunal choisit aussi dans son sein les commissaires qui devaient être présents à l'inventaire prescrit par le règlement.

Larnage et Maillart trouvèrent de l'aliment pour leur âme dans le soin de solliciter l'approbation du prince en faveur de cet établissement, et M. Le Normand de Mézy y attacha aussi la plus haute importance. Une lettre du roi, du 12 septembre 1742, n'accorda cependant qu'une approbation provisoire, que parce l'hospice ne paraissait pas suffisamment doté. Elle blâma en même temps le pouvoir que le Conseil s'était arrogé de lui donner un règlement, règlement que la pureté du motif sauva cependant de la cassation.

Le ministre, qui ne trouvait pas la Providence assez solidement fondée, crut néanmoins qu'elle pouvait être, dès lors, un débouché utile pour la maison des enfants trouvés de Bordeaux, et il voulait, aussi provisoirement, qu'on envoyât des enfants de l'un dans l'autre. Il arriva même au Cap, à la fin du mois de février 1743, quatre jeunes garçons qu'on plaça chez des particuliers, mais Larnage et Maillart firent sentir aussitôt au ministre que ce système serait destructeur de l'établissement colonial.

Au mois de mars suivant, le procès de la Providence des femmes ayant été terminé, les administrateurs de la colonie la réunirent à celle des hommes le 24 du même mois, et déclarèrent l'une et l'autre capables de recevoir des donations et des legs. De ce moment les deux maisons ont eu une administration commune, quoique par déférence, fondée sur l'utilité de ses secours, la maison de la Providence des femmes ait eu longtemps pour directeur particulier le curé du Cap, comme je l'ai prouvé ci-devant. De ce moment aussi, il a toujours été question de trouver les moyens de soutenir et de favoriser de toutes les manières ces deux hospices.

Dès le premier mars 1748, Larnage et Maillart avaient concédé à celle des hommes le privilége exclusif de fournir tous les cercueils de la paroisse du Cap. Le 20 avril, ils nommèrent M. Pouget pour chirurgien des deux Providences sur la demande et la présentation de leurs administrateurs, avec exemption de tutelle et de corvées à l'instar du chirurgien-major du roi, et ce, tant qu'il ne serait pas révoqué par les administrateurs de ces maisons qui, quoique naissantes, méritaient le plus vif intérêt. « Voilà », écrivaient les deux chefs de la colonie au ministre, le premier août 1745, « plus de mille personnes auxquelles la Providence des hommes, depuis environ trois ans, a donné l'asile, et, par ce moyen, conservé la vie à plus de la moitié qui l'aurait infailliblement perdue sans un tel secours. Elle se ressent des malheurs de la guerre qui diminue les dons et les libéralités, etc. » A la fin du mois de septembre 1746, Castelveyre obtint encore des administrateurs que les enterrements des non-catholiques seraient faits dans un cimetière, dont je parlerai bientôt, par la Providence. Le 8 février 1749, sur ses représentations, MM. de Conflans et Maillart accordèrent à ces maisons l'exemption générale des corvées et des travaux publics pour leurs nègres, et au directeur, mot substitué à celui d'hospitalier, l'exemption du guet, de gardes et de corvées publiques. Toujours excités par Castelveyre, ils décidèrent, le 10 juin 1749, que les Providences auraient 40 livres de viande à la boucherie, aux taux des privilégiés, au lieu de 20 livres seulement qu'elles avaient eues jusque-là, et elles furent comprises pour cette quantité dans l'adjudication des boucheries du 12 décembre 1761.

Les mêmes personnes avaient été continuées dans l'administration des Providences jusqu'en 1750, que le Conseil en nomma deux autres; mais il conserva, au mois de juin, à MM. Dubuisson et Prost l'honoraire, et chargea deux de ses membres d'installer les nouveaux administrateurs en exercice. Les Providences eurent donc réellement alors cinq administrateurs, en y comprenant le curé, et plus que tout cela encore, le vertueux Castelveyre.

C'était lui, en effet, qui était l'âme de cet établissement; c'était lui qui, comme il l'avait toujours fait, soignait et pensait les malades, et consolait par ses paroles les douleurs physiques et morales de ceux dont il s'était environné. Il vivait au milieu d'eux, et, ce qui les touchait davantage, de la même manière qu'eux. Il était même parvenu à donner à des hommes que le préjugé de leur naissance dominait, le courage d'entrer dans la Providence et d'en accepter les secours. Enfin c'était un ange tutélaire pour les malheureux, un père tendre qui avait adopté tous les infortunés pour ses enfants.

Quel jour de deuil que le 21 mars 1755, où la mort le leur enleva, dans la soixante-septième année de son âge! Il n'en fut pas un seul qui ne regardât ce jour comme celui de la perte la plus cruelle qu'il pût éprouver. On les vit, tous éplorés, suivre le cercueil qui ne conservait plus que les restes inanimés de l'un de ces hommes que le ciel montre trop rarement à la terre. Le peuple entier les suivait en foule et jamais plus de larmes n'honorèrent la vertu.

Son souvenir protégea son ouvrage, que les chefs de la colonie crurent de leur gloire de seconder. Le 15 février 1761, l'intendant donna à l'hospitalier des Providences la commission exclusive de tambour public pour toutes les publications civiles. Il se réunit au gouverneur général pour leur concéder le terrain qui était immédiatement au devant de la Providence des hommes. M. de Clugny les chargea encore, le 13 mars 1764, du nettoiement des rues du Cap, ce qui leur donnait une rétribution. Cependant les dépenses croissaient, elles étaient supérieures aux moyens; les constructions dépérissaient, et, il faut le dire pour être vrai, les deux Providences s'étaient trouvées malheureuses depuis l'expulsion des jésuites. Lorsque les pharisiens sont proscrits, disaient les administrateurs aux chefs de la colonie, faut-il rappeler aux vrais fidèles le précepte de l'Apôtre, que la subsistance et les vêtements doivent être donnés aux pauvres? Cette apostrophe touchante produisit une ordonnance qui accorda aux Providences le privilége exclusif de faire porter les morts aux enterrements et d'exiger ce qu'on accordait auparavant aux soldats suisses du régiment d'Halwil, qui étaient dans l'usage de faire ce transport et qui venaient d'être réformés.

A cette marque de protection donnée par MM. d'Estaing et Magon, MM. de Rohan et Bongars crurent devoir faire succéder celle de demander que les Providences fussent définitivement autorisées par lettres du prince. Selon leur lettre du 15 octobre 1766, il était impossible d'espérer qu'on y vît élever des bâtiments durables, au lieu que cette preuve de l'intérêt du gouvernement serait un germe fécond de succès, dont l'imitation par d'autres lieux de la colonie et notamment par la ville du Port-au-Prince ne serait pas perdue. Cependant un aveuglement inexcusable faisait croire à Versailles que l'établissement devait être riche avant qu'on le consolidât, tandis que l'indifférence du ministère était un des plus grands obstacles à sa solidité. Enfin MM. de Rohan et de Bongars firent sentir cette vérité par une nouvelle lettre du 20 août 1768, et les lettres patentes furent accordées le 1er juillet 1769. On y lit qu'à cette époque les biens des Providences étaient évalués à 400,000 livres tournois, et que l'établissement portera le titre de *Maison de Providence*, sans distinguer celle des femmes d'avec celle des hommes, distinction que les rédacteurs des lettres patentes ignoraient sans doute et que leurs provocateurs ne connaissaient peut-être pas, car sans cela le préambule aurait nommé Dolioules comme il nomme Castelveyre. Les bienfaits déjà reçus ont été approuvés ainsi que ceux à venir jusqu'à ce qu'ils aillent à 1,200,000 livres tournois. On a eu soin d'insérer un article qui déclare que cette fondation est civile et entièrement à la charge de la colonie. Quant à l'administration, les lettres patentes la confient à un bureau composé du gouverneur général et de l'intendant ou de ceux qui les représentent, de deux conseillers et du procureur général du Conseil du Cap, de deux membres de la Chambre d'agriculture de la même ville, de quatre notables choisis par les paroissiens du Cap et du préfet apostolique de la partie du nord, lequel bureau est chargé de faire un règlement.

Les quatre premiers notables furent choisis dans une assemblée de paroisse, du 22 avril 1770. La même assemblée choisit aussi M. la Case, notaire, pour le syndic, qu'une ordonnance de MM. de Nolivos et de Bongars, du 7 mars 1770, avait créé, et dont les sublimes fonctions consistaient à solliciter d'eux l'approbation du choix de la paroisse, quoique les lettres patentes ne rendissent pas cette approbation nécessaire. L'installation du bureau eut lieu le 11 juin 1770 chez M. de Choiseul, commandant en second, et ce bureau remplaça la simple assemblée des administrateurs et du curé, qui avait lieu tous les lundis, à la Providence des hommes.

Le règlement rédigé par MM. Sainte-Marie et Baujouan, que le bureau en avait chargés, est du 9 septembre 1771 et va faire connaître le régime de la Providence. Il est divisé en statuts généraux et en statuts particuliers.

Les statuts généraux règlent que le bureau s'assemblera le premier jeudi de chaque mois après midi, dans une salle de la Providence des hommes et même plus souvent s'il est nécessaire. Il doit s'y trouver sept délibérants; la pluralité y détermine, et dans les cas de partage la voix de celui qui préside devient prépondérante. Les délibérations sont rédigées par le secrétaire du bureau sur un registre paraphé par le général et l'intendant, et signé des membres présents. Tous les trois ans le bureau prend deux administrateurs parmi quatre notables; ceux-ci doivent visiter l'hôpital au moins trois fois par semaine et en rendre compte chaque mois au bureau. L'un des deux administrateurs est trésorier et agent de la Providence. Il rend un compte particulier au bureau chaque trimestre et un compte général dans les trois mois qui suivent son exercice. Les deux administrateurs peuvent être réélus, mais à chaque époque triennale on vérifie l'inventaire général des titres et papiers. Le bureau seul peut affermer les biens, ordonner les réparations non urgentes et au-dessus de 1,200 livres, recevoir les dons avec des conditions onéreuses, édifier, soutenir des procès, changer aux règlements et décider sur la police et l'économie de l'établissement.

Les statuts particuliers soumettent au bureau le choix et le nombre des hospitaliers des deux maisons, lesquels doivent être indépendants les uns des autres. Dans chaque maison, le chef est obligé de tenir un registre paraphé par les administrateurs, où s'inscrivent les noms de baptême et de famille, l'âge, les qualités, le lieu de la naissance, la profession et la religion de ceux qui y entrent, leur état de marié ou non marié et l'époque de l'arrivée dans la colonie, et de porter en marge la date de l'entrée et de la sortie et la note des effets apportés et emportés par les pauvres. Nul ne peut être admis à l'hôpital que sur le billet de l'un des deux administrateurs. Le bureau a la nomination d'un médecin et des chirurgiens et la fixation de leurs honoraires. Le préfet charge des prêtres de dire la messe les fêtes et les dimanches dans les chapelles des deux maisons, et d'y donner les secours spirituels. Les morts sont mis dans un cimetière dépendant de celle des hommes, et inhumés par un prêtre qui y est préposé. La preuve de ces inhumations est portée sur un registre triple, paraphé du procureur général ; l'un reste à l'hôpital, l'autre est déposé au greffe de la sénéchaussée, le troisième est envoyé au dépôt de Versailles. Plusieurs articles règlent la nourriture, le vêtement et les heures où les pauvres doivent diriger leurs vœux vers le dispensateur de tous les biens. Des troncs doivent se trouver dans la chapelle des religieuses du Cap, dans chaque paroisse du ressort du

Conseil du Cap et dans les chapelles des deux Providences, où doit être aussi le tableau de leurs fondateurs et de leurs bienfaiteurs. Je dirai en quoi ces règlements ont été inexécutés, changés ou modifiés.

Lorsque le spectacle du Cap devint public, les administrateurs de la Providence exposèrent à MM. d'Estaing et Magon qu'en France les spectacles des villes donnaient aux pauvres une partie de leurs bénéfices, et ils sollicitèrent ou une rétribution fixe, ou des représentations au bénéfice des pauvres. Les actionnaires de celui-ci arrêtèrent, le 12 février 1775, qu'il serait donné, un mardi du carême, une représentation au profit des Providences. Cet usage s'est conservé jusqu'à présent, et c'est avec un sentiment religieux que les personnes mêmes qui ne vont pas à cette représentation envoient leur aumône. Lorsqu'au mois de mai 1785 le spectacle fut déserté, on sentit que cette circonstance ne devait pas être préjudiciable aux pauvres; il se fit une quête qui produisit 7,000 livres.

Le bureau, qui jusqu'au mois de juin 1773 avait été très-peu exact, convint alors de se former chaque mois, comme il le devait; c'était toujours chez le gouverneur général ou chez son représentant, mais le bureau décida, le 6 juin 1775, qu'en conformité des règlements, il se réunirait dans une des salles de la maison de la Providence, ce qui eut lieu, la première fois, le 12 du même mois.

M. d'Ennery débarqua au Cap deux mois après, et dès le surlendemain il fit assembler le bureau. On observa avec raison que plusieurs abus avaient attaqué l'administration de la Providence. On décida donc, le 8 août 1775, que dorénavant le bureau se renfermerait exactement dans les termes de l'institution; qu'on ne recevrait que les personnes à qui l'hospice était destiné; on plaça les fous au rang des incurables, auxquels l'accès en est ouvert, et l'on décida que les vagabonds et les pauvres de la colonie n'y seraient plus reçus. Touchés des besoins de ces deux maisons, MM. d'Ennery et de Vaivre leur accordèrent 30,000 livres à prendre annuellement sur la caisse des libertés;

une rétribution de 10,000 par an payée par le geôlier du Cap, et que les chefs de la colonie avaient donnée jusque-là à leurs secrétaires, leur fut attribuée. Cette décision, qui honore ses auteurs sous plus d'un rapport, triplait, presque tout à coup, le revenu de la Providence, qu'on n'évaluait qu'à 20 ou 30,000 livres.

Enfin, en 1777, on entreprit de bâtir réellement la Providence des hommes, qui était si peu de chose à cette époque, que voulant y mettre des soldats convalescents au mois de mars, on calcula qu'on ne pouvait en placer que cent quarante, ou cent soixante si l'on prenait la chapelle. L'édifice doit avoir 60 toises de façade sur la rue de la Providence, à partir de la rue Sainte-Avoye et s'étendant à l'ouest. Il n'y en a cependant que les deux tiers de construits. Un corps avancé formant un grand vestibule de toute la largeur du bâtiment, qui est de 36 pieds, marque son milieu. A l'extrémité orientale est la chapelle, qui a été sculptée par M. Adde, artiste intelligent, avantageusement connu par l'exécution heureuse de plusieurs moulins à sucre, et qui a cru devoir laisser à la Providence une preuve de sa reconnaissance pour l'asile qu'elle avait donné autrefois à ses talents, que n'avait pas respectés la misère.

Comment ce trait n'a-t-il pas rappelé aux administrateurs que tout, jusqu'aux règlements, leur impose le devoir de placer dans cette chapelle le nom du fondateur de la Providence! Nulle part on n'aperçoit le nom de Castelveyre, de ce mortel dont la bienfaisance fut l'unique objet, la seule pensée, la seule jouissance. Il a fallu que la Société des Sciences et Arts du Cap ait proposé en 1785 l'éloge de Castelveyre et de Dolioules; il a fallu que les hommes estimables qui la composent aient songé à ce que l'oubli allait ensevelir sans eux. Il y aurait trop à rougir pour le bureau de la Providence si l'on savait jusqu'à quel point il poussait l'ignorance sur tout ce qui concerne les deux Providences. Je reprochais à l'un de ses membres l'insouciance qu'on avait à parler de ces deux précieux établissements, et ce fut en cédant à mes importunités qu'il fit insérer dans l'almanach de 1779 une notice où l'on dit que Castelveyre a fondé les deux maisons. Ce fait inexact, les almanachs suivants l'ont servilement copié. J'ai eu autrefois des renseignements encore plus fautifs, et qui m'auraient égaré par la confiance dont je les croyais dignes, si je n'avais conçu l'idée de répondre aux vues de la Société des Sciences et Arts[1].

A l'immense corps de logis de la Providence ont été ajoutés de nouveaux bâtiments, l'un de 264 pieds de long sur 17 de large, et l'autre de 94 sur 18, qui ont été construits par M. Artau, entrepreneur, d'après des marchés passés le 10 mai et le 15 juillet 1782; le premier pour 81,000 livres, et le second pour 42,000 livres. C'est dans la totalité de ces constructions, qui peuvent contenir environ huit cents personnes et qui étaient achevées en 1782, qu'on a vu jusqu'à neuf cents malades ou blessés dans la dernière guerre, car durant deux ans la Providence a été changée en un hôpital militaire, devenu indispensable. Aussi le bureau ne s'est-il pas assemblé depuis le 5 juillet 1781 jusqu'au 7 août 1783. Au mois d'août 1779 on avait été forcé aussi d'y mettre quatre cents malades de l'escadre de M. d'Estaing. La Providence a été intéressée pendant dix-neuf mois, pour moitié, à l'entreprise des malades qu'on traitait aux frais de l'État dans son local.

La plume éloquente de Raynal a loué l'auteur de la Providence, et sans doute qu'il l'aurait nommé s'il l'avait connu;

---

1. Elle a daigné couronner mon faible ouvrage au mois de juillet 1790. Les administrateurs qui l'ont connu ont avoué leur faute en cherchant à la réparer. Ils ont demandé une inscription qui rappelât le nom si touchant de Castelveyre. Qu'ils ôtent du frontispice du vestibule celle-ci :

Hic divitum donis, pauperes curantur.

Qu'on abdique cette ridicule manie de célébrer en latin des vertus françaises. Écrivez dans votre langue, dans celle qui sera entendue de tous :

Castelveyre ouvrit cet asile au malheur en 1740.

Et croyez que ce langage simple parle plus au cœur que les distiques contournés et les vers guindés qu'on pourrait offrir.

mais je crois devoir réclamer contre les imprécations qu'il lance à cause des infidélités qu'il reproche à des administrateurs de ce refuge des pauvres, et j'ose dire qu'il a été trompé et que ce forfait est imaginaire. M. Hilliard d'Auberteuil a aussi parlé, mais d'une manière affligeante, d'une fondation qui attend des infortunés à 2,000 lieues de leur pays, pour les sauver de la mort et peut-être de la honte, et M. Dubuisson, son critique, a eu tort de lui reprocher cette triste peinture, puisqu'il voyait la Providence construire à neuf, tandis que M. Hilliard l'avait laissée menaçant ruine.

Mais qu'on est douloureusement frappé en observant que l'éloge fait par M. Dubuisson n'est pas complétement mérité ! Qui ne serait affligé de n'apercevoir qu'à peine le vaste bâtiment de la Providence, dans un point dont les alentours se trouvent escarpés de 8 à 10 pieds, de manière qu'il est enfoncé et qu'on ne le distingue que lorsqu'on en est près ? On regrette que cet édifice n'ait pas été mis dans une situation plus élevée et plus saine, où sa perspective aurait embelli la ville.

On remarque que ce bâtiment faisant face au sud, manque lui-même d'élévation dans ses proportions; que les ouvertures en sont trop basses et que les malades y éprouvent une chaleur extrême. La ravine n'ayant qu'un filet d'eau qui ne sert qu'à détremper les immondices qu'on y jette, et que grossit l'égout des latrines des casernes, elles y sont une source d'infection qui empoisonne l'air de cette maison et qui nuit aux malades. Une digue et une écluse auraient pu servir à lâcher à volonté l'eau qu'on aurait accumulée. Comment n'a-t-on pas senti la nécessité d'une galerie tournante dans l'intérieur des cours pour que les malades ne fussent pas exposés aux injures de l'air, surtout dans la saison des pluies ? Pourquoi n'avoir pas éloigné davantage leurs latrines, au lieu de les mettre au centre et de les adosser aux bâtiments ? M. Artaud, médecin du roi, a proposé de pratiquer des lucarnes dans la toiture des salles; mais l'inconvénient serait mieux corrigé par l'élévation des croisées. Au total, il est indispensable de s'occuper de rectifier tout cet ensemble, et pour les quatre-vingt-dix ou cent personnes qu'on voit constamment à la Providence depuis la guerre, au lieu de vingt qui s'y trouvaient auparavant, et pour les cas où il faudrait encore y loger des blessés. C'est assez que des entrepreneurs d'hôpitaux trouvent dans des calculs dont le résultat est une fortune qui éclabousse, les moyens de n'accorder à celui qui donne son sang à la patrie, que ce qu'ils ne peuvent lui refuser, sans que des vices de local moissonnent encore cet homme utile. Il ne faut pas que l'on soit arrêté par les dépenses qu'on a faites, parce qu'il ne s'agit pas de sacrifier des hommes à de l'argent, mais de l'argent à des hommes. Qu'on se souvienne de l'exemple de Castelveyre; il a tout soumis à la seule pensée d'être vraiment utile.

La Providence n'est pas, je le sais, dans une situation qui lui permette de grandes dépenses, mais cette situation doit s'améliorer, et l'on peut ne faire que successivement les changements nécessaires.

En 1779, les Providences devaient 102,000 livres, quoiqu'elles eussent reçu en 1776, 1777 et 1778, 90,000 livres de la caisse des libertés, et en 1776, 1777, 1778 et 1779, 40,000 livres du geôlier, payement qui cessa en 1780, parce que M. Fleury s'en fit décharger; mais aussi la Providence avait dépensé, en 1777, 300,000 livres pour un édifice. En 1782, elle a fait faire des constructions par M. Artau pour 123,000 livres; elle avait acheté pour 63,000 livres d'approvisionnements destinés aux malades, parce qu'on annonçait l'arrivée de M. d'Estaing et de forces supérieures pour une expédition, à quoi il faut ajouter 44,000 livres de remplacements de nègres, ce qui faisait un total de 332,000 livres de dettes en 1782. D'après une ordonnance du général et de l'intendant, datée du 29 novembre 1785, la Providence a reçu 123,025 livres pour ce qui lui appartenait dans la moitié du traitement des malades, dont M. Brée de la Touche, entrepreneur, avait l'autre moitié. Elle a reçu, au même titre encore, 56,000 livres; c'est, au total, 179,000 livres; elle en redevait donc 153,000 à la paix en 1783.

A l'époque de 1785, il faut déduire trois années d'un casuel qu'on pouvait évaluer alors à 35,000 livres par an, et environ 10,000 de loyers et de rentes annuelles; c'est au moins 115,000 livres par an, et, par conséquent, la dette était réduite à environ 40,000 livres.

Calculons maintenant pour cette année 1789. Le droit sur la geôle a été renouvelé en 1785, mais sur le pied de 6,000 livres seulement; c'est 24,000 livres pour quatre ans. Les revenus fixes étaient montés à 20,000 livres, le casuel à 50,000, le tout par an, c'était 280,000 livres, et au total, au moins 300,000 liv. Voilà donc la dette éteinte, et 260,000 livres de reste. Je sens bien qu'il a fallu faire la dépense de la maison, pendant ces quatre ans, et je sais même qu'au commencement de 1789, loin d'avoir des fonds disponibles les Providences devaient 150,000 livres. Or elles avaient alors aussi un actif de 450,000 liv. composé de dons, de legs et d'amendes prononcées à leur profit. Défalquant un tiers pour le peu de ressource de certains recouvrements, on trouve encore 300,000 livres qui payeront la dette, et fourniront un capital de 150,000 livres qui, bien placées, donneront 15,000 livres de revenu. Il faudra y ajouter 15,000 livres annuelles que donnera la maison de l'emplacement de l'ancien hôpital Saint-Joseph au coin des rues Vaudreuil et Saint-Joseph, que MM. Reynaud et Robar, entrepreneurs, ont bâtie en 1788, à condition qu'ils en jouiraient dix ans. Tout cela réuni au revenu d'une autre maison qui fait l'un des angles de la rue Penthièvre et de la Vieille-Joaillerie, située par conséquent dans un point très-commerçant, et reçue de M. Charrier, en échange de 225 carreaux de terre dans la paroisse de Plaisance, qui venaient de Castelveyre; on peut considérer les Providences comme incessamment libérées de tout engagement, devant jouir d'un revenu annuel de 100,000 livres, d'autant que depuis 1787 il s'est augmenté de 1,044 livres, par des baux emphytéotiques, dont l'ordre de la description me fera parler tout à l'heure.

On ne peut pas, sans courir le risque de se tromper, compter la dépense annuelle des deux Providences pour moins de 100,000 livres, à cause des appointements du directeur, des hospitaliers, les frais d'entretien des bâtiments, le remplacement des nègres, et la dépense de 100 malades ou autres personnes accueillies dans ces hospices; voilà donc ces établissements au pair. Maintenant les nouvelles libéralités, les nouvelles amendes, et quelques économies, peuvent et doivent être employées aux changements qui pourront leur donner une situation salubre, aérée, commode et propre à remplir le but de leur institution.

Que le bureau se détermine enfin à faire placer la longue liste des fondateurs et des bienfaiteurs dans un tableau, et j'ose assurer que ces améliorations deviendront bientôt possibles; car il doit être plus aisé de les réaliser qu'il ne l'a été de procurer 100,000 livres par an à ces maisons. Sans doute il est triste qu'il faille parler à l'amour-propre des hommes pour les porter à une action utile, mais n'ayons pas la prétention de changer le cœur humain, et publions ses vertus, même pour les exciter.

Cette liste, que je possède, offre un total de 624,909 livres 2 sous 4 deniers de bienfaits, sans compter les dons de Castelveyre et de Dolioules; et il est à ma connaissance personnelle qu'elle contient des omissions. Ne serait-ce pas une raison (entre beaucoup d'autres) pour que l'administration de la Providence rendît des comptes publics?

Je voudrais aussi qu'au rang des bienfaiteurs on plaçât les administrateurs des maisons de Providence; car c'est un bienfait que de donner, dans une colonie, son temps aux soins de ces hospices et de s'attacher à leurs intérêts.

La même justice devrait être la récompense des médecins et des chirurgiens qui leur ont consacré et qui leur consacrent journellement des soins gratuits.

Comment le bureau des Providences néglige-t-il tant de moyens de procurer des secours de tous les genres aux malheureux qui leur sont confiés?

J'allais être coupable moi-même, en oubliant de compter M. Adde parmi les bienfaiteurs, lui qui a sculpté sa jolie chapelle avec un ciseau que conduisait la gratitude.

J'ai peu de chose à ajouter sur ces établissements, dont on ne se lasse point de parler. Depuis le 2 avril 1778, le bureau y a mis un contrôleur qui, comme le dit son titre même, inspecte tous les achats, toutes les dépenses, et dont le directeur est tenu de prendre le *visa* pour tout ce qu'il fait. Et comme le bureau a senti que les fonctions qui lui sont attribuées, relativement aux registres qui doivent faire preuve de la mort de ceux qui y périssent, sont civiles, il prit un arrêté le 7 novembre 1771, portant que ce directeur (alors appelé hospitalier) déposerait au greffe de la sénéchaussée sa nomination et sa signature, pour que ses actes mortuaires pussent être légalisés. Le tribunal a justement exigé de plus le serment de ce directeur, entre les mains du juge; c'est donc à cet égard un officier public. Les registres mortuaires des Providences, depuis 1746, se trouvent au greffe de la sénéchaussée.

Leur revenu casuel est produit par le transport des morts, où chaque nègre reçoit 3 livres, et même 11 livres, dans les inhumations solennelles; par les enterrements des non catholiques, où celui d'un juif coûte 180 livres; celui d'un protestant avec cercueil couvert 199 livres 10 sous et sans ce cercueil 67 livres 10 sous; par le droit des exécutions, où elles font préparer les échafauds, les gibets, etc.; par le produit de la représentation annuelle de la comédie; par celui (presque nul) des troncs mis dans les églises; par les quêtes que font des dames de la ville, dans les deux journées du jeudi et du vendredi saint, lorsqu'on va faire des stations aux chapelles des deux Providences; par le produit de quelques tombereaux qui font des transports et des charrois dans la ville, et enfin par le traitement des matelots malades, qui est payé par les capitaines des navires marchands, dont ces matelots dépendent.

Je m'arrête enfin ici, relativement à ces établissements qui montrent que les vertus les plus touchantes ne sont pas étrangères aux colons, et en répétant qu'ils sont dus à la générosité, au rare dévouement et à la persévérante charité de Castelveyre, dont l'exemple a donné naissance à la Providence des femmes, et à la Providence qui subsiste maintenant dans la ville du Port-au-Prince.

En sortant de la maison de Providence des hommes, la laissant à droite et montant dans l'ouest la rue de son nom, on trouve, à environ 100 toises de la rue du Pet-au-Diable, un pont de bois qui traverse la ravine à Douet, ou des Casernes, près du pont où elle va se rendre dans celle du Cap. En 1779, il n'y avait point de maisons au-dessus de la Providence et en 1781 on en voyait une seule, en deçà de la ravine des Casernes, et elle était considérée, avec ses petits embellissements, comme une maison de campagne; mais depuis 1786, le Cap s'est encore étendu de 100 toises au delà de la ravine des Casernes. C'est une petite gorge qui a à peine 40 toises dans son plus large, et qui est encaissée par deux coupes du morne du Cap. Elle a sa direction au nord-ouest, et la ravine du Cap la borne au nord.

Le 6 avril 1786, le bureau de la Providence considérant la cherté des loyers, et sollicité par plusieurs particuliers, décida que ce terrain serait donné à bail emphytéotique. Il faisait partie de la concession accordée à l'hospice le 23 avril 1764, par MM. Bart et Clugny, de 300 pas, depuis la rue du Pet-au-Diable, allant dans l'ouest, et le long de la ravine du Cap. Les administrateurs de la colonie, à qui cette destination fut soumise, l'approuvèrent le 7 juin 1786, ainsi que le plan qui avait été dressé pour partager cet espace en neuf emplacements, et conserver le passage du chemin qui conduit de la ville du Cap à la bande du nord et au Port-Français. Ce plan fut même rectifié par les opérations du voyer, qu'une autre ordonnance des administrateurs de la colonie sanctionna le 14 octobre 1786. Ensuite, y comprenant le terrain de l'ancien cimetière de la Providence, on a formé neuf emplacements, qu'on peut compter sur le plan topographique du Cap, dans mon atlas.

On les a tous affermés au mois de juin 1787, au profit de la Providence, pour dix ans; chaque fermier est tenu de faire pendant les dix ans, qui comptent du 1ᵉʳ juillet 1787, pour 3,000 livres de bâtiments, et l'un deux pour 7,000 livres. Si les constructions sont au-dessus de cette valeur, les fermiers auront dix autres années de jouissance, moyennant une rétribution fixée; et à l'expiration des vingt ans, tout le terrain et les bâtiments doivent être remis en bon état à la Providence, sans nulle indemnité de sa part.

C'est ainsi que ce sont formées plusieurs jolies petites maisons de plaisance, offrant un aspect varié par l'inégalité du terrain, et les différents enjolivements qu'on a cherché à naturaliser dans ce sol ingrat, où l'on ne peut tenter que la culture de quelques fruits et de quelques légumes, au moyen de l'eau que procure des sources et des ravines.

Je viens de dire que c'était à l'extrémité de cette espèce de petit faubourg qu'était le cimetière de la Providence, placé dans ce point en 1746, à une époque où l'on était loin de supposer que les vivants, guidés par le plaisir, viendraient y chercher des asiles. Ce cimetière, qui avait 100 pieds de long du nord au sud, et 60 de large de l'est à l'ouest, avait été établi par Castelveyre, indigné de ce qu'on plaçait au hasard les corps des nègres non baptisés, et des non catholiques; de ce qu'on en avait jeté dans des puits secs et d'autres dans la mer, de sorte que, ramenés au rivage, ils y devenaient la proie des animaux. Les officiers de police du Cap et les administrateurs avaient trouvé ce lieu convenable, et déjà il était entouré d'une large haie vive, en attendant la clôture de maçonnerie qu'on y avait faite postérieurement, lorsque les chefs de la colonie approuvèrent cette nouvelle œuvre du pieux Castelveyre. Au mois de septembre 1746, on a mis plus à l'ouest, et sur la rive opposée de la ravine du Cap, ce dernier refuge de l'homme, et on l'a distribué de manière à servir de sépulture pour les malades de la Providence, pour les suppliciés, pour les non catholiques, et pour les nègres non baptisés.

A toucher la limite ouest du terrain affermé par la Providence, est un établissement auquel tous les hommes sensibles doivent un tribut de reconnaissance.

Depuis que l'Afrique donne des cultivateurs aux colonies américaines, les cœurs, où l'on n'avait pas étouffé les sentiments de la nature, étaient soulevés de voir l'état d'abandon où étaient laissés les Africains malades, apportés par les navires. Entassés dans des magasins très-resserrés, gardés au sein de la ville, dont l'air n'était pas propre à les rétablir, et qu'ils n'ont rendue que trop souvent le théâtre d'épidémies cruelles, ils y offraient le spectacle déchirant de l'humanité méconnue par la cupidité. Un jeune chirurgien, calculant que l'avidité se trompait elle-même, conçut le projet d'un hospice, où des soins assidus pourraient conserver des êtres précieux, et il entreprit de s'enrichir en faisant le bien.

L'occasion venait de lui en être fournie par un ordre du procureur du roi, du 25 novembre 1782, qui obligeait de transporter tous les nègres de cargaisons malades hors de la ville. Il en recueillit d'abord un grand nombre dans un endroit pris et disposé à la hâte; puis, méditant sur son entreprise, il acquit une petite habitation au lieu dont j'entretiens le lecteur en ce moment, et dès le mois de février 1783 il fut en état de remplir sa destination. MM. de Bellecombe et de Bongars protégèrent ce dessein, et le médecin et le chirurgien du roi approuvèrent les vues et les dispositions de M. Durand, chirurgien-major de l'amirauté. Le 16 mars 1786, une ordonnance de MM. de Coustard et de Marbois a consolidé l'établissement pour servir au traitement des nègres malades provenant des cargaisons, avec faculté néanmoins aux particuliers de les faire traiter ailleurs, s'ils le jugent à propos.

L'exposition de cet hôpital, appelé *Maison de santé*, est heureuse par son élévation, son isolement et par sa situation dans une gorge où l'air est plus actif par cela même que son passage y est plus pressé. Le bâtiment principal a 100 pieds de long; sa division en plusieurs salles donne la facilité de séparer les sexes et les malades des différentes maladies. D'autres constructions sont destinées au logement du chirurgien, qui réside dans l'hospice et le dirige, et aux détails du service. Chaque journée coûte 50 sous ou moitié seulement lorsque les malades ne sont pas nourris aux dépens de la maison. Des particuliers de la ville, approbateurs de l'établissement et qui trouveraient difficilement les mêmes secours pour leurs nègres, les envoient dans cette maison, où ils payent 4 livres par jour; ils sont traités séparément des premiers. On peut attendre les plus salutaires effets de cet établissement, puisque dans les commencements, lorsque beaucoup de commodités devaient manquer encore, du mois d'août 1782 à celui de janvier 1783, sur 672 malades, il n'en est mort que 110, ce qui n'en fait pas le sixième.

Quand on réfléchit que dans cette maison de santé il aurait péri plusieurs milliers d'êtres qui pour être sauvés du scorbut de mer dont ils sont attaqués n'ont eu besoin que d'un air pur et d'une nourriture saine, on bénit l'idée de M. Durand, on applaudit à son zèle, à sa sensibilité, et en contemplant son hospice et le joli jardin qui en fait partie, le cœur s'attendrit et prononce son éloge.

Il me reste encore à parler, pour terminer sur ce canton, que j'appellerais volontiers le canton de la bienveillance, d'une autre entreprise couronnée d'un moindre succès, mais plus glorieuse encore pour son auteur.

En 1756, le nombre des gens de couleur libres commençait à augmenter, sans que leurs ressources suivissent la même progression; on voyait de ces malheureux errant dans la ville du Cap, sans pain, sans asile, et quelquefois accablés encore par la maladie et par les infirmités. Le père Daupley, jésuite, alors curé des nègres, touché de ce spectacle, chercha à intéresser MM. Brévignon et Grandjean, négociants, administrateurs des maisons de Providence, et les engagea à donner, sur le vaste terrain de celle des hommes, un emplacement où l'on pourrait bâtir une case pour recueillir ces infortunés. Cette première marque d'humanité obtenue, il en fallait une seconde plus grande encore ; c'était que quelqu'un se chargeât de la construction de la case, et de diriger l'espèce d'hospice que demandait la pitié. Le choix du père Daupley se fixa sur l'être que je vais faire connaître.

Aloou Kinson, né à *la Côte-d'Or, en Afrique,* en 1714, y fut acheté par le capitaine Bertrand et vendu au Cap. M. Thoumazeau, maçon, l'acheta et lui enseigna son métier. Il fut baptisé dans la même île le 31 mars 1736, et reçut le nom de *Jean Jasmin.* M. Thoumazeau à sa mort, arrivée en 1738, laissa Jasmin à un M. Louis, entrepreneur des travaux du roi, avec prière de lui procurer les moyens d'acquérir sa liberté. Jasmin, chargé, par M. Louis, de la construction des prisons et de la poudrière de Saint-Marc, mérita, par son intelligence et sa conduite, que celui-ci l'affranchît dès le 10 novembre 1741, et MM. Larnage et Maillart ratifièrent sa liberté le 12 mars 1749, en astreignant Jasmin à payer 150 livres à la communauté des religieuses du Cap.

Le 10 mai suivant, Jasmin épousa Catherine, négresse de Foëda, à la Côte-d'Or, alors âgée de vingt-huit ans, et affranchie du sieur Nanat.

Jasmin construisit, en trois mois, à ses frais, dans l'ouest de la Providence des hommes, à 15 toises de la rive gauche de la ravine du Cap et à 30 toises du point où elle reçoit maintenant la ravine des casernes, une maison de maçonnerie de 36 pieds de long sur 28 de large, avec un simple rez-de-chaussée, couverte d'essentes et disposée de manière à recevoir des malades dans quatre chambres avec un grand couloir au milieu.

C'est là que, depuis près de quarante ans, Jasmin, connu sous le nom de Jasmin Thoumazeau, qui offre l'union du sien avec celui de son ancien maître, exerce la plus généreuse hospitalité, prodiguant ses soins, ceux de sa femme, de douze de ses nègres et sa propre fortune pour le soulagement des êtres de sa classe. Ce lieu qui peut recevoir, à l'aise, douze malades, en a quelquefois dix-huit, parce que Jasmin ne peut se résoudre à les repousser lorsqu'il peut les accueillir, même en les gênant tous.

Cet hospice charitable fut toujours secouru par le jésuite qui se trouvait curé des nègres ; mais depuis l'expulsion de cet ordre, la même ressource ne subsiste plus. Jasmin n'a donc plus d'aide que le produit d'une quête qui a lieu le jeudi saint, lors de l'adoration d'une croix qu'il place dans un des cabinets de l'hôpital. C'est là que les gens de couleur apportent environ 5 ou 600 livres, qui sont loin de pouvoir être comparées aux dépenses de Jasmin.

Dans les commencements, les chirurgiens chargés du soin des Providences allaient visiter quelquefois l'hospice de Jasmin, mais ce zèle s'est éteint. Il y en a même eu qui ont été capables de demander une rétribution, et leur démarche a décidé Jasmin à appeler un chirurgien à son choix dans les cas particuliers où il ne peut s'en passer; car Jasmin est le fondateur, l'hospitalier et le médecin de cet hospice, auquel il a pu donner encore plus de soin depuis le 22 décembre 1768, que M. de la Ferronays, commandant en second du Cap, le dispensa du service des milices, qu'il remplissait comme sergent de la compagnie des nègres libres. Cette exemption a même été renouvelée le 6 juin 1770, par M. de Choiseul, son successeur, qui l'a motivée sur les charités que Jasmin exerce journellement.

En 1778, ce nègre précieux conçut le projet d'augmenter sa maison, devenue insuffisante. Le père Colomban, préfet apostolique, présenta sa requête au bureau des Providences. Il demandait la permission d'ajouter, *à ses dépens,* trois ou quatre autres chambres de maçonnerie, dans l'ouest de celles existantes; de faire quelques fouilles et de ramasser des pierres dans la ravine et sur le terrain, offrant d'entretenir le tout à ses frais et de fournir gratuitement, toute sa vie, la subsistance, les pansements et les médicaments nécessaires à son hospice. Un arrêté du bureau, du 12 février 1778, accorda ses demandes.

Jasmin avait déjà fait faire un mur de 80 pieds de long pour soutenir les terres le long de la ravine et pour former un plateau capable de recevoir les nouvelles bâtisses, lorsqu'un projet de redressement de cette ravine l'a engagé à suspendre. Les choses étaient dans cet état à l'époque où l'administration des Providences a fait en 1786 les baux emphytéotiques dont j'ai parlé. Le croira-t-on? on a renversé le mur de 80 pieds, et avec lui a disparu la possibilité d'exécuter le plan d'une augmentation de logement. Les voisins, produits par les baux emphytéotiques, ont fait des constructions, des remblais, des déblais, et la chute des terres a même diminué l'ancien local occupé par l'hospice de Jasmin. Cet établissement, ignoré de presque tous ceux qui habitent la ville du Cap, est donc exposé aux caprices et même aux injustices, malgré son utilité qui offre un des plus beaux exemples donnés par la vertu de ce qu'elle fait inspirer de courage pour les choses utiles. Les travaux de Jasmin, si dignes d'éloges, sont ignorés ou méprisés. J'ai vu, et mon cœur s'en indigne encore, j'ai vu s'élever tout autour de cet hospice des maisons bâties par le luxe ou par des motifs qui ne font pas l'apologie des mœurs, et l'asile des pauvres, diminué, presque enseveli.

Rempli d'une vénération profonde pour Jasmin, j'osai lui promettre, en 1788, que j'obtiendrais du ministère une autorisation expresse pour son hospice. Je ne puis me rappeler, sans que des larmes d'attendrissement soient encore près de s'échapper de mes yeux, la joie qu'il en eut. Je questionnai les personnes les plus estimables du Cap, toutes furent unanimes sur le compte du bon Jasmin, presque octogénaire, et qui était résolu d'assurer après lui une partie de sa fortune à l'hospice. Je partis, admirant cet autre Castelveyre, qui voulait même que j'acceptasse une somme pour les dépenses qu'il croyait que les sollicitations me feraient faire. Ses bénédictions, ses vœux, ses présents mêmes (car il fallut, pour ne le pas affliger, accepter deux chèvres laitières et quelques fruits de sa petite habitation du Morne-Rouge), tout me suivit jusqu'au vaisseau, et l'espoir de le servir accompagna tout mon voyage.

Je donnai un mémoire au ministre, M. de la Luzerne, qui me chargea de faire un projet de lettres patentes, que j'ai dressé. J'y assimilais l'hospice de Jasmin aux autres Providences, et je lui donnais le nom de *Providence des gens de couleur libres*. Deux hommes de couleur devaient en être les administrateurs et être nommés par les paroissiens du Cap pour deux ans, de manière qu'il y en eût un de remplacé tous les ans, sauf les réélections tant qu'on les jugerait utiles. Ces administrateurs devaient rendre leurs comptes au bureau des Providences, formé par les lettres patentes de 1769, lequel devait régir la nouvelle Providence comme les autres, mais cependant ses arrêtés, quant à elle, ne devaient être valides qu'avec l'approbation des deux chefs de la colonie. L'hospice était autorisé à recevoir des dons jusqu'à 600,000 livres; les tribunaux pouvaient lui appliquer les amendes encourues par les gens de couleur libres; Jasmin et sa femme étaient nommés premier hospitalier et première hospitalière, et sur le tableau des bienfaiteurs, qui devait être mis dans un lieu apparent de l'hospice, on aurait nommé d'abord la Providence des blancs et ensuite Jasmin et Catherine sa femme.

Au moment où je croyais que tout allait se terminer, le ministre pensa que cet objet était de nature à être préalablement communiqué aux administrateurs de la colonie. En conséquence, il leur adressa une copie de mon mémoire et du projet des lettres patentes. Le ministre leur écrivit, le 12 mars 1789, que l'établissement paraissait très-utile; qu'il croyait même qu'il fallait que Jasmin fût établi premier administrateur pour toute sa vie. Il adoptait également trois propositions de moi; l'une d'envoyer à Jasmin une médaille d'or avec cette inscription : *Jean Jasmin, fondateur de la Providence des gens de couleur libres au Cap*, en 1756; la seconde, de lui donner une pension honorifique; la troisième, d'accorder plusieurs affranchissements à des esclaves qui serviraient dans l'hospice pendant cinq ou six ans.

Membre de la Société royale d'agriculture de Paris, je l'entretins des vertus de Jasmin, et elle a arrêté dans sa séance du 26 mars 1789, qu'elle lui accordera une médaille d'or comme prix de vertu rurale, attendu qu'il emploie les productions de sa petite habitation à l'utilité de son hospice.

Associé aussi à la Société des Sciences et Arts du Cap, j'avais eu l'occasion d'écrire à mes confrères ce que j'avais fait relativement à l'établissement de Jasmin. Aussitôt MM. Arthaud et Roulin, aussi membres de la Société, et médecin et chirurgien du roi, allèrent visiter son hospice où ils trouvèrent, au mois de juillet (1789), treize infortunés existant par ses bienfaits. Sur le compte qu'ils rendirent de cette visite à la Société, elle trouva juste et délicieux pour elle d'arrêter, le 20 juillet, qu'elle donnerait, dans la séance publique du 15 août, une médaille d'or à Jasmin, avec l'emblème du Cercle d'un côté, et de l'autre, ces mots : *Par le cercle des Philadelphes à J. Jasmin, F. L., fondateur d'un hôpital au Cap, pour les pauvres gens de couleur libres*. Apprenant alors que les administrateurs venaient de recevoir la lettre où le ministre les consultait, la Société crut devoir leur écrire le 30 juillet, pour leur communiquer l'arrêté sur la médaille. Ils l'engagèrent à en conférer avec M. Coustard qui venait de prendre au Cap les fonctions de commandant en second, et M. Jauvain qui y remplissait, depuis trois ans, celles d'ordonnateur, qu'ils chargeaient de prendre des renseignements d'après la lettre du ministre. Le Cercle reçut, le 11 août, une lettre signée de ces deux derniers qui engageait la Société à suspendre le don de la médaille, ce qui, en style colonial, équivaut à une défense.

C'est ainsi que des idées étroites deviennent un obstacle aux meilleures vues. C'est ainsi qu'un lieu où des malheureux pourraient aller chercher la santé, et expirer, du moins, sans éprouver les horreurs du désespoir, ne peut être ouvert à tous ceux qui en ont besoin. Eh! souffrez qu'ils y entrent, froids égoïstes! ne fût-ce que pour vous épargner la peine de détourner les yeux à l'aspect du malheur!

Cependant, lorsque les gens de couleur font quelques legs pieux, les Providences des blancs, où on ne les admet pas, ne dédaignent pas de les recueillir. Lorsque des gens de couleur donnent lieu à la prononciation de quelque amende applicable aux Providences, celles des blancs ne rougissent pas de les recevoir. Quand les personnes de couleur meurent chez Jasmin, c'est de la part des Providences des blancs qu'on vient réclamer leurs misérables effets. Si les fossoyeurs et les porteurs de la Providence enterrent ces mêmes personnes, on n'a pas honte de demander à Jasmin les frais de sépulture. Et lorsqu'il ne faudrait qu'un regard de bonté pour leur procurer de nouveaux secours, cela ne concerne plus qui que ce soit, ou plutôt il y a des êtres qui croient devoir l'empêcher! La Providence des hommes avait un blanc fou qui gênait dans la maison, on l'a envoyé chez Jasmin qui a été forcé de veiller à la garde de ce furieux qui occupait la place de plusieurs malades. En 1788, un homme dont l'esprit était aliéné vint encore le trouver volontairement et quitta la Providence.

Eh quoi! dans une grande ville où rien ne devrait échapper aux regards de ceux dont le premier devoir est de protéger tout ce qui mérite de l'être, une foule de pauvres n'ont qu'un nègre pour appui! Cet homme estimable, dont la Puissance Suprême, qui veille sur la vertu pour rendre la terre habitable, bénit les travaux, possède un petit terrain de onze carreaux, au Morne-Rouge, dans la paroisse de la Plaine-du-Nord, où il cultive quelques vivres pour sa consommation et celle de son hospice; cinq emplacements dans la ville du Cap, dont deux rue Saint-Joseph, deux rue du Cimetière, et un rue du Haha, et vingt-cinq nègres, dont douze le servent ainsi qu'à l'hôpital dans le voisinage duquel il a sa maison. Arrivé à sa soixante-quinzième année, sa vieillesse est celle d'un être qu'une main invisible soutient, et son unique chagrin, c'est de songer à l'abandon de son hospice après sa mort, c'est de remarquer l'insouciance, je dirais même la persécution qu'il éprouve. Sa femme, âgée de soixante et onze ans, partage ses craintes et ses soins charitables. Le ciel, qui leur a donné tant de pauvres pour enfants, n'a pas voulu, sans doute, que leur mariage en produisît; cependant ils en ont d'adoption. Ce sont deux enfants de couleur qu'on a exposés à leur porte en naissant, et qui reçoivent des soins qui prouvent combien la confiance des auteurs de leur existence était méritée.

Vertueux Jasmin! Que l'espérance ne périsse pas au fond de ton cœur! Si les témoins de tes efforts y sont insensibles pour la plupart; si un préjugé, avec lequel tes œuvres n'ont rien de commun, ne permet pas qu'ils t'estiment tout ce que tu vaux, console-toi; une voix consacrée à la vérité, au panégyrique des bons et au blâme des méchants, aura publié tes vertus. Elle sera entendue cette voix, et mille autres en deviendront les échos; et si tu payais à la mort un tribut inévitable, avant qu'une puissance protectrice couvrît l'asile que tu élevas à l'infortune, ton nom, conservé à l'admiration de nos neveux, le ferait renaître du sein même de ses décombres; les cœurs sensibles y placeront un jour ce nom vénéré, et la censure publique sera alors le partage de tous ceux qui, incapables de t'imiter, auront dit que récompenser ta bienveillance, c'était menacer l'état politique de la colonie, et qui se jugeaient importants, parce qu'ils se croyaient le pouvoir de t'avilir!

En face de la Providence des hommes et dans tout l'espace qui est entre la rue de la Providence et celle Sainte-Marie, est une place appelée le Champ-de-Mars. La ravine des Casernes, suivant autrefois le bord sud d'un épatement du morne qui venait couvrir presque toute la surface de cette place, passait dans une direction presque est et ouest, à 100 pieds dans le nord des casernes. Vers le milieu de la place actuelle, elle tournait au nord-est, allait traverser en diagonale le terrain qui est entre la Providence des hommes et les prisons, et n'arrivait dans la ravine du Cap qu'un peu au-dessus de ces dernières. Toute cette étendue n'était donc qu'un terrain montueux, où l'école du canon pour les bombardiers est restée jusqu'à l'arrivée des soldats du corps royal, amenés par M. de Belzunce, époque où cette école fut réunie à celle du mortier, qui était à la Fossette. Depuis, ce local, en quelque sorte abandonné, s'était transformé en cloaque, par la décharge des latrines des casernes dans la ravine de leur nom, et par les immondices qu'on y apportait. On y voyait cependant, en 1781, une jolie maison, dans l'angle nord-ouest des rues Sainte-Marie et Sainte-Avoye, et une autre vers les deux tiers de la place dans l'ouest. Les casernes étaient infectées; tout le quartier partageait ce désagrément; on venait de transformer la maison de Providence en hôpital; tout exigeait donc un changement. Il fut décidé par MM. Lilancourt et le Brasseur, le 1er octobre 1781, et l'on y travailla aussitôt.

La ravine des Casernes, ou à Douet, comme le prescrivait une ordonnance des administrateurs du 19 février 1766, sollicitée dès lors par ceux de la Providence, a été détournée bien au-dessus des casernes et menée dans celle du Cap au-dessus de la Providence; c'est sur elle, comme je l'ai dit, que passe le pont par lequel on arrive aux emplacements donnés à bail emphytéotique. Le terrain montueux a été aplani, il est devenu une belle place de 60 toises de long et de 44 toises de large, sur les quatre faces de laquelle règne une allée d'arbres, alignés sur la rue Sainte-Avoye, la rue de la Providence, la rue Sainte-Marie et une rue anonyme dans l'ouest. On a fait du côté des casernes et de la Providence des murs en terrasse pour soutenir les terres, attendu qu'il y a 33 lignes de pente par toise de l'ouest à l'est, et 24 lignes par toise du sud au nord. On a donné au propriétaire de la maison qui était au sud-ouest le devant de la place dans l'ouest et une juste indemnité; et le plan fait voir le bâtiment qu'il y a construit, et après lequel est le morne du Cap.

On doit élever une fontaine au milieu de cette place, qui tire son nom de Champ-de-Mars du voisinage des casernes, dont les troupes viennent y manœuvrer. Sous la rue qui est entre la place et la maison qui la borde à l'ouest, on a pratiqué un canal souterrain qui porte les matières des latrines dans la ravine du Cap. Il a coûté, avec le détournement de la ravine à

Douet, 40,000 livres; l'aplanissement de la place et ses terrasses, 75,000, à quoi l'on peut ajouter plus de 25,000 pour la plantation des arbres, l'indemnité donnée à M. Ruotte pour le déplacement de sa maison, etc. On ne peut qu'applaudir néanmoins à la formation du Champ-de-Mars; on est seulement fâché qu'il enterre encore la maison de Providence, qu'il est indispensable de mettre au moins de niveau avec lui.

Les casernes ont absolument, à l'est et à l'ouest, le même alignement que le Champ-de-Mars, au sud duquel elles sont placées; la rue Sainte-Marie est entre eux au nord. Les casernes et le Champ-de-Mars sont sur l'extrémité de l'ancienne savane du Cap, de l'habitation Gobin, possédée aussi après par M. de Charrite, qui avait même établi une boucherie qu'on a vue, très-postérieurement à cette époque, au haut de la rue Sainte-Marie, qui était alors la rue du Canal. Le roi fit l'acquisition de cette savane avant 1750, temps où elle appartenait à M. de Lamanoye. Le ministre ayant annoncé à M. de Conflans, gouverneur général, par une lettre du 26 novembre 1749, un renfort de mille hommes, il ordonna de les baraquer sur ce terrain, s'ils arrivaient. De là le projet des casernes actuelles.

Dans l'origine les troupes avaient été mises chez les particuliers, puis dans des maisons louées à cet effet. Ensuite on les plaça dans l'ancienne boulangerie, qui était un vieux bâtiment de bois pourri et ouvert à tous les vents. Quand il arrivait des recrues, on les baraquait, ce qui, en les exposant à l'effet alternatif de l'excessive chaleur des jours et de l'air humide des nuits, leur causait des maladies, dont la plupart périssaient. On se détermina donc à bâtir les anciennes casernes devenues l'arsenal, et où l'on put placer d'abord 160 hommes.

L'édifice des casernes, comme le prouve la vue que j'en ai fait graver, serait trouvé beau dans les villes les plus renommées du royaume. Bâti de maçonnerie et de pierres de taille, il est vraiment imposant, et l'on est fâché de le trouver dans l'alignement d'une rue qui en dérobe l'aspect, par son peu de largeur. La première pierre des casernes a été posée au mois de septembre 1752, sous le commandement général de M. Dubois de la Motte et l'intendance de M. Laporte Lalanne, et sous la conduite de M. Rabié qui en a donné le plan. Ce corps de casernes, qui a 462 pieds de long sur 392 de large, est composé de dix corps de bâtiment. Dans l'origine on pouvait y loger, comme aujourd'hui, vingt capitaines, cinquante lieutenants, mais seulement douze cent vingt soldats, dans des chambres petites et étouffées. Au moyen de changements proposés et effectués par M. Hesse, ingénieur, au mois de novembre 1781, on y loge le même nombre d'officiers et seize cent vingt-quatre hommes. Des arcades pratiquées dans les murs de refend ont fait de deux petites chambres une grande, qui reçoit la brise dans quelque sens qu'elle vienne. Il y a quatre-vingts chambres de soldats, soixante-quinze d'officiers, douze cuisines, une chapelle, deux prisons et deux cachots. Tous ces bâtiments renferment une cour de 282 pieds de long sur 252 de large.

La porte placée en face de la rue Saint-François-Xavier, connue aussi sous le nom de rue des Casernes, avait autrefois un attique et un entablement de pierres de taille, que les tremblements de terre ont conseillé de démolir. La porte, non cintrée, est donc ouverte par le haut; elle est décorée de quatre colonnes doriques accouplées et isolées. A l'autre bout de la cour et en face de l'entrée, est la fontaine qui sert de frontispice à la chapelle. Cette fontaine est ornée de deux colonnes et de deux pilastres ioniques, accouplés et isolés. Tout l'ordre, qui a 40 pieds de hauteur, est surmonté d'un attique au milieu duquel sont sculptées les armes de France; de chaque côté sont deux acrotères ou piédestaux, pour recevoir deux figures représentant des fleuves. La niche de la fontaine est demi-circulaire, sa partie supérieure est rocailleuse; intermédiairement sont trois compartiments garnis de gouttes, et dans la partie inférieure, qui est unie, se trouve un masque, dont la bouche sert de passage à l'eau. Celle-ci tombe dans un bassin demi-circulaire comme la niche qu'il termine, et où l'on vient prendre l'eau en montant plusieurs marches au-dessus du niveau du pavé de la cour.

L'intérieur de la chapelle est décoré de six portiques d'ordre ionique. Tout l'ordre a 20 pieds de hauteur. Les pilastres, qui sont accouplés, saillent du quart de leur épaisseur, à l'exception des quatre colonnes du fond, qui sont isolées.

Le côté nord des casernes ne se trouve pas précisément aligné sur la rue Sainte-Marie, il se trouve même un intervalle de 6 toises de large. C'est au bord de cet espace, à l'ouest, que sont les latrines, dont il faudra absolument qu'on s'occupe encore, pour délivrer la Providence des hommes de leur écoulement. Il y a en arrière des casernes un peu de terrain plat, que l'on vient de destiner à un usage précieux pour la ville, en y construisant des lavoirs auxquels la ravine à Douet donne de l'eau. Ce point termine aussi la ville, à l'ouest.

Immédiatement au sud des casernes, et seulement avec un espace de 24 pieds, est ce qu'on appelle les nouvelles casernes ou casernes du manége, dont l'histoire a quelque chose d'assez bizarre. Le ministre ayant ordonné d'attacher trois compagnies de dragons à cheval à la légion de Saint-Domingue, et de les répartir dans les trois chefs-lieux de la colonie, on en envoya une au Cap au commencement de 1772, après avoir prévenu d'y préparer des logements pour les trente chevaux qui lui étaient destinés et qui furent achetés à l'Artibonite. Les grandes casernes n'offrant de la place que pour les hommes, on acheta le local qui les avoisinait au sud, et comme il était vaste, l'ingénieur donna carrière à son imagination, et fit un plan du manége, avec des écuries, des magasins à fourrage, un corps de garde, un logement de gardien, et pour répondre à la célérité demandée, on travailla sur-le-champ au déblai et l'on prépara une dépense de 80,000 livres. Les administrateurs purent cependant arrêter ce zèle et en modérer les effets à 32,000 livres.

En 1776, on reprit encore le travail des nouvelles casernes, mais toujours sur un plan vicieux. On n'avait pas encore escarpé le terrain que ces nouvelles casernes devaient occuper et qui n'est qu'en partie sur la section que je décris en ce moment; on n'avait commencé à travailler qu'à la façade, lorsque M. d'Argout, venant prendre le gouvernement général en 1777, défendit de les continuer. Il aurait fallu un déblai de plus de 400,000 livres pour une médiocre utilité.

Les casernes ne peuvent suffire que durant la paix au logement des seules troupes d'infanterie de la garnison, et l'on en a fait l'épreuve dans la guerre de 1778, où il en a coûté aux habitants de la ville, en défalquant même ce que le roi leur accordait pour le logement des officiers, 170,000 livres par an, somme à laquelle il faudrait joindre la location des maisons prises par l'État pour loger les soldats.

Une ordonnance des administrateurs du 6 février 1784 ayant promis aux citadins du Cap qu'ils seraient désormais exempts du logement des troupes, excepté dans le cas de foule indispensable, ces chefs préférèrent, lorsque l'événement désastreux de M. de Grasse y eut amené une grande quantité de troupes, d'écrire, le 19 avril 1782, aux habitants de la plaine du Cap pour les engager à recevoir l'embarras de six mille hommes, ce qu'ils acceptèrent avec un zèle recommandable. On envoya même le régiment espagnol de Zamora à Limonade.

J'arrive enfin à l'établissement des Dames religieuses, par lequel je dois terminer la quatrième section. On sait déjà que le père Boutin en fut le promoteur et qu'il le substitua à l'hôpital de la Miséricorde et à la maison des Orphelines. Dès 1710, M. de Charrite avait eu l'idée d'avoir des religieuses pour l'éducation des jeunes créoles, et dans une de ses lettres au ministre il disait que rien ne serait plus propre à rendre le séjour de la colonie agréable que de faire des femmes instruites des créoles, qui ne manquaient pas de dispositions heureuses pour le devenir.

Le père Boutin s'occupa de réaliser ce projet et d'échapper par là aux petites tracasseries de quelques religieux de son ordre. Il s'adressa d'abord aux hospitalières de la Rochelle, qui sont des religieuses de la congrégation de Notre-Dame, fondées originairement à Bordeaux, et qui ont plusieurs maisons dans la Guyenne, la Saintonge, le Périgord et ailleurs. Ces religieuses ayant goûté le plan, le père Boutin dressa une liste des biens de la maison des Orphelines, qui consistaient dans les emplacements et les bâtiments que j'ai décrits dans la troisième section ; dans la petite habitation du morne du Cap, au nord, connue aujourd'hui sous le nom d'habitation des religieuses, composée de vingt et un carreaux, sur laquelle il y avait un four à chaux qui produisait 3,000 livres de rentes, et dans vingt-trois nègres ; il ajouta la promesse de 2,000 livres, à quoi il évaluait son casuel, comme curé. Au bas de ce petit inventaire, la demoiselle Guimon, directrice de la maison des Orphelines, à qui le père Boutin avait feint de donner tous ces objets, signa, le 1er février 1721, l'abandon qu'elle faisait des biens de cet hospice aux religieuses hospitalières de la Rochelle, à condition que sa sœur co-directrice et elles seraient gardées, nourries et vêtues par la nouvelle communauté qui leur donnerait 150 livres par an, et que si elles voulaient sortir, on leur compterait, à chacune, 4,000 liv. et qu'elles prendraient leurs meubles, deux négresses et un négrillon.

La prieure des hospitalières ayant agréé ces propositions, le père Boutin donna, en son nom, le 28 août suivant, une requête aux chefs de la colonie, pour obtenir leur approbation, quant à l'établissement projeté, afin que la prieure pût s'en autoriser pour obtenir du ministre les ordres nécessaires pour l'embarquement des religieuses. L'intendant renvoya la requête au conseil supérieur du Cap, pour délibérer avec les notables habitants et juger si l'établissement serait utile et suffisamment fondé. Le 2 septembre, le Conseil ordonna que le sénéchal ferait l'inventaire des biens offerts et dont les marguilliers du Cap resteraient chargés; il expulsa les demoiselles Guimon (ce qui blessait la reconnaissance et manifestait l'usurpation d'un pouvoir qu'il n'avait pas), et annula toutes les donations qu'on avait pu leur faire personnellement ; puis il convoqua les notables habitants pour délibérer sur la requête de la prieure de la Rochelle. L'intendant autorisa le gouverneur du Cap à y faire venir les autres notables dont il jugerait le concours nécessaire. A cette assemblée, où se trouvèrent le gouverneur et le major du

Cap, six conseillers, le procureur général, le supérieur de la mission des jésuites, le père Boutin fondateur, le curé du Cap et dix notables, tous officiers de milice, les jésuites déclarèrent que le père Boutin avait eu le droit de disposer en faveur de la maison des Orphelines du produit de son casuel et de le destiner à un établissement de religieuses, et le supérieur répéta ainsi ce qu'il avait déclaré, par écrit, le 1er septembre. L'on arrêta ensuite, à l'unanimité, sous le bon plaisir du roi et des administrateurs, que les hospitalières pouvaient envoyer trois religieuses qui, avec les demoiselles de Guimon, au zèle desquelles on donna des éloges, commenceraient l'établissement, que ces demoiselles conduiraient jusque-là, sous la direction du marguillier; que ces religieuses se contenteraient de ce qui leur était offert; qu'elles seraient tenues de prendre des lettres patentes et de se rendre au Cap, dans le délai d'un an, à leurs frais; que l'établissement serait sujet à la police générale et particulière de la colonie, dirigé, pour le spirituel, par le curé du Cap, et, pour le temporel, par un syndic choisi par le Conseil supérieur. Enfin l'on termina par recevoir la déclaration du père Boutin, qu'à l'avenir, il consacrerait son casuel à cet établissement, qu'on croyait très-prochain, mais qui fut encore longtemps attendu.

Les religieuses de la Rochelle firent des objections lorsqu'il fallut envoyer des sujets, et le père Boutin s'adressa alors à celles de Périgueux de la même congrégation et qui étaient de la même province que lui. Celles-ci se déterminèrent et sollicitèrent elles-mêmes les lettres patentes, qui furent expédiées au mois de novembre 1734. En voici les dispositions :

Les religieuses vivent en communauté, suivant les règles et les institutions de leur ordre. Pour le spirituel, elles sont gouvernées par le curé du Cap ; pour le temporel, par un syndic nommé par le conseil du Cap, tous les trois ans. Ce syndic doit rendre son compte au gouverneur du Cap, au commissaire de la marine, au procureur général, au curé, et à la supérieure. La communauté, fixée à six religieuses et deux converses, au plus, est soumise à la police générale et particulière de la colonie. Elle ne peut avoir de novice prise dans la colonie, ni rien demander, soit au gouverneur, soit à la colonie. Les religieuses sont autorisées à avoir des pensionnaires et des externes.

Enfin les religieuses, embarquées à Rochefort sur un vaisseau du roi, arrivèrent au Cap en 1733. C'étaient MM^{mes} de Beauchesne, de la Brousse, de Fontenilles, du Bourbec et du Grezeau, du couvent de Périgueux ; Mme de la Motte, du couvent de Saintes, et deux sœurs converses de celui de Périgueux ; je trouve partout l'éloge de ce choix. Le père Boutin redoubla d'ardeur en voyant le succès de ses travaux et ne cessa de travailler à l'augmentation de cet établissement. Il fallut refuser plusieurs pensionnaires, dans les premiers moments, faute de logement. Le 10 septembre 1733, le conseil nomma M. Laty pour premier syndic de cette communauté, à laquelle le père Boutin en avait toujours tenu lieu.

Trop resserrées dans leur local, à l'est de la rue Espagnole, quoique M. de Vienne leur eût permis de clore le bout de la rue qui porte à présent leur nom, les religieuses représentèrent qu'elles avaient cinquante pensionnaires, qu'elles en refusaient chaque jour, et demandèrent la permission d'acheter du terrain de l'autre côté de cette rue où elles pourraient avoir un bâtiment pour leurs pensionnaires, un petit jardin et de l'eau. Le ministre écrivit aux administrateurs, le 16 juin 1737, d'autoriser cette acquisition si elle était sans inconvénient. Mais les religieuses voulaient imiter l'exemple des jésuites, et unir leur maison au terrain qu'elles achèteraient, en interceptant la rue Espagnole, et ce plan éprouva des difficultés.

Enfin une ordonnance de MM. de Larnage et Maillart, du 16 août 1739, arrêta que les religieuses ne bâtiraient plus sur leur ancien établissement, mais seulement à l'ouest de la rue Espagnole ; qu'elles comprendraient dans leur enclos la rue des Religieuses, qui y passait, de l'est à l'ouest ; que pendant trois ans elles fermeraient la rue Espagnole, entre l'ancien et le nouveau couvent, pour la rouvrir ensuite, ainsi que la rue des

Religieuses, jusqu'à l'est de la rue Espagnole. Deux autres ordonnances des mêmes administrateurs, datées du 24 juillet 1739, et du premier avril 1740, leur permirent de tirer leur bois de construction de la Nouvelle-Angleterre. Le 22 juin 1740, de nouvelles lettres patentes leur permirent d'être douze religieuses et trois converses. En 1745, elles étaient devenues propriétaires des huit îlots compris dans leur enclos, dont le mur était déjà fait et où elles allèrent, avant la fin du mois de juin 1746, parce que leur grand corps de logis était terminé.

Les religieuses de Notre-Dame ont encore obtenu, le 27 décembre 1779, une déclaration du roi, portant qu'elles seront à l'avenir dix-huit, dont six pourront être des créoles, et qu'elles n'auront plus de converses. Elles n'ont jamais été à ce nombre, surtout quant à la proportion des créoles. Le conseil du Cap qui a pensé que la manière dont cette communauté se recrutait était sujette à des inconvénients, a même arrêté provisoirement, et jusqu'à une décision du roi, que les vœux ne pourront y être émis avant dix-huit ans accomplis.

Les troupes envoyées à Saint-Domingue en 1776 et 1777, et qui étaient presque toutes au Cap, y étaient difficilement logées, et M. d'Argout, gouverneur général, se trouva au moment de prendre le couvent des religieuses pour y suppléer. Il écrivit au ministre qu'il n'avait été retenu que par la crainte d'être accusé d'un abus d'autorité, et lui demandait une autorisation pour le cas où cette mesure deviendrait indispensable. Il reçut, en conséquence, un ordre du 17 avril 1778, qui lui prescrivait ce qu'il aurait à faire alors. L'annonce d'un corps de deux mille hommes, aux ordres de M. le marquis de Saint-Simon, donna lieu à son application. MM. de Reynaud et le Brasseur assemblèrent donc, comme l'ordre le prescrivait, le président, le doyen et le procureur général du conseil du Cap, et délibérèrent avec eux le 20 juillet 1780. On décida à l'unanimité que le couvent serait pris pour les troupes et que les religieuses seraient placées dans la maison de l'habitation de M. Charrier l'aîné, au haut du Cap.

En 1781, MM. de Reynaud et le Brasseur jugèrent qu'il serait utile de construire des casernes à l'extrémité occidentale du jardin des religieuses. En conséquence, retranchant de ce jardin tout ce qui était depuis la rue Saint-Jacques jusqu'à la rue des Vierges, ils firent ouvrir cette rue Saint-Jacques comme elle l'est encore sur le plan de l'atlas, et l'on éleva alors sur ce terrain des casernes qui ont coûté 80,000 livres. Enfin la paix ayant laissé la ville du Cap avec la garnison ordinaire du régiment de son nom, on restitua le local des religieuses, qui y entrèrent le 29 juin 1783, après l'avoir fait rebénir par le préfet. On excepta cependant ce qui était désormais retranché et séparé par la rue Saint-Jacques, qu'on leur a rendu, à certaines conditions, le 11 août 1785. Cette distraction, très-désapprouvée par le ministre dans l'origine, du moins quant à sa précipitation, a été vue d'un autre œil quand MM. de la Luzerne et de Marbois l'ont justifiée au mois d'avril 1787. Cependant le ministre écrivit à ces derniers, que si les religieuses persistaient à réclamer le terrain nécessaire à l'extension de leur promenade et propre à leur procurer des légumes et d'autres douceurs, et à refuser 150,000 livres d'indemnité, il fallait le leur rendre, en leur faisant observer que des circonstances de guerre pourraient le leur faire reprendre. Enfin le refus obstiné des religieuses les a fait rentrer dans la possession de la totalité au commencement de 1789, avec la défense expresse de toucher aux constructions qui y ont été faites et qui ont monté à 405,309 livres.

Le terrain total des religieuses a donc pour bornes, au nord, la rue Saint-François-Xavier ou des Casernes; à l'est, la rue Espagnole; au sud, la rue du Cimetière, à l'ouest, celle des Vierges, qui leur doit sûrement son nom. Il a 92 toises de long sur 44 de large. Il renferme plusieurs corps de bâtiment tous de maçonnerie. A son angle nord-est, dans la rue Espagnole, est la chapelle, qui a 60 pieds de long sur la rue Saint-François-Xavier, et 36 de large. La première pierre en a été posée par M. de Larnage au mois de juin 1746. Son entrée est dans la rue Espagnole; un petit clocher la termine derrière le chœur. On a vu que cette chapelle avait servi longtemps de paroisse au Cap. Sur la rue Espagnole est encore l'entrée du parloir. Un bâtiment parallèle à la chapelle, mais sans ouverture sur la rue et ayant un étage, sert de logement aux grandes pensionnaires, telles que les femmes qui plaident en séparation ou que d'autres motifs, toujours relatifs au respect pour les mœurs, portent à se retirer au couvent. Le conseil du Cap oblige même les religieuses, dans la personne de leur syndic temporel, à recevoir les épouses qui plaident contre leurs maris.

Le bâtiment principal est aligné sur l'est de la rue Sainte-Sophie, et son milieu répond à celle des religieuses. Il a 35 toises de long nord et sud sur 40 pieds de large; son aile septentrionale a 20 toises de longueur, mais celle du midi n'a encore été poussée qu'à 25 pieds. Un étage règne partout avec des greniers au-dessus. On voit encore, au bout de l'aile sud, une allée dont l'aile du nord n'a permis de conserver que le rang le plus intérieur; une autre allée mène de la chapelle au bâtiment qui est sur l'autre angle de la rue Espagnole. On monte six marches pour entrer dans le grand corps de logis, du côté de l'est; du côté de la cour, est un verger où les arbres sont symétriquement placés; plus loin est le potager et le surplus du jardin que le retranchement de 1781 a beaucoup diminué. Dans différents points, sont les appartenances relatives au service de la maison ou destinées à lui procurer des jouissances toujours fort chères dans une grande ville.

Le 16 décembre 1746, les religieuses avaient obtenu de M. de Chastenoye l'agrément de prendre de l'eau sur l'habitation Lamanoye, à l'ouest de leur local, pour la conduire dans leur couvent; puis les jésuites ayant réuni toutes ces eaux chez eux, ils se déterminèrent à en accorder la moitié aux religieuses, moyennant 5,120 livres 17 sols 9 deniers, pour leur contribution dans la dépense, et celles-ci en jouirent en 1759. Mais dans les bâtisses de 1781, on garda leur portion d'eau pour les casernes, et depuis la remise de leur maison, elles se trouvaient privées de ce bien précieux. On a senti la justice de leur réclamation, et par ordonnance des administrateurs du 7 juin 1786, dans la distribution nouvelle que l'on a faite de l'eau de la ville, elles en ont obtenu une quantité suffisante pour leurs besoins, à la charge de faire les frais de conduite.

L'établissement des religieuses a de grands désapprobateurs, et l'on en a eu une preuve évidente dans le petit nombre de leurs pensionnaires, qui ne va guère à présent que de quarante à cinquante, tandis qu'elles en avaient davantage il y a soixante ans. Cette désapprobation, il faut le dire, a eu pour cause quelques exemples de relâchement dans la surveillance de ces pensionnaires, et plus encore de ce qu'elles en ont qui ne sont pas des blanches. D'ailleurs l'éducation qu'elles procurent est toujours incomplète du côté des talents agréables, et quant à moi, j'inclinerai toujours pour que nos jeunes créoles soient élevées en France, parce qu'elles y sont à l'abri du despotisme dont le service des esclaves leur donne l'habitude et le goût. Mais il faut cependant que ce ne soit qu'autant qu'on pourra s'assurer qu'elles y auront des soins capables de les sauver des dangers d'un pays où les mœurs exigent la plus grande vigilance, et de celui de s'entendre exagérer sans cesse leur fortune. Le couvent du Cap peut encore être utile dans beaucoup d'autres cas; dans ceux trop communs, par exemple, où de seconds mariages donnent des marâtres à de jeunes personnes qu'il faut affranchir de cette odieuse domination.

Les religieuses ont sept classes: quatre pour leurs pensionnaires, trois autres où cent petites filles de la ville apprennent gratuitement à lire, à écrire et l'arithmétique. Trois fois par semaine, il y a des instructions publiques pour les devoirs religieux. Chaque année les pensionnaires donnent un exercice public.

Je ne connais pas exactement le revenu de cette communauté, mais je sais qu'il suffit à la dépense. Elle a reçu plusieurs dons. Le conseil du Cap lui a accordé, le 11 décembre 1734, 30,000 livres sur un legs de M. Colleno; le même tribunal a homologué, le 6 juillet 1743, une donation de 10,000 livres, faite par M{ᵐᵉ} le Tellier, le 27 juin 1742, pour en aider les bâtisses, à la charge de loger, nourrir, vêtir et élever à perpétuité une jeune fille orpheline et nécessiteuse, au choix de la donatrice et de ses successeurs. M. le comte d'Héricourt a aussi fondé à perpétuité une messe de *requiem*, tous les mercredis, dans la chapelle des religieuses, pour le repos de l'âme de son épouse. M. Barraut leur a légué, en 1758, 2,000 livres, pour procurer des ornements à leur chapelle. Quoique le syndic doive être renouvelé tous les trois ans, celui actuel a bien prolongé son exercice, car il l'était déjà en 1772. Pour faire une signification à la supérieure des religieuses, l'huissier prend une permission par écrit du procureur général. Ce magistrat et les administrateurs de la colonie se sont arrogé le droit d'entrer quelquefois dans l'intérieur du couvent et toujours avec une suite nombreuse : je doute que cela soit ni utile ni décent.

Les religieuses de Notre-Dame, qu'on appelle aussi les *filles Sainte-Marie*, portent un habit noir, une guimpe blanche et un voile noir. Elles ont un directeur particulier, c'est un capucin ; elles lui ont même fait construire un petit logement au bout nord-ouest de leur terrain, près la hauteur de la rue Saint-Jacques. Il en est peu de plus désagréable, parce que n'ayant d'ouverture que sur l'extérieur, on y est comme en prison, et exposé à une chaleur étouffante. On ne reconnaît pas, à ce trait, l'âme compatissante des nonnes pour leur directeur.

C'est l'extrémité occidentale de la rue des Religieuses, depuis leur enclos jusqu'aux casernes, extrémité qui n'a par conséquent que la longueur d'un îlot, qu'on nomme rue du *Haha*, parce que, masquée à ses deux bouts, on semble étonné de cette disposition dans une ville où les rues se coupent à angle droit : l'on fait donc naturellement l'exclamation ha ! ha !

C'est dans cette portion de rue qu'habite l'humain, le compatissant Jasmin et son épouse.

CINQUIÈME SECTION.

C'est la moins riche en détails et la plus irrégulière dans sa figure. Elle est bornée au nord par la rue du Cimetière, à l'est par la rue Espagnole, au sud par une portion de la ligne qui, partant du milieu des deux socles du pont, court dans l'ouest, et ensuite par une ligne dentelée produite par les prolongements plus ou moins avancés ou plus ou moins excavés de divers mamelons du morne du Cap, jusqu'au point où la rue du Cimetière finit dans l'ouest.

Cette section, si l'on en excepte quelques boutiques qui étaient dans la rue Espagnole, d'abord nommée la *Grande rue,* et qu'on a laissée aussi large, parce qu'elle était réellement le grand chemin par où l'on arrivait au Cap, et où l'on tournait à la rue Saint-François-Xavier pour descendre vers la mer, n'existait point en 1700. La paix produite par l'avénement de Philippe V au trône d'Espagne ayant rétabli le commerce au Cap, les habitants de la partie espagnole y venaient trafiquer; ils se logeaient dans le voisinage du marché, aux premières cases qu'ils trouvaient; tout cela était dans la Grande Rue et elle devint la rue Espagnole. L'extrémité de cette rue au nord avait fourni des asiles aux malheureux habitants de Saint-Christophe et on la nommait Quartier des gens de Saint-Christophe. La plupart d'entre eux ayant retourné à la Martinique ou dans leur île, leurs logements furent occupés par des nègres libres, qui s'y multiplièrent beaucoup ensuite; de là est venue la dénomination de *Petite Guinée,* que porte toute la cinquième section, et qu'on a commencé à lui donner en 1740. Jusqu'à cette dernière époque, l'extrémité du Cap dans cette partie, suivait l'ouest de la rue Saint-Sauveur, remontait le bout de la rue Saint-Joseph et venait aboutir à la rue des Vierges.

La cinquième section a cinq rues parallèles à la rue Espagnole. Elles sont, en allant de l'est à l'ouest, la rue Saint-Sauveur, la rue Sainte-Sophie, la rue Saint-Jacques, la rue des

Vierges et celle Sainte-Avoye. Les rues percées à l'ouest gardent leurs noms jusqu'à la mer.

La rue Espagnole, l'une des plus grandes du Cap, a 42 pieds de large. C'est une de celles dont le pavé a donné lieu à plus de difficultés, entre les ingénieurs et les voyers, entre les administrateurs et le Conseil. C'est même à son occasion qu'il a été reconnu que la ville du Cap devait avoir un plan directeur; que c'était à l'autorité militaire à le surveiller, et que l'autorité civile était tenue de s'y conformer.

La largeur de la rue Espagnole prouve cette vérité, que dans les climats chauds les rues les plus spacieuses ne sont pas les plus fraîches. Comme les maisons ne peuvent pas y répandre une ombre capable d'y tempérer l'ardeur du soleil, elle est aussi chaude qu'un grand chemin et même elle est plus chaude, parce que les murs y réfractent la chaleur, et parce que les maisons y interceptent la brise du large.

C'est dans cette rue et au coin sud-est de celle de la Vieille-Joaillerie que, dans une maison servant d'auberge, à l'enseigne des Bons-Chasseurs, on a établi, depuis 1788, des bains publics.

Il n'y a rien de remarquable dans cette section, dont le terrain est très-inégal; on y trouve plusieurs belles maisons; ce quartier est tranquille, et il semble qu'on y soit à la campagne. C'est un des motifs qui y ont fait établir, depuis une vingtaine d'années, une loge de francs-maçons, sous le titre de l'Amitié, dans l'angle nord-ouest de la rue Sainte-Sophie et de la rue Taranne. On y a l'agrément de pouvoir tenir la loge en la laissant ouverte, sans craindre l'œil curieux des profanes, et c'est un avantage inappréciable dans un pays chaud. J'y ai partagé plusieurs fois des plaisirs bien doux et j'y ai vu exercer, surtout pendant la guerre de 1778, des traits de bienfaisance qui répondent aux reproches d'inutilité qu'on fait à une société qui procure du moins l'occasion de se réunir, qu'on a si peu à Saint-Domingue.

C'est dans la rue des Vierges, entre celle du Cimetière et

Saint-Simon, côté est, qu'est la maison où est mort M. de Sainte-Croix, ancien gouverneur de Belle-Isle; et au coin plus au sud du même côté, se trouve pareillement celle qu'habitait M. de Reynaud de Villeverd, dont l'éloge se trouve si souvent dans ma description du Cap.

Encore en 1781, aucune des maisons qui viennent du quai ne pénétrait sur le côté ouest de la rue Espagnole, passé celle de la Vieille-Joaillerie, en allant vers la Fossette. On a même vu pendant plusieurs années, un hôpital pour les soldats attaqués de maladies cutanées et de celle qu'on ne nomme pas, dans un corps de bâtiment qui bordait le côté ouest de la rue Espagnole, depuis la hauteur de la rue de la Vieille-Joaillerie, jusqu'à celle de la Boucherie. Cet hôpital a eu jusqu'à près de deux cent cinquante malades. Mais successivement on a fait ouvrir un passage aux rues intermédiaires, notamment aux deux rues du Chantier et du Hasard, par ordonnance des administrateurs du 2 mars 1785, et il n'y a plus que celles de la Boucherie et Saint-Nicolas, qui s'arrêtent à la rue Espagnole. Il est vrai que dans ce point, la cinquième section a à peine la valeur d'un demi-îlot, de l'est à l'ouest, tant le morne la rétrécit. On y projette cependant des excavations qui doivent mener la rue du Hasard jusque dans celle Sainte-Avoye, qui se trouvera aussi prolongée par le même moyen.

C'est au bout sud de la cinquième section, dans la rue Espagnole, et à toucher la limite méridionale donnée à la ville par l'ordonnance des administrateurs du 31 décembre 1786, que se trouve le cimetière de la paroisse du Cap, qui s'appelle la Fossette, parce qu'il faisait autrefois partie du terrain ainsi nommé. Parlant, dans la seconde section, de l'ancien cimetière placé derrière l'église paroissiale, rue Fermée, j'ai dit que, le 29 août 1736, les administrateurs de la partie du nord avaient pris sur eux d'en indiquer un autre comme supplément du premier, pour y inhumer les matelots et les nègres, dont il périssait un grand nombre. L'usage de celui-ci cessa avec la maladie contagieuse, et l'on se contentait du premier cimetière, lorsque, le 7 octobre 1759, il fut unanimement décidé, dans une assemblée de la paroisse, que le cimetière devait être changé. Les administrateurs adoptèrent ce projet, et l'on acheta de M. Brethous, agent de la compagnie des Indes, de quoi former le nouveau.

Le préfet des jésuites avait protesté contre cette délibération, et les administrateurs avaient proscrit sa démarche; mais lorsqu'en 1764, le cimetière étant clos, on y commença les inhumations, le curé refusa absolument d'y accompagner les morts, prétextant l'éloignement du cimetière. A un enterrement il fallut faire une sommation juridique au curé, pour le résoudre à marcher; chaque inhumation était la cause d'un scandale que les administrateurs firent cesser par une ordonnance du 29 juillet 1764, qui menaça de peines temporelles des hommes à qui leur devoir ne parlait point assez haut.

Le cimetière de la Fossette, qui se trouve un peu rentré par rapport à l'alignement ouest de la rue Espagnole, a 60 toises dans sa plus grande longueur, et 20 dans sa plus grande largeur, de manière que, dans sa forme irrégulière, sa surface ne peut être comptée que pour environ 1,000 toises carrées, où 36,000 pieds de superficie. De chaque côté de la porte d'entrée, qui donne dans la rue Espagnole et intérieurement, sont deux petits bâtiments de maçonnerie; celui de la gauche est une petite chapelle, et celui de la droite un petit réduit pour placer les outils du fossoyeur, etc., ce qui diminue encore l'espace. En réduisant à six cents personnes le nombre de celles qu'on enterre dans ce cimetière chaque année (et ce taux est bas), et comptant pour chaque corps une fosse de 6 pieds de long sur 3 de large, ce qui fait 18 pieds de surface, on voit que, sans défalquer le terrain qu'il faut aux deux petits bâtiments et à l'ouverture de la grande porte, parce que cela se trouve compensé par les corps auxquels il ne faut pas 18 pieds, il y a 10,800 pieds fossoyés chaque année, et qu'en trois ans et demi, à peu près, tout le cimetière est remué. Mais si l'on veut considérer, d'une part, que dans le temps de guerre, par exemple, il y a beaucoup de troupes au Cap et qu'on y a des hôpitaux, et, d'une autre part, que dans le calcul on suppose qu'il n'y a pour ainsi dire pas d'intervalle entre les corps, ce qui n'est pas ainsi dans la réalité, on sera convaincu que moins de treize années suffisent à la révolution du cimetière.

Comment n'est-on pas alarmé de la nécessité de remuer aussi souvent une terre où les corps n'ont pas pu éprouver une décomposition parfaite, et où les miasmes putrides peuvent produire les plus affreux ravages? Les inhumations étaient très-fréquentes au Cap, lorsqu'en 1781 je reçus un exemplaire du mémoire de la Société de médecine de Paris, consultée par l'ambassadeur de Malte de la part de la religion, sur les dangers des fouilles dans les caveaux de l'église Saint-Dominique de Malte, qu'on voulait rebâtir. Je crus devoir le communiquer au rédacteur de la gazette du Cap, qui en imprima le résultat dans la feuille du 4 décembre 1781. J'espérais, et il le croyait avec moi, que quelques oreilles seraient frappées de cette décision qu'on doit laisser écouler au moins vingt-cinq ans avant d'ouvrir les caveaux, et au moins cinq ans avant de creuser les cimetières où l'on a déposé les corps. Mais, comme si le cimetière du Cap avait eu l'étendue nécessaire, ou comme si l'objet n'eût concerné personne, l'avis ne fut pas lu ou le fut comme l'aurait été un logogriphe ou une charade, et en 1782, lorsque la réunion des soldats français et espagnols, et des hôpitaux de blessés et de malades de toute espèce, rendirent les mortalités extrêmement multipliées, on se contenta, comme je l'ai vu, de déplacer des corps entiers, pour en placer d'autres. Depuis, et en 1785, M. François de Neufchâteau, alors procureur général du conseil du Cap, avait annoncé dans un réquisitoire, qu'il s'occuperait incessamment des cimetières du Cap, mais il paraît qu'il ne l'a pas fait.

Le 1er janvier 1767, la paroisse nomma un chapelain de la Fossette, où il n'y avait eu jusque-là qu'un chantre de la paroisse, sous le titre de fossoyeur. Il était tenu d'y avoir un journal, où il inscrivait les inhumations, qu'on reportait, jour par jour, sur le registre de la paroisse, attendu qu'on n'enterrait ainsi que les esclaves. Mais depuis il est tenu d'avoir des registres en forme, parce qu'on y porte aussi immédiatement des libres et des blancs; quant aux personnes auxquelles on fait des cérémonies funèbres dans l'église paroissiale, c'est dans cette église que leur acte mortuaire est fait et signé.

Le chapelain de la Fossette dit la messe, chaque jour, dans la chapelle du cimetière, et y fait les enterrements de ceux qu'on y expose. Dans l'origine, le chapelain logeait dans l'autre petit bâtiment du cimetière, mais on a fini par reconnaître que ce séjour était dangereux pour les vivants. Le chapelain est à la nomination des marguilliers en charge, qui lui délivrent une commission. Un arrêt du conseil du Cap, du 21 janvier 1777, a tarifé ses honoraires pour les enterrements, et a sévèrement défendu de laisser à la porte du cimetière et d'y transporter, surtout la nuit, des cadavres, sans avertir le chapelain qui se trouvait ainsi dans l'impuissance de constater quelle était la personne qu'il enterrait.

Il s'est élevé, en 1780, une querelle assez singulière entre le chapelain de la Fossette et l'aumônier de l'hôpital militaire de la rue Espagnole, dont j'ai parlé, et qui s'appelait l'hôpital Bouvier, du nom de son entrepreneur. Le premier soutenait que l'autre n'avait pas un caractère public, pour faire les actes mortuaires de ceux qu'il lui envoyait à inhumer au cimetière de la Fossette. L'intendant décida en faveur de l'aumônier et l'astraignit seulement à envoyer au chapelain une note indicative des noms, etc., avec chaque corps, et à lui remettre ses registres mortuaires, lors de l'évacuation de l'hôpital.

Un chapelain de la Fossette y avait fait planter du petit mil. On sait de quelle propriété précieuse pour l'homme sont doués les végétaux, de convertir le gaz azote en gaz oxygène; et la rapidité de la croissance du petit mil était ici une preuve, et du besoin de ce moyen, et de son utilité. Comme le procédé du chapelain n'était pas purement chimique, il faisait couper et vendre le petit mil à son profit, et il en avait un débit très-avantageux. Mais plusieurs chevaux ayant été malades, quelqu'un imagina de les sevrer de petit mil du cimetière, et les accidents cessèrent. Il n'en fallut pas davantage pour en faire abandonner la culture que l'humanité aurait dû perpétuer, même au dépens du public, qui, au surplus, aurait pu en être indemnisé, en vendant la récolte comme engrais. Ce fait, arrivé en 1782, n'a pas été exactement suivi pour démontrer si réellement les sucs du petit mil, trop animalisés, ou trop peu élaborés par la fougue d'une végétation trop succulente, avaient produit les effets qu'on lui attribue. Mais j'ai cru devoir le citer ici pour inspirer l'idée d'une expérience qu'un autre pourra faire.

Des hommes, instruits cependant, ont aussi crié contre la culture du cimetière de la Fossette, renouvelée encore depuis 1782 ; mais, ainsi qu'ils me l'ont avoué, c'était seulement parce qu'ils la considéraient comme une sorte de profanation. Pour moi qui n'honore les vivants qu'à raison de leur utilité, je ne prendrai pas, pour honorer les morts, le système opposé ; et si les végétaux créés par la décomposition de leur être animal peut sauver les premiers de quelques dangers, il n'y a point à balancer. C'est un faux respect que celui qui fait raisonner autrement, et certes, on ne prétendra pas que les lois de la police qui forcent à inhumer promptement un père mort d'une maladie putride, soit un attentat contre la tendresse du fils qui murmure de cette disposition, par laquelle il sera, peut-être, le premier garanti. Pourquoi les précautions ne dureraient-elles pas autant que le besoin qu'on en a ? Ne profanons pas notre raison par de honteux préjugés ; remarquons ce que fait la nature : elle couvre avec prodigalité le sol de la plupart des cimetières des colonies, de ricins de la plus haute stature et de belles-de-nuit.

Le cimetière est placé de manière que son aspect frappe en entrant dans la ville. On ne sait si l'on doit accuser le hasard ou l'incurie, d'avoir présenté ce spectacle lugubre à l'abord d'une ville considérable, dans un pays où la destruction est prompte et fréquente. On avait même imaginé de peindre en noir la porte du cimetière, de la parsemer de larmes blanches et de décorer le haut de l'imposte avec une mort, une faux, une clepsydre et cette inscription :

HUC TENDIMUS OMNES.

Mais M. de Reynaud, gouverneur général par intérim, trouvant tout cet appareil trop philosophique, le fit disparaître en 1780, et la porte fut peinte en gris.

Le cimetière se trouve, par sa situation, à la tête de la ville, relativement à la brise de terre; il répand donc sur elle des vapeurs qui ne peuvent être que nuisibles. Il faudrait un cimetière six fois aussi spacieux, qu'on pourrait placer au fond de la gorge de la Fossette, où il ne nuirait à rien. Celui actuel, ou plutôt sa chapelle seulement, serait le dépôt jusqu'auquel les cérémonies de l'Église accompagneraient les corps, et le soir on les porterait à leur véritable séjour, comme l'on porte, depuis longtemps, ceux mis par ostentation dans le caveau derrière l'église, au cimetière de la Fossette. La population du Cap s'accroît continuellement, et tout augmente le besoin du changement que je désire. Alors les nègres fossoyeurs pourront, avec bien moins d'inconvénient, oublier, pour leur profit, de mettre de la chaux dans les fosses, ou d'en mettre assez, et leur propre existence sera moins exposée.

Au sud de ce cimetière, et à toucher sa clôture, est le reste d'un ancien retranchement de terre, et il a, à l'ouest, l'école d'artillerie; mais ces deux objets appartiennent à la défense du Cap, dont je traite séparément.

SIXIÈME SECTION.

Cette section est placée entre la cinquième et la septième qui lui sont parallèles. Au nord, elle commence à la rue du Cimetière; à l'est, à la rue d'Anjou; au sud, elle touche la limite de la ville, et trouve à l'ouest la rue Espagnole. En 1740, il n'en existait guère que la moitié, et cette moitié était composée de ce qui est entre la rue du Cimetière et la rue Taranne, et entre la rue Royale et la rue Espagnole, jusqu'au bord septentrional de la place Royale ; tout le reste est sorti depuis du sein des eaux, ou d'un marécage qui allait de la rue Royale à la mer. La sixième section forme un carré long.

On connaît déjà les rues qui coupent la sixième section du nord au sud, puisqu'elles sont communes à la troisième qui borne toute la sixième, au nord. Ces rues sont celles Saint-Louis, Royale, Vaudreuil et d'Anjou. C'est dans cette dernière, au coin nord-ouest de la rue Saint-Simon, qu'est, depuis 1777, le bureau de la poste aux lettres, dont le Cap jouit très-anciennement.

Dans la direction de l'est à l'ouest, on trouve d'abord, après la rue du Cimetière, la rue Saint-Simon, qui est la plus septentrionale, celle Saint-Joseph, la rue Taranne, la rue des Trois-Chandeliers, celle du Canard, celles de la Vieille-Joaillerie, du Chantier, des Trois-Visages, de la Boucherie, de Saint-Nicolas, la rue de Rohan (gouverneur général), et la rue du Pont, qui vont toutes de la mer au morne.

Je ne sais par quelle étrange singularité il est tant de rues du Cap dont les noms sont bizarres ou insignifiants, lorsqu'il y avait dans leurs dénominations des moyens d'exprimer des sentiments qui auraient honoré les habitants de cette ville. Pourquoi des rues du Lion, de l'Ours, du Chat, du Pet-au-Diable, au lieu des rues de Castelveyre, de Dolioules ? Pourquoi des rues des Trois-Chandeliers, des Trois-Visages, et autres non moins ridicules, et pas une rue Larnage, pas une rue Maillart ? Hommes ingrats, rougiriez-vous des bienfaits dont vous êtes l'objet ? vous ne les mériteriez pas. Je dois dire, cependant, que la rue Saint-Simon porte ce nom en l'honneur du patron de M. Maillart ; mais pourquoi n'avoir pas préféré son nom de famille ? La rue Saint-Joseph doit le sien au nom de baptême de M. de Vaudreuil, commandant général de la colonie. Pour la rue Taranne et celle des Trois-Chandeliers, leur origine m'est inconnue et je ne la crois pas regrettable.

La rue des Trois-Chandeliers forme le côté nord et extérieur de la place Clugny, qui a la rue de la Vieille-Joaillerie au sud, celle de Vaudreuil à l'est, et celle Saint-Louis à l'ouest. Cette place forme un carré de 44 toises, compris entre quatre allées d'arbres, et a 52 toises en carré, si l'on compte les rues qui y passent. Tout ce quartier s'appelait autrefois le *Marécage*. Il était cependant tout concédé en 1751, quoiqu'il ne formât qu'un marais. MM. Larnage et Maillart s'étonnaient eux-mêmes alors de ce qu'on n'avait pas saisi plusieurs circonstances favorables pour faire combler ce local, qui était pour la ville une cause permanente d'infection. Le ministre leur prescrivait, le 14 mars 1741, de réunir les terrains qu'on ne dessécherait pas dans un an. Les administrateurs temporisèrent encore, mais le 19 octobre 1743, ils donnèrent six mois pour combler, et un an pour bâtir. Cette ordonnance produisit son effet, non pas dans le délai fixé, mais, peu à peu, l'on vit des progrès sensibles dans le desséchement, et ce marais fétide fit place à des maisons.

En 1752 on forma le projet d'avoir un marché dans l'ancien marécage. Le lieu en fut désigné, et l'on défendit même d'y faire de nouvelles constructions. Les habitants voisins du lieu choisi proposèrent de contribuer aux dépenses qu'il occasionnerait et à l'indemnité des propriétaires du terrain. Ce ne fut cependant qu'en 1764 que les administrateurs, déterminés par l'embarras que l'on éprouvait sur la place d'Armes, qui était le point d'assemblée des troupes, arrêtèrent l'établissement du marché. Leur ordonnance du 12 janvier 1764 créa la place Clugny, du nom de l'un d'eux, pour réunir les subsistances de toutes les espèces. Elle a coûté 82,400 livres pour indemniser les propriétaires des seize emplacements qu'elle occupe, et 94,198 livres pour le remblai et les travaux qu'elle a exigés, ce qui fait 176,398 livres. Cette somme a été payée par les propriétaires voisins de cette place.

Le 26 janvier 1766, le marché des nègres y fut installé pour la première fois, et pour les fêtes et les dimanches seulement ; mais le 13 juillet 1768, on l'y a rendu journalier, malgré la réclamation des habitants qui voulaient en conserver un sur la place d'Armes.

Le marché n'était point pavé, et dans les temps pluvieux il était devenu presque impossible de s'y mouvoir à cause des boues dont il était couvert ; ce qu'on conçoit facilement quand on connaît les pluies de Saint-Domingue et quand on réfléchit qu'il y a tel dimanche où quinze mille nègres viennent au marché Clugny, soit pour y vendre, soit pour y acheter. MM. de Reynaud et le Brasseur assemblèrent, le 7 janvier 1781, tous les contribuables de 1764. Les particuliers donnèrent 55,000 livres, et les administrateurs prenant l'excédant dans la caisse des libertés, la place Clugny a été pavée en entier et entourée de barrières comme la place d'Armes.

Une ordonnance de police du 3 avril 1782, qui règle celle de cette place, la destine exclusivement au marché des comestibles ; elle défend d'en vendre ailleurs, en interdit l'entrée et les contours aux vendeurs de marchandises sèches ; mais les marchands placés dans les maisons environnantes, qui veillent à ce que ceux qui sont étrangers se conforment à cette disposition, sont quelquefois moins religieux dans l'observation de la défense qui leur est faite d'étaler hors de leurs maisons sur des tables ou des établis. Un inspecteur de police qui a le marché dans son détail conserve les clefs des barrières, qu'on ouvre lorsque cela est nécessaire, et c'est lui qui distribue les places aux marchands, quoique chaque inspecteur de service soit chargé de veiller à sa propreté.

Du côté est de la place sont les marchands d'herbages et de légumes, qui étalent la carotte, le navet, le chou, le concombre rafraîchissant, le melongène à la robe purpurine ; le melon à chair verdâtre ou celui à chair rouge, et dont le parfum éveille tout à la fois l'appétit et l'odorat ; une foule d'autres plantes comme l'épinard, la laitue, la romaine, etc., charment la vue et attirent l'acheteur. Quelquefois la marchande plaît aussi sous sa baraque couverte, mais portative, et le rire invitateur est placé sur sa bouche emmiellée.

Dans le même ordre, mais au sud, sont les marchands de mouton, de porc, de saucisses, etc. Une grande propreté règne dans toute cette partie, parce que le climat l'exige au moins autant que l'intérêt du marchand, afin d'en écarter les mouches, dont les nombreux essaims couvriraient tout.

A l'ouest sont les volailles vivantes, car on n'en voudrait pas acheter d'autres. Quelquefois, malgré les liens qui unissent leurs pieds, de leurs becs aigus deux coqs se font la guerre, et l'un d'eux entonne le chant de la victoire peu d'instants avant son trépas. Les marchands de chair de cabri ou de chèvres sont à la suite, afin qu'ils ne puissent pas, en se confondant avec ceux de mouton, faire prendre une viande pour l'autre, puisque la première est moins estimée; d'ailleurs la queue de la chèvre doit être conservée pour avertir encore ceux qui ne seraient pas capables de les distinguer.

Derrière les marchands de volaille, sont les nègres qui vendent le petit mil, l'herbe d'Écosse et l'herbe de Guinée, ces fourrages précieux dont on substante les chevaux et les vaches nourricières, et dont le produit est si lucratif.

La région nord est le partage de ceux qui exposent en vente les coquillages vivants, comme le vigneau, le soudon, la palourde, le burgot, le lambi, les huîtres attachées par bouquets sur le manglier qui leur tient lieu de sol, et les poissons de toute espèce. C'est là qu'un énorme mulet ou qu'un vorace brochet attire le pourvoyeur de celui qui prépare un régal; l'immense vieille est débitée par morceaux à ceux qui savent ce qu'elle vaut dans une étuvée au vin; le balaou à la marche rapide, le tazard et la bonite à la chair ferme et compacte comme celle du thon, la carangue grasse, le cayeux à l'écaille légère, mais dangereux dans certaines saisons de l'année, le barbarin ou rouget, dont la chair est colorée par sa longue et mobile écaille, le perroquet, le chirurgien, le haut-dos, la sarde rouge si estimée, mais moins encore que la sarde grise qu'on voit près d'elle, l'orphie à la verte arête, la banane aux milliers de piquants ; tous, jusqu'au quia-quia dédaigné par le riche, présentent une nourriture plus ou moins agréable, plus ou moins coûteuse.

Après eux viennent encore d'autres habitants des plaines liquides ; mais imprégnés d'un sel conservateur, ils annoncent assez qu'ils sont étrangers au lieu où on les voit : c'est la morue verte ou salée, les harengs, les maquereaux ; enfin l'on trouve là les personnes qui vendent le lard, le saindoux, la graisse, l'huile, le savon, et ils terminent cette enceinte extérieure. La place en renferme encore une autre.

Les rues qui se coupent réciproquement au milieu de la place sont absolument libres de tout étalage ; seulement, sur l'alignement des bords de ces rues, des deux côtés de chaque carré que leur croisement forme, l'on trouve les différents grains, comme les pois (de vingt espèces), les lentilles, le maïs, le pain de froment, et cette foule d'autres substances qui tiennent lieu de pain aux nègres et même à beaucoup de créoles ; c'est la large et fragile cassave, provenue du vénéneux manioc, la douce patate, la farineuse igname, le tayo ou chou caraïbe, qu'on pourrait prendre pour une espèce de pomme de terre plus sèche, et la banane, cette manne qui ne rassasie jamais. Là se trouve aussi du charbon de bois.

Enfin l'intérieur des carrés occupés par les nègres cultivateurs des campagnes les fêtes et les dimanches, ou par des revendeuses ou des externes les jours de la semaine, offre le tableau confus et mobile d'une multitude de vendeurs de tout ce que la terre coloniale peut produire en fruits, en légumes et en une infinité de choses dont la nomenclature deviendrait fatigante. Ici, la douce et riche orange et le citron plein d'un acide très-développé sont mis en tas ; là, c'est l'ananas si fier de sa couronne qui semble en faire le roi des fruits ; plus loin on aperçoit la goyave, la pomme-cannelle, le corossol, la papaye, le monstrueux abricot, l'insipide icaque, le petit azi, le coco, la caymite. On voit la belle cirouelle, la prune monbin plus belle encore, l'aouacat ou avocat à la chair couleur d'émeraude, la fondante sapotille, le petit raisin du bord de la mer, s'offrir au palais des créoles, suivant la saison. On y trouve aussi les cordes, dont la pite a fait tous les frais, et le fruit du calebassier sous différentes formes et quelquefois travaillé au dehors d'une manière ingénieuse ou bizarre.

A cette armée de vendeurs symétriquement disposée, se mêle la cohue des acheteurs et même des simples troqueurs; car le nègre de la campagne, qu'on connaît sous le nom de nègre de place, échange les petits produits de sa culture ou de son industrie contre ce que le nègre de ville lui apporte et qu'il a conservé de sa nourriture citadine pour avoir des fruits. On troque aussi de même des cannes à sucre dont les créoles sont si friands, et dont ils sucent le jus en comprimant de leurs dents cette canne qu'ils ont d'abord coupée de manière que chaque nœud se trouve au milieu d'un petit cylindre sucré.

L'amateur de fleurs peut aussi se satisfaire et parer de leurs vives couleurs la belle qu'il chérit et qui, après avoir été fraîche comme elles, sera aussi flétrie par le temps. On y a du raisin dont le grain d'un noir foncé tranche avec le vert du pampre qui l'accompagne, ou bien c'est du muscat aussi délicieux par sa saveur que remarquable par sa grosseur, qui étale sa longue grappe. Le parfum de la truffe va frapper au loin le gourmand, dont l'œil impatient la dévore à l'avance. Enfin, tout ce que l'île peut produire pour nourrir ses habitants ou pour embaumer l'air qu'ils respirent est sur le marché Clugny, excepté les denrées des manufactures coloniales.

Nulle baraque couverte n'y est à demeure, et les seules tables qui y restent sont celles des bouchers; le reste disparaît chaque jour, lorsqu'à trois heures de l'après-midi tout est lavé et nettoyé. Rien ne gêne les rues qui bordent la place. La plupart sont traversées par des tentes qui servent d'abri aux maisons et qui doivent être à 10 pieds de haut et attachées du côté de la place à des poteaux peints en vert; toute la police est accompagnée d'amende contre ceux qui la violent, et pour l'assurer, outre l'inspecteur de police et sa brigade, il y a un sergent et quelques soldats de troupes dans un corps de garde placé au sud-ouest de la rue du Canard, donnant sur la place.

Les arbres de cette place sont des figuiers blancs; leur plantation a été réparée en 1781, par des arbres qu'on a pris chez divers habitants, et que des nègres de la chaîne publique ont replantés; mais leur entretien ordinaire a toujours été à la charge d'une personne qu'il dispense du logement de gens de guerre, de toutes corvées personnelles et du service des milices; c'est maintenant M. Aujar, charpentier.

La place Clugny a, dans son milieu, une fontaine composée d'un pilastre en forme de tombeau, et d'une seule colonne d'ordre ionique surmontée d'un soleil.

Elle porte cette inscription : [1]

> Utilitati et saluti Civium,
> Hujus Coloniæ Præfectus
> In supremâ Burgundiæ curiâ Senator,
> Hanc[2] fontem
> In fore nomine suo insignito
> Amoris ergà Colonos
> Pignus simul et monumentum
> Posuit. Anno Domini 1764.

Lorsque l'inscription fut posée, celui qu'elle célèbre n'était déjà plus intendant. La fontaine porte ses armoiries.

En sortant de la place Clugny et allant au sud par les trois rues qui y conduisent, on trouve une autre place, après avoir parcouru cinq îlets. Elle a aussi la rue Royale vers son milieu

---

1. On avait proposé la suivante :

> Incertos huc usque aditus ignota subivit
> Fecundo, quæ nunc exilit unda, sinu.
> Vos haurite, Cives! hæc divi munera Civis;
> Tanti sit dignum pignus amoris, Amor.

2. La fontaine a le solécisme *hunc* qui a vraiment échappé à l'auteur de l'inscription.

et porte le nom de place Royale. Le projet de cette place existait dès 1746, mais on ne lui destinait alors qu'une partie de sa surface actuelle, qui était montueuse par le prolongement des pattes du morne, qui de cette place allaient encore vers l'embouchure de la rivière. Dans cette année même, on éleva un front de fortifications pour couvrir la partie méridionale de la ville, et il formait dans la place une courtine qui venait presque jusqu'à l'alignement sud de la rue de Rohan; au milieu de cette courtine était l'entrée de la ville, au milieu de la rue Royale. On avait détruit cette partie du retranchement, mais M. d'Ennery le fit rétablir en 1775, en le reculant cependant d'environ 10 toises dans le sud. Ce fut alors qu'on construisit le petit corps de garde qu'on voit encore sur cette place et qui bordait le côté est de l'entrée de la ville, pratiquée dans ce retranchement, auquel le corps de garde touchait intérieurement.

En 1780, MM. de Reynaud et le Brasseur, d'après une décision d'un conseil de guerre, firent abattre ce retranchement de nouveau, et alors on fixa les dimensions de la place, qui sont exactement les mêmes que celles de la place Clugny, c'est-à-dire 52 toises en carré en y comprenant les rues qui y passent; le corps de garde se trouve presque au milieu.

A la même époque on s'occupa de l'embellissement de la place, et l'on proposa des portes triomphales pour décorer son côté sud et la façade tournée vers la campagne. M. Rabié en fit les projets; il devait y avoir deux portes semblables, l'une en face de la rue Vaudreuil, l'autre en face de la rue Saint-Louis. Chacune aurait eu 50 pieds de face et autant de haut. Quatre colonnes d'ordre dorique soutenant l'édifice et ayant 26 pouces de saillie laissaient passage entre elles à une porte de 13 pieds de largeur et 27 de hauteur, pratiquée au milieu avec imposte, archivolte et clef, et à deux portes latérales, non cintrées, de 6 pieds de large et 13 de haut. Au-dessus de la corniche de l'entablement était un attique droit, où quatre pilastres, correspondants aux quatre colonnes, portaient des attributs militaires.

Une troisième porte devait être en face de la rue Royale. Elle différait des deux autres en ce que le dessus de ces deux portes latérales portait un médaillon elliptique couronné par une guirlande de feuilles de chêne; l'entablement était alternativement cannelé et décoré d'attributs militaires sculptés; sa corniche était terminée par un fronton triangulaire, offrant dans son tympan les armes de France sculptées, et les deux acrotères placés aux extrémités du fronton portaient aussi des trophées guerriers. Des ordres étaient déjà donnés pour que les nègres ouvriers du roi au môle y préparassent les pierres de taille nécessaires à la construction de ces portes.

Indépendamment de ce genre de décoration, les administrateurs en adoptèrent un autre, le 8 novembre 1780, qui consistait à construire des maisons régulières sur les quatre faces de la place et dans toute la partie du terrain qui s'étendait depuis l'ouest de la rue Espagnole jusqu'au bord de la rivière.

Pour assurer l'exécution de ce dessein, ils concédèrent à M. Artau, entrepreneur, tout le terrain non bâti qui se trouvait dans la place, avec l'obligation, comme il l'offrait lui-même, d'y faire ces embellissements. Toutes les façades devaient être à double étage et régner sur les quatre côtés des îlets. Un avant-corps avec des pilastres en aurait occupé le tiers, et leurs extrémités auraient eu aussi des pilastres. Onze ouvertures garnissaient chaque étage des îlets du côté de la plaine. Deux corps de logis symétriques décoraient, en outre, la rue du Pont, l'un entre la rue Dauphine et la rue d'Anjou, et l'autre allant de la rue Espagnole dans l'ouest; ils avaient 230 pieds de long et dix-neuf ouvertures à chaque étage. Ces deux bâtiments et les deux qui étaient dans la rue Vaudreuil et la rue Saint-Louis avaient de plus des frontons triangulaires au-dessus de l'avant-corps.

Il faut avouer que si ce plan s'était réalisé, cet abord de la ville eût été magnifique, et que le voyageur qui, après en avoir été frappé au dehors, serait entré par la porte de la rue Royale et qui aurait trouvé cette place avec la même architecture (parce qu'aux différentes époques des reconstructions des maisons actuelles les propriétaires y auraient été assujettis), n'aurait pu se défendre d'un mouvement d'admiration. Mais la concession faite à M. Artau a été attaquée par les propriétaires anciens du local, et au lieu d'édifices il n'y a que des murs d'enceinte qui indiquent les nouveaux îlets, en attendant que le jugement du procès montre leurs véritables maîtres. On a laissé aux trois bouts des rues qui conduisent de la campagne dans la place Royale, 40 pieds de large, au lieu de 24 qu'ont ces rues après la place, en allant au nord.

La maison qui donne sur le côté septentrional de la place, entre les rues Royale et Saint-Louis, a été, en 1779, la caserne des chasseurs volontaires de couleur, et tout l'îlet qui est entre la place, la rue Espagnole, les rues Saint-Nicolas et de Rohan, a servi de logement pendant la guerre de 1778 aux escadrons de dragons des régiments de Condé et de Belzunce. Ces troupes étaient chargées du corps de garde de la rue Royale, qui était dans leur voisinage.

Au commencement de 1789, l'on a élevé au milieu de la place Royale une fontaine à quatre faces, avec des pilastres ioniques aux angles. L'entablement, qui unit deux colonnes à chaque face, porte une urne sculptée et décorée, posée sur un petit dé; une ouverture circulaire, ornée d'un nœud et placée dans le socle de la fontaine, laisse passer l'eau à chaque face. Au-dessus de l'ouverture et au-dessous de l'entablement, sont les armes de France; à l'est, celles de la ville, qui, cette fois, représentent l'extrémité d'une terre d'où un vaisseau paraît partir; au sud, les armes de M. du Chillau, alors gouverneur général; à l'ouest, l'écusson de M. de Marbois, intendant.

Telle est l'existence d'une portion de la ville du Cap, qui a été créée presque en entier depuis cinquante ans. Le voisinage de la place Clugny et de la Petite-Guinée le rend extrêmement peuplé, et à cet égard il l'emporte beaucoup sur la quatrième section, si celle-ci a l'avantage, quant aux établissements publics. Les loyers sont extrêmement chers sur la place Clugny et dans les environs, et durant la guerre de 1778 il y a eu des maisons dont le revenu a égalé la valeur en trois ou quatre ans.

SEPTIÈME SECTION.

En 1740, il n'en existait qu'un sixième à peu près vers le septentrion, et le reste était alors l'asile des crabes et des insectes qui, se décomposant dans l'eau croupissante d'un marais, rendaient le Cap un séjour malsain. Cette section est devenue propre aux hommes, de la même manière que la sixième, et c'est une des éternelles actions de grâces qu'on doit à Larnage et à Maillart.

Cette section a, dans l'est, la mer depuis la rue du Pont jusqu'en face de la place le Brasseur, et ensuite la rue du Gouvernement jusqu'à la rencontre de celle du Cimetière ; au nord, elle a cette rue du Cimetière dans toute la largeur de la seconde section ; à l'ouest, la rue d'Anjou et la sixième section ; et au sud, la rue du Pont, limite de la ville dans cette partie. A l'orient sa figure est un peu irrégulière, parce que le Cap se rétrécit en allant du nord au sud.

Cette section a une autre irrégularité par rapport à ses rues, en ce que la rue Fermée, au lieu de se diriger parallèlement aux autres, qui vont du nord au sud, gagne le sud-ouest, comme je l'ai dit, et se termine à la rue du Hasard ; de sorte qu'à partir de celle-ci jusqu'au bout sud de la ville, les îlets ont une double étendue de l'est à l'ouest et vont de la rue Dauphine à la rue d'Anjou. J'ai fait connaître, en décrivant les autres sections, les rues de celle-ci ; elle n'a de particulier que la rue Dauphine, beaucoup plus connue sous le nom vulgaire de rue du Bac.

L'îlet qui donne dans l'ouest de la rue Dauphine, et qui est entre les rues du Chantier et des Trois-Visages, est le logement ou la caserne de la maréchaussée, composée d'un prévôt particulier, d'un exempt, de trois brigadiers et de quinze archers. Disons un mot de ce qui concerne cette maréchaussée.

Ce fut le 16 mars 1705, que le conseil de Léogane, après avoir pris l'avis des principaux habitants, ordonna l'entretien de trente-six hommes dans chaque quartier de Léogane, du Petit-Goave et du Cul-de-Sac, qui aurait 300 livres par an, pour rechercher les nègres fugitifs, indépendamment de la rétribution qui leur serait payée pour chaque capture; et imposa chaque tête d'esclave depuis quatorze ans jusqu'à soixante, pour acquitter cette dépense. Le conseil du Cap fit, le 4 juillet 1707, les mêmes dispositions pour son ressort.

On eut beaucoup de peine à trouver des hommes pour former ce corps, et l'on recourut aux affranchis, qui le composèrent presqu'en entier; on y vit même des esclaves affidés. Le 13 avril 1718, le gouverneur général appela prévôt et grand prévôt le chef de cette troupe, archers ceux qui la composaient, et fit pour les captures un nouveau tarif, auquel le conseil du Cap ajouta le 5 décembre suivant. Enfin, le 27 mars 1721, une ordonnance des administrateurs créa, pour la partie du nord, une compagnie de maréchaussée, composée d'un prévôt capitaine, un lieutenant, un enseigne ou exempt, six brigadiers et soixante-six archers. Les officiers formaient une justice prévôtale que suivait un exécuteur. Cette maréchaussée, chargée d'arrêter les nègres fugitifs et les soldats déserteurs, faisait son service à pied et à cheval. Elle fut confirmée au mois de juillet suivant; les brigadiers furent cependant réduits à quatre, et les archers à quarante-trois.

Mais cette institution avait disparu successivement, et les désordres des nègres marrons étant devenus alarmants, les administrateurs créèrent une nouvelle maréchaussée, le 20 janvier 1723, pour toute la colonie. Cette fois-là on établit dans le ressort de chaque conseil un grand prévôt et deux lieutenants de prévôt; on mit quatre exempts et cinquante-deux archers pour celui du Petit-Goave, trois exempts et trente-trois archers pour celui du Cap. Tous ces archers étaient pris parmi les gens de couleur libres; mais, dès 1734, on permit de recevoir des esclaves, à qui ce service faisait acquérir la liberté. Au mois de janvier 1739, le conseil de Léogane organisa plus particulièrement la maréchaussée de son ressort. Celui du Cap adopta le même régime, et l'on voit dans son règlement du 6 août 1739 que la sénéchaussée du Cap avait un prévôt, deux exempts, quatre brigadiers et vingt-quatre archers.

La maréchaussée a eu une existence certaine, par un règlement du roi du 31 juillet 1743, et ce sont ses dispositions qui la dirigent. Le prévôt général n'a point d'appointements, et quoique le règlement ne s'explique pas sur ses droits honorifiques, mais réserve seulement de les fixer, on l'a assimilé, dans l'usage, à un major de milices, et l'on ne pouvait guère faire moins. Il est l'inspecteur de toute la maréchaussée du conseil pour le ressort duquel il est nommé; il fait des tournées, vérifie comment le service est rempli, et envoie ses comptes aux deux administrateurs, mais il ne donne pas d'ordre immédiat à la troupe. Il est reçu au conseil sur une commission des administrateurs ou un brevet du roi, et y prête serment. Les prévôts et exempts sont reçus de même. Les premiers ont le rang de lieutenants de milice, et, dans le ressort du conseil du Cap, 2,000 livres d'appointements par an, et les exempts, le rang d'enseigne avec 1,200 livres. Les brigadiers et les archers prêtent leur serment entre les mains du juge de la sénéchaussée de leur résidence; les uns ont 900 livres, les autres 600 livres annuellement, et tous l'exemption de droits pour quatre esclaves et celle de tutelle et curatelle. Il est permis de prendre des surnuméraires non payés, mais dans la partie du nord on n'en trouve pas. Les captures sont payées à part à la maréchaussée, ainsi que la conduite des criminels.

Le commandant du chef-lieu de l'endroit où est la maréchaussée doit la passer en revue tous les six mois, et le prévôt particulier tous les mois. C'est sur les certificats de ces revues qu'elle reçoit ses appointements du receveur des droits de maréchaussée, en vertu d'une ordonnance d'un conseiller commissaire du conseil nommé par ce tribunal. Les appointements ne peuvent être saisis que par ceux qui ont fourni la nourriture ou l'équipage.

Il y a eu de longs et vifs démêlés entre les officiers de justice et les officiers militaires sur l'emploi de la maréchaussée : une déclaration du roi, du 6 décembre 1753, a statué que, hors le service des villes et de leur banlieue, les magistrats ne disposeraient de la maréchaussée qu'en prévenant les commandants militaires; mais au lieu d'avoir fait cesser les difficultés, cela n'a fait que les accroître. La maréchaussée, devenue militaire dès 1743, l'a toujours été de plus en plus par le fait, attendu que cette existence flatte plus ses officiers. M. de Belzunce l'avait rendue complétement militaire, et lui avait défendu d'obéir à d'autres ordres qu'aux siens. M. d'Estaing l'avait supprimée et remplacée par des hommes de sa légion, qui devenait maréchaussée dans l'occasion; mais le règlement de 1743 et la déclaration de 1753 ont repris leur empire.

Le service dont la maréchaussée est tenue, consiste à arrêter les soldats déserteurs, les esclaves fugitifs et les criminels; à conduire ces derniers aux exécutions à mort, et à faire la garde du conseil supérieur, lorsqu'il est assemblé ou lorsqu'il marche en corps; on l'emploie aussi pour la main-forte, lorsqu'elle est nécessaire aux décisions des tribunaux, et à ce qu'on appelle établissement de garnison, pour faire payer les contributions publiques ou les dettes de cargaison.

Cette troupe est, dans la partie du nord, exactement habillée, armée et équipée comme la maréchaussée de France. Depuis le mois d'octobre 1721, les archers portent une bandoulière qui était, dans l'origine, bleue parsemée de fleurs de lis jaunes, mais que dans la partie du nord on a changée depuis longtemps pour la bandoulière de la maréchaussée de la métropole. Dans toute cette partie, la maréchaussée est casernée dans des logements qui ont été achetés ou bâtis des fonds de la caisse municipale, où l'on verse, chaque année, le montant d'une imposition par tête de nègre.

La maréchaussée est en général très-bien montée et équipée dans toute la colonie, et l'on n'en doit pas être surpris quand on sait qu'elle est composée de gens de couleur. Il est fâcheux de ne pouvoir pas louer de même son amour pour ses devoirs. Comme elle a un droit par capture de nègres fugitifs, et qu'on ne peut regarder comme tels que ceux qu'on trouve hors de l'habitation de leurs maîtres, sans billet signé de lui qui les nomme et qui désigne le lieu où ils vont, les archers de maréchaussée se mettent à la piste, surtout les dimanches et les fêtes, aux abords de la ville, et se cachent même, s'ils le peuvent, pour se montrer tout à coup. On en a vu qui, sous le prétexte d'examiner ces billets, les déchiraient, et cette infidélité cupide leur vaut 6 livres par nègre arrêté. Si la date exprime le jour et le quantième, et que ces deux choses ne cadrent pas ensemble, ils tournent contre le maître une loi qui n'est qu'en sa faveur. Ils exigent toujours à vil prix, et prennent souvent de force, ce qui leur convient des modiques objets de la vente desquels le nègre attend sa subsistance. Il n'existe de moyen de remédier à ce désordre que le choix des archers de police, dont l'on s'occupe peu, et le châtiment sévère de leurs prévarications. Mais ils semblent trouver de la protection, parce que ce sont les tribunaux qui punissent, et que leurs chefs se croient militaires.

La moitié orientale des trois îlets qui suivent celui de la maréchaussée en allant dans le sud, et les trois îlets entiers en face de cette moitié et qui bordent l'autre côté de la rue Dauphine, ont été, depuis le commencement de 1776 jusqu'en 1782, réunis par une clôture de maçonnerie fermant les rues qui les séparent et servant de casernes, d'abord au quatrième bataillon du régiment de Béarn, puis à ce bataillon et à celui qui vint le trouver en 1777, pour former avec lui le régiment d'Agénois. Ces casernes ont été occupées ensuite par les deux régiments espagnols de Zamora et de la Couronne, depuis le commencement de 1782, jusqu'à leur embarquement pour la Havane, au mois d'avril 1783. On a rétabli alors la communication de toutes les rues.

Dans la face sud de la rue de Rohan, qui est à l'extrémité de cette ancienne caserne, et dans l'îlet entre la rue Dauphine et la rue d'Anjou, ont été longtemps les boucheries du Cap, qui avaient fini par être dans l'enceinte de la ville, quoiqu'elles s'en trouvassent originairement éloignées. L'épizootie de 1772 fit ressortir les inconvénients d'avoir une tuerie dans ce local, et c'est ce qui a donné lieu à l'établissement de la boucherie actuelle en 1777.

La boucherie du Cap, d'abord placée dans la rue Espagnole, au coin de celle qui porte encore son nom, fut mise ensuite dans la rue Sainte-Marie, à la hauteur de la rue des Vierges, d'où elle fut transférée au bout nord-ouest de la rue Dauphine et de celle Taranne, où la ville se terminait encore en 1735. Enfin, la boucherie alla dans la rue de Rohan, comme je viens de l'indiquer.

Le local de l'ancienne boucherie a servi, en 1779, de caserne aux chasseurs royaux, et dans le moment de presse, produit en 1782 par l'armée de M. de Grasse, qui augmentait de beaucoup les malades d'une nombreuse garnison, on en fit un hôpital, où il s'est trouvé jusqu'à cinq cents personnes.

Cet îlet de la boucherie en a un autre plus à l'est, et qui est le dernier au bord de la mer. C'est presque à l'extrémité nord de ce dernier îlet qu'est l'embouchure de la rivière du Haut-du-Cap, et à cette embouchure est placé le bac.

On sait que jusqu'en 1742 il n'y avait d'autre chemin pour arriver à la ville que celui du Haut-du-Cap. On avait souvent pensé à établir une communication avec le bourg de l'embarcadère de la Petite-Anse, telle qu'elle subsiste à présent, et dès le 10 juillet 1708 M. Barrère proposait au ministre, qui l'approuva le 8 octobre, d'avoir un pont sur l'embouchure de la rivière du Haut-du-Cap; cependant Larnage et Maillart étaient encore réduits à le solliciter le 28 septembre 1739.

Ces administrateurs prirent alors une autre mesure, ce fut d'y placer un bac. Ils en ordonnèrent l'établissement le 10 septembre 1742. L'homme qui, à cette époque, marquait le plus de zèle et d'intelligence pour les choses de ce genre, et qui avait déjà la ferme du passage de l'embarcadère de la Petite-Anse et de celui de Limonade, ayant offert de s'en charger, on réunit le bac à la ferme pour cinq ans, sur le pied de 10,500 livres par année, dont la dernière lui fut donnée gratis, pour les frais de l'établissement, qu'il s'obligea d'effectuer en 1743. Le péage fut fixé par les administrateurs, d'après un tarif que M. le Normand de Mézy, ordonnateur au Cap, proposa, et qui sert encore aujourd'hui [1].

Les mêmes administrateurs ordonnèrent la confection du chemin le 1er octobre. On commanda, en conséquence, la corvée des nègres des paroisses qui devaient se servir de ce chemin, et il fut fait. Qu'on se rappelle encore ce service de Larnage et Maillart !

Au moment où le public commençait à en jouir, un premier commis des bureaux de Versailles, qui vit cet établissement dans les comptes que les administrateurs en rendaient, imagina qu'il lui serait fort doux de se faire un pécule d'un péage, que MM. Larnage et Maillart destinaient à la construction d'un pont. Ce premier commis, qui ne promenait sur Saint-Domingue que des yeux de convoitise, y avait déjà aperçu une proie dans la succession de M. Amat, ce Sicilien architecte de l'église de Limonade, et dans celle de sa femme, qu'il s'était fait adjuger le 15 février 1744; mais il avait été trompé dans son attente. Pour l'en dédommager, il eut, le 16 décembre 1746, un brevet de don de ce péage, et du passage de la Petite-Anse, pour vingt

---

[1]. Il exige 15 sous d'un blanc à pied, le double s'il est à cheval; 7 sous 1/2 d'un nègre à pied, et trois fois autant s'il est à cheval. Par voiture 30 sous, non compris les chevaux et les personnes; un cheval 15 sous; un bœuf le double; un autre animal 7 sous et 1/2. Un cabrouet à chevaux 30 sous; un à bœuf le double, non compris la charge ni les animaux; pour la charge d'un cheval 7 sous et 1/2. Une barrique de sucre 30 sous; une de vin 22 sous et 1/2; un quart ou tierçon 15 sous. Le fermier est tenu de faire le passage la nuit comme le jour, excepté pour les cabrouets à bœufs, et de décharger les effets mis dans le bac, lorsqu'il est parvenu à l'autre bord.

ans, à compter du 1er juin 1747, *afin de lui faire ressentir les effets de la satisfaction singulière de Sa Majesté, pour les services importants qu'il avait rendus et qu'il continuait de rendre, particulièrement à la colonie de Saint-Domingue.* Cet abus de la confiance que lui donnait sa place fit pousser un cri d'indignation lorsque le brevet fut connu par son enregistrement au conseil du Cap, le 1er mai suivant. Cette cour envoya des représentations ; on ne les lut pas. Les habitants du Quartier-Morin et de Limonade, qu'on contraignait à entretenir la chaussée, depuis l'embarcadère de la Petite-Anse jusqu'au bac, demandèrent qu'au moins celui qui avait les bénéfices eût les charges ; pour toute réponse, le premier fit son frère intendant de la colonie en 1752.

La chambre d'agriculture, presque naissante, partagea les sentiments de la colonie pour le don du péage du bac, et réclamant pour elle, elle fit un mémoire en 1763 pour en demander la révocation, quant aux quatre ans qu'il avait encore à courir, ou du moins qu'à l'expiration du don, ce péage fût réuni à la caisse de la colonie ; cette demande eut le sort des autres. Enfin, au mois de mars 1764, l'assemblée coloniale supprima toutes les fermes du passage, et condamna M. de Laporte à restituer les droits de la ferme de passage de Limonade, qu'il avait perçus sur une simple lettre du ministre aux administrateurs, du 1er août 1747, et qui disait que ce passage était aussi compris dans le don. Cette démarche a été infructueuse comme le reste. Le brevet de don a eu tout son effet, et l'on va juger s'il était digne des services de M. de Laporte.

Il afferma en 1747 les passages compris dans le don, 90,300 livres pour trois ans ; en 1750, 190,000 livres pour cinq ans, et en 1755, à raison de 40,200 livres par an, ce qui a duré douze ans, puisqu'en 1765 MM. d'Estaing et Magon décidèrent que cette seule ferme serait rétablie. Ainsi le premier commis récolta 762,000 livres qu'ont payées, en majeure partie, de malheureux esclaves, obligés de prendre 15 sous sur le produit des chétifs objets qu'ils portent au marché, en allant et en revenant par le bac.

Comme je l'ai dit ailleurs, on avait senti que le produit du bac était digne d'une plus haute destinée, puisque le 7 mai 1765, lorsque le brevet de M. de Laporte avait encore deux ans à courir, *Sa Majesté, mettant en considération les services de feu M. le marquis de Clermont-Gallerande, et les défenses qu'il avait été obligé de faire pour se soutenir avec décence dans les commandements dont il avait été chargé, et voulant le récompenser dans la personne de Mme la duchesse de Brancas, sa fille, dame d'honneur de Mme la Dauphine, et l'aider à se soutenir dans cette place*, lui fit don, pour trente ans, du péage du bac du Cap, à compter du 1er janvier 1767. Ce brevet contenait la condition qu'il ne serait rien exigé pour le passage des troupes et de leurs bagages, et que l'on n'unirait aucun autre passage à celui-là.

Le conseil du Cap sursit deux fois à l'enregistrement de ce brevet, en 1766 et 1771. Le 20 septembre 1769, une ordonnance du roi, sur l'imposition, déclara que le produit des bacs ne faisait point partie de l'octroi, et le 22 novembre 1771, un nouveau brevet, fondé sur ce que le bac produit plus de 24,000 livres argent de France, que le roi avait compté donner par an à Mme de Brancas, et sur ce que l'on projetait un pont qui ferait supprimer le bac, lui accorde 24,000 livres argent de France sur l'octroi, pendant trente ans, à compter du 1er janvier 1767. De cette manière le produit du péage n'eut pas plus qu'autrefois sa destination primitive, et la colonie s'est trouvée grevée d'une pension pour laquelle il faut convenir que les droits de Mme de Brancas ne sont pas faciles à apercevoir, puisque la colonie n'a sûrement pas profité de la décence avec laquelle M. de Clermont-Gallerande s'était soutenu dans ses commandements.

Les deux conseils de la colonie, forcés d'enregistrer ce don, ont dressé des remontrances qui n'ont servi qu'à prouver qu'ils ont fait leur devoir, en réclamant contre la faveur cupide qui, pour envahir, irait jusqu'aux extrémités du monde.

Des ordonnances du roi, rendues en 1766, ayant décidé que la police des bacs était de la compétence des administrateurs, et celle de 1769 faisant de leur produit un droit domanial, c'est l'intendant ou l'ordonnateur du Cap qui afferme le bac à une enchère publique. Le conseil supérieur, qui l'avait fait depuis 1767 jusqu'en 1771, avait, par un arrêt du 8 décembre 1766, imposé les mêmes obligations au fermier que celles de l'ordonnance de MM. Larnage et Maillart en 1742, et, de plus, de laisser passer gratis tous les officiers et soldats avec leurs bagages, les membres du conseil et ceux de la sénéchaussée, leurs domestiques et leurs chevaux, les officiers ministériels de la justice en fonctions pour le service public, et enfin les nègres des travaux publics. Dans cet intervalle, le produit du bac fut mis dans la caisse municipale, d'où le roi ordonna, en 1772, de le verser dans celle de la colonie. M. Prost de Lary, ordonnateur qui fit la carte bannie en 1774, y laissa l'exemption du conseil et de la sénéchaussée. Mais M. Caignet, son successeur, mit dans celle du 1er novembre 1777, qu'elle n'aurait lieu qu'autant que les conseillers seraient présents lors du passage de leurs voitures et de leurs chevaux. Il y eut des débats à ce sujet, e deux lettres du ministre, du 29 avril 1779 et du 17 février 1781, ont confirmé ce que M. Caignet avait fait.

Le bac a toujours les 50 pieds de long qu'il eut d'abord, savoir, 30 de semelle et 10 d'élancement à chaque bout, 16 pieds de large et 4 pieds de hauteur. Il a quatre nègres pour en faire le service et pour larguer le câble lorsque quelque embarcation veut remonter ou descendre la rivière; car le fermier du bac payant pour avoir le privilége exclusif, personne ne peut faire traverser la rivière en canot, à moins que ce ne soient des habitants riverains, et encore pour l'usage seulement de leur habitation. Le privilége n'est pas toujours très-respecté, comme le prouvent des ordonnances de 1770, de 1775, et une du 30 janvier 1781, qui donnent le secret de leur inefficacité.

Le bac n'est pas toujours aussi bien entretenu qu'il devrait l'être, et il y a même quelques années qu'il coula bas au milieu du passage, tant il faisait d'eau. C'est cependant mal entendre son intérêt de la part du fermier, parce qu'une négligence amène une grande réparation, et par conséquent un long délai pendant lequel il n'y a point de péage. On n'est pas toujours non plus juste envers le fermier. Par exemple, on a vu l'état du petit pont rouge du chemin de la Petite-Anse rendre cette route impraticable, sans qu'on lui ait tenu compte de cette non-jouissance. En 1783, les matelots d'une chaloupe du roi trouvant que le câble du bac n'était pas largué assez vite, le coupèrent. Le fermier fut obligé d'en acheter un autre qu'il paya 2,400 liv., et on ne lui accorda aucun dédommagement. Quelquefois aussi il a des difficultés pour son payement. Autrefois il y avait un factionnaire au bout du bac du côté de la ville, qui faisait la police, mais on l'a retiré en 1783.

Comme la rivière n'a que 20 toises à son embouchure, la traversée du bac est peu longue. Néanmoins dans la saison des nords la mer y est agitée, et le mouvement du bac suffit pour éprouver les personnes qui sont malades sur cet élément. On est obligé quelquefois d'attendre assez longtemps et d'une manière pénible, lorsque dans les heures et dans les jours de grande chaleur on parvient à la rive droite de la rivière au moment où le bac vient d'en partir pour aller vers la ville, côté où il s'arrête toujours plus longtemps, parce que c'est celui où on paye. Placé sur une langue étroite dont le sable réverbère les rayons du soleil, et frappé des reflets qu'ils produisent sur la surface de la mer et de la rivière, on est dans un état de souffrance réelle. On laisse cependant quelquefois durant même des journées entières, des chevaux dételés auprès d'une chaise qui attend le retour d'un habitant, la venue d'un convive ou d'un homme d'affaires, ou enfin celle d'une nymphe qui va séduire aussi les campagnards. Des habitants font mettre derrière la voiture du fourrage pour les animaux qui attendent, ou bien en font acheter au Cap; mais ce dernier moyen peut être traversé par les combinaisons du cocher, qui croit souvent, comme Sganarelle, avoir mangé pour tout le monde. On demandera peut-être pourquoi quelques hangars ne sont pas placés pour abriter du moins les animaux? Je réponds à cette question, que ne fera pas quelqu'un qui connaît la complète insouciance de Saint-Domingue, que M. Sicard, alors fermier, en avait fait construire, en 1764, ainsi qu'un magasin pour entreposer des effets ; mais il exigeait un dédommagement de 7 sous et 1/2, et cette prétention a fait périr ces bâtiments. Et puis l'on parle d'épizootie, de perte d'animaux !

La ferme du bac, qui était de 60,300 livres en 1786, a été portée à 90,000 livres à la fin de la même année, par années de paix ou de guerre, c'est-à-dire que celles-ci ne donnent pas lieu à une diminution. En ajoutant à cela le dépérissement du bac, son entretien, l'emploi de cinq ou six esclaves, le loyer d'une maison pour loger le fermier et son monde, les frais d'adjudication, on voit qu'il lui faut à peu près 100,000 livres pour couvrir ses frais ; c'est environ 300 livres par jour. Or cette ferme enrichit le fermier, dont le bail est de quelques années ; on peut donc croire que son produit n'est pas moindre que de 400 liv. par jour. Mais ce produit pendant six jours de la semaine n'est pas en tout de 400 livres ; il faut donc que le seul dimanche produise 2,400 livres, et l'on peut dire qu'elles sont acquittées par 3,200 esclaves, qui viennent vendre au marché du Cap et qui donnent chacun 15 sols pour l'aller et le revenir ; à moins que, comme il s'en trouve quelques-uns, ils n'aient un maître qui abonne tout son atelier pour le passage annuel au bac, en convenant d'un prix avec le fermier.

Qu'on juge, d'après cela, s'il serait avantageux pour ces malheureux nègres qu'il existât un pont au lieu d'un bac ! Et ce pont, combien de fois aurait-on eu sa valeur, avec les 1,500,000 liv. que M. de la Porte et Mme de Brancas sont venus détourner de cette bienfaisante destination ! On sait que ce pont avait été désiré et sollicité en 1708 et en 1730, et j'ose dire que si Larnage avait vécu, les brevets de don n'auraient jamais été sollicités ; on aurait redouté sa rigide vertu.

Au mois d'octobre 1772, il s'offrit un plan plus vaste. Une société d'entrepreneurs, à la tête desquels était M. Renaud, offrit de faire sept ponts, sur les sept rivières du Fort-Dauphin, de la Matrie, du Trou, de la Grande-Rivière, du Haut-du-Cap, de la rivière Salée de l'Acul, et du Limbé, à condition qu'on y établirait un péage à leur profit, ou bien qu'on leur en payerait la dépense. L'ingénieur en chef l'évalua à 1,200,000 livres. Comme parmi ces ponts, qui auraient assuré, dans toutes les saisons, la communication de toute la partie du nord, celui de la Grande-Rivière et celui de la rivière à Galiffet au bac étaient évidemment les plus importants, MM. de Vallière et de Montarcher souscrivirent un marché pour ces deux-là. Le prix devait en être payé par tous les habitants des sénéchaussées du Cap et du Fort-Dauphin, divisés en trois classes, avec une contribution qui aurait été de 300 livres pour les plus riches, et de 24 livres pour ceux de la classe opposée. Le roi en supportait un dixième, qui devait être pris sur le droit de deux pour cent des adjudications judiciaires. Quant aux autres ponts, on voulut attendre la décision du ministre, et même sa détermination, avant de fixer la cotisation, quoiqu'on dût toujours commencer les deux ponts. Le 24 décembre 1772, MM. de la Feronnays, commandant en second de la partie du nord, et Malouet, faisant fonctions d'ordonnateur posèrent la première pierre du pont dont M. de Boisforest, ingénieur en chef, avait fait le plan, et que M. Renaud devait exécuter précisément au point où est le bac.

Mais on n'avait pas calculé l'influence de l'esprit de Saint-Domingue. Au mois de septembre 1775, il n'y avait plus de souvenir ni du projet adopté, ni de la première pierre posée. M. d'Ennery venait d'arriver; il sentit aussitôt l'utilité de deux ponts sur la rivière à Galiffet et sur celle de l'Artibonite, et il promit, avec M. de Vaivre, son collègue, 600,000 livres sur la caisse des libertés pour en assurer l'exécution. D'après cette offre, MM. d'Argout et Prost de Larry, commandant en second et ordonnateur au Cap, convoquèrent les habitants de Limonade, du Quartier-Morin et de la Petite-Anse, le 10 septembre, au gouvernement, où il fut arrêté que le roi payerait la moitié de la dépense du pont du bac et que ces habitants, avec lesquels devaient concourir les principaux négociants de la ville, supporteraient l'autre moitié. Les habitants des trois paroisses nommèrent MM. Fournier de Varenne et Barré de Saint-Venant pour leurs commissaires, afin d'inspecter l'exécution du marché qui serait passé avec l'entrepreneur, et de procéder à la répartition de la somme votée au prorata du revenu de chaque habitation, et à l'intérêt de chacun des propriétaires à l'établissement du pont, et M. Haitze fut choisi pour receveur des souscriptions.

Chaque habitant signa un état énonciatif de son revenu, les commissaires firent la répartition au gré du gouvernement et des souscripteurs. Mais M. d'Ennery mourut, M. d'Argout alla gouverner la Martinique, M. Prost de Lary était mort quelques jours après l'assemblée du 10 septembre 1775, et le projet n'eut d'autre effet que de montrer le patriotisme des colons. On prétendit même, en 1777, que le pont du bac n'était bon qu'à donner le plaisir de traverser la rivière en voiture et que les nègres n'avaient qu'à passer par le Haut-du-Cap.

MM. de Reynaud et le Brasseur ne partagèrent pas cette dernière opinion, et, reprenant le projet de 1775, ils dressèrent un prospectus de la construction du pont, mais sur d'autres principes. Ils sentirent qu'il était difficile d'élever un pont de maçonnerie qui serait extrêmement coûteux et d'une pénible exécution. Des vues militaires influèrent aussi sur le nouveau plan et le pont fut projeté en bois sur des piles de maçonnerie. Les habitants des trois paroisses voisines adoptèrent encore ce prospectus, avec le même zèle, dans des assemblées paroissiales du 11, du 18 et du 22 février 1781. On suivit, dans la répartition de la contribution volontaire, le plan de répartition des commissaires de la souscription de 1775, qui divisait les sucreries en quatre classes, dont la première payait 1,500 livres par chaque millier de sucre de produit; la seconde, 1,000 livres; la troisième, 660 livres, et la quatrième, 500 livres. Les habitants virent seulement avec peine que leurs fonds devaient être versés dans la caisse des libertés, au lieu d'être remis à un caissier choisi parmi eux. La souscription s'éleva à 202,455 liv., exigibles, un tiers en commençant l'ouvrage, un tiers à sa moitié et le reste à son achèvement.

Ainsi assurés des moyens, MM. de Reynaud et le Brasseur rendirent, le 23 du même mois de février, une ordonnance pour l'édification du pont, en piles de maçonnerie, couvertes de charpente. Il devait avoir 100 pieds de long, sans compter les culées et les rampes, ni l'épaisseur des piles, qu'on devait espacer de 20 pieds en 20 pieds; de sorte que la longueur totale du pont, d'une culée à l'autre, aurait été de 150 pieds. La largeur était fixée à 32 pieds, dont 24 pour les voitures et 4 de chaque côté pour procurer un trottoir aux gens de pied : le milieu avait un pont-levis. La souscription produisait l'effet d'affranchir, à perpétuité, du droit de péage, les habitants souscripteurs et tous les blancs attachés à leurs habitations, leurs chevaux, leurs voitures, leurs effets et leurs denrées. Le commandant, le major, l'aide-major et le chirurgien-major des bataillons de milices du Cap et de Limonade, ainsi que le commandant, le curé, l'aide-major, le chirurgien-major et les voyers principaux et particuliers des paroisses du Morin, de Limonade et de la Petite-Anse, étaient également dispensés du péage, ainsi que leurs voitures, leurs chevaux et leurs domestiques. Enfin, l'exemption comprenait tout individu, non blanc, quel qu'il fût, pour sa personne, sauf à payer pour ses chevaux, ses denrées, ses voitures et ses animaux de charge. Le droit de péage était maintenu pour tout autre, afin d'assurer l'entretien du pont.

L'infatigable M. de Reynaud, pressant son projet, fit rassembler des matériaux, et un heureux hasard secondant ses desseins fit trouver plusieurs belles carrières, dont on tira des pierres de taille pour le pont. Le 28 juin 1781, MM. de Reynaud et le Brasseur partirent du gouvernement, accompagnés du conseil supérieur, de l'état-major, des officiers de tous les corps de la garnison, de la sénéchaussée, des représentants des paroisses du du Quartier-Morin, de Limonade et de la Petite-Anse, des plus notables habitants de la ville et de la plaine et d'un grand concours de personnes; et, précédés d'une musique militaire, devancée elle-même par le clergé de l'église du Cap, ils allèrent sur le bord oriental de l'embouchure de la rivière du Haut-du-Cap, où, après la bénédiction des deux premières pierres par le père Colomban, ils les posèrent au bruit du canon et des fanfares au point de l'entrée du pont, vis-à-vis la rue qui en a pris son nom, et à la base de deux piédestaux. Peu après on vit s'élever ces deux piédestaux d'ordre corinthien de 10 pieds de hauteur, la base et la corniche comprises, sur 50 pouces de largeur, avec cette inscription sur celle du nord :

> LA PREMIÈRE PIERRE DE CE PONT
> A ÉTÉ POSÉE LE 28 JUIN 1781
> PAR MM. DE REYNAUD, COMMANDANT GÉNÉRAL
> ET LE BRASSEUR ORDONNATEUR
> FAISANT FONCTION D'INTENDANT

Et celle-ci sur le piédestal du sud :

> Monument de la bienfaisance des habitants du Morin
> De Limonade et des parties adjacentes de la Petite-Anse
> En faveur des esclaves et affranchis,
> Élevé par ordre
> De MM. de Reynaud et le Brasseur.

Un cri d'allégresse et ceux de la reconnaissance se mêlèrent aux salves qui célébraient cette cérémonie, tout à la fois religieuse et civique ; mais au moment actuel ces deux piédestaux et les inscriptions dont ils sont chargés attestent que le zèle des administrateurs et le civisme des citoyens ne suffisent pas toujours pour faire le bien. La fin de l'administration de M. de Reynaud, arrivée au mois de juillet 1781, a été celle des espérances des habitants et surtout de celle des infortunés esclaves. En 1786, on fit un nouveau bail du bac pour trois ans, et l'année dernière (1788), j'ai vu les deux piédestaux dégradés et près de se renverser.

Le cœur est affligé de l'inexécution de cet utile projet, et l'on ne passe pas auprès de ces inscriptions sans laisser échapper un reproche contre les administrateurs qui semblent avoir cherché à les rendre inutiles. Est-ce donc n'avoir rien mérité que de s'approprier, par l'exécution, une partie des vues utiles de son prédécesseur? Comment, avec 202,455 livres, n'a-t-on pas fait faire un pont qu'on n'évaluait qu'à 217,790 livres? Aministrateurs! croyez-vous hériter de la gloire que vous ravissez à d'autres? Ce calcul égoïste est indigne de dépositaires d'une grande autorité, il est une forfaiture réelle, car vous jurez de la faire servir, cette autorité, au bonheur de ceux qui vous obéissent, et qui ne doivent pas dépendre de mutations continuelles. Écartez ces haines jalouses, et associez votre nom à celui de vos prédécesseurs, en secondant leurs vues bienfaisantes. Je dois donc louer ici MM. Duchilleau et Marbois, qui voulaient faire achever cette année le pont du bac, auquel les remblais du bord de la rive est exigent peut-être des changements; mais ils ont trouvé d'autres obstacles.

Quand existera-t-il ce pont? Qu'on me permette ici quelques réflexions sur sa construction, qui a trouvé des contradicteurs quant à la largeur réduite de la rivière; elles pourront éclairer dans des circonstances semblables.

La rivière du Haut-du-Cap ou de Galiffet, considérée au point où est le bas, est plutôt un bras de mer, un ester, qui pénètre dans les terres, qu'une rivière. Les canots et les chaloupes y remontent jusqu'à la passe du Haut-du-Cap, quoiqu'elle soit très-vaseuse depuis l'embouchure de la rivière Any, et l'on aurait pu la rendre navigable beaucoup plus haut, surtout aux bâtiments à fond plat, si, pour faire un gué aux voitures, on n'avait pas ferré le sol d'une passe au Haut-du-Cap, au lieu de construire dans cet endroit, comme on l'a fait depuis, un pont qui ne pouvait pas être très-coûteux, en resserrant le lit de la rivière. Les habitants se seraient épargné des charrois, puisque des canots seraient venus plus loin, et dans l'obligation où l'on était autrefois d'aller prendre de l'eau dans cette rivière, pour les besoins de la rade, on l'aurait eue plus pure et sans mélange d'eau salée : première faute.

Dans tous les projets de pont à la place du bac, on a toujours fait sonner haut la nécessité d'une grande dépense. Un citoyen observateur, qui croit que c'est une seconde faute et qu'il est très-facile d'en élever un de maçonnerie à peu de frais, propose ce moyen facile, qui est de réduire la largeur de la rivière à 60 et même 40 pieds, au lieu de 200 qu'elle a à présent. Cette proposition, qui a l'air d'un paradoxe, est cependant susceptible de démonstration. En voyant une nappe d'eau immense à l'embouchure de la rivière du Haut-du-Cap, on conclut que c'est une rivière considérable, et dans le fait ce n'est qu'un faible ruisseau qui fournit à peine au service d'une rangée de moulins et dont on a jugé que le volume d'eau était insuffisant pour fournir aux besoins de la ville du Cap. Ce n'est pas dans l'espace occupé par la mer qu'on doit apprécier la force de la rivière, mais au point où son cours est assez élevé pour que le reflux de la mer ne s'y fasse pas sentir. Or, quoique les plus grandes marées n'excèdent pas 30 pouces à Saint-Domingue, il faut cependant remonter à plus d'une lieue en ligne droite pour trouver la rivière du Haut-du-Cap dans son état naturel. C'est là qu'est sa véritable embouchure, et non pas dans le bras de mer qui la suit.

Mais l'expérience est toute faite depuis longtemps, car il existe sur l'habitation Breda un pont de bois établi sur deux piles de maçonnerie, élevé de 8 à 10 pieds et ne laissant qu'un passage d'environ 30 pieds de large, qui suffit dans tous les temps à l'écoulement de la rivière. Mais le volume d'eau qui passe sous ce pont n'arrive point à la mer; car il faut tenir compte de l'effet de l'évaporation dans un climat aussi chaud que celui de Saint-Domingue, et dans l'immense surface où la rivière se répand depuis le point où elle sent l'effet de la marée.

A ces premiers raisonnements l'on peut ajouter d'autres preuves. Lorsqu'on a voulu établir le bac actuel, la rivière avait dans ce point 80 toises; on l'a réduite à environ 33, et l'ouverture, diminuée de plus de moitié, a suffi sans que les bords, qui n'ont que 2 ou 3 pieds au-dessus des marées, aient jamais été surmontés. Tout le secret consiste donc à rétrécir le lit de la rivière. On sait que la mer recule aisément devant les travaux de l'homme. On convient que ce rétrécissement fera gonfler un peu les eaux, mais en donnant au pont du bac la même élévation qu'à celui de Breda, on n'aura rien à craindre en lui laissant une largeur double. Cette largeur est nécessaire, non pas au besoin de la rivière, mais seulement à ceux de la navigation ; car tout le monde sait que les levées qu'on fait le long des rivières n'ont pas autant d'élévation lorsqu'elles approchent de la mer.

On procurerait le rétrécissement de la rivière du Haut-du-Cap jusqu'à la réduire à 50 ou 60 pieds, en pratiquant des quais de droite et de gauche sur la rivière. On pourrait même s'en passer sur la rive du côté du Cap, parce que le terrain y a une pente très-considérable. Ces quais, qu'on a commencés à l'est, offriraient de grandes commodités à la navigation et au commerce. La rivière, resserrée, travaillerait sur son fond dans les temps des crues et deviendrait navigable beaucoup plus haut. Les matériaux de ces remblais sont sous la main. Le morne du Cap, d'un côté, fournira les pierres, et les récifs donneront des madrépores plus convenables encore, parce que ces roches de mer sont moins chères et qu'étant placées dans leur élément elles servent à multiplier les coquillages et d'autres madrépores qui ajoutent sans cesse à la solidité de ces travaux. Rien de si facile ensuite que la construction d'une seule arche sur un canal de 50 ou 60 pieds. Voilà, du moins je le pense, le profit qu'on pourrait retirer des circonstances qui ont retardé la construction du pont si justement désiré et si inutilement projeté depuis quatre-vingts ans.

L'îlet qui donne sur le quai et qui est entre la rue de la Boucherie et celle Saint-Nicolas appartient à l'État. Je n'ai rien à dire de particulier de la portion de quai qui se trouve dans la septième section, si ce n'est qu'elle est la moins fréquentée et la moins large. C'était sur ce bout de quai qu'on déchargeait les planches avant l'ordonnance de 1786. Il est maintenant couvert d'immondices, comme le surplus. M. Artau avait obtenu des administrateurs, le 5 novembre 1785, une ordonnance qui lui permettait de fermer sur le bord de la mer les trois îlets, depuis la rue des Trois-Visages jusqu'à celle de Rohan, pour y mettre des matériaux tant qu'il serait entrepreneur du roi, mais une autre ordonnance, du 3 juin 1787, ne lui laissa que trois mois pour évacuer tout ce terrain.

HUITIÈME ET DERNIÈRE SECTION

Bornée au sud par la ravine du Cap et par toute la largeur de la première section, elle a la mer à l'est, la limite septentrionale de la ville au nord, et à l'ouest, le morne du Cap qui la resserre. La forme de cette section est irrégulière ; elle semble composée de deux parties par les contours du morne qui, s'avançant dans l'est vers le milieu de cette section, réduit la partie nord à n'être qu'une bande étroite.

J'ai dit, en parlant de la première section, qu'une partie de la batterie circulaire du quai et la plus grande partie du parc d'artillerie se trouvaient sur la huitième section. Supérieurement à cette portion du parc d'artillerie, et ayant comme elle la ravine au nord, est l'arsenal, qui a la rue de Picolet à l'est, celle Marbois à l'ouest, et la rue de l'Arsenal au nord. Cet arsenal était la seule chose qui existât de toute cette section en 1740, de manière que cette section est un accroissement de la ville depuis cette époque. Comme elle a eu dès son commencement le nom de Petit-Carénage, parce qu'on y carénait les bâtiments, on donne maintenant le nom de faubourg du Petit-Carénage à toute la section.

En 1712, la ravine était la limite extrême de la ville au nord ; alors on forma une boulangerie du roi où elle est encore aujourd'hui, quoique ce ne soit plus le même bâtiment. Puis, à 15 pieds de l'angle sud-est de cette boulangerie, se trouva, peu après, l'angle nord-ouest de la maison de maçonnerie de l'aide-major de la ville du Cap, qui, prenant encore 45 pieds dans le sud de sa maison, avait formé un enclos et un jardin dont le morne était le terme dans l'ouest. A 60 pieds, dans le nord du logement de l'aide-major, et presque sur le même alignement, on fit un corps de garde, en face duquel et dans une baraque étaient mis les nègres marrons. Un puits d'eau saumâtre était entre les deux angles opposés de la boulangerie et du corps de garde. Tels furent les commencements de la huitième section, qui, comme l'on voit, étaient tous renfermés dans les côtés nord, ouest et sud de la place la Luzerne.

On avait augmenté d'une troisième compagnie de troupes les deux que le Cap avait depuis 1702, et ces trois qui formaient sa garnison étant sans logement fixe, cela fit songer à leur construire des casernes. On choisit pour cela, en 1719, le terrain actuellement appelé l'Arsenal, et dans la même année on les commença; elles furent destinées à loger trois compagnies de cinquante hommes chacune avec leurs officiers, et on donna au bâtiment la forme qu'il conserve : un corps de logis avec deux ailes en avant. Les officiers étaient aux quatre bouts des ailes, et même le bout nord-est était le logement de l'ingénieur. Une grande cour régnait en avant; une clôture de palissades la fermait, et à la barrière, formant la porte d'entrée, étaient deux guérites de pierre. Tout près de la clôture, dans l'intérieur et entre les ailes et la porte d'entrée, étaient deux puits. Au nord, à l'ouest et au sud, étaient des cuisines faites de bois rond, et les deux de l'ouest étaient adossées au morne et se trouvaient conséquemment dans la rue actuelle de Marbois, qui n'existait point alors. On passait entre ces casernes et la ravine par une petite chaussée de 12 pieds de large, au moyen de laquelle on allait sur la rive nord depuis un petit pont de bois, qu'a remplacé celui de pierre dans la rue Picolet, jusqu'à un autre petit pont de bois qui était sur la ravine entre les deux rues du Gouvernement et de Marbois. La palissade fut continuée depuis les casernes jusqu'à la maison de l'aide-major.

A cette époque de 1719, la mer arrivait à environ 45 pieds

dans l'est du pont de la rue Picolet; le rivage suivait ensuite la direction du nord-ouest, de façon qu'au bout du pavillon de l'aile nord des casernes, moins avancée alors de 80 pieds dans l'est qu'aujourd'hui, il n'y avait que 45 pieds d'espace jusqu'à la mer. Bientôt après, le corps de garde et la prison des nègres ayant péri de vétusté, on les avait établis sur l'emplacement actuel du magasin du roi, et à l'incendie de 1734, on les mit l'un et l'autre dans le pavillon du bout de l'aile sud des casernes; puis, ces casernes se trouvant trop petites, on fit aussitôt les deux pavillons détachés qu'on voit en avant des deux ailes et l'on disposa le plus méridional pour être le corps de garde, la prison et une salle d'armes.

En 1742, M. de Larnage fit fermer toutes les casernes, comme elles le sont aujourd'hui, par un mur de clôture. On plaça aussi alors la claire-voie de bois qui est sur le devant, portée par un mur d'assise avec des pilastres de distance en distance, et une porte de bois garnie, dans le haut, de pointes de fer, et placée au milieu de l'emplacement sur la rue Picolet, entre deux pilastres doriques, dont le fût et les deux corniches, au-dessus de l'entablement, présentent des trophées militaires sculptés.

Cet établissement militaire, en y ajoutant une boulangerie, refaite à neuf en 1734, auprès de l'ancienne, et une salle d'armes, était encore tout ce qui existait de la huitième section, lorsque, le 14 septembre 1743, MM. de Larnage et Maillart, toujours occupés de l'agrandissement et de l'embellissement du Cap, reçurent les propositions de M. Coudreau, ingénieur, qui venait de diriger la clôture des casernes; et qui, à la tête d'une compagnie, offrait de faire un nouvel empiétement sur la mer. La compagnie s'obligea à former, par des remblais, neuf îlets au nord des casernes et vers la mer. Ces neuf îlets étaient ceux qui forment les deux côtés de la rue Picolet, savoir : quatre à l'ouest, et cinq à l'est, parce que le morne laissait plus d'espace dans ce dernier point. Les conditions imposées à la compagnie furent de remblayer et d'aplanir les neuf îlets et le terrain adjacent, de porter le remblai dans le sud, jusqu'à la batterie circulaire, de manière qu'on pût faire une place au devant des casernes, et de construire un aqueduc à la ravine, depuis le pont fait sur elle jusqu'à son embouchure, à l'extrémité du remblai projeté, et enfin de laisser au roi l'îlet où est la place la Luzerne. Pour dédommagement, la compagnie eut les huit autres îlets que son travail formait, le droit de fouiller dans le morne pour avoir du remblai, et même de s'approprier les terrains que cette fouille ajouterait au sol propre à bâtir. La compagnie remplit ses engagements et fit un quai de 90 pieds au devant du second rang d'îlets, et l'on appela place Dauphine l'espace qui se trouva au devant des casernes.

Cette entreprise a produit les rues de l'Arsenal, du Comte, de la Poudrière et du Fort-aux-Dames, qui vont de l'est à l'ouest, et celles Picolet et du Morne, qui les coupent du nord au sud; toutes ces rues ont 30 pieds de large, au lieu de 24 qu'ont celles de la ville, parce que MM. Larnage et Maillart trouvaient les premières trop étroites.

C'est dans cette partie et au bout de la batterie circulaire, dans le nord, qu'une compagnie, à la tête de laquelle était M. Pamelart, ouvrit, le 26 janvier 1776, un Vauxhall ou Colisée qu'elle avait obtenu la permission d'y faire bâtir. Il y avait une salle de danse, un café et un salon de compagnie ; l'on y payait comme aux bals de la comédie. Ces bals durèrent pendant le carnaval de 1776, et on déserta ensuite le Vauxhall, auquel on chercha à ramener le public par des feux d'artifice qui n'eurent pas plus de succès. Ce local, où les volontaires, milices du Cap, donnèrent un repas de cinq cents couverts sous des tentes, et un bal le 14 février 1777, à l'occasion de l'intérim du gouvernement général que remplissait M. de Lilancour, commandant en second de la partie du nord, et en cette qualité capitaine des volontaires, était devenu, dès le mois de mai 1776, le partage des gens de couleur qui y dansaient tous les dimanches et qui s'en dégoûtèrent eux-mêmes, du moins les femmes, parce que l'on avait fini par ne plus laisser entrer de blancs dans leur bal.

Le Vauxhall dura donc à peine un an et il n'en restait plus de vestiges peu de temps après.

Les casernes, dont on avait retiré les prisons pour les mettre aux magasins du roi, quand les tribunaux y vinrent cessèrent de servir à la garnison, qui alla, en 1756, prendre possession des casernes actuelles. C'est de cette époque que les casernes anciennes, qui reçurent la compagnie des bombardiers, prirent le nom d'Arsenal, qu'elles ont gardé, parce qu'elles ont constamment logé une portion quelconque de la troupe ou des ouvriers de l'artillerie. On a aussi augmenté les bâtiments dans l'intérieur, et c'est surtout à MM. de Reynaud et le Brasseur qu'on doit les plus considérables, dont l'idée leur avait été donnée par un plan-directeur qu'arrêtèrent MM. d'Estaing et Magon le 3 juin 1764.

Afin d'établir une communication de plus entre la ville et le magasin à poudre et la boulangerie du roi, ils ordonnèrent, le 2 octobre 1780, en rappelant le plan de 1764, que la rue du Gouvernement serait prolongée sur le côté nord de la ravine, et le long du morne, jusqu'au bout du Petit-Carénage; que l'on démolirait les baraques qu'on y avait élevées sans titre, et au mépris d'une ordonnance des administrateurs du 20 avril 1743, qui déclarait tout cet espace incessible; qu'on ferait un pont de la largeur de la rue sur la ravine, et que le derrière de l'arsenal servirait à agrandir les magasins d'artillerie. Ainsi, au lieu d'un cloaque rempli d'immondices, on a eu une belle rue appelée depuis rue Marbois, à cause de l'intendant de ce nom; un beau bâtiment utile au service de l'artillerie, commencé au mois de mai 1780 et fini trois mois après, l'embellit, et l'on commence déjà à excaver le morne, pour donner à cette rue des maisons dans l'ouest.

Le quai formé par les entrepreneurs de 1743 fut ce qui donna lieu à convertir en carénage ce lieu, trouvé commode pour cette destination, étant abrité par le voisinage du morne, et par l'avancée de la batterie circulaire, et de là le nom de *Petit-Carénage* donné à tout le canton, qui n'a pas cessé de s'étendre depuis.

Sa première augmentation a été celle des maisons alignées du nord au sud sur la boulangerie, et qui sont cause que la rue du Morne ne mérite plus ce nom, depuis qu'il a été reculé dans l'ouest, par des excavations qui ont produit aussi le prolongement de la rue Marbois et ensuite la rue de Varenne, qu'indique une ordonnance des administrateurs du 22 octobre 1750, où l'on règle d'avance que la rue projetée au nord de celle-là s'appellera la rue du Puits. Postérieurement à tout cela est venu un îlet de plus vers la mer, et qui forme le côté nord de la rue de l'Arsenal, et enfin l'extension du Petit-Carénage dans la bande que j'ai indiquée comme le terminant au nord.

Mais pour finir sur sa première portion, je dois dire que sous l'administration de MM. de Reynaud et le Brasseur, on a construit une boulangerie fort belle, quoique très-simple. Ce bâtiment ayant rendu absolument régulière la place qui était en avant, ces administrateurs l'appelèrent la place de la Boulangerie. Il s'y trouvait cependant un emplacement que M. Bongars acheta, au mois de septembre 1782, de M. le comte de Vaudreuil, 13,200 livres, au nom du roi. Cet espace libre donna lieu aux habitants du Petit-Carénage, qui se plaignaient depuis longtemps de l'éloignement du marché Clugny, de solliciter qu'on fît un marché de cette place. Les administrateurs autorisèrent provisoirement cette destination, au mois de mai 1787, et le 3 mai 1788, ils ont décidé, par une ordonnance, que la place serait appelée *Place la Luzerne*, du nom de l'un d'eux, et qu'elle serait convertie en un marché journalier de comestibles de toute espèce, en plaçant ensemble les marchands des mêmes choses. Quant aux dépenses du pavé et de l'enceinte en barrières et à leur recouvrement, l'ordonnateur adopta les mêmes moyens que ceux dont j'ai rendu compte en parlant du marché Clugny ; ce sont les propriétaires des maisons voisines qu'on a imposés.

La place la Luzerne est très-petite, puisqu'elle n'a que 20 toises en carré et 25 en comprenant les rues qui la bordent.

C'est le 1ᵉʳ janvier 1789 que le marché a été ouvert. Il attend une fontaine dont l'usage lui serait très-utile.

Dans la maison qui fait l'angle nord-est de la place la Luzerne, sont des bains publics que M. Gatier, tapissier, a fait construire au mois d'avril 1778, en dépensant 32,000 livres. C'est le premier établissement de ce genre qui ait existé au Cap. L'eau y est fournie par un puits où sont plusieurs sources. Dans la même rue et du même côté, entre la rue du Fort-des-Dames et celle de Varenne, est un autre puits qu'on fait servir à l'utilité des navires. Les pièces à l'eau sont mises dans un emplacement qu'abrite une épaisse tonnelle, et l'on paye 15 livres pour faire remplir chacune d'elles.

On a donné le nom de rue d'Argout (gouverneur général) à celle qui, dans l'est, est parallèle à la rue Picolet. C'est, à proprement parler, un quai de 90 pieds qui, là, est au devant du Petit-Carénage, où l'on radoube des navires, et où il y a un ponton. On y construit aussi quelques barques. Ce quai n'a cependant pas toute la longueur de la rue d'Argout, qui elle-même est fermée au sud de la rue de l'Arsenal par le parc d'artillerie et les bâtiments qui le bordent dans cette partie. A l'extrémité nord de la rue d'Argout, mais inférieurement et dans une direction nord-est, est un grand hangar à mâture, et dans l'est de ce hangar le remblai a été poussé dans la mer jusqu'à 80 toises plus loin que le bord du quai d'Argout.

Maintenant ce remblai se continue dans le sud, pour que, rendu à l'alignement nord de la rue de Varenne, il soit terminé par un quai de 90 pieds de large, encore plus méridional. En face, et par conséquent du côté sud de la rue du Comte, sera la même chose, puis le remblai ira s'aligner dans l'est avec celui qui a 80 toises en avant du quai d'Argout. On remblayera aussi sur la même ligne l'espace qui est entre la rue du Comte au nord et l'embouchure de la ravine au sud. Enfin parallèlement au quai d'Argout et de manière à unir les deux remblais dont l'un sera en avant de la rue de Varenne et l'autre en avant de la rue du Comte, sera un quai de 90 pieds interrompu par une ouverture de 90 pieds faisant face au milieu de l'îlet qui est entre la rue de la Poudrière et la rue du Fort-des-Dames. Lorsque ce travail, déjà très-avancé, sera terminé, il se trouvera une enceinte formant un bassin de 60 toises en carré, où les embarcations seront tranquilles, et qui procurera des commodités dont je parlerai à l'article du port.

Le hangar de la mâture existe depuis 1765. On le fit d'abord pour mettre à couvert les canots et les acons et les autres embarcations du port. Sa pesante couverture écrase ses piliers. Lorsqu'on le construisit, il était immédiatement au bord de la mer, et une petite langue de terre unissait seulement la portion du Petit-Carénage dont j'ai parlé jusqu'ici, avec celle dont j'ai à entretenir le lecteur.

En 1766, cette dernière formait encore le devant d'une habitation achetée, à cette époque, par M. Courrejolles, ingénieur du roi, qui, en construisant des fours à chaux au bord de son terrain, et une maison, a donné l'idée d'élever des bâtiments dans ce nouveau canton en remblayant dans la mer d'un côté, et en excavant le morne de l'autre. Mais c'est surtout depuis 1780 que cette extrémité du faubourg s'est étonnamment accrue, car alors la première maison qu'on trouvait près le hangar en était à 80 toises.

En 1780, on s'occupa beaucoup de remblayer le quai d'Argout, et tout son voisinage prit une nouvelle face. De belles maisons remplacèrent de chétives baraques et le reste du Petit-Carénage participa à cette faveur. Ce fut sous l'administration de MM. de Bellecombe et de Bongars qu'on adopta le plan du bassin dont j'ai parlé et dont les travaux ont donné une existence nouvelle à ce local. Ils ont produit une rue Saint-Alexandre qui va de l'est à l'ouest. Les maisons qui bordaient ce qu'on avait toujours appelé le chemin de Picolet furent alignées, augmentées, et ce chemin est devenu la rue Sainte-Catherine, qui a 30 pieds de large, et qui prend sa dénomination de celle d'une batterie de mortiers à laquelle elle conduit en allant vers Picolet. Le côté ouest de cette rue acquit la largeur d'un îlet, et une ordonnance des administrateurs, du 27 mars 1784, prescrivit de faire au devant de cet îlet, depuis le hangar jusqu'à la limite de la ville, un quai de 60 pieds appelé le quai Bellecombe. Sur ce quai, à l'angle sud-est et le long de la rue Saint-Alexandre, a été placé un magasin de 100 pieds de long pour le service de la marine, et maintenant l'espace de 200 toises qui est entre la rue Saint-Alexandre et la limite septentrionale de la ville du Cap est divisé en îlets dont il n'est pas un seul qui n'ait déjà quelques maisons.

Enfin le 30 mai 1789, MM. du Chillau et de Marbois ont ordonné que la rue d'Argout et celle Saint-Alexandre seront réciproquement prolongées, de manière que l'une ouvre dans l'autre. Une rue de 24 pieds de large, à laquelle le hangar sert d'alignement d'un côté, unit encore transversalement la rue d'Argout et celle Saint-Alexandre; et en face du point où cette nouvelle rue arrive dans celle Saint-Alexandre, une rue de 30 pieds, parallèle et superieure à celle Sainte-Catherine, est projetée, c'est-à-dire que cette bande du Petit-Carénage s'élargira encore.

Les rues qui coupent cette bande de l'est à l'ouest et qui iront jusqu'à la rue projetée sont, après la rue Saint-Alexandre (ainsi nommée à cause du patron de M. de Bongars, intendant), la rue Saint-Thomas; puis la rue Saint-Léonard et ensuite celle Saint-Guillaume, les deux patrons de M. de Bellecombe, gouverneur général; la rue Bongars; la rue du Ballon, parce que M. Benquet, négociant au Cap, avait fait partir de ce point une petite Montgolfière qui ayant fait craindre pour le feu, a été cause que la police a manifesté le dessein de ne plus souffrir d'expériences aérostatiques; la rue Saint-Philippe, en honneur de Don Bernard de Galvez qui avait conquis le fort de ce nom à Pensacole, et enfin la rue Sainte-Claire.

Le faubourg du Petit-Carénage est fort peuplé, mais presque en totalité de personnes qui tiennent ou qui ont tenu au métier de la mer. Ce sont des ouvriers de vaisseau, des pêcheurs; aussi n'est-ce pas le lieu le plus avancé de la colonie, pour les manières, la pureté du langage et l'élégance. Les femmes du bel air prétendent même qu'une toilette faite au Carénage se trahit toujours par quelque chose que la mode régnante n'adopte pas, et c'est presque un proverbe de dire qu'une chose est du Carénage pour exprimer qu'elle offense le bon goût. Un jour viendra que le Petit-Carénage sera placé sous l'empire du luxe et deviendra élégant comme la ville dont il est le faubourg; car les petites maîtresses de celle-ci savent bien qu'elles ont été précédées par des belles dont l'ajustement prêterait sûrement beaucoup à rire aujourd'hui aux *femmes* du Carénage.

Il semble qu'après avoir terminé sur la huitième section, tout invite à s'occuper du port.

Du port du Cap.

Son entrée est formée par un intervalle d'environ 500 toises, que la chaîne de récifs qui règne depuis l'entrée du Fort-Dauphin jusque-là, laisse entre elle et le morne du Cap, proprement dit. Pour y arriver, les vaisseaux se dirigent sur le fort Picolet, placé au bas de ce morne, et dont ils approchent depuis 300 toises jusqu'à 100. Ensuite, tournant à gauche, ils donnent dans la passe, ayant Picolet d'un côté et la pointe du récif appelée la Coque-Vieille de l'autre, mot qui indique assez le naufrage d'un bâtiment dont la coque aura sans doute frappé longtemps les regards. Bientôt cette entrée se subdivise elle-même en deux passes, dont celle de la droite, la plus proche de terre et qui commence au fort Saint-Joseph, est nommée la Petite-Passe, parce qu'elle est la plus étroite, et l'autre est appelée la Grande-Passe; un haut-fond connu sous le nom de Grand-Mouton et un haut-fond beaucoup plus petit, appelé la Corne-du-Mouton et placé à l'est du premier, presque à le toucher et à son bout sud, forment la séparation. Il y a encore entre le Grand-Mouton et le prolongement de la Coque-Vieille, un autre haut-fond, c'est le Petit-Mouton. La Grande-Passe est entre lui et le Grand-Mouton.

Soit qu'on ait pris la Grande ou la Petite-Passe, on vient aboutir à un point qui est à 400 toises du Grand-Mouton et qui fait face au hangar à la mâture. Là commence le mouillage. Pour y arriver, il faut encore éviter un autre petit haut-fond (la Trompeuse), qui est en face et à 800 toises du même hangar, et qui défend d'aller trop loin de terre. Mais ensuite le mouillage s'élargit, parce que le haut-fond du Bélier, qui est dans le sud de la Trompeuse, s'écarte dans l'est relativement à à la position de la Trompeuse. C'est dans cette partie plus éloignée de l'entrée du port que mouillent les navires marchands qui tirent moins d'eau que ceux de la marine royale, et qui ont besoin d'être plus près de la ville pour tous leurs mouvements commerciaux, tandis que les autres se mettent à la tête de la rade, et mouillent jusque vis-à-vis le hangar du Petit-Carénage.

Les petites embarcations mouillent entre les bâtiments marchands et la terre, parce qu'ils n'ont rien à craindre du banc de sable qui règne avec peu de largeur depuis Picolet jusqu'au delà du fort Saint-Joseph, mais qui de là s'élargit tout à coup, et va faire le tour du port jusqu'au bourg de l'embarcadère de la Petite-Anse, avec une largeur qui varie depuis 150 jusqu'à 300 toises.

Des pavillons rouges sont placés de manière à indiquer les deux passes de l'entrée; cependant il est bien peu de marins qui s'y hasardent sans pilote, à moins que ce ne soit des officiers de la marine, qui ont eu l'occasion d'en acquérir une pratique sûre; car un capitaine marchand ne le tente pas à cause des assurances, qui supposent que le bâtiment sera entré par un pilote.

Plusieurs exemples ont prouvé que l'entrée du Cap était dangereuse. On peut citer celui du vaisseau *le Dragon*, de 74 canons, faisant partie de l'escadre de M. de Blénac et commandé par M. le chevalier Desroches, qui se perdit un peu au-dessus de Picolet le 17 mars 1762, en voulant entrer. Celui du navire *l'Intelligence*, capitaine Hubert, qui fit naufrage sous Picolet le 2 janvier 1772, venant de la Côte-d'Or, et dont les 422 nègres furent heureusement sauvés par les ordres et les soins de M. de Charrite, commandant la corvette du roi *l'Hirondelle*. Le navire *le Breton*, de Bordeaux, de mille tonneaux, qui avait appartenu à la Compagnie des Indes, se perdit, en allant au Cap, le 14 septembre 1776, et la plupart des marchandises qu'on sauva étaient avariées. Le 31 juillet 1779, l'un des vaisseaux de l'escadre de M. d'Estaing toucha dans la passe, et ce ne fut qu'en l'allégeant beaucoup et après des coups de talon très-vifs qu'on parvint à le dégager. Il est même étonnant que, durant la guerre, lorsqu'il entre des convois considérables dans ce port, les accidents soient aussi peu nombreux, puisqu'on est forcé d'employer quiconque s'offre de bonne volonté comme pilote, à cause de l'immense disproportion qui se trouve alors entre le nombre des officiers de port et celui des bâtiments à entrer.

J'ai vu quelque chose de très-hardi fait en 1779 par M. de Kersaint, commandant la frégate *l'Iphigénie*. M. d'Estaing, déjà sorti, lui donna un ordre pour le reste de son escadre qui était encore mouillée dans le port; *l'Iphigénie* entra par la Petite-Passe, fit son signal et ressortit à l'instant par la Grande-Passe.

On peut donc dire avec raison que le port, ou plutôt la rade du Cap, est semée d'écueils, placés la plupart sous l'eau et dangereux par cette raison même; car le rang de récifs qui en forme le bord extérieur est facile à voir, puisque à basse mer il découvre, et qu'à mer haute la vague qui s'y brise l'indique toujours. Ces récifs sont cependant fameux aussi par plus d'un naufrage. *Le Maribarou*, de Bordeaux, de 250 tonneaux, sorti du Cap avec six autres bâtiments le 1er mai 1766, fut pris par le calme et porté par les courants sur ces récifs; il échoua et perdit presque toute sa cargaison.

J'ai déjà parlé d'une passe que laissent entre eux le récif

de la Coque-Vieille et le récif ou haut-fond du Billard. Pour en mieux connaître la position, il faut savoir que la Coque-Vieille se dirige à peu près du nord-ouest au sud-est vers le récif du Bélier, qui court à peu près est et ouest, et dont le bord sud forme le côté nord de la passe des embarcations venant de Limonade. Assez près du point où le Bélier se termine vers la ville et entre lui et la Coque-Vieille est le Billard, qui tire son nom de sa forme. L'intervalle qu'il laisse jusqu'à la Coque-Vieille forme la passe des Normands, dénomination qu'on ne peut attribuer qu'à l'usage qu'en faisaient les premiers flibustiers français, Normands pour la plupart, et particulièrement Dieppois. Durant la guerre de 1778, un navire et deux brigantins vivement pressés par l'ennemi trouvèrent leur salut dans l'audace qui leur fit prendre cette passe.

En général, le mouillage est bon dans la rade du Cap, quoique dans les fortes brises, et surtout dans les nords, la mer y soit très-agitée. Des marins qui la fréquentent depuis 1733 m'ont assuré qu'elle était beaucoup plus tranquille, lorsque les récifs étant plus élevés qu'à présent, ils étaient de plus couverts de mangliers qui formaient encore un rideau de 10 ou 12 pieds d'élévation. Les mangliers ont donné du bois à brûler ou du bois de fardage, et la base qui les portait a fourni de la pierre à chaux ou des pierres pour bâtir le Cap. Mais comme l'excès même des abus en devient quelquefois le remède, une ordonnance de MM. d'Ennery et de Vaivre, du 27 août 1776, a défendu enfin l'enlèvement de ce récif protecteur, avec une amende de 1,000 livres contre les délinquants, peine qu'a subie, le 31 août 1776, un particulier faisant le passage du Cap à la Petite-Anse, dont le canot fut pris en contravention. L'on va, depuis 1776, démolir les récifs au delà de la rade, en tirant vers le Fort-Dauphin. Dans la guerre de 1778, des corsaires ont même enlevé des canots qui y *faisaient de la roche,* comme l'on dit dans le pays.

Dans l'origine, les Espagnols venaient jusque dans la rade du Cap s'emparer des bâtiments, et peu s'en fallut qu'en

1684 ils ne s'y rendissent maîtres d'un navire de Honfleur [1].
Il n'y existait point d'officier de port. Un ancien marin qui y
exerçait volontairement le métier de pilote y mourut en 1698,
et en février 1699 on en demandait un autre au ministre. Il
n'en vint point, et le 28 décembre 1703, M. Auger, gouverneur de la colonie, nomma à cet emploi M. Bricourt. Il est vrai
que le 18 mars 1704, il plaça ce capitaine comme second de
M. Dupré, dit Duval, pratique qui avait les fonctions avant lui.
Alors chaque vaisseau de guerre payait 50 livres, une flûte 36,
un navire marchand au-dessus de 100 tonneaux 24, et ceux
au-dessous 18. Duval avait pour lui seul le produit des bâtiments du roi, et il partageait celui des marchands. Ce fut aussi
en 1703 que fut nommé le premier capitaine de port, par une
commission sans appointements; il se nommait Gombert. Il n'y
eut pas de capitaine de port breveté avant M. Raoult, en 1715.

Les administrateurs en second de la partie du nord permirent, au mois de juillet 1724, au capitaine de port de placer
un pilote sur le morne, au sud de Picolet, parce que ce pilote,
ayant un canot vers ce point et pouvant apercevoir les bâtiments
de plus loin, irait plus tôt les prendre pour les entrer. Cet établissement, très-augmenté en 1760, subsiste encore, mais seulement
pour les pilotes et leurs canots, car le capitaine de port a pour
logement désigné le terrain qui était autrefois à M. Courrejolles, dont j'ai parlé à la première section; je dis désigné, parce
qu'il loge réellement dans une autre maison qu'il loue, et qu'à
son tour il afferme la maison bâtie par lui sur le terrain du quai.

Les bâtiments mouillent devant toute la longueur de la ville,
mais depuis 300 jusqu'à 500 toises d'éloignement du rivage,

---

1. Qu'on juge de ma surprise lorsque allant me promener à la chapelle de
Notre-Dame-de-Grâce, placée sur le haut de la côte, près de Honfleur, le
30 mai 1793, j'y trouvai pour second tableau, à main droite en entrant, la
représentation d'un navire attaqué par un grand canot, et vers lequel d'autres
canots se dirigent, avec ces mots au-dessous :

« Ce tableau a été donné par le capitaine Louis *Hardy*. Étant à Saint-Domingue, le 29 août 1684, il fut abordé d'une pirogue espagnole qui vint pour
le prendre. Il fit vœu à la Sainte-Vierge et fut préservé. »

pour peu qu'ils soient un peu gros. Cette distance est très-fatigante pour les matelots, surtout dans les fortes brises qui rendent le retour de terre à bord pénible, et quelquefois même absolument impossible, parce qu'on ne peut aller qu'à l'aviron, tandis qu'on vient à la voile. C'est pour rendre cet inconvénient nul, du moins quant aux bâtiments de guerre mouillés à la tête de la rade, qu'on prépare le bassin près du hangar de la marine, qui donnera la facilité d'aller et de revenir toujours à la voile, et qui épargnera la santé des équipages. J'ai fait en 1782 des traversées de ce point, allant en rade et en revenant à la voile.

Le port du Cap peut contenir un nombre considérable de bâtiments. On en a compté jusqu'à cinq ou six cents de toute grandeur, depuis le vaisseau à trois ponts jusqu'au petit bateau passager, pendant la guerre de 1778. Mais ce port se comble chaque jour, et depuis 1770 il y a des points où cela est très-sensible. On m'a même assuré que la différence était de 11 pieds dans quelques endroits, ce qui est très-capable d'alarmer sur la conservation de ce port.

Trois causes produisent ce malheureux effet. La Grande-Rivière, dont les débordements charrient beaucoup de sable, que les courants conduisent dans la rade du Cap; la rivière à Galiffet qui s'y jette et dont l'embouchure a toujours des bancs de sable, et enfin la ravine du Cap qu'on serait tenté de compter pour rien, parce qu'on la voit à sec presque toute l'année; mais qui, dans les grandes pluies, transporte des masses énormes de terre que les eaux y font venir des mornes, et qui vont remblayer le port, comme ne le prouve que trop le banc qui est déjà en avant de la batterie circulaire. Il serait peut-être temps de s'occuper d'empêcher du moins que ce mal n'augmente encore.

Il en est un autre auquel on ne peut penser qu'avec chagrin parce qu'il croît sans cesse aussi, mais sans qu'on connaisse de moyen de le combattre; ce sont les vers qui y percent les navires d'une manière vraiment alarmante. En 1687, on ne connaissait pas aux Antilles ces insectes destructeurs, qu'on avait seulement observés à la côte d'Afrique; mais trois ans après on s'aperçut qu'ils se naturalisaient à la Martinique, comme le dit une lettre de M. Dumaits de Goimpy, intendant des Iles-du-Vent, au ministre, le 12 janvier 1692. Depuis ils sont devenus communs aux ports des autres îles. Les eaux chaudes du tropique n'ont pas même suffi à leur voracité, et les ports de France l'ont ressentie. Ce fut vers 1710, selon M. de Paw, qu'ils furent apportés d'Amérique en Europe, et vers 1730, selon un mémoire de M. Dupaty, inséré dans les Mémoires de l'Académie de la Rochelle, qu'ils commencèrent à paraître sur les côtes de l'Aunis, où l'on dit qu'un bâtiment échoué les transporta au retour d'un voyage de long cours. La substance de leur corps, ajoute le même auteur, est molle, glaireuse, d'un gris un peu sale; leur tête est ornée de deux pièces écailleuses, qui ont précisément la figure du fer d'un vilebrequin et qui servent au même usage. Cette espèce de ver se trouve toujours dans un tuyau de substance fort blanche, dure, mince et pierreuse, d'une longueur et d'une grosseur qui varient suivant l'âge et les progrès du ver. Quelquefois ces tuyaux, qui vont en diminuant, ont plusieurs pieds de long et leur gros bout n'est guère que comme le tuyau d'une plume.

J'ajoute, avec M. Dupaty, qu'on n'a trouvé aucun remède à leurs dégâts. Les bois y résistent seulement plus ou moins longtemps. Le cyprès, qu'on en avait cru préservé, a eu le sort des autres, et Dampier nous dit que le cèdre n'en est pas plus exempt. M. Dupaty désirait qu'on pût se procurer du manglier pour les bois des bouchots à moules des côtes de la Rochelle que les vers attaquaient, parce qu'il le croyait à l'abri de l'insecte; mais M. Adanson a détruit cette erreur par son Mémoire sur les vers tarières ou tarets du Sénégal, qui percent aussi le manglier. Ce savant décrit ce ver apode, à qui la nature a donné vingt-cinq rangs de petites dents taillées en losange et assez semblables à celles d'une lime, pour percer le bois et désoler l'homme en détruisant la plus étonnante machine qu'ait enfantée son génie.

Une expérience faite par M. le baron de Bessner à Cayenne, dont il était gouverneur, avait donné des espérances, puisque de deux morceaux de bois de sapin mis dans la mer au mois de septembre 1769, et retirés au mois de janvier 1770, celui qu'on avait goudronné était criblé de piqûres de vers, tandis que l'autre, frotté d'huile de carapa ou de palma-christi ou ricin, était fort sain ; mais le préservatif a fini par perdre son empire.

Dans les commencements de la colonie, les navires mouillaient le plus au fond de la rade, au sud, qu'ils pouvaient, pour être davantage à l'abri de tout accident maritime et de surprise ; et en temps de guerre ils se logeaient dans l'espace qui est entre la côte et le récif du Bélier, gagnant ainsi vers le carénage. Ce carénage était au point de l'habitation de Chastenoye où est le corps de garde et qu'on nomme encore le grand carénage ; il était, comme l'on voit, assez loin de la ville du Cap. Il existait encore dans ce lieu lorsqu'en 1717 M. de Chateaumorand défendait aux capitaines de navires qui y allaient de couper ni de laisser couper les bois qui s'y trouvaient et qui formaient un rideau utile à la défense de la colonie, défense que MM. de Larnage et Maillart étendirent à tout l'espace qui était depuis le morne à Jarlan ou à Baudin, jusqu'au fond de la rivière du Haut-du-Cap, par leur ordonnance du 1er mars 1743. Ils se virent cependant obligés, au mois d'avril 1745, de réitérer leur prohibition, et d'y comprendre tous les bois et mangliers qui bordaient la côte dans la rade et dans la baie du Cap et qu'ils considéraient comme un rempart naturel. A cette dernière époque, le carénage était encore au même endroit, quoique les capitaines eussent fait des tentatives pour se caréner au bord de la mer dans la ville, ce que leur défendit notamment une ordonnance du gouverneur et de l'ordonnateur du Cap en 1725. On n'abandonna le grand carénage que pour lui préférer le petit carénage, dont j'ai déjà parlé dans la huitième section.

Mais il manquait une chose essentielle au port du Cap ; c'était un lieu de carène pour les vaisseaux de ligne, et l'on avait vu M. de Monteil forcé d'aller en 1781 à la Havane, pour y caréner plusieurs vaisseaux de son escadre. M. Gramont, ancien capitaine de navire, privé du bras *droit* à la course, se trouvant capitaine de port par intérim, au Cap, s'occupa de la recherche d'un lieu propre à former ce carénage, et il communiqua ses observations à MM. d'Argout et de Vaivre qui engagèrent M. de Grasse à visiter un point qu'il indiquait. Un rapport favorable, confirmé par un second rapport de M. La Mothe-Piquet, déterminèrent MM. de Lilancour et le Brasseur à concéder le terrain à M. Gramont, si toutefois le mot de terrain pouvait convenir à un haut-fond couvert de 3 ou 4 pieds d'eau. Ce zélé citoyen fut assujetti à y former un carénage pour les vaisseaux et les navires, et à évacuer ce local, s'il devenait utile au bien de la colonie.

Ce carénage est le bout du haut-fond appelé le Bélier, placé vis-à-vis l'embarcadère de la Petite-Anse et en face de l'extrémité de la ville du Cap, vers le bac. Les travaux de M. Gramont furent si rapides que, dès le mois de novembre 1781, son carénage pouvait recevoir un vaisseau de rang. Le premier qui en fit usage a été le vaisseau *le Palmier*, de l'armée de M. de Grasse, commandé par M. de Martelly, au mois de juin 1782; le vaisseau *le Scipion* y vint immédiatement après, et la frégate *la Sibylle*, au mois de novembre de la même année. Au mois de juillet 1783, le carénage pouvait recevoir à la fois trois navires marchands, ou un vaisseau de guerre et un navire marchand, si celui-ci n'avait pas tiré plus de 7 pieds d'eau. Il y avait deux grands magasins pour loger les équipages et les cargaisons, et de plus un pavillon et une galarie formant un logement agréable pour M. Gramont qui surveillait les travaux. Ce local a encore été augmenté, puisqu'en 1786, la cargaison entière d'un bâtiment marchand logée, il restait encore de l'espace pour plus de 100 barriques de sucre[1].

---

1. M. Gramont a fait, le 10 mai 1782, un marché avec l'intendant pour la carène des bâtiments de l'État, à raison de 250 livres par jour pour un vaisseau, et 120 livres pour les flûtes ou autres bâtiments armés ou frétés pour

Je crois qu'on doit des éloges au citoyen qui a ainsi concouru au bien public, et quand les administrateurs, pour récompenser M. de Gramont, lui ont donné le titre de capitaine de port honoraire, avec la suppléance du titulaire, ils ont fait une chose juste et à laquelle on doit applaudir. M. le chevalier de Bras-Pujet, capitaine de vaisseau, au retour du commandement d'une station à Saint-Domingue, a rendu au ministère des comptes très-avantageux du carénage-Gramont, et les administrateurs avaient même été chargés, par le ministre, de lui en rendre un compte détaillé, que je ne crois pas qu'ils lui aient fait passer.

Mais en même temps, comme mon devoir et mon désir sont d'être vrai, je crois devoir dire que ce carénage n'est pas aussi abrité qu'on pourrait le désirer, surtout pendant les

---

le compte du roi. Quant aux navires du commerce, ceux à trois mâts payent, de l'instant où ils se placent au quai jusqu'à celui où ils n'y ont plus d'effets, 150 livres par jour s'ils sont chargés; 125 livres s'ils sont à demi-charge; 100 livres s'ils sont sur leur lest. Le senault, 125, 100 et 90 livres, suivant qu'il est chargé, etc., etc. Le brigantin, 100, 90 et 80 livres; la goëlette, 80, 70 et 60 livres; et tout *ouary*-caboteur, 33 livres par jour, dans quelque état qu'il se trouve.

Pour les prix de ce tarif, M. Gramont fournit quatre caliornes, deux funins, deux poulies de retour, les cabestans, les canons pour corps-morts ou points de résistance, une chaudière à brai, avec les magasins nécessaires pour loger les effets du chargement et l'équipage.

On peut juger de l'économie que le carénage de M. Gramont procure, par le calcul suivant. Le *Palmier* y a été quarante-cinq journées. Il aurait fallu pour le même temps, quatre navires marchands pour recevoir ses effets et son équipage, qu'on aurait payés 300 livres par jour chacun (à la Martinique on les a payés 500 livres en 1779, pour la carène du *Saint-Esprit*) : c'était donc 54,000 livres. Deux pontons pour les appareils, à 50 livres par jour, auraient coûté 4,500; deux acons pour le brai et la cambuse, à 60 livres chaque, 5,400, et enfin pour le transport des effets, 3,600; total, 67,500 livres. Le carénage a remplacé toutes ces choses, excepté le logement des pièces à l'eau, des voiles et des vivres, et il n'a coûté que 11,250 livres pour les quarante-cinq jours : il y a donc eu 56,250 livres de bénéfice, sans compter que la carène sur les pontons aurait duré plus longtemps que celle faite dans un lieu où tous les mouvements sont prompts, où tout est disposé et sous la main. On a calculé aussi qu'un navire de 500 tonneaux ne dépense que 3,000 livres au carénage, tandis qu'ailleurs il dépenserait 9,542 livres.

nords et les brises violentes ; de manière que les bâtiments reçoivent le double effet de l'action de l'eau et de la résistance du corps immobile. De là les dangers pour la mâture et celui de voir courber plus ou moins le vaisseau. On assure que ces accidents on été éprouvés au carénage-Gramont, notamment par le navire *le Bien-Aimé*, du Havre, dont le grand mât s'est rompu. Il ne faut donc pas s'étonner s'il y a des personnes qui préfèrent les pontons flottants.

Un abus très-ancien, et qui subsiste encore, contribue beaucoup à gâter le port du Cap, c'est l'usage d'y laisser des carcasses. Dans une rade sujette aux remblais et aux vers, on ne peut rien faire de plus nuisible, parce que ces carcasses deviennent autant de points qui fixent les sables transportés par les eaux et qu'ils sont cause de l'exhaussement du fond ; tandis que des bois abandonnés et pourris logent des milliards de vers dont la reproduction croît en raison composée de l'abondance de la nourriture et de la tranquillité où ils sont laissés.

Le port du Cap était considéré depuis longtemps comme un établissement de marine, mais l'ordonnance du 24 mars 1763 l'a vraiment constitué tel, et voulait même qu'il fût le seul de cette nature dans la colonie. C'est de cette époque que l'intendant a ajouté à ces titres celui d'*intendant de la Marine*, inséré depuis lors aussi dans les commissions d'intendant ; c'est également de cette époque que le capitaine de port a été assimilé au capitaine d'un port de la marine de France. Il y a depuis environ vingt ans un lieutenant de port au Cap ; on y a même vu un aide de port. Les pilotes sont au nombre de deux ou trois. En 1763, le roi y a nommé un maître entretenu et un maître charpentier, pour en diriger les ouvrages. Quelques ouvriers y sont employés, mais en très-petit nombre, et comme ils travaillent dans un lieu qui n'est pas fermé et à la journée ou au mois, la célérité n'est pas leur défaut. On donnait autrefois à ces ouvriers la nourriture du magasin du roi, mais maintenant on les paye davantage et ils sont tenus de se nourrir. Ils avaient en 1788 onze gourdes par mois.

Le port du Cap est aussi devenu un port d'entrepôt, par l'arrêt du Conseil d'État du 30 août 1784, qui a admis les bâtiments neutres pour plusieurs objets, et cette destination y a fait paraître des directeurs, des visiteurs et des commis d'entrepôt. Afin de prendre des précautions contre le commerce prohibé, d'après les ordres du ministre, M. de Barbezan, commandant la station, le commandant particulier et le commissaire de la marine, suppléant l'ordonnateur du Cap, se sont transportés dans la rade, le 2 mars 1787, et ont décidé qu'une ligne censée tirée de la rue Saint-Simon vers la partie la plus nord du bourg de la Petite-Anse, servirait de limite au mouillage des bâtiments étrangers, qui seraient tenus de mouiller au sud de cette ligne ; qu'on construirait pour leur commerce une calle particulière, coûtant 18,500 livres, devant la rue Saint-Simon, et que les caboteurs auraient l'espace existant tout le long du quai, à partir de la calle Lefebvre inclusivement, et allant vers le Petit-Carénage. Ce plan non encore exécuté séparera des bâtiments de France les étrangers, et de ceux-ci les caboteurs.

La police générale des ports appartient aux deux chefs de la colonie qui ordonnent ce qui a trait à leur sûreté, à leur conservation, à leur entretien. Quant à la police particulière, elle se subdivise en plusieurs branches. Les administrateurs règlent tout ce qui est une suite nécessaire de leurs pouvoirs sur la police générale, et les officiers de port veillent à l'exécution de leurs ordres. Le commandant de la station a la police intérieure de la rade, sous l'inspection des administrateurs, et quand il ne se trouve pas de bâtiments de l'État dans la rade, cette police intérieure passe au plus ancien des capitaines marchands qui devient alors le commandant de la rade et qui porte une flamme à son grand mât. L'officier d'administration chargé des classes a aussi une portion de police sur les équipages des navires marchands, et fait rechercher tous les marins déserteurs. A terre, les matelots sont soumis à la police terrestre, et sont remis à leurs chefs, s'il s'agit de simple correction, et à la justice ordinaire, s'il s'agit de crimes. Cette subdivision de juridiction est faite par plusieurs ordonnances que le manque de clarté, ou le caractère plus ou moins entreprenant de ceux qui les interprètent, rend souvent insuffisantes ; de là des conflits et des abus de pouvoir.

La police particulière du port et du carénage du Cap a été fixée par une ordonnance de MM. de Bellecombe et de Bongars, du 22 mai 1784. Elle conserve au capitaine de port la rétribution dont il jouit sur l'entrée et la sortie des bâtiments, et l'oblige à entretenir, à ses frais, des pilotes et un canot armé pour aller au-devant des bâtiments qui se présentent à la passe. C'est à lui seul qu'appartient le droit d'avoir des pontons dont l'état et l'entretien doivent être surveillés par le commandant des forces navales. Cependant M. Faucher, négociant, en avait un, au mois de juillet 1786, et ce n'était pas le seul. C'est aussi au capitaine de port à faire relever les carcasses, aux dépens des propriétaires qui ne le font pas. Nul ne peut faire dépecer un vieux bâtiment qu'à l'endroit que lui indique le capitaine de port ; l'on ne peut pas faire une carène sans le prévenir, ni chauffer un navire hors de la présence d'un officier ou du maître de port. M. Gramont est conservé, par cette ordonnance, dans tous ses droits, relativement à son carénage, qu'on soumet cependant à la police du capitaine de port.

D'autres ordonnances ont chargé le capitaine de port de veiller à ce qu'on ne touche point aux récifs, et d'après un ancien usage, il a aussi le soin de faire placer les navires négriers au fond de la rade, de manière que les nègres y soient bien exposés à l'action des brises et que l'air de ces navires ne puisse nuire ni à la rade, ni à la ville. Enfin la police des quais considérés comme une partie des choses qui constituent un port est confiée au capitaine de port.

Au mois de mai 1786, M. l'amiral avait nommé des maîtres de quai dans les ports principaux de la colonie et notamment un pour le Cap, mais les administrateurs s'opposèrent à l'exercice de ses fonctions, et au mois d'août 1787, le roi décida que cet établissement n'aurait pas lieu.

Ce qu'on ne saurait trop recommander dans une rade comme celle du Cap, dont la plus grande dimension est en longueur, et où, à de certains intervalles, il règne, durant trois jours de suite, des brises violentes, appelées *brises carabinées*, c'est de veiller au feu. Plusieurs exemples ont prouvé que ce soin est nécessaire.

Le 28 septembre 1728 au soir, le navire *le Fidèle*, de Nantes, capitaine Nanicol, y brûla par l'imprudence d'un matelot qui avait été dans la cale avec une chandelle pour y prendre de l'eau-de-vie. En 1749, le navire *le Triton*, de Nantes, eut le même sort; et au mois de janvier 1731, le navire *la Ville-de-Rouen*, armé au Havre, prit feu vers les trois heures après midi : le câble ayant brûlé, le vaisseau fut porté par le vent au fond de la rade, entre le bac et le petit pont rouge du chemin de la Petite-Anse; à onze heures du soir il sauta.

Le dernier exemple ne remonte qu'au lundi 23 juillet 1781. Les cambusiers du vaisseau *l'Intrépide*, de 74 canons, mirent imprudemment le feu à des liqueurs spiritueuses; le vaisseau fut embrasé. Persuadé qu'on ne pouvait pas le sauver, on le troua et on l'échoua sur le banc de sable vis-à-vis l'embouchure de la ravine. On jeta ce qu'on put de ses poudres, on mouilla le reste, ce qui n'empêcha pas le vaisseau de sauter en l'air à onze heures du matin, environ dix minutes après qu'on en eut fait écarter les canots qui l'environnaient avec trois ou quatre mille hommes. La commotion fut terrible; la ville entière en trembla; des morceaux de bois enflammés, des ferrements, des boulets vinrent tomber dans la ville et surtout sur deux maisons du Petit-Carénage. La boulangerie du roi fut presque toute découverte; plusieurs navires eurent des parties de leurs ponts enfoncés, des mâts, des vergues brisées. Quarante-deux marins furent tués ou brûlés. Quand on songe que vingt-quatre heures plutôt, à cause d'une brise carabinée, le vaisseau aurait brûlé au milieu de l'armée navale de 28 vaisseaux et de 300 bâtiments de commerce, que rien n'aurait pu sauver; quand on considère quelles pouvaient être les suites de cet événement, on est presque conduit à trouver heureux qu'il se soit borné à la perte d'un 74, malgré le vif chagrin de son capitaine, M. Duplessis-Pascau, qui n'obéit qu'avec peine à l'ordre de quitter son vaisseau, avec lequel il aurait sauté quelques instants plus tard.

On doit aussi se ressouvenir que, d'après quelques accidents, une ordonnance du 24 mai 1768 a défendu de chauffer à bord aucune matière combustible dans les ports et les rades de la colonie.

L'on peut évaluer à environ 170 le nombre moyen des bâtiments qui se trouvent ordinairement dans la rade du Cap. Ce nombre total peut se composer à peu près de 80 navires de France, ayant depuis 200 jusqu'à 600 tonneaux, dont 28 de Bordeaux, 14 de Nantes, 14 de Marseille, 4 de Bayonne, 4 du Havre, 1 de Honfleur, 4 de Dunkerque, 6 de la Rochelle, 2 de Saint-Malo, 1 de Lorient, 1 de Rochefort, sans distinction de négriers; 50 américains, 10 ou 12 bâtiments de la Louisiane, de la Havane, de la côte espagnole ou des Iles-du-Vent, de Sainte-Croix, de Saint-Eustache et de Curaçao, etc.; 30 caboteurs ou passagers; ajoutant à cela les canots, les acons et les pirogues pour le transport des personnes, des effets, des subsistances, et pour la pêche, et le mouvement des chaloupes des navires, il est facile de concevoir que le port du Cap offre un tableau très-animé, très-varié, et qui donne l'idée du commerce dont cette ville est le siége, et qui est plus grand que dans aucun autre lieu de la colonie.

D'après un usage très-ancien et dont le commencement est même ignoré, lorsqu'un capitaine de navire débarque à la calle, un soldat du corps de garde voisin le conduit chez le commandant de la place, chez l'ordonnateur, au bureau des classes, chez le lieutenant de l'Amirauté, au greffe de ce tribunal et à la poste. On sent facilement que cet usage a dû prendre naissance dans un temps de guerre où l'on aura trouvé important que le chef de la place fût le premier instruit des choses qu'un bâtiment pouvait apprendre ; l'ordonnateur sait aussi ce que la cargaison peut procurer aux besoins des magasins, des troupes, etc. Tout le reste tend à s'assurer que le capitaine aura rempli ceux de ses devoirs auxquels l'intérêt public est uni. Une ordonnance du commandant en second et de l'ordonnateur, du 1ᵉʳ août 1776, exigeait même que le capitaine se fît suivre de ses passagers chez l'un et l'autre, mais cette règle n'a eu qu'une courte exécution.

Tous les détails du port ainsi terminés, je vais, en quelque sorte, rentrer dans la ville pour observer une foule de choses qui la concernent tout entière et qui auraient été quelquefois moins intelligibles pour le lecteur, si je les lui avais présentées avant la description particulière des huit sections.

Des Incendies.

La ville du Cap, comme plusieurs autres villes, doit son embellissement à des malheurs. Les ennemis en brûlant, en 1691 et en 1695, les chétives cabanes qu'on y avait construites, firent paraître des maisons plus étendues, closes de palissades de bois-palmiste. On commença à ne plus couvrir en *tâches* et en têtes de canne, à cause de la défense qui fut faite le 26 juin 1721, et dont l'utilité fut sentie lorsque des pétards tirés le jour de la Fête-Dieu, en 1723, firent brûler deux maisons. Ensuite vinrent des maisons de bois menuisées, et déjà quelques bâtiments de maçonnerie se faisaient remarquer, lorsque l'incendie de la nuit du 20 au 21 septembre 1734, qui dura depuis minuit jusqu'au soleil levant, vint brûler la moitié de la ville, dans le quartier du commerce, et causer une perte de plusieurs millions. Les officiers, les soldats, les nègres montrèrent la plus grande activité et le plus grand courage pour en arrêter les progrès. MM. d'Héricourt et de Maupoint se distinguèrent par leur audace, mais sans les secours donnés par les charpentiers du vaisseau *la Charente*, commandé par M. le comte de Vaudreuil, prêts à faire route pour la Louisiane, et ceux des bâtiments de la rade, qui abattirent plusieurs maisons pour intercepter le cours du feu; sans le concours des matelots et des nègres des ateliers voisins de la ville, c'en était fait de tout ce qui existait de constructions. On tira de cet événement la leçon de ne plus bâtir qu'en maçonnerie.

Dans la nuit du 7 au 8 décembre 1752, une négresse s'étant endormie laissant une lumière auprès d'une paillasse, le feu se manifesta à une heure du matin et menaça d'embraser toute la ville. Heureusement que M. de Chastenoye, gouverneur du Cap, fit abattre une maison de bois et en fit découvrir plusieurs autres couvertes d'essentes, ce qui borna la perte à quatre maisons, au coin des rues du Gouvernement et de la Fontaine. Personne ne contribua plus à sauver la ville alors, que MM. Blanc et Balanqué, par la témérité avec laquelle ils allaient, même au milieu des flammes, travailler à arrêter leur dévastation. L'on a vu le dernier capitaine de port du Cap, en 1767, place qu'il avait méritée par ses brillantes et peut-être encore plus par ses généreuses actions, comme capitaine de corsaire.

Depuis, le Cap n'a éprouvé que quelques inquiétudes par le feu, dont la plus vive fut celle du mois de mai 1773, lorsque le feu prit dans le logement de M. de Reynaud, alors colonel du régiment du Cap, sur le côté est de la rue des Vierges et entre celles Saint-Simon et Saint-Joseph. M. Rey du Château, officier du régiment du Cap, eut le malheur d'y avoir une jambe cassée, et l'on distingua parmi la foule de ceux que leur ardeur porta à éteindre l'incendie, M. Léon Laugier fils, officier d'un navire de Marseille mouillé en rade, à qui M. de Vallière donna une épée, au nom du roi, pour récompenser son heureuse intrépidité.

Le peu d'élévation des maisons rend les incendies moins dangereux, mais aussi le peu de profondeur des îlots entasse les constructions et le peu de largeur des rues rend la communication du feu très-facile. Il faudrait donc qu'on eût dans chaque maison une surveillance que la paresse des nègres rendra toujours nécessaire. Il faudrait encore que chaque maison eût un ou deux seaux de cuir ; que chaque section eût des pompes déposées dans un lieu convenu, et que d'avance il y eût des personnes chargées de les faire jouer. Mais il faudrait surtout que l'entretien de celles achetées par le roi et auquel on a préposé un directeur, depuis 1777, avec exemption de service de milices, et 1,200 livres par an, fût surveillé. C'est durant les longues sécheresses auxquelles Saint-Domingue devient de plus en plus sujet, que l'incendie est redoutable, et si l'on réfléchit qu'alors les fontaines et les puits sont presque desséchés, on doit sentir la nécessité des précautions que j'indique. C'est un objet sur lequel la police manque d'activité.

De la Police.

Puisque j'ai proféré ce mot, je vais parler de la police du Cap. Les plus anciennes lois coloniales et principalement le règlement du roi du 4 novembre 1671 ont donné l'exécution de la police aux juges inférieurs. La vérité est néanmoins que dans le premier âge de la colonie les états-majors l'exerçaient presque exclusivement, à moins qu'il ne fût nécessaire de prononcer quelques amendes, pour lesquelles ils renvoyaient aux juges. MM. de Larnage et Maillart, convaincus que cette forme était vicieuse, créèrent, le 13 août 1739, un inspecteur de police du Cap qui fut chargé de la police sous le procureur du roi et auquel ils donnèrent un brigadier et quatre archers tirés de la maréchaussée. Ils nommèrent M. Ferrary et l'assujettirent à prendre les ordres de l'état-major et du conseil supérieur, et à remettre au ministère public les procès-verbaux des contraventions. La part laissée à l'état-major fut un nouveau titre d'usurpation et la police lui fut presque totalement dévolue jusqu'en 1762, que les plaintes des colons déterminèrent MM. de Bory et Clugny à prendre de nouvelles mesures. Elles furent réunies dans leur ordonnance du 14 juillet qui établit deux inspecteurs et dix sergents de police, un voyer et un étalonneur-jaugeur, et qui leur distribue des fonctions, en les plaçant sous les ordres du sénéchal et du procureur du roi.

La police a divers objets que je vais parcourir rapidement. D'abord la propreté de la ville. Il serait difficile de trouver sur aucun sujet autant de règlements des administrateurs, du conseil, du juge de police, qu'il y en a depuis le 9 mars 1710, pour que la ville du Cap soit propre. Le nettoiement des rues n'a pas cessé d'être affermé, à partir de l'époque de 1735, et le dernier procès-verbal d'adjudication, fait le 9 septembre 1785, le fixe à 49,000 livres par an.

La police a ordonné de balayer le devant des maisons et les ruisseaux des rues, tous les jours avant sept heures du matin, et dans beaucoup d'endroits on ne le fait presque jamais. Elle a prescrit de jeter de l'eau deux fois par jour au devant des maisons, afin de rafraîchir l'air et de renouveler l'eau des ruisseaux, et ce n'est qu'un simple usage que quelques personnes emploient dans les grandes chaleurs et seulement quand il leur plaît. On ne doit pas mettre d'immondices dans les rues quand les tombereaux ont passé, ni les placer ailleurs qu'au coin et le long des maisons, et il n'est pas d'instant du jour qu'on n'en voie au bord des ruisseaux et surtout dans les carrefours ; dans les rues peu fréquentées, il y a des amas d'ordures. Si l'on bâtit, l'on gêne les rues, et la nuit rien n'indique le danger aux passants ; en un mot, nulle part la police n'est plus mal faite à cet égard ; les rues, les calles, les quais sont sales et infects ; quelquefois des cloaques répandent une odeur insupportable : on trouve partout des voitures et des chevaux dételés, qui gênent et salissent les rues.

La police doit empêcher le bruit, et chacun fait ce qu'il veut. Elle doit empêcher les jeux défendus, et nulle part on ne joue avec plus d'audace ; les esclaves eux-mêmes y font publiquement des parties très-chères, et dont la perte ou le gain est nécessairement un vol fait à un maître. La police doit veiller à la distribution de la viande, et cependant on excède à la boucherie le prix du tarif, ou bien l'on ne veut donner de la viande qu'aux domestiques des gens en place ; il est même reçu qu'on va prier quelqu'un de ces élus de recommander son nègre à l'inspecteur de police qui est à la boucherie. On tolérait autrefois que des archers de police prissent de la viande à la boucherie exclusive, et la revendissent à un taux double, et même plus fort.

La police doit veiller à ce que les boulangers ne vendent pas à faux poids, et, par une singularité remarquable, il est des boulangers qui échappent constamment à la surveillance, quoique ce ne soit pas ceux dont le public se plaigne le moins.

Depuis le 2 août 1780, une ordonnance des administrateurs a réglé qu'il n'y aurait que trente cabarets au Cap, que quatre seulement pourraient vendre du tafia, mais pas en moindre quantité que de dix bouteilles, et néanmoins tout le monde voit, excepté la police, qu'il y a plus de trente cabarets, et que le tafia se vend à la plus petite mesure, pour sept sous et demi.

Les cabarets doivent être fermés à des heures marquées, et cependant j'ai eu le voisinage d'un cabaret où les nègres m'empêchaient de dormir longtemps après, et même lorsqu'un beau clair de lune ne permettait pas, à tout autre qu'à la police, de ne pas les voir.

C'est la même bienveillance pour les billards, qui étaient, en 1786, aussi nombreux que les cabarets, et pour les cafés : et il a fallu que des officiers de l'état-major et même M. de Bellecombe, gouverneur général, allassent, avec un détachement de troupes, pour y faire cesser un jeu désastreux.

On serait tenté de croire qu'il n'y a au Cap ni gens sans aveu, ni vagabonds, parce que la police n'en trouve point. Le métier d'aubergiste et de logeur est celui de quiconque veut le prendre, et les règles ne sont pas mieux suivies sur ce point que sur les autres.

Quant aux esclaves, il semble que la police n'ait aucune fonction qui les regarde. Les nègres vont armés de gros bâtons ; ils tiennent des chambres à loyer, ils jouent, ils forment des assemblées, ils violent enfin tous les règlements, et les hommes de police sont spectateurs tranquilles de leurs contraventions. Ils arrêtent cependant le dimanche quelques nègres de la plaine, qu'ils accusent d'être sans billets ; parfois même ils conduisent à la geôle des nègres de la ville, qu'ils ont arrêtés dans quelques patrouilles de nuit, mais ce sont des nègres qui n'ont pas le droit d'impunité, par le crédit de leurs maîtres ; car il y a tel esclave qui obtient les égards de la police, et souvent tel archer de police a, parmi les esclaves du sexe, une protectrice, qui a aussi ses créatures.

Quelles sont donc les causes de tant de désordres ? La principale est le trop petit nombre d'hommes formant la troupe de police ; la seconde, la médiocrité de leur traitement ; la troisième, le peu d'énergie et de surveillance de la part des officiers de police, je veux dire des officiers de la sénéchaussée. Il n'y a, à présent que le Cap est doublé comparativement à 1764, que le même nombre d'agents de police ; deux inspecteurs, deux sergents et huit archers, au lieu de dix sergents. Parmi ces dix derniers, il y en a toujours un qui est toute la journée chez le sénéchal et l'autre chez le procureur du roi, pour exécuter leurs ordres en fait de police. Les inspecteurs, obligés de rendre des comptes journaliers au commandant, à l'ordonnateur, au sénéchal, au procureur du roi, perdent une grande partie de leur temps dans ces courses, auxquelles ils ajoutent des visites au président et au procureur général du conseil. Comment huit hommes qui restent accompliraient-ils tous les devoirs qu'on leur impose ? comment feraient-ils des patrouilles de nuit, dans une ville qui a près d'une lieue d'enceinte dans sa forme irrégulière ? n'est-on pas certain, au moment où cette patrouille vient de passer, qu'on ne sera plus inquiété par elle ?

Le traitement est, depuis 1762, fixé à 2,400 livres pour les inspecteurs et à 900 livres pour chacun des autres ; ce qui fait en tout 13,800 livres par an, qui sont payées par la caisse des droits municipaux, c'est-à-dire des droits suppliciés et de maréchaussée ; on leur fournit, en outre, un fusil, une baïonnette, un fourreau et une épée. Les inspecteurs sont obligés d'avoir un uniforme composé d'un habit, veste et culotte bleus, boutons d'argent, une aiguillette d'argent sur l'épaule, et de porter un bâton d'ébène garni d'ivoire en haut et en bas. La troupe est aussi en bleu avec les boutons blancs et on lui fournit une bandoulière bleue avec un bordé blanc, aux armes de France, et le mot *Police*. Enfin, ce n'est que depuis le mois de novembre 1785 que le conseil du Cap a loué une maison rue Espagnole pour y loger la troupe de police; chaque archer était tenu de se loger, à ses frais, auparavant.

Est-il un individu connaissant Saint-Domingue qui croie possible qu'un archer de police y subsiste et s'habille, etc., avec 900 livres; un inspecteur avec 2,400? Je sais qu'ils ont des profits de capture et de confiscation, mais lorsqu'ils sont aussi près du besoin, il est plus sûr encore pour eux de vendre leur indulgence que d'attendre des profits incertains. Aussi les exemples de prévarication sont-ils journaliers. D'ailleurs, quand il y a un si petit nombre de complaisants à acheter, les sacrifices sont moins grands. Il faut donc augmenter la troupe, qu'on a encore obligée à mener les criminels aux exécutions qui ne sont pas suivies de mort; il faut la payer de manière à engager des hommes qui s'estiment à remplir ces fonctions. Mais tout cela ne suffira pas si les officiers de la sénéchaussée ne mettent pas un zèle sévère dans la manutention de la police, s'ils ne plient pas à la loi tous ceux qui se font un jeu de l'insulter par leur désobéissance.

Le voyer, qui a 3,000 francs d'appointements depuis 1781, et les revenants-bons de sa place, n'y met pas non plus une grande exactitude. Il est guidé dans sa principale fonction, qui est l'alignement des rues, par le plan-directeur qui est dressé, changé et corrigé par l'ingénieur en chef, d'après les ordres des administrateurs, parce que les villes des colonies sont considérées comme des places de guerre. Une copie de ce plan est déposée au greffe de la sénéchaussée. La voirie proprement dite ne le regarde pas, mais l'entrepreneur du nettoiement de la ville. Il inspecte les pavés, règle l'écoulement des ruisseaux, empêche les usurpations sur le local des rues, etc.

Il faut savoir qu'il existe un étalonneur-jaugeur juré, pour s'en douter. En nul lieu du monde, peut-être, on ne vend plus à faux poids et à fausse mesure qu'au Cap. Indolence de celui qui a cet emploi, défaut de protection dans ceux qui devraient assurer ses opérations, voilà les causes de ce nouveau vice de police.

Je dois pourtant convenir qu'il serait très-difficile que les officiers de la sénéchaussée pussent remplir leurs obligations en fait de police avec l'exactitude, la juste sévérité et la célérité qu'elles exigent. Le tribunal consomme tout leur temps pour les affaires civiles et criminelles; d'ailleurs, la police a encore d'autres parties pour eux. C'est, outre deux audiences de police le mardi et le vendredi de chaque semaine, l'après-midi, cette multitude de plaintes, de débats, de colloques, qu'il faut écouter, de la part d'esclaves qui se plaignent de libres, de libres qui se plaignent d'esclaves, de blancs qui imputent des faits à des affranchis ou qui font l'objet des reproches de ces derniers. Il faut mander les uns et les autres, tenir en quelque sorte un tribunal domestique, accommoder, blâmer, menacer, punir et garder dans tous ces cas une mesure qui tienne tout à la fois de l'équité naturelle et de la justice légale; employer l'autorité à maintenir la paix publique sans en abuser, et ne pas la soumettre au crédit, à la faveur, à la crainte, peut-être. Tant de soins dans une ville coloniale, où les individus sont placés les uns à l'égard des autres dans des rapports politiques, exigent bien des qualités, et causent une grande perte de temps. Or, le sénéchal, son lieutenant et le procureur du roi en ont à peine assez pour accomplir leurs fonctions de judicature, et pour prononcer vingt mille jugements, au moins, par année. La police est donc le patrimoine des inspecteurs, et ils disposent, lorsque eux-mêmes auraient besoin d'être constamment surveillés.

Dès 1748, on a parlé de l'établissement d'un lieutenant de police au Cap, où le besoin qu'on en avait a prodigieusement augmenté. Il suffirait de connaître toutes les ordonnances et les règlements de police, pour être convaincu qu'elle est très-impuissante, et qu'elle manque de moyens répressifs. Que faire du vagabond qui, arrêté et mis en prison, finit par en sortir pour reprendre sa vie errante et continuer à menacer la société des mêmes fléaux? Il faut une personne qui ait le soin unique de la police de cette grande ville, et que le gouvernement manifeste d'une manière éclatante le dessein de la soutenir contre tous les abus d'autorité, et contre la ligue des hommes qui croient que leur dignité s'augmente, par l'impunité qu'ils accordent à leurs domestiques, à leurs esclaves. Il faut qu'avec tous les moyens d'assurer l'ordre, le chef de la police soit responsable du trouble qu'on y apportera. Alors, mais alors seulement, on remédiera aux divers monopoles qu'on croit nuls, parce qu'on ne les éprouve pas personnellement, et l'on ne craindra plus, comme à présent, de faire le bien, parce qu'il faudrait braver une rumeur insensée, qui réclame aveuglément en faveur d'anciens abus.

C'est encore le sénéchal qui censure les pièces de théâtre et qui donne des permissions aux baladins, à ceux qui montrent des optiques, des marionnettes, aux faiseurs de tours, à ceux qui font des courses à cheval, etc. Sans doute qu'on croit que cette permission est tacitement accordée, pour exposer et vendre des livres et des estampes obscènes, car il n'est pas de jour de marché des blancs où les yeux ne soient blessés par ces dernières, et où la jeunesse ne puisse trouver aussi à échanger sa précieuse innocence contre la morale ordurière de livres dangereux où de dégoûtants tableaux souillent encore la vue.

Pour mieux faire juger de la nécessité d'une bonne police au Cap, il suffit d'en connaître l'importance et la population.

Nombre des maisons et population du Cap.

Cette ville qui, lors de l'incendie de 1734, n'avait guère que 400 maisons, en contenait 587 en 1751; 627 en 1753; 817 en 1756; 857 en 1761; 869 en 1764; 910 en 1766;

1,260 en 1783 et 1,361 en 1788, dont 1,221 dans la ville et 140 dans le faubourg du Petit-Carénage, non compris les édifices et les établissements publics, qui sont au nombre de 79. Le Cap a donc triplé en cinquante ans, et même cette manière de considérer son accroissement n'est pas celle qu'il faut prendre, puisque de belles maisons et des maisons à étages ont remplacé des baraques et des espèces de chaumières, telles qu'on en voyait dans la Petite-Guinée et dans le canton du Marécage.

En 1764, on évaluait à 1,688,690 livres, ce que les maisons du Cap produisaient de loyer, et en 1779, à trois millions; et certainement en 1788 ces loyers s'élevaient à près de cinq millions, quoique le nombre des maisons ne fût pas doublé depuis 1764.

Une ordonnance des administrateurs du 20 octobre 1780, renouvelée le 27 janvier 1787, a donné aux rues du Cap des plaques peintes qui en indiquent le nom, et chaque maison est numérotée.

Venons à la population. La paroisse du Cap avait, d'après les recensements :

	Blancs.			Affranchis.	Esclaves.		
En 1692.	160 hommes	63 femmes		»	34	Total	257
1710.	335 »	206	»	52	605	»	1,198
1730.	694 »	381	»	62	1,749	»	2,886
1749.	900 »	515	»	143	(non marquée) »		1,658
1771.	1,020 »	605	»	271	2,568	»	4,464
1775.	1,405 »	586	»	195	4,257	»	6,443
1780.	1,065 »	599	»	1,391	4,665	»	7,720
1788.	1,895 »	845	»	1,264	8,447	»	12,451

Ces recensements ne méritent pas tous une égale confiance. Les plus anciens peuvent être crus, parce que dans une population faible chacun est connu et aperçu ; mais à mesure qu'elle s'accroît, les erreurs, les omissions échappent plus aisément, et malgré la vigilance que M. de Marbois a employée, le recensement de 1788 est sûrement fautif.

Distinguant la population de la ville, proprement dite, de celle de la paroisse, j'ai des renseignements qui m'autorisent à compter la première de la manière suivante :

Blancs de tout sexe et de tout âge. . . .	3,600
Affranchis.	1,400
Esclaves.	10,000
	15,000

Voilà la population propre du Cap ; mais il faut y faire des additions pour l'avoir telle qu'elle existe.

La garnison, qui serait de 1,300 hommes tout compris, ne peut être comptée dans l'état ordinaire que pour	1,000 hom.
80 bâtiments de France dans la rade, évalués à 25 individus l'un dans l'autre. . , .	2,000
50 bâtiments américains de 6 hom. chaque	300
10 autres bâtiments neutres à 10 hommes.	100
30 caboteurs, passagers, etc., à 5 hommes	150
C'est donc.	3,550 hom.

à ajouter aux 15,000 déjà trouvés, et l'on a environ 18,500 personnes pour le taux de la population habituelle de la ville du Cap, pour le nombre des bouches qui s'y nourrissent, et auxquelles je n'ajoute pas la maréchaussée, la troupe de police, ce que contient un seul bâtiment négrier, qu'on peut supposer en rade, les individus de la chaîne publique, et enfin les voyageurs et les colons des autres lieux qui s'y trouvent accidentellement, mais qui assurent encore mieux mon évaluation.

Ce tableau montre lui-même combien on peut compter au Cap d'individus, en quelque sorte étrangers à la colonie ; et parmi les 3,600 blancs, il en est au moins un sixième sans nulle propriété mobilière ou immobilière, et qui spéculent sur des événements qui se réalisent pour les uns, et dont l'attente trompe beaucoup d'autres. Primitivement, il a fallu envoyer des engagés, puis des sujets pris dans certains hôpitaux pour maintenir la population de Saint-Domingue, et le Cap en a particulièrement profité, ainsi que de quelques colons venus de Saint-Christophe et de Sainte-Croix. Ce fut au commencement du mois de février 1696 que la colonie de cette dernière île arriva au Cap. Elle était composée de 10 soldats, 1 sergent, 50 hommes portant armes, 3 ou 4 familles et 60 nègres; ils ne restèrent pas tous dans cette ville.

Une chose dont on est très-frappé en considérant la population de Saint-Domingue, c'est le petit nombre des enfants blancs. La plupart de ceux qu'on rencontre sont faibles, débiles, maladifs, et l'usage d'en envoyer beaucoup en France est une cause qui les rend encore plus rares. Je reviendrai sur cette observation.

On est naturellement conduit à parler des consommations de la ville du Cap, lorsqu'on a entretenu de sa population. En 1788, on y débitait, chaque jour, 20 ou 22 bœufs, dont le poids variait depuis 4,800 livres jusqu'à 6,000, suivant l'état de ces bœufs. Les dimanches et les jeudis sont les plus fortes boucheries, et les moindres ont lieu le vendredi et le samedi. La tuerie de veaux n'est pas régulière, et, souvent même, il se passe huit jours sans qu'on en fasse; mais on peut cependant calculer que le Cap consomme, chaque mois, 15 veaux pesant 80 livres chacun. Par jour, dix moutons et 25 cabris (chevreaux) et 30 cochons; 25 boulangers emploient, chaque jour, 70 barils de farine de 180 livres. Dans cette fourniture de pain, il y en a pour les bâtiments de la rade et pour quelques habitations des environs de la ville; en 1783, elle allait presque au double, par l'augmentation des troupes françaises et par la présence des troupes espagnoles; ces dernières consommaient, à elles seules, 30 barils de farine par jour.

Du Cap considéré comme capitale.

Le Cap est le lieu le plus habité de toute la colonie, et il doit cet avantage à son plus grand commerce, qui lui-même est l'effet de la situation géographique du lieu comme port le plus au vent. Cependant différentes circonstances ont presque toujours été cause que la capitale de la colonie a été placée ailleurs qu'au Cap. D'abord le premier établissement ayant été fait à la Tortue, le point de la grande île qui lui correspondait presque directement devint le chef-lieu. Ensuite la culture du cul-de-sac fit préférer Léogane au Port-de-Paix. Les instructions de M. Deslandes, premier intendant, voulaient que les administrateurs partageassent leur résidence entre Léogane et le Cap; mais le premier lieu fut préféré et un fait le prouve, c'est que les administrateurs n'eurent qu'un logement passager dans un magasin du roi sur la place d'Armes, jusqu'en 1734, qu'il brûla; et que depuis lors jusqu'à la résidence de MM. Bory et Clugny au Cap, en 1762, les chefs logeaient passagèrement dans des maisons qu'ils louaient ou qu'ils empruntaient. La beauté du mouillage du Petit-Goave fit balancer ensuite pendant plus de cinquante ans entre Léogane et le Petit-Goave, et on finit par leur préférer le Port-au-Prince.

Celui-ci perdit ensuite ses droits pendant la guerre de 1756; car M. de Bory, reçu gouverneur général au mois de mars 1762, et M. de Clugny son collègue, résidèrent au Cap, ainsi que M. de Belzunce. L'ordonnance du 24 mars 1763 décida que les deux administrateurs résideraient au Cap; et M. d'Estaing y eut, en effet, sa principale résidence. Mais en nommant M. le prince de Rohan, on rendit au Port-au-Prince son titre de capitale qu'il conserve de droit, quoique dans le fait ce titre n'appartienne qu'au Cap, où la guerre nécessitera toujours le séjour des chefs. On les y a vus depuis 1778 jusqu'en 1785.

Dans tous les temps il a toujours été enjoint au général et à l'intendant de partager leur résidence entre la capitale de la colonie et le Cap, notamment par les instructions de MM. de Chateaumorand et Mithon, du 26 août 1716, par celles de MM. Fayet et Duclos, du 24 juillet 1732, et par celles de MM. de Larnage et la Chapelle, du 10 juin 1737, qui leur prescrit de séjourner, chaque année, quatre mois au Cap; et il est même des instructions qui veulent un partage égal. La position du Port-au-Prince, qui le place à peu près au milieu des deux extrémités de la colonie, lui a obtenu la préférence que réclame le Cap, lorsque la crainte de l'ennemi, plus forte que les inconvénients antérieurs, veut que les administrateurs soient à portée de communiquer avec les chefs des armées et des escadres et de combiner les préparatifs et les mouvements qui ont pour objet, ou la conservation de la colonie ou des entreprises hostiles sur d'autres points.

État-major et Officiers d'administration du Cap.

Le Cap, dont l'établissement ne remonte que vers 1671, n'eut point de chef militaire particulier avant 1679, que M. de Franquesnay y fut placé comme lieutenant de roi. Il commandait ce qu'on nommait alors le quartier du Cap, c'est-à-dire, ce qui est à présent entre le port Français et la rivière du Massacre. En 1695, on nomma un gouverneur du Cap, et comme c'était l'ancien gouverneur de l'île Sainte-Croix dont la colonie avait été transportée au Cap, M. de Boissyraimé reçut le titre de gouverneur de Sainte-Croix et du Cap. Il eut la résidence dans cette dernière ville et comprit alors la sénéchaussée du Port-de-Paix dans le ressort de son gouvernement. La place de gouverneur a cessé en 1763, dans la personne de M. de Chastenoye fils. Trois de ces gouverneurs du Cap, et qui l'étaient réellement de la partie du nord entière, furent lieutenants au gouvernement général. Ce sont M. de Charritte, et MM. de Chastenoye père et fils; ils eurent le Cap pour résidence.

L'ordonnance de 1763, qui supprimait les gouverneurs particuliers et les remplaçait par des commandants en second fixant le gouverneur général au Cap, cette ville ne devait point avoir de commandant en second; cependant des vues particulières y firent garder M. de Thorenc, et depuis il y a toujours eu un commandant en second de la partie du nord, résidant au Cap.

La lieutenance de roi commencée à M. de Franquesnay, en 1679, supprimée en 1763, rétablie le 15 mars 1769 par une ordonnance du roi qui charge le major de la légion de Saint-Domingue d'en faire les fonctions, ce qui a duré jusqu'à ce qu'une autre ordonnance du 17 mars 1771 ait rétabli un lieutenant de roi titulaire, n'a cessé qu'à M. le chevalier du Grès, par l'ordonnance du 20 décembre 1783 qui a changé le titre de lieutenant de roi en celui de commandant particulier.

On crut utile d'avoir un major au Cap. Le premier fut le célèbre Laurent de Graff, en 1690. Cette majorité, supprimée en 1763, rétablie le 15 mars 1769, supprimée par l'ordonnance du 16 mars 1771, rétablie le 15 avril 1776, a été supprimée de nouveau le 20 décembre 1783, lorsqu'elle était remplie par M. de la Plaigne.

Le Cap eut son premier aide-major en 1688. Cette place fut aussi supprimée en 1763 et rétablie en 1769; il y a maintenant deux aides-majors, parce qu'il en a été créé un second le 18 mai 1787.

Le Cap a eu aussi deux majors généraux des troupes et milices de la partie du nord; trois des majors généraux de la colonie y ont été fixés, ainsi que plusieurs des aides-majors généraux.

Lorsque l'intendant n'a pas eu sa résidence au Cap, cette ville a toujours eu, depuis 1721, un commissaire ordonnateur, et successivement plusieurs commissaires, sous-commissaires et écrivains de la marine, chargés des différents détails du service, même de celui des troupes pour lesquelles on n'a vu des commissaires de guerre qu'en 1763. Le commissaire ordonnateur des guerres était pareillement établi au Cap.

Cette ville considérée comme une subdélégation de l'intendance, a depuis 1738 un greffe de la subdélégation, qui est le dépôt de tous les actes faits par les administrateurs et qui intéressent les parties de l'administration qui ne sont ni militaires ni judiciaires. C'est là que sont mis aussi tous les procès-verbaux et les plans des arpenteurs qui meurent ou qui s'absentent, et les recensements fournis par les colons pour chaque année. C'est encore un service rendu par Larnage et Maillart, qui ont voulu faire trouver aux habitants de la partie du nord plus près d'eux les titres de leurs propriétés foncières, et divers actes relatifs à l'usage de ces propriétés, soit quant aux chemins, aux distributions d'eau, aux travaux sur les rivières, soit enfin à plusieurs autres matières, toutes également importantes pour eux et même pour l'intérêt public, parce qu'on y trouve aussi ce qui concerne la formation des paroisses, la nomination de plusieurs préposés dans les différentes branches de l'administration générale de la colonie, et jusqu'aux preuves de l'état des affranchis.

Partie militaire, Garnison du Cap.

Depuis 1763, il y a un ingénieur en chef de la partie du nord qui habite la ville du Cap, ainsi que le commandant de l'artillerie de la colonie. On y voit aussi un garde-magasin de la marine. Pendant quelque temps il y avait un garde-magasin de la marine distinct de celui qu'on nommait alors garde-magasin principal, et qui était chargé des vivres et effets, mais ces deux places ont été réunies depuis la paix de 1783, comme auparavant. Il y a aussi un garde-magasin d'artillerie, établi par une lettre du ministre, du 5 août 1771, avec 3,000 livres tournois d'appointements.

Le Cap a toujours eu une garnison depuis la fin du siècle dernier. Elle ne fut composée, jusqu'en 1762, que de plusieurs compagnies des troupes détachées de la marine, d'abord au nombre de deux, puis portées à trois et augmentées de quelques Suisses, dont soixante étaient au Cap. Ces trois compagnies étaient si réduites au mois de juin 1718, que les milices du Cap faisaient la garde la nuit pour soulager les cinquante soldats qui restaient. En 1762 l'on envoya des régiments tirés de l'armée de ligne, et où l'on incorpora en 1766 ces troupes détachées de la marine. En 1766 on créa une légion de Saint-Domingue, dont une partie était au Cap. Enfin on établit deux régiments pour la colonie, dont un du nom du Cap fut destiné à la garnison sédentaire de cette ville, où il fut formé le 31 janvier 1773, et où il fit bénir ses drapeaux le 26 avril suivant. Il doit être, au complet, de 1,244 hommes, tout compris sur le pied de paix. Son uniforme est bleu, parements et collet de drap vert, revers bleu, liséré vert, boutons timbrés d'une ancre et les épaulettes d'argent. Le service journalier de la place du Cap et de l'hôpital, en temps de paix, exige 80 hommes et 3 officiers, non compris la comédie.

Quant à l'artillerie, il y avait, avant 1762, deux compagnies de bombardiers, dont une était au Cap où elle fut commandée par M. de l'Isle-Adam, et ensuite par M. de Fontenelle. Quand M. de Belzunce arriva, amenant deux compagnies du corps royal sous le commandement de M. de Villarson, lieutenant-colonel, M. de Fontenelle demeura commandant des bombardiers, qu'on incorpora cependant dans le corps royal, lors de la formation de la légion de Saint-Domingue en 1766. Le roi créa de nouveau, en 1768, deux compagnies de 100 hommes chacune, sous le titre de canonniers-bombardiers, qu'on augmenta d'une troisième compagnie en 1771. C'est de cette artillerie coloniale que s'est formée, en 1784, la majeure partie de la brigade actuelle. On vit cependant arriver, à la fin de 1775, cinq compagnies du régiment de Metz, du corps royal, et une compagnie d'ouvriers, le tout sous les ordres d'un lieutenant-colonel et d'un chef de brigade. Deux compagnies, les ouvriers et l'état-major demeurèrent au Cap. Cette troupe a repassé en Fance en 1783.

Des Milices du Cap.

En rendant compte de la force armée qui existe au Cap, il est naturel de citer les milices qui s'y trouvent et qui forment presque la totalité de celles de la paroisse.

Les milices sont aussi anciennes que la colonie, puisque les premiers Français qui y parurent avaient les armes à la main et des chefs qu'ils se donnaient eux-mêmes. Le plus brave était sûr de fixer ce choix volontaire, et ce ne fut qu'avec un commencement d'organisation que les commandants militaires s'emparèrent de la nomination des officiers de milices. Nous avons vu que ces premiers officiers étaient les juges-nés de leurs concitoyens, et que même lorsqu'il y eut des sénéchaussées et des conseils supérieurs, la magistrature et la milice pouvaient réclamer les mêmes individus.

La milice du bas du Cap comptait 134 hommes en 1688, 220 en 1696. En 1705, la milice fut formée en régiments, et en 1710, la partie du nord en avait trois d'infanterie et un de cavalerie.

D'abord, et durant très-longtemps, chacun se présentait avec ses vêtements ordinaires et ses armes, et les officiers eux-mêmes n'étaient distingués que par le hausse-col, l'une des plus anciennes décorations militaires. La vue des troupes réglées, la supériorité à laquelle elles prétendaient, l'opinion que l'on attachait à l'uniforme, donnèrent enfin l'idée d'en avoir un dans la milice.

Ce fut vers 1710 que ses officiers prirent l'uniforme des gardes-côtes, l'habit blanc, collet, parements et doublure rouges; car le simple soldat n'était point en uniforme.

En 1723, la ville du Cap montra 374 miliciens. Au mois de juin 1725, M. de la Rochalard, gouverneur général, retint l'ordre du roi qui permettait à la milice-cavalerie, faute de trompette, de battre à la dragonne. *Les jeunes gens,* disait-il, *auraient cru que toutes les folies qu'ils auraient faites étaient des attributs de leur nom, et cela doit être évité dans un pays où le soleil agit de plus près sur toutes les cervelles.*

En 1732, les régiments furent supprimés et les milices remises en compagnies indépendantes; et le Cap étant déjà devenu la ville la plus considérable et la plus civilisée de la colonie, il y eut une sorte d'émulation parmi les divers capitaines pour avoir de belles compagnies.

Dans la même année 1732, M. Beaujeau, autorisé par M. de Vienne, gouverneur général, venait de former la compagnie des grenadiers, avec habit, veste et culotte blanches, parements, collet et revers écarlate, boutons et épaulettes d'argent. Quelques années après, parut celle des carabiniers avec un habit écarlate, galonné d'un galon à tresse d'argent, parements, collet et revers bleu de roi, retroussis, boutons et épaulettes d'argent. M. Desmé-Dubuisson, pour renchérir sur ces deux compagnies, en forma une de fusiliers le 17 janvier 1740. Elle portait habit bleu, parements, collet, veste, culotte et bas rouges, l'habit et la veste galonnés en plein en or, boutons surdorés, chapeau brodé en or, cocarde bleue et rouge. Cette compagnie avait deux tambours et deux fifres nègres, et elle prit un drapeau avec une croix de satin blanc, semée de fleurs de lis d'or, et les quatre coins, par opposition, bleus et rouges. L'habillement et l'armement des cinquante-deux hommes de cette compagnie, les tambours et les fifres, coûtèrent plus de 50,000 francs. Dans ces commencements, la compagnie de dragons prit aussi un uniforme bleu de roi galonné d'or, parements et collet rouges, veste et culotte blanches, l'équipage du cheval bleu galonné d'or, ainsi que le chapeau et l'aiguillette.

Les milices, supprimées en 1764, époque où toutes celles du Cap avaient un uniforme, reproduites un instant par M. d'Estaing, furent rétablies par une ordonnance du roi du 1er avril 1768, qui fit un commandant, un major et un aide-major des milices de chaque paroisse. Cet état-major prit au Cap l'habit bleu galonné d'or, veste, culotte, parements et collet blancs, et les diverses compagnies reparurent avec les uniformes qu'elles voulurent adopter. On vit renaître la compagnie des grenadiers, celle des carabiniers et celle des dragons à cheval avec leur ancien uniforme. Une seconde compagnie à cheval se forma sous le nom de gendarmes avec habit écarlate galonné d'or, ainsi que le chapeau et l'équipage du cheval; parements, collet et revers de velours noir, épaulettes d'or et un trompette comme les dragons à cheval; cette compagnie se reproduisait telle qu'elle avait été un moment sous les ordres de M. d'Estaing.

Une nouvelle ordonnance, du mois de décembre 1776, mit les milices en bataillon. Le Cap donna son nom à l'un d'eux, et l'on vit son état-major, qui garda l'uniforme de 1768, composé d'un commandant, d'un commandant en second, d'un major, de quatre aides-majors, d'un chirurgien-major et d'un tambour-major. Cet état de choses a duré jusqu'en 1787.

On voyait alors la compagnie des grenadiers, celle des carabiniers, quatre compagnies de fusiliers blancs, en habit bleu, parements, collet, doublure, veste et culotte blanches, boutons et épaulettes d'argent; une compagnie de canonniers habit bleu, collet, parements et doublure écarlate, veste et culotte blanches, boutons et épaulettes d'or; une compagnie de volontaires avec l'habit écarlate galonné d'un galon à tresse d'or, parements, collet et revers de velours vert, la doublure en croisé vert, veste et culotte blanches, boutons, retroussis et épaulettes d'or; une compagnie de dragons à pied, habit vert-dragon, doublure pareille, parements et collet écarlate, boutons et épaulettes d'or, cocarde et plumes noires, brodequins de veau noir; une compagnie de chasseurs, habit ventre de biche, doublure de même, collet et parements vert saxe, veste et culotte blanches, boutons, épaulettes et retroussis d'argent, brodequins de veau noir; une compagnie de mulâtres et autres sang-mêlés libres, habit bleu, parements, collet, revers et doublures jaunes, boutons et épaulettes d'argent, veste et culotte blanches; une compagnie de nègres libres, habit bleu, parements et collet écarlates, doublure blanche ainsi que la veste et la culotte, boutons et épaulettes d'argent; et enfin les deux compagnies à cheval de dragons et de gendarmes dont j'ai parlé.

Cette bigarrure d'uniformes, qui était un assaut de luxe et qui était peut-être la chose qui attachait le plus à la milice, a disparu par l'exécution de l'ordonnance du roi du 1er janvier 1787. Le commandant des milices de chaque paroisse est le capitaine que le gouverneur général choisit. Il a un aide-major sous ses ordres. Chaque compagnie est de 50 hommes. Il n'y a plus de différence qu'entre l'infanterie et les dragons à cheval blancs, les dragons à cheval de couleur et les blancs des compagnies d'artillerie.

Dans la partie du nord, toute l'infanterie a l'habit blanc, veste et culotte blanches, boutons blancs, poches en long, doublure blanche, parements et revers bleus ; toute la cavalerie blanche, habit rouge, veste, culotte, doublure, boutons, parements et revers blancs ; toute la cavalerie de gens de couleur, surtout de nankin, parements et revers rouges. Quant à l'artillerie, elle porte l'uniforme qu'a ce corps en France, excepté que le bouton est uni et sans numéro.

Les milices du Cap se sont distinguées en plusieurs occasions par leur zèle et leur courage. Lors de l'attaque de Léogane, en 1702, elles marchèrent à son secours. Elles allaient à celui de Saint-Louis en 1748, et étaient déjà rendues au Petit-Goave, mais la subite reddition de cette place rendit vain leur entier dévouement.

Une compagnie de nègres libres du Cap marcha en 1697 au siége de Carthagène, commandée par Pierre d'Imba, nègre que j'ai cité dans la description de Limonade, et sous les ordres de M. Dupaty.

On comptait, en 1718, 900 hommes portant armes dans toute la dépendance du Cap, et les milices de cette seule paroisse en comprenaient 450 en 1750. Le contrôle de 1788 fait monter la milice du Cap à 1,600 hommes. Il faut considérer que c'est le lieu de toute la colonie où il y a le plus de personnes que leur état dispense de ce service, et où est aussi le plus grand nombre de celles qui échappent aux recherches qu'on ne fait jamais exactement en temps de paix, ou qui trouvent des prétextes pour en être dispensées.

En général, les officiers de milice sont très-jaloux de l'espèce de supériorité que leur donne leur emploi, et plus encore de leur épaulette, mais le sentiment contraire agite les miliciens. Les chefs militaires se sont habilement servis de l'amour-propre des officiers de milices, et ils en ont fait souvent de sûrs conducteurs pour la transmission des effets de leur système un peu despotique. Ces détails sont dans l'histoire, ainsi que ceux des événements dont le rétablissement des milices a été accompagné en 1768, et dans les deux années suivantes.

Des Médecins, Chirurgiens et Apothicaires.

L'exemption du service des milices me rappelle les médecins, les chirurgiens et les apothicaires. Ce n'a été que par l'ordonnance du 1er janvier 1787 que les droits des chirurgiens à cette exemption ont enfin été réglés. On ne la faisait porter auparavant que sur les chirurgiens brevetés, soit pour le service des hôpitaux du roi, soit pour celui de l'amirauté, soit enfin pour celui des milices. On ne pourra jamais s'étonner assez qu'on ait cru, pendant un siècle, qu'on devait astreindre à un service militaire personnel des hommes consacrés à soigner l'humanité souffrante, et que l'on pouvait ou faire attendre le malade, ou le condamner à la mort, pour avoir un homme de plus à une revue, souvent inutile, ou dans un corps de garde durant la guerre. Enfin cette barbare ineptie a cédé aux clameurs qui la poursuivaient depuis si longtemps.

On ne peut douter qu'il n'y ait eu des chirurgiens à Saint-Domingue, dès l'origine de la colonie, mais les médecins n'ont dû y arriver qu'après; parce que ces derniers, moins nombreux partout que les chirurgiens, ne se rencontrent que dans les lieux où il y a déjà une civilisation marquée. Le premier médecin auquel on paraît avoir accordé de la confiance au Cap, fut M. Dautun, qui y exerçait en 1710, qui était employé dans les actes publics et légaux et qu'on appelait même *médecin du roi*, quoique le premier qui ait eu ce titre soit M. Fontaine, docteur de la faculté de Montpellier, que le roi nomma par brevet du 6 octobre 1714, et qui fut reçu au Conseil du Cap, le 27 mars 1715. Après lui vint, en 1719, M. Du Valain, médecin du Havre-de-Grâce, puis M. Poupée Desportes; depuis il y a toujours eu un médecin du roi au Cap. On le considère comme le chef des autres médecins, qui sont plus ou moins nombreux ; c'est du moins lui qui examine les médecins qui se présentent pour exercer dans la partie du nord. Il y a au Cap, depuis longtemps, quatre ou cinq médecins, outre le médecin du roi.

On y a toujours vu un *chirurgien-major* ou chirurgien du roi, depuis M. Clerin-Deslauriers, nommé le premier par décret du 1er novembre 1725. Il y a un chirurgien-major de l'amirauté, un chirurgien-major du régiment du Cap, un de l'artillerie, un des milices, et deux ou trois autres brevetés sous diverses dénominations. On compte dans ce moment vingt autres chirurgiens dans cette ville.

Il est douloureux d'avoir à dire que cet essaim d'Esculapes n'est pas toujours armé contre la mort. A Dieu ne plaise que je veuille refuser de justes éloges à quelques sujets qui les méritent par leurs talents et leur conduite délicate ; mais je ne les prodigue point assez pour les étendre jusqu'à ces fraters qui ont rêvé dans une traversée ou en faisant les recouvrements du navire sur lequel ils étaient embarqués, qu'ils sont devenus médecins, chirurgiens, chimistes, pharmaciens, dentistes et accoucheurs, et qui, avec l'audace du charlatan, moissonnent et les hommes et l'argent, et indignent ceux qui savent combien l'étude de l'homme malade est difficile, et combien l'ignorance est, en ce genre, voisine de l'assassinat.

Depuis l'ordonnance du mois de mars 1763, il y a un apothicaire du roi au Cap, et l'on y trouve en outre douze autres apothicaires ou droguistes. Cette partie est aussi livrée aux plus grands désordres. L'ordonnance de MM. de Reynaud et le Brasseur, du 3 novembre 1780, sur les poisons, est inexécutée, malgré son importance, et les apothicaires qui ignorent, pour leur seul intérêt, que des médicaments décomposés sont toujours dangereux, puisque leur moindre inconvénient est de ne pas produire d'effet, lors même qu'ils n'en causent pas un contraire à celui qu'on en attend, vendent impunément les drogues les plus défectueuses. On sent allumer son indignation, quand on sait que toutes ces prévarications coupables trouvent des excuses et même des appuis. Qui que vous soyez qui les tolérez, je vous dénonce à l'humanité entière et je n'en excepte pas le gouvernement qui les connaît et qui ne prend pas un bras de fer pour anéantir de tels ennemis de l'espèce humaine.

Le roi avait nommé un médecin-accoucheur le 25 avril 1775, et qui s'était établi au Cap. Il devait former des sages-femmes, et rien n'était plus nécessaire. Une ordonnance de MM. de Reynaud et le Brasseur, du 18 janvier 1781, a pris des mesures pour étendre cette instruction, sans laquelle on continuera à sacrifier des mères et des enfants. Le médecin-accoucheur du Cap est mort. L'on y trouve des sages-femmes. Deux dentistes sont aussi résidants au Cap et y sont occupés, quoique les dents soient passablement belles à Saint-Domingue. Mais les nègres surtout, sont trop imprévoyants sur les courants d'air, sur les effets du serein, sur les contrastes de l'atmosphère, pour n'être pas exposés à les perdre et à en souffrir beaucoup.

Enfin l'on trouve au Cap un artiste vétérinaire. M. de Boynes, convaincu de l'utilité dont serait pour des colonies, des hommes occupés de conserver des animaux qu'on y paye si cher et dont le remplacement est quelquefois impossible, chargea l'École vétérinaire d'Alfort de former des sujets aux dépens des colonies, où ils s'engageraient de rester pendant douze ans. C'est ainsi que Saint-Domingue en a eu deux, M. Dutilleul, qui y est mort, et M. Celin. Il y a longtemps que l'opinion publique réclame en faveur de M. La Pole un brevet de vétérinaire, pour récompenser les travaux constamment utiles de cet artiste.

De la Chambre d'Agriculture.

Un établissement très-remarquable parmi ceux du Cap, c'est la Chambre d'agriculture. Depuis trente ans, le conseil supérieur de la Martinique avait demandé que les colonies eussent en France des députés, chargés d'y exposer leurs besoins, d'y suivre leurs demandes, d'y soutenir même leurs intérêts ; mais cette sollicitation, trouvée hardie, n'avait eu aucun succès, lorsqu'au mois de juillet 1759, des arrêts du conseil d'État établirent des Chambres mi-parties d'agriculture et de commerce, dans quelques colonies. Saint-Domingue en eut deux, dont l'une fut placée au Cap.

Quatre habitants et quatre négociants la composaient ; elle avait pour attributions tout ce qui avait rapport au commerce et à la culture, et le droit de nommer un député de la colonie avec entrée en séance au bureau de commerce à Paris, comme les autres députés des principales villes du royaume. Ce plan, qui prétendait à l'union des inconciliables et qui donnait pour président à des hommes dont l'opinion devait être libre l'intendant ou l'ordonnateur qu'ils ne pouvaient considérer que comme un surveillant, ne produisit que des querelles et des dissensions, et il fallut le changer. C'est ce que fit l'ordonnance du 24 mars 1763, qui créa deux Chambres d'agriculture qui ne devaient être composées que de sept colons créoles ou ayant habitations. Tout ce qui concerne la population, les défrichements, l'agriculture, la navigation, le commerce extérieur et intérieur, les communications au dedans, les canaux, en un mot, tout ce qui peut contribuer à l'amélioration, aux progrès et à la sûreté de la colonie, sont du ressort de la Chambre d'agriculture, qui doit remettre un double de ses mémoires aux administrateurs, et qui conserve, comme les anciennes, une correspondance avec le député de la colonie.

Mais la fonction la plus délicate confiée aux Chambres d'agriculture, c'est l'avis qu'elles doivent envoyer au ministre, à chaque mutation de gouverneur général ou d'intendant, sur son administration, en parlant de son caractère, de ses talents, de ses fautes, de sa probité, et du bien ou du mal qu'il aura produit pendant son administration.

La Chambre d'agriculture a eu de faibles commencements ; composée d'une manière qui a presque toujours été contraire à l'esprit de son institution, c'est surtout dans l'origine que la gêne dont on s'est plu à l'environner a eu le plus d'influence. Elle a cependant produit une centaine de mémoires sur divers sujets plus ou moins intéressants, et parmi lesquels il se trouve des vues très-utiles et des traits qui montrent que le courage ne lui a pas toujours été étranger. Je dois même dire que ses membres ont eu quelquefois besoin d'en avoir de plus d'un genre. Pour peu qu'on connaisse Saint-Domingue et le gouvernement colonial, on croira aisément qu'un établissement qui avait pour un de ses motifs le désir de connaître la conduite des administrateurs, par l'examen que la Chambre d'agriculture avait droit d'en faire, pourvu qu'il fût secret pour tout autre que le ministre, n'a pas dû être toujours à l'abri de l'autorité dont elle devait juger l'usage. C'était même un calcul assez simple de la part de ceux qui redoutaient sa censure, de travailler à lui donner d'avance un caractère de récrimination. L'histoire aura donc, à cet égard, des traits à citer.

Je suis loin de vouloir que la Chambre d'agriculture puisse s'ériger en école de calomnie; je sens qu'il faut que le mal comme le bien qu'elle rapporte soit appuyé par des faits; mais je voudrais, en même temps, que quiconque attenterait à la liberté de son opinion, fût frappé par une peine publique. L'équité voudrait que sur les choses qui compromettent l'administrateur vivant, le ministre lui fournît le moyen de se justifier aussi par des faits; mais, encore un coup, le devoir de la Chambre est assez beau, il importe assez à l'intérêt public pour qu'il dût être sacré. Et qu'on n'oublie jamais que c'est à la Chambre d'agriculture du Cap qu'on doit la première imprimerie qui a existé à Saint-Domingue.

Elle s'assemble d'ordinaire dans la maison de son secrétaire qui a pour traitement 6,200 livres, dans lesquelles est comprise la dépense d'un local pour ces assemblées. C'est toujours parmi les avocats du conseil du Cap que le secrétaire a été choisi, et j'exerçais cette honorable profession, lorsque j'ai été secrétaire-adjoint de la Chambre d'agriculture du Cap.

De la Chambre de commerce.

En décrivant la première section, j'ai indiqué le lieu où s'assemble la Chambre de commerce ou la Bourse. Depuis quelques années son zèle s'est réveillé, et sans vouloir donner à cette réunion le caractère d'une corporation légale, le gouvernement l'a maintenue et même protégée dans certaines circonstances. La Chambre de commerce du Cap a un directeur et quatre syndics en exercice, un syndic correspondant en France et un secrétaire. Les anciens directeurs et les anciens syndics, qui doivent devenir directeurs dans l'ordre de leur exercice, en sont membres. La Chambre s'assemble à la Bourse tous les mardis, à quatre heures de l'après-midi. Là, on s'occupe d'affaires de commerce et l'on répond les différents parères. S'il s'agit d'objets majeurs, ou de quelques nominations, tous les négociants sont convoqués. On ne peut s'empêcher de désirer que les négociants du Cap veuillent bien définir ce qu'ils entendent par ce titre et fixer les conditions nécessaires pour le mériter; car tant qu'on fera de l'état de négociant l'état de celui qui n'en a aucun, on sera autorisé à croire qu'il n'y a au Cap ni négociants ni Chambre de commerce.

Les parères, que donne celle qui porte ce nom, sont extrêmement sages; ils préviennent des procès et servent souvent à les faire décider dans les tribunaux. Personne ne doit plus d'éloge que moi au désir qu'ont les divers membres d'être utiles à leurs concitoyens; la Chambre a bien voulu, dans cette intention, me communiquer ses archives.

Elle avait même un dessein que j'ai vainement essayé de servir. Frappée de la versatilité de l'opinion sur le droit de commission dû aux divers agents qu'on emploie dans les colonies, comme les mandataires, les exécuteurs testamentaires, les régisseurs, les commissionnaires, etc.; fatiguée par la multiplicité des questions sur le même objet; persuadée que l'on peut excéder les justes bornes dans certaines réclamations, la Chambre a fait un relevé qui forme une espèce de tarif fondé sur l'usage, sur des décisions judiciaires et sur ses propres parères. L'avantage de ce travail m'avait frappé, et j'avais offert de le faire imprimer à Paris. J'en parlai au ministre et je crus devoir le lui vanter, je sollicitai même son agrément pour l'impression ; il me répondit que ce serait approuver et la Chambre de commerce et son tarif, mais que je n'avais qu'à faire imprimer avec une permission tacite. Je m'adressai alors au lieutenant général de police, dans les bureaux duquel on me dit qu'on ne pouvait se dispenser de communiquer le manuscrit au ministre de la marine, parce qu'il intéressait son département ; grâce à ce cercle vicieux, le manuscrit est encore entre mes mains.

On pourrait être surpris que la Chambre de commerce n'ait pas fait imprimer cet ouvrage au Cap même, où j'ai annoncé l'existence d'une imprimerie. Mais elle voulait en faire tirer un grand nombre d'exemplaires, et ce projet aurait été coûteux par la disproportion que met nécessairement la cherté de la main-d'œuvre coloniale entre le prix de l'impression en France et à Saint-Domingue. Il est cependant des objets sur lesquels cette différence ne s'aperçoit pas, puisqu'on a maintenant pour 44 livres de France, par an, un abonnement de la *Gazette* de la colonie qui a jusqu'à mille pages.

De la Gazette.

Cette gazette fut un des premiers bienfaits produits par l'établissement d'une imprimerie dans la colonie, qui en donna l'idée au moment même où elle s'installait. M. de Clugny, que sa place d'intendant chargeait de la surveillance de l'imprimerie, protégea le projet de la *Gazette* et en accorda le privilége exclusif à M. Monceaux, avocat du conseil du Cap, le 10 janvier 1764. Le prospectus en fut publié aussitôt, et il suffit de le lire pour être convaincu de l'utilité de l'entreprise. Le défaut de communication entre les différentes parties de la colonie, et même quelquefois d'une paroisse à l'autre, rétrécissait tous les rapports, toutes les connaissances ; rien d'avantageux ne pouvait devenir général, rien de dangereux ne pouvait trouver des contradicteurs au delà d'un espace borné ; en un mot, pour me servir des expressions du prospectus, on parlait au Cap, de Jacmel et du Cap-Tiburon, comme des montagnes du Chili et des terres Magellaniques. La *Gazette* promit et donna des notices de choses imprimées en France, relativement au commerce, à l'agriculture, à la navigation, à la politique et à la culture coloniale ; elle publia les choses à vendre et à affermer ; le prix des denrées et celui du fret. Le premier numéro parut le mercredi 1er février 1764, sous le titre de *Gazette de Saint-Domingue*. Elle était hebdomadaire et contenait huit pages d'impression in-4°. La souscription pour la première année fut de 120 livres.

La nouvelle de la publication de cet ouvrage périodique parvint à Versailles et y sema l'alarme dans les bureaux de la marine. On crut déjà voir la transformation de cette feuille en un ouvrage polémique où le gouvernement serait frondé, et le ministre en ordonna la suppression par une lettre du 13 mai 1764. Heureusement que M. d'Estaing ne partagea pas ces terreurs ; mais, pour concilier l'obéissance avec l'utilité de la feuille, la *Gazette de Saint-Domingue* devint : *Avis divers et petites Affiches américaines*. La métamorphose s'opéra le 29 août 1764, et le 1er janvier 1766, la *Gazette* devint les *Affiches américaines*, dénomination qu'elle a encore aujourd'hui.

En 1768, MM. de Rohan et de Bongars exigèrent que la *Gazette* s'imprimât sous leurs yeux ; elle se fit donc au Port-au-Prince à compter du 23 mars 1768, et on y joignit alors un supplément sous le titre d'*Avis du Cap*, puis d'*Avis du Cap* ou *Supplément aux Affiches américaines*, et enfin de *Supplément aux Affiches américaines*.

La *Gazette* perdit son instituteur et son premier rédacteur, qui mourut le 24 août 1768. L'avocat-littérateur fut remplacé par M. Duchemin-Despaletz, ancien officier du régiment de Quercy, né près d'Agen, et qui mourut au Port-au-Prince, le

9 janvier 1771. Lorsqu'il y eut un second imprimeur dans la colonie, établi au Cap, il voulut faire aussi des *Affiches américaines*, mais les administrateurs décidèrent, en 1777, que c'était le privilége de l'imprimeur du lieu de leur résidence, sauf à l'autre à imprimer les avis du ressort où il était, par forme de supplément. Cette décision, défavorable aux prétentions de M. Dufour de Rians, lui devint bientôt utile par la guerre de 1778, qui amena les administrateurs au Cap. La *Gazette* commença à y être imprimée le 3 octobre 1778, et le *supplément* au Port-au-Prince jusqu'au 3 juillet 1784, que l'ordre inverse a repris.

Vers 1780, M. Rhodier, secrétaire du gouverneur général et depuis avocat du conseil du Cap, avait été chargé de la rédaction, qui a éprouvé un changement ainsi que le privilége de la *Gazette*. L'imprimeur du Cap obtint, le 1er juillet 1783, avec le privilége exclusif pour la partie du nord, pendant quinze ans, le privilége de la *Gazette*, à condition qu'elle aurait un rédacteur choisi par les administrateurs. Ceux-ci ont nommé, le 17 novembre suivant, M. Mozard, qui en est encore chargé.

Le prix des *Affiches américaines* est, depuis 1765 ou 1766, de 66 livres par an, quoique leur volume ait presque triplé, et par le plus grand nombre de pages et par la différence des caractères employés à leur impression. Ce serait même une chose inconcevable, si l'on ne disait pas que le volume se trouvant grossi en grande partie par diverses annonces dont l'on paye l'impression, ce qui donne un produit indépendant des souscriptions, l'imprimeur gagne d'autant plus qu'il paraît donner davantage pour le même prix. En 1788, le nombre des abonnés était de 1,500, ce qui donnait 99,000 livres, dont l'imprimeur du Port-au-Prince a les deux tiers, parce que c'est lui qui imprime la partie qui est vraiment *Gazette*. Cet imprimeur a de plus pour 15,000 livres d'avis ; sa part est donc de 81,000 livres et sa dépense d'environ 56,000 livres. L'imprimeur du Cap a pour au moins 25,000 livres d'avis, qui, avec 33,000 livres de son tiers de la *Gazette*, font 58,000 livres, et sa dépense est de

33,000 livres ; donc les *Affiches américaines*, qui procurent 139,000 livres, payent leur dépense de 89,000 livres et laissent un bénéfice de 50,000 livres, qui se trouve divisé par moitié entre les deux imprimeurs.

Dans les dépenses, j'ai compris celle de 12,000 livres que les administrateurs ont allouée par an à M. Mozard pour sa rédaction. Ce serait manquer à la justice de ne pas dire que personne n'a plus cherché que lui à répandre de l'intérêt dans cette feuille. Il n'est point de détails coloniaux qu'il n'ait sollicités ou reçus avec empressement, et il a su exciter souvent et le zèle et l'amour-propre de plusieurs personnes instruites, et s'il avait été mieux secondé en général, le public aurait encore gagné plus d'instruction. Depuis que la rédaction lui est confiée, il a rendu cette première feuille périodique de Saint-Domingue encore plus utile par des calculs, par des vues neuves, et l'imprimeur, qui a su se faire accorder le privilége exclusif, ne doit pas regretter ce que le rédacteur prend sur un bénéfice dont une partie est réellement due à son talent.

Il ne faut pas oublier, lorsqu'on juge cette feuille, qu'elle a toujours été soumise à la censure. D'abord à celle de l'intendant seul, comme le veut l'établissement des imprimeries à Saint-Domingue. Les gouverneurs généraux avaient bien tenté, mais infructueusement, de s'en emparer plusieurs fois, jusqu'à M. de Bellecombe, qui parvint à se substituer à la place du trop facile M. de Bongars. Cette usurpation a été convertie en titre par le privilége accordé à M. Dufour de Rians en 1783, et la censure de cette feuille est devenue commune aux deux administrateurs. M. François de Neufchâteau, procureur général du conseil du Cap, prétendit, en 1785, que les fonctions des administrateurs les empêchaient de l'exercer comme elle devait l'être, et il croyait que cette censure devait faire partie de ses propres fonctions, comme si elles n'étaient pas elles-mêmes assez nombreuses et assez relevées, pour écarter cette velléité.

Il est absolument impossible de se procurer dans toute la colonie un exemplaire complet des *Affiches américaines*, et

M. Mozard lui-même n'a pu les trouver au delà de 1782. J'ai refusé beaucoup d'argent de la mienne, l'unique, je crois, qui existe. Si l'on avait fait ce que je conseille, c'est-à-dire, si l'on avait adressé des exemplaires de ce qui sort des presses coloniales à la bibliothèque du roi, au dépôt et au bureau des colonies, l'on ne serait pas exposé à manquer souvent de renseignements que cette collection aurait offerts. Je l'ai assez prêtée aux bureaux du ministère pour qu'on en ait senti l'utilité. C'est sur mon observation que le ministre a chargé les administrateurs, par sa lettre du 3 juin 1785, de lui en envoyer désormais quatre exemplaires.

De l'Almanach et de quelques ouvrages imprimés à Saint-Domingue.

C'est encore au Cap qu'est née l'idée d'avoir un Almanach de Saint-Domingue. Le premier parut en 1765. C'était un petit in-12 imprimé avec les mêmes caractères que les *Affiches américaines*. Cet essai ne pouvait plaire ni par la partie typographique ni par son peu d'étendue. On fit donc venir des caractères exprès, ce qui fut cause qu'on n'eut pas d'Almanach de 1766. En 1767, il a paru format in-16 d'une assez jolie édition. En 1769 et ensuite, il fut fait au Port-au-Prince. L'imprimeur du Cap en a fait un de son côté, depuis 1778, comme celui du Port-au-Prince le faisait du sien, et avec des caractères plus analogues. Il y a de légères différences entre les détails de l'un et de l'autre, mais encore y en a-t-il. Cet ouvrage est très-utile, en ce qu'il fait connaître les divers fonctionnaires publics de la colonie. J'ai quelquefois concouru à donner à ce petit recueil des détails particuliers.

Le succès de la *Gazette*, dès son origine, avait donné à M. Despaletz, que j'ai déjà nommé à l'article de la *Gazette*, l'idée d'un autre ouvrage périodique sous le titre de *Journal de Saint-Domingue*, dont le premier numéro parut au mois de novembre 1765. Ce journal, dont il serait très-difficile de se procurer dix exemplaires complets à Saint-Domingue, paraissait chaque mois sous le format in-12. Des soixante-quatre pages de chaque numéro, la moitié était destinée à parler des mémoires des Chambres d'agriculture, à donner des extraits d'ouvrages sur les matières économiques, le commerce et la culture, sur les machines propres aux colonies, et à rapporter des observations sur les maladies de leur climat ; enfin ce devait être le dépôt de recherches utiles en physique, en histoire naturelle ; l'autre moitié était réservée aux belles-lettres. Rien de plus intéressant, sous tous les rapports, que ce recueil, qui mêlait l'utile à l'agréable ; une foule de mémoires sur divers sujets, des observations toutes propres à faire bien connaître Saint-Domingue et son importance, des pièces de littérature qui excitaient l'émulation des créoles, tout était fait pour recommander l'entreprise de M. Despaletz, à qui l'on ne pouvait refuser un goût éclairé ; mais au quinzième numéro (janvier 1767) il ne se trouva plus de souscripteurs. En vain l'imprimeur proposa de continuer l'impression, seulement pour les frais ; en vain quelques hommes jaloux de la gloire de la colonie offrirent de faire toutes les dépenses, si les coopérateurs du journal voulaient continuer à l'alimenter, rien ne put sauver le *Journal de Saint-Domingue*. Son anéantissement est un reproche pour la colonie. On l'imprimait au Cap.

On fit paraître aussi, vers le même temps, une petite feuille intitulée l'*Iris américaine*, qui ne contenait que de la poésie. Ce genre léger n'eut qu'une existence éphémère, et l'*Iris* disparut. Il m'a même été impossible d'en découvrir la plus petite trace.

Il faut encore citer le Cap pour un autre ouvrage périodique : c'est une Gazette de médecine et d'hippiatrique, dont M. Duchemin de l'Étang avait obtenu le privilége exclusif, par brevet du 26 décembre 1777. Cette feuille, dont il n'a paru que huit numéros les 1er et les 15 des mois de novembre et décembre 1778, janvier et février 1779, en huit pages in-4°, n'a pas eu un succès qui ait pu la soutenir. Elle était intitulée *Gazette de Médecine*.

Heureusement que la Société des sciences et arts du Cap est propre à remplacer, en grande partie, un ouvrage tel que celui qu'avait entrepris M. de l'Étang, et qui exige le concours de plusieurs observateurs. C'est une ample moisson que celle qui s'offre au médecin, au chimiste, au physicien, au botaniste et au vétérinaire, dans un pays où presque tout est à faire dans ce genre et où la nature présente de riches matériaux. Une société d'hommes laborieux, s'excitant les uns les autres, doit être naturellement le point où les recherches, les observations, les résultats doivent être communiqués et examinés, avec le désir d'en faire une utile application à l'humanité entière.

Il serait, par exemple, beaucoup plus du ressort de cette société que du mien de parler de la température du Cap, de son climat, des événements météorologiques dont elle offre l'observation, et de l'influence de toutes ces circonstances sur les personnes qui l'habitent. Mais ce qu'elle fera sans doute un jour d'une manière profonde, je vais l'esquisser.

Du Climat et de la Température du Cap.

La ville du Cap est contournée dans toute son étendue au nord, à l'ouest et en partie au sud, par une montagne; ou pour parler plus exactement, la ville occupe l'intervalle qui se trouve entre deux cuisses de cette montagne, intervalle qu'ont augmenté des aplanissements successifs. Il faut distinguer, dans le sol où elle est bâtie, deux portions qui diffèrent essentiellement par leur nature. La première, la plus voisine du morne à l'ouest, est un prolongement de la base de celui-ci, et on le reconnaît aux couches de roc dont elle est formée; l'autre est un terrain sablonneux, graveleux, un véritable remblai formé par les dégradations du morne, que les pluies ont transportées, par les terres que la rivière du Haut-du-Cap aura charriées dans les débordements, ou lorsque son cours était irrégulier, et enfin par les divers desséchements et les avancées faites dans la mer à différentes époques. La première partie comprend la troisième, la quatrième et la cinquième section, et l'autre renferme la première, la seconde, la sixième, la septième et la huitième. Il y a cependant dans la seconde une portion du premier genre, c'est celle où était autrefois le petit morne des Capucins. Le bout sud de la sixième section est aussi une prolongation de la base de la branche du morne qui lui est encore presque contiguë.

Le sol du Cap a, depuis le morne jusqu'à la mer, une forte inclinaison[1]; aussi la rapidité des eaux, lorsque les pluies violentes de la zone torride tombent sur le morne du Cap, y est-elle remarquable. L'on conçoit avec quelle facilité les rues se sèchent presque aussitôt que la pluie a cessé, surtout dans la partie qui est la plus voisine du morne.

La différence que j'ai annoncée dans le sol de la ville, en produit une assez marquée dans la santé de ses habitants. On observe qu'en général les maladies sont moins fréquentes et moins rebelles dans la partie supérieure que dans celle qui avoisine la mer, et que les visages sont moins chargés de cette nuance d'un jaune terne qui semble être le partage des colons des Antilles qui habitent le long des côtes, nuance qui est communément moins sensible chez les femmes.

---

[1]. De la ravine des casernes, depuis le point où elle répond dans l'ouest à la porte de cet édifice jusqu'à cette porte même, il y a . . . . 22 pds. 11 p. » lignes de pente.

	pds.	p.	lignes	
De la porte des casernes à la rue des Vierges.	14	2	3	—
De la rue des Vierges à la rue Saint-Jacques.	14	9	»	—
— Saint-Jacques à la rue Espagnole.	16	3	»	—
— Espagnole à la rue Royale. .	8	9	»	—
— Royale à la rue d'Anjou. . .	13	9	»	—
— d'Anjou à la rue Dauphine. .	6	8	»	—
— Dauphine aux maisons sur le quai.	10	11	»	—
De ces maisons à la mer.	3	»	»	—
	111	2	3	—

Le Cap est situé de manière à recevoir l'impression du soleil dès son lever, et dans la zone torride la chaleur commence avec l'apparition de cet astre. A la vérité, la brise du large peut aussi y déployer toute son action, mais le site produit une différence remarquable entre les effets du vent et ceux du soleil. La brise trouvant un obstacle invincible dans le morne auquel la ville est adossée, perd une partie de sa vitesse et tournoie en quelque sorte pour trouver une issue, soit en rencontrant la petite gorge qui termine la quatrième section, au-dessus de la Providence, soit en se repliant le long de la branche qui va dans la direction du sud-est se terminer vers le cimetière de la Fossette. Le soleil, au contraire, favorisé par cette barrière même, darde avec force des rayons que le morne réfracte et qui acquièrent ainsi une chaleur réverbérée que l'absence de la brise rend insupportable et étouffante.

La brise de terre ne peut pas toujours la tempérer, car la position du morne la force aussi à glisser le long de la branche dont je viens de parler pour s'insinuer par la bande étroite qui est entre le cimetière et la mer. Ce n'est donc qu'en évoluant sur elle-même qu'elle peut parcourir la surface de la ville, et dans les longs jours d'été où le soleil est ardent et la brise de terre très-faible (s'il n'y a pas eu d'orage), il est très-exact de dire que la chaleur de chaque jour est augmentée par une portion de la chaleur de la veille.

La continuité d'une cause aussi puissante rendrait nécessairement le Cap inhabitable, si le climat de Saint-Domingue n'était pas marqué par deux saisons qui suivent les deux équinoxes, et si les météores n'avaient pas, dans la partie du nord, deux révolutions qui y correspondent.

Depuis le commencement du mois d'octobre jusqu'à la fin de celui de mars, les vents d'ouest et de nord s'emparent de l'atmosphère. Les premiers, tout à la fois pesants, chauds et humides, font éprouver la sensation la plus pénible de ces climats brûlants, par la privation totale des brises qui donnent de l'élasticité à l'air et le rendent respirable. On n'est pas, il est vrai, tourmenté par cette transpiration qui allume le sang après l'avoir desséché, mais on se sent brûler d'un feu concentré. Le corps est abattu, l'esprit s'éteint, l'âme s'affaisse. Victime du tyran qu'on alimente de sa propre substance, on a soif d'air; mais l'air est stagnant, et l'on est dans l'état d'une espèce de fièvre nerveuse qui a aussi ses anxiétés. Enfin, après un mois ou six semaines d'attente, les nords exercent leur empire, et à la chaleur, qui anéantissait toutes les facultés, succède un sentiment de froid qui les réveille. La fibre reprend de l'énergie, et dans ce changement la jeunesse trouve un principe réparateur, tandis que les anciens colons ont, au contraire, à redouter plusieurs maladies destructives.

Les nords, s'ils sont secs, ce qui est assez rare, produisent aussi un effet caustique; ils dessèchent les plantes et communiquent à l'air un caractère d'âpreté qui donne au sang une disposition inflammatoire. Les nords pluvieux n'ont pas le même inconvénient, et si l'excès des pluies n'amène pas à son tour les maux d'une extrême humidité, cette saison est la plus utile et celle qui donne la température annuelle la plus douce. Il est singulier d'entendre, lorsqu'elle règne, sortir de presque toutes les bouches qui naguère exhalaient la plainte du chaud, la plainte contraire que les Africains poussent toujours les premiers.

Dans l'autre semestre, les chaleurs vont toujours croissant. Il n'y a plus que des pluies d'orage, et les vents de sud qui les précèdent, ou qui même les accompagnent, sont chauds et quelquefois violents et dangereux pour l'agriculteur et pour le marin. Avec ces orages surviennent des mouvements soudains dans l'état de l'atmosphère; à l'excessive chaleur s'allie une humidité produite par l'eau que le ciel verse en torrents; à l'ouverture des pores succède une striction plus ou moins sensible; l'évaporation soudaine des eaux pluviales produit un refroidissement d'autant plus dangereux pour l'imprévoyance, que le malaise physique, causé par le chaud, porte à le désirer et à se livrer à ses douces mais trompeuses influences.

Ces effets généraux des deux saisons rapportés au Cap, y

sont encore plus sensibles, comme le lecteur doit l'avoir déjà pressenti d'après ce que j'ai dit du site de la ville. Ce site augmente la chaleur et cause aussi une augmentation dans l'humidité. Celle-ci est due, d'abord à la nature de la brise du large qui, ayant parcouru une immense étendue de mer, arrive chargée d'un principe salin dont tous les corps qu'elle frappe attestent l'existence. Arrêtée par le morne et obligée de séjourner sur la ville, elle charge l'atmosphère de ce même principe et fait contracter à l'air une propriété déliquescente, qui agit et sur l'habitude du corps et sur les humeurs après avoir nui aux organes. Une seconde cause d'humidité et d'humidité malfaisante, ce sont les points bas et marécageux qui environnent encore le Cap, et dont l'effet était visible sur les habitants de la rue Espagnole et de ses environs, lorsqu'en 1739 il fut un des motifs qui fit ordonner de combler l'espace situé entre cette rue et la mer. Les deux rives de la rivière à Galiffet ne font, pour ainsi dire, que deux marais, et l'on a vu qu'en 1758 ils occupaient encore la moitié du territoire actuel de la ville. Le soleil pompe avec force les exhalaisons de cette surface marécageuse, et les deux brises les amoncellent sur la ville.

L'air qu'on respire au Cap est donc tout à la fois épais, humide et chaud, et les variations qui se trouvent dans l'intensité de ces trois qualités ne sont jamais telles qu'elles puissent le rendre très-sain. On conçoit néanmoins que tous les travaux faits depuis cinquante ans ont rendu le séjour du Cap infiniment plus tolérable. Sans doute la position de la Petite-Anse supposée avec les remblais faits autour du Cap, serait très-préférable par la circulation de l'air, par la facilité d'étendre presque indéfiniment la ville et de l'environner de tous les établissements qui lui auraient été nécessaires, soit comme lieu de commerce, soit comme lieu de force.

Après avoir parlé de l'air, je dois examiner quel est le partage du Cap relativement à l'eau, cet autre agent de l'existence, sur laquelle il a un effet tout à la fois prochain et éloigné.

J'ai rapporté comment cette ville avait acquis successivement plusieurs fontaines, dont quelques-unes même sont très-récentes. C'est à ce dernier travail qu'on sera redevable d'être garanti de la pénurie d'eau que faisaient éprouver les grandes sécheresses.

Jusqu'en 1788, on ne comptait que six fontaines publiques : celle de la prison, celle de la place Montarcher et celle de la place d'Armes, qui recevaient leur eau de la source de l'habitation des religieuses, celle de la rue du Conseil, celle de la place Clugny et celle de l'Estaing, qui la recevaient de la source d'Espaigne. Ces fontaines tarissaient avec une grande facilité. Il fallait même aider celle de l'Estaing (qui, avec quatre robinets de deux pouces, n'avait réellement que deux pouces d'eau) par le jeu de deux pompes placées dans le puits du magasin du roi. Elles exigeaient, en outre, tant d'entretien, que de 1771 à 1784 elles ont coûté plus de 50,000 livres au roi. A la vérité, l'on comprenait la dépense de la conduite de l'eau de la ravine à Douet à la fontaine des Casernes et au Gouvernement. La qualité préférable des eaux de cette dernière ravine et l'augmentation que leur recueillement promettait, déterminèrent les administrateurs à adopter, en 1784, le plan d'un grand travail. M. de Boisforest, directeur des fortifications, l'ayant amèrement censuré en 1785, les administrateurs se virent forcés d'en confier exclusivement l'exécution à M. de la Fite, ingénieur. Ce travail, qui consiste principalement en un grand aqueduc et qui a coûté 900,000 livres, fut encore critiqué avec le désir secret de le trouver condamnable, mais l'envie a été forcée de l'approuver.

Aujourd'hui, grâce au zèle et au talent de M. de Rallier, ingénieur en chef de la partie du nord, la ravine à Douet donne de l'eau aux casernes, au Gouvernement, aux religieuses, et l'excédant va se réunir à l'eau venue de la source de l'habitation des religieuses. Celle-ci fournit d'abord aux prisons et, réunie ensuite à l'excédant de la ravine à Douet, elles vont ensemble alimenter la fontaine Montarcher et la fontaine Clugny ; tandis qu'une portion va à la fontaine de la place d'Armes et se rend ensuite à celle du quai au bas de la rue de la Fontaine et aux utiles lavoirs qui sont sur le quai. L'eau de la source d'Espaigne, désormais grossie de celle qui allait autrefois à la place Clugny, sert seulement la fontaine de la rue du Conseil, et va de là à la fontaine d'Estaing. Enfin l'eau qui coulait à la Fossette depuis quelque temps, a fourni aussi à la nouvelle fontaine de la place Royale. Il y a donc, en 1789, outre l'eau des prisons, du Gouvernement, des casernes et des religieuses, neuf fontaines publiques.

M. de Rallier avait formé un projet qui devait procurer trois fontaines de plus. Supprimant le robinet qui donne l'eau à l'angle de la prison, il voulait le remplacer par un robinet qui, correspondant au Gouvernement, aurait été placé à l'angle sud-est du champ de Mars. L'eau qui va de la fontaine de la place d'Armes à celle qui est sur le quai, devait servir, en passant, un robinet au bout de la rue de la Pointe, dans le marché aux Blancs; et la source des religieuses, accrue par de nouveaux travaux, aurait pu procurer une fontaine au hangar à la mâture du Petit-Carénage.

M. de Rallier envisageait surtout, quant à cette dernière fontaine, un objet qui, avec raison, lui paraît majeur : celui de faire dans le moins de temps possible l'eau d'une escadre ou d'une armée navale, puisque tout le temps que ce soin consomme devient profitable à l'ennemi et que, dans un climat chaud, les moindres retards peuvent être funestes aux troupes et aux équipages. La distribution aurait même été combinée de manière que, dans un besoin très-pressant, toute l'eau aurait pu être retenue pour l'aiguade des vaisseaux et servir ainsi les vues les plus importantes.

Autrefois les bâtiments étaient obligés de venir chercher l'eau à la fontaine de la place d'Armes, au moyen d'une calle qui était à l'extrémité de la rue de Chastenoye; ce qui donnait un immense éloignement à parcourir aux chaloupes obligées de retourner à bord des vaisseaux mouillés à la tête de la rade, et ce qui ne pouvait même pas se faire à toutes les heures, à cause de la brise du large. C'est ainsi qu'on vit l'escadre de M. de l'Étenduère et son convoi, retenus six jours de plus au Cap, en

1745, rien que pour attendre l'eau qui leur était nécessaire.

M. de Rallier, obligé de se servir de travaux déjà faits, a, du moins, favorisé son système par la nouvelle fontaine du quai, qui est aussi propre à l'aiguade des vaisseaux et par l'augmentation de la fontaine d'Estaing ; et s'il ne l'a pas effectué quant à celle du hangar, c'est aux difficultés parcimonieuses de l'administration qu'il faut s'en prendre.

Il s'en faut bien que toute l'eau du Cap soit d'une bonne qualité. Celle de la ravine à Douet est la plus légère. Elle porte le nom du propriétaire d'une habitation située dans le morne de la ville et où est sa source. Celle de la Fossette, qui se fait jour à travers un fond sablonneux et qui vient de l'ouest de ce petit enfoncement, mérite ensuite la préférence sur celle de la source des religieuses, que l'on néglige de tenir couverte quoiqu'on l'ait toujours recommandé dès l'instant où elle a servi à la première fontaine qu'ait eue le Cap, celle de la place d'Armes.

Toutes ces eaux sont plus ou moins séléniteuses, mais c'est surtout dans les sécheresses qu'elles acquièrent de la fadeur et de la crudité, et alors elles sont encore insuffisantes pour les besoins des habitants. Et ces derniers, comme si cet inconvénient n'était pas déjà assez grand, ont contracté l'habitude de boire l'eau de leurs puits, quoiqu'elle prouve, par son impuissance à dissoudre le savon et à cuire les légumes, qu'elle a des qualités nuisibles, à la longue du moins, pour la santé.

C'est surtout aux puits de la partie supérieure de la ville qu'on accorde une préférence qu'on croit méritée par leur grande profondeur, puisqu'il en est qui ne donnent de l'eau qu'à 90 pieds d'une fouille faite avec le secours de la mine, tandis que dans la partie inférieure il suffit quelquefois de creuser une toise pour trouver l'eau. Ces derniers puits ont assez ordinairement une eau dont le goût saumâtre et la couleur un peu jaunâtre avertissent de n'en pas faire usage comme boisson, mais quelquefois aussi leur limpidité trompe, et il est des puits très-voisins de la mer dont on boit l'eau.

Sans doute il en est où des sources abondantes fournissent

un liquide qui diffère à peine de celui qu'on recueille aux fontaines, et l'apparition soudaine de diverses infiltrations dans plusieurs points de la ville, pendant les saisons pluvieuses, annonce assez qu'elles sont nombreuses. Mais sans que l'analyse ait rien appris, l'on juge que l'eau offerte par un puits est pure, dès qu'elle ne blesse pas le goût. Il serait trop ridicule de rapporter toutes les raisons que le radotage de l'habitude fait dire pour soutenir la réputation de chaque puits, et, dans la réalité, on loue plus cher une maison qui a un puits dont l'eau est censée bonne à boire.

Les esclaves sont principalement les grands préconiseurs de l'eau de puits, parce que le soin d'en procurer d'autre serait une peine pour eux, et lors même que le maître ne se fie pas à ce qui se dit en faveur du puits, il est bon de les surveiller.

L'insuffisance de l'eau des fontaines pour satisfaire aux besoins du Cap est cause que cette ville ne peut être aussi propre qu'elle aurait besoin de l'être, et que dans les jours très-chauds et dans les temps très-secs, les rues ne sont point arrosées, et qu'elles exhalent une odeur fétide qui altère encore l'air.

MM. de Reynaud et le Brasseur, qui s'étaient fait une affaire capitale de procurer au Cap tout ce qui pouvait le rendre et plus agréable et plus sain, avaient conçu l'idée d'y faire venir de l'eau de la grande rivière de Limonade. Une assemblée de tous les propriétaires de maisons de la ville du Cap fut convoquée par eux le 18 mars 1781, pour délibérer sur un mémoire de M. Verret.

Cet habile hydraulicien y exposait d'abord que la rivière du Haut-du-Cap ne pouvait être d'aucune utilité pour le but qu'on se proposait, parce qu'elle manquait d'eau au moment où il parlait, et que c'est son état, même pendant les sécheresses ordinaires. Il considérait ensuite qu'une prise d'eau sur la Grande-Rivière et une conduite de quatre ou cinq lieues de long seraient ruineuses; mais qu'il fallait se servir du canal des intéressés de la paroisse de la Petite-Anse, ce qui pouvait se faire sans nuire aux moulins établis. Il observait ensuite, que si M. de Gabriac était ramené à l'obligation de n'employer qu'à mouvoir un moulin, l'eau qu'il consomme en arrosant son habitation, l'habitation Bongars ou celle de la Charité, qui prendrait le vide de ce moulin pour faire agir le sien, serait obligée de conduire l'eau jusqu'à l'angle nord-est de l'habitation Lefebvre, autrefois Fontenelle, où la ville du Cap commencerait ses travaux pour conduire l'eau sur l'habitation Breda, au moyen d'un aqueduc de 2,300 toises de long, sur 18 pieds de haut, et de cette habitation à la rue Espagnole, par un canal de terre, maçonné et voûté. Enfin M. Verret évaluait les frais de l'entreprise à 1,800,000 livres.

Les administrateurs proposèrent aux propriétaires de maisons de s'imposer pendant la guerre à raison de 2 et 1/2 pour 100 du produit des maisons, et calculèrent qu'en y ajoutant 25,000 francs, que le gouvernement donnerait chaque année, sur la caisse des libertés, il y aurait 100,000 livres à employer pendant chaque année de guerre, et qu'à la paix une cotisation volontaire remplacerait ces moyens. L'assemblée générale nomma des commissaires, et formée une seconde fois, le 18 novembre 1781, pour entendre leur rapport, elle rejeta le projet.

Ce rejet était fondé sur ce que le Cap est situé au pied d'une montagne élevée et, peut-être, la plus abondante en sources de toute l'île, et sur ce que cette ville repose, dans toute son étendue, sur une nappe d'eau, douce et très-potable; sur ce qu'on y trouve même plusieurs emplacements que la proximité des sources à la surface de la terre rend inutiles à leurs propriétaires, et où l'eau repousse la main de l'architecte et appelle l'art hydraulique; sur ce que la ville renferme huit ou neuf cents puits, dont près de six cents donnent de l'eau bonne à boire, six fontaines et deux pompes, et que quiconque veut ouvrir la terre, trouve à se désaltérer; sur ce que le puits du gouvernement a suffi seul, dans de grandes sécheresses, à donner l'eau aux casernes et aux environs; sur ce que l'eau de la Grande-Rivière ne pouvant, d'après le plan, être portée au delà du milieu de la rue Espagnole, il n'y aurait que la partie inférieure de la ville vers le sud, et qui a le plus d'eau, à qui l'on en procurerait; inconvénient qui serait le même pour les cas d'incendies dans les autres quartiers de la ville; sur ce que le remblai des marais a rendu l'air assez salubre; sur ce que l'eau pour boire ne manque point, de l'aveu même des administrateurs, etc., etc.

Venant ensuite à l'exécution, on s'alarme sur la déperdition de l'eau, dans un espace de près de 4,000 toises; sur l'incertitude de sa conduite; et l'on cite les exemples des entreprises hydrauliques de l'arrosement de l'Artibonite et de la fontaine du Fort-Dauphin. Enfin les commissaires offraient de prouver que l'entreprise exigerait 6 millions de dépense, et qu'ainsi la durée de l'ouvrage serait de soixante ans.

Le projet produisit cependant des recherches pour augmenter l'eau des fontaines, et les administrateurs, avertis dès les assemblées du mois de mars 1784, avaient établi, le 28 avril, un fontainier qui, sous les ordres de l'ingénieur en chef, est chargé de l'entretien des fontaines du Cap et de leurs canaux.

On ne peut disconvenir que les objections étaient fortes, et que celles relatives à la dépense n'étaient pas faciles à lever; mais prétendre en 1784 que le Cap avait assez d'eau, c'était soutenir une chose démentie par l'évidence et se consoler de la perte d'une eau saine, par celle des puits de cette ville; c'était défendre sa bourse en abandonnant sa vie. Répétons que les soins de M. de Rallier ont donné quelque valeur à cette partie faible du rapport de 1781, et regrettons que le gouvernement n'ait pas laissé au zèle de cet officier tous les moyens d'augmenter les ressources du Cap en ce genre.

La température de la ville du Cap, où j'oubliais de dire qu'il n'y a point de caves, à cause de l'humidité du sol, du voisinage de la mer, et de la crainte qu'elles ne fussent contraires à la solidité des maisons dans les tremblements de terre, est nécessairement chaude, d'après tout ce que j'ai rapporté de sa topographie. Le thermomètre de Réaumur, à l'esprit-de-vin, placé au nord et à l'ombre, a pour termes extrêmes 16 et 28 degrés; et il est infiniment rare que ces termes soient excédés.

Pour particulariser davantage les observations météorologiques, il faut dire que le mois de janvier est communément très-pluvieux, et soumis aux vents, depuis le nord-est jusqu'au nord-ouest. Les montagnes paraissent brumeuses dans le lointain; le thermomètre marque alors 16, 17 et 18 degrés le matin, 20 et 21 à midi et 19 et 20 le soir.

Le mois de février est très-ressemblant à celui qui le précède, si ce n'est que le ciel est plus nébuleux et que les pluies sont moins continuelles.

Mars ressemble à son tour à février, mais les vents d'ouest interrompent quelquefois ceux du nord et mêlent ainsi le chaud au froid; le thermomètre s'élève en mars à un ou deux degrés de plus, à chacune des trois époques du jour que j'ai citées, et marque quelquefois jusqu'à 23 degrés à midi.

Le mois d'avril est un de ceux qui sont les plus dissemblables d'avec eux-mêmes : tantôt il sert à prolonger l'empire des nords et la saison pluvieuse; tantôt, et le plus souvent, il est sec; les vents de nord-est s'élèvent avec une sorte de violence, les brises carabinées sont fréquentes, et il n'est pas extraordinaire que ces grands mouvements de l'atmosphère laissent une place aux orages; le thermomètre monte encore un peu.

Au mois de mai se manifeste l'espèce de renaissance printanière qu'on a pu commencer à observer dès le mois d'avril, et qui, quoique insensible pour les yeux vulgaires, frappe cependant ceux de l'observateur de la zone torride qui est attentif à considérer le changement de feuilles dans quelques arbres, ou celui de la nuance du vert dans d'autres. Ce mois est, en outre, coupé en parties égales par deux températures assez différentes. Dans la première l'on voit encore les grandes brises du mois d'avril, puis les vents du sud les remplacent; l'air est étouffant, les premières transpirations paraissent, et avec elles le sentiment pénible qui les précède encore plus qu'il ne les accompagne. Dans la seconde partie du mois naissent les orages, les cataractes sont ouvertes, elles répandent l'inondation. Des matinées pendant lesquelles le ciel est souvent du plus bel azur, sont remplacées par des après-midi où les nuages, amoncelés d'abord vers le sud, transportent le tonnerre qu'on a quelquefois entendu dans le lointain depuis midi. Maribarou se charge, dit-on ; Maribarou canonne. Peu à peu l'air s'épaissit, la brise cesse, enfin le déluge arrive, précédé des éclairs, des éclats de la foudre et d'un coup de vent du sud dont la courte impétuosité est le signal que la nue se déchire. On a vu telle année (et je puis citer 1775) où, durant six semaines de suite, presque à la même heure (entre cinq et six heures du soir), un orage affreux vient fondre et s'épuiser sur le Cap. Variable dans sa durée, il cesse quelquefois après une heure ou deux, d'autres fois il se prolonge jusque fort avant dans la nuit. Ces orages ont aussi des années destinées à marquer leur absence, mais ce sont celles qui présagent une extrême sécheresse, ou durant lesquelles on l'éprouve déjà depuis plusieurs mois.

Juin a sa première moitié assez semblable à la seconde moitié du mois de mai. Le thermomètrre, dans l'une et dans l'autre, arrive jusqu'au 24e et au 25e degré. Les orages, moins longs et moins périodiques, sont remplacés par un ciel assez nébuleux. Des vents de nord-est, violents, reparaissent à la fin du mois, et la température a des alternatives de froid et de chaud. Voilà le premier semestre de l'année.

Pendant le mois de juillet, il y a encore des orages de temps en temps et de la pluie aussi. Mais la chaleur augmente beaucoup, et elle va à 25 et 26 degrés à midi. Les vents varient et passent du nord-ouest au sud-est; ils ne rafraîchissent pas précisément l'air, quoiqu'ils combattent l'effet accablant du chaud, en donnant un jeu plus facile aux poumons.

Le mois d'août est sec; s'il pleut, c'est par orage seulement; la chaleur se soutient à 25 et 26 degrés.

C'est au mois de septembre que la température est le plus pénible, et que le thermomètro arrive au plus haut terme. Les vents peu réglés disparaissent même des jours entiers. C'est dans ces jours que l'on éprouve une véritable anxiété, et que l'on sent tout le poids de son être. Le thermomètre, parvenu à 28 degrés et allant même quelquefois au delà durant plusieurs heures, annonce l'excès d'une souffrance que n'adoucit même plus une abondante et facile transpiration. Si quelque pluie se répand dans la fournaise, l'air en est épaissi, mais point mobilisé.

Enfin arrive le mois d'octobre, ce mois tant désiré et qui excite encore les plaintes s'il n'amène pas les nords. Il vient faire trêve à six mois, où il a fallu se plaindre sans cesse de la chaleur. Celle-ci faisait dire à quelqu'un, avec assez de vérité, qu'à Saint-Domingue on passait la moitié de son temps à suer et l'autre à s'essuyer. Si les nords paraissent, le thermomètre ne va plus qu'à 23 et 24 degrés, il marque encore 25 si ces nords sont tardifs ou s'ils doivent être vainement attendus jusqu'à leur époque dans l'année suivante.

Le thermomètre qui descend jusqu'à 18 degrés en novembre, s'élève aussi quelquefois jusqu'à 24, à moins que les nords ne soient très-prononcés.

Quant à décembre, qui appartient aussi aux nords, mais qui quelquefois est absolument sec, le thermomètre y descend jusqu'à 16 degrés. Il n'est cependant pas très-rare que quelques orages viennent mêler leurs pluies en grande masse aux pluies fines et pénétrantes des nords.

Les nuits des mois chauds sont en général aussi chaudes, au Cap, que les soirées, et le sommeil y est plutôt un accablement qu'un état de repos et de reproduction des forces vitales. On est dans l'usage de laisser les fenêtres ouvertes au moyen des jalousies à volets qu'on y place, mais la nécessité de se mettre sous un moustiquaire, pour échapper au martyre que font éprouver les moustiques et les maringouins, fait perdre tout l'effet de l'air introduit dans la chambre ; et la portion qui se trouve sous le moustiquaire est bientôt échauffée par la respiration de toute une nuit ; aussi le réveil est-il presque alors un état de maladie, tant on se sent harassé. S'il est survenu un orage considérable, la brise de terre qu'il excite et à laquelle il prête de l'énergie, procure cependant une nuit agréable. Mais le changement de l'atmosphère nuit aussi à la santé, surtout si l'on s'est trouvé dans un courant d'air, et si l'on était couché par-dessus les draps.

Dans les mois des nords, les jalousies sont closes durant les nuits; on presse contre ses épaules le drap sur lequel on s'étendait auparavant; on sent, en entrant dans le lit, une sorte de petit froid qui plaît et qui présage un sommeil doux et réparateur, et si à cette sensation se mêle le plaisir d'entendre tomber la pluie, on s'endort l'âme disposée à rêver à des jouissances plus douces encore.

Le baromètre varie peu au Cap et confirme l'observation que j'ai déjà faite sur le jeu de cet instrument à Saint-Domingue. La plus grande différence qu'il fasse observer dans cette ville, est de 27 pouces 10 lignes à 28 pouces 3 lignes.

Il est un autre instrument météorologique sur lequel il est difficile aussi d'avoir une opinion fixe dans la colonie, c'est la machine électrique. Il est impossible de contester que l'air ne soit chargé d'une grande quantité d'électricité, et dans les lieux où le tonnerre a le plus solennel empire, il forcerait bientôt l'incrédulité à constater l'existence du fluide qui le constitue. Mais il est difficile de faire des expériences qui en constatent l'identité absolue ou relative. L'humidité dont l'air est toujours plus ou moins accompagné s'oppose à l'expression de la machine, et si elle n'est pas faite par une main habile, si l'expérience n'est pas dirigée par une personne intelligente et bien pénétrée de la théorie électrique, le résultat est nul. J'ai connu plusieurs habitants instruits et zélés qui ont été contraints de renoncer à leurs machines qui ne produisaient presque rien. Le moindre changement dans l'atmosphère, l'approche du souffle de quelqu'un, la transpiration presque inévitable de celui qui meut la machine, suffit pour qu'on ne puisse plus en obtenir les plus faibles étincelles.

Cependant, M. Arthaud, actuellement médecin du roi, a

guéri, en 1776, d'une hémiplégie M. Golliaud, arpenteur du Borgne, avec six semaines d'usage de l'électricité. Malgré cet exemple, je crois qu'il y a peu de fruits à espérer de l'électricité médicale à Saint-Domingue, et je sais que les expériences les plus constantes et les plus laborieuses ont confirmé cette fâcheuse vérité à la Martinique en 1787.

J'ai cependant connu des personnes qui avaient éprouvé à Saint-Domingue un soulagement marqué de l'électricité dans des affections nerveuses; mais il faut dire que dans ce nombre étaient des hommes sédentaires attachés à la vie du cabinet et qui, faisant mouvoir eux-mêmes la manivelle, devaient sans doute plus à ce salutaire exercice qu'à l'électricité.

Quoi qu'il en soit, je vais rapporter des expériences faites au Cap par feu M. Dubourg, l'un des fondateurs de la Société des sciences et arts de la même ville. Cet homme laborieux employait une machine électrique de Rhamsden, dont le plateau, fait par Vernevent, avait 20 pouces de diamètre. Par son moyen, lorsque l'électricité était forte, M. Dubourg chargeait, en vingt tours de manivelle, une jarre de 6 pouces de diamètre et de 10 pouces de hauteur, garnie d'une feuille métallique selon la méthode du docteur Bevir. Cette charge suffisait pour percer dix à douze feuilles de papier avec l'excitateur et produire une explosion qui se faisait entendre dans les appartements voisins.

M. Dubourg avait un tableau magique de 20 pouces de long sur 12 pouces de large, recouvert de feuilles métalliques qui venaient jusqu'à 18 lignes du bord. Le verre en était très-commun et d'une nuance verdâtre. Dans le courant des mois de juin et de juillet, ce tableau se déchargeait souvent spontanément. M. Dubourg tirait des étincelles du premier et du second conducteur à 1 pouce et demi ou 2 pouces de distance, et il n'avait jamais employé qu'elles pour allumer l'esprit-de-vin.

A ces résultats, il est important de joindre deux observations: l'une, c'est que M. Dubourg électrisait rarement sans avoir exposé préalablement tout l'appareil au soleil; l'autre, c'est qu'il s'était convaincu que le temps le plus favorable à l'électricité à Saint-Domingue est dans un jour serein, depuis neuf heures du matin jusqu'à quatre heures du soir, pourvu que la brise d'est souffle, sans quoi l'on n'a presque rien à espérer. J'appuierai d'autant plus sur cette dernière observation, qu'elle m'a été également communiquée par M. Thomin, notaire général et secrétaire de la Chambre d'agriculture de la partie de l'ouest, résidant au Port-au-Prince, qui fait depuis longues années des expériences électriques qu'on doit regretter qu'il n'ait pas publiées.

J'ai parlé de la température et du climat du Cap dans leur état commun, mais il est des phénomènes météorologiques qui troublent cet ordre, ou du moins le système d'ordre que l'homme conçoit, et d'après lequel il classe ce que la nature a embrassé dans le système universel que notre faible raison ne peut saisir tout entier. Je veux dire les orages violents, les pluies excessives, les sécheresses dévastatrices, les coups de vent, les ouragans et ces mouvements qui semblent ébranler les fondements de la terre. Je citerai, des uns et des autres, ceux qui ont pu parvenir à ma connaissance.

En général, les orages sont très-considérables au Cap ; le promontoire qui termine cette ville à l'ouest et au nord, et qui est comme séparé des autres parties montagneuses de l'île, fait l'office d'un piton qui arrête les nuées. Les orages formés au sein de la chaîne de Cibao, poussés le long de cette énorme épine par les vents de sud et de sud-est, viennent frapper le morne du Cap, dont le choc écartant les nues les force à laisser échapper la masse d'eau qu'elles avaient déjà de la peine à retenir. La disposition du morne ajoute ensuite au bruit du tonnerre, dont l'éclat est répercuté et vibre longtemps sur la ville avant que le son ait pu s'élever jusqu'au-dessus de cette enceinte. Le tonnerre tombe fréquemment dans les environs de la ville, surtout sur la pente de la branche du morne qu'elle a au nord, et la direction du vent du sud peut en être la cause. Comme cette partie a très-peu de population, les accidents y sont très-rares. Par la raison contraire, lorsque le tonnerre tombe dans la ville, ce qui est arrivé peu souvent, le danger est grand.

On peut citer, le 25 août 1763, qu'il y eut un homme foudroyé sur le bord de la mer. Le 20 mai 1782, à cinq heures et demie du soir, lors d'un orage peu grondeur, il y eut tout à coup un éclat violent : le tonnerre tomba au marché des Blancs sur une maison à grand balcon de bois, au bout et sur le côté sud de la rue de Conflans. Il frappa derrière le cou un employé des magasins du roi et le tua. Deux personnes qui s'étaient trouvées à deux ou trois pas du foudroyé sous le balcon demeurèrent évanouies pendant un assez long temps. Le même coup de tonnerre tua un soldat espagnol qui n'avait aucune marque de la percussion électrique. Un matelot frappé mourut peu de temps après. Le tonnerre a aussi brisé une fois la croix placée au-dessus de la corniche du portail de l'église.

La crainte du tonnerre a fait mettre au Cap plusieurs paratonnerres. J'ai dit qu'il y en avait un sur la maison du gouvernement. Au mois de juin 1783, on posa sur la poudrière une barre électrique dont le conducteur se perd dans un puits. Mais c'est en 1787 que l'usage de cette précaution s'est réellement étendu. M. Millon, physicien, en faisant au Cap des cours de physique où il développait la théorie de l'électricité, a convaincu plusieurs personnes de l'utile effet des paratonnerres, et dès le mois de juin il en avait déjà posé neuf et travaillait à quatorze autres. Il prenait 792 livres pour isoler une maison et y mettre les paratonnerres. Le tonnerre en tombant sur l'un d'eux avait prouvé l'intelligence de l'opération.

Vers la fin de l'année 1722, il y eut plusieurs mois de pluies et de grands débordements. En 1732, les pluies furent tellement continuelles qu'on fit au Cap des prières publiques au mois d'octobre pour leur cessation. Au mois de mai 1735, on fut encore désolé par leur continuité. En 1752, on eut plusieurs mois de pluies; elles affligèrent en avril 1766, et durant les quatre derniers mois de 1787 il plut tous les jours.

En 1726, au contraire, on éprouva une sécheresse cruelle

pendant onze mois. Au mois d'avril 1743, on comptait déjà plus de six mois secs. En 1753, on ressentit cette calamité, qui se montra aussi en 1754, accompagnée de la disette. En 1757, il y eut plus de quatre mois de sécheresse. Le même fléau reparut au commencement de 1764 et de 1769, et depuis il a été très-fréquent. On l'a ressenti au commencement de 1774, et depuis le mois de janvier jusqu'à celui d'août 1776. On le revit pendant la fin de 1778 et le commencement de 1779 d'une manière effrayante. Il s'est renouvelé de la fin de 1780 au mois de mai 1781, puis de la fin de 1785 au mois de septembre 1786. La plus cruelle disette accompagna la sécheresse de 1774, ainsi que celle de 1778.

Mais rien n'égala jamais la sécheresse de 1786, qui dura un an dans certains lieux. Elle fut accompagnée, au Cap, de caractères extraordinaires. Le 20 mars 1786, le thermomètre monta à 23 degrés et le lendemain à 24. Des panneaux d'armoire se fendirent; des glaces, des vases de faïence se rompirent spontanément. Le 30, le vent devint violent; dans la nuit, un fougueux ras de marée endommagea les remblais du bord de la mer et présagea (suivant le témoignage des anciens colons) que la sécheresse serait encore opiniâtre, ce qui ne se vérifia que trop. Enfin, le 5 mai, le thermomètre, qui était à 21 degrés au soleil levant, monta à 27 à midi et à 28 à trois heures. Le baromètre était depuis la veille à 27 pouces 11 lignes trois quarts. Le vent était sud-ouest, et les thermomètres exposés à cette direction s'élevèrent jusqu'à 31 degrés. L'eau de puits était à 26 et 27 degrés. Les corps nitreux et résineux placés à l'ombre brûlaient la main, et les machines de Nairne lançaient des étincelles sur les corps environnants à 10 ou 12 pouces de distance. Cet état extraordinaire dura six heures. La sécheresse était encore telle au mois d'août qu'il fallut que l'ordonnance fît un règlement le 22 pour régler que les troupes iraient à trois heures de l'après-midi remplir des pièces à l'eau pour leur usage au magasin du roi et aux puits de la rue Picolet, que j'ai cités dans la description de la huitième section, afin de laisser au public le peu d'eau que donnaient encore quelques fontaines, tous les puits ayant tari. La saison des orages avait bien amené des pluies, mais pas assez abondamment pour combattre les effets de la sécheresse, qui dura jusqu'au mois de septembre.

Les vents déploient aussi quelquefois leur fureur au Cap. Le 14 août 1680 est fameux par un ouragan épouvantable. Dans la nuit du 13 au 14 novembre 1765, il y en eut un affreux qui dura depuis onze heures du soir jusqu'à quatre du matin, et quantité de maisons de la ville furent très-endommagées. Tous les bâtiments de la rade souffrirent; les uns chassèrent, d'autres furent échoués, et quelques goëlettes et bateaux furent submergés. Le 15 octobre 1780, un nord fit encore des dommages; plusieurs maisons furent découvertes, notamment celle que j'habitais. Le 27 septembre 1785, on sentit aussi un petit ouragan. Quelquefois les coups de vent du sud qu'éprouve la partie de l'île qui porte le même nom ont de l'influence jusque dans celle du nord et découvrent des toits et couchent des arbres au Cap.

Cette ville ne connaît pas ces secousses qui anéantissent les cités et font périr leurs habitants sous des monceaux de ruines; mais elle n'est pas préservée de celles qui répandent l'alarme et l'effroi, qui lézardent les maisons et qui annoncent assez que le sol où elle est placée n'est pas imperturbable. Elle a ressenti fortement, quoique sans dommage, les cinq tremblements de terre dont plusieurs parties de l'île ont éprouvé les désastres en 1701, 1713, 1734, 1751 et 1770.

La terre y trembla le 27 janvier 1766, à six heures et demie du soir; la secousse fut assez vive. Il y eut une autre secousse peu violente le 26 avril à neuf heures quelques minutes du soir, et une troisième dans la nuit du 11 au 12 juin suivant. On en a observé depuis une faible, le 10 juillet 1771, à six heures quatorze minutes du matin; une plus forte à quatre heures du matin, le 3 octobre de la même année, veille de la chute de la voûte de l'église, et une violente le 4 août 1776, à quatre heures du matin.

L'année 1784 a fait éprouver quatre tremblemens de terre au Cap; un le 25 juillet à six heures quatorze minutes du matin, avec trois secousses; la commotion fut assez forte, et le mouvement était dans la direction du sud-ouest au nord-est. Le temps était lourd et chaud. Il avait fait un peu de pluie la veille, le ciel était couvert, la lune s'obscurcit et parut avec une zone d'un rouge pâle. Le second, le 24 août, à une heure treize minutes du matin; le troisième, le 27 septembre, à onze heures vingt-cinq minutes du soir, et le quatrième le 27 novembre. On en compta trois en 1785 : un le 10 janvier, le second le 19 février, le troisième et le plus fort le 10 juillet dans la nuit. On en a senti un aussi en 1786, au mois de décembre.

Mais quelquefois l'orage, la pluie, le tremblement de terre et même la grêle s'associent et paraissent ou se font ressentir ensemble. C'est ainsi que dans la nuit du 24 au 25 décembre 1775 il y eut un orage épouvantable, accompagné d'une pluie si abondante qu'il y eut, au Petit-Carénage, des maisons presque comblées par la terre que les eaux avaient entraînée. Le 4 août 1776, après une sécheresse de sept mois, il y eut un violent tremblement de terre que j'ai cité et qui fit sortir de toutes les maisons où l'on n'osa rentrer que quelques heures après. Le soir, à quatre heures, vint un fort orage, accompagné d'une grêle dont quelques grains étaient aussi gros que le pouce. On ne se rappelait pas d'en avoir vu d'aussi considérable depuis 1769.

Des maladies.

J'ai promis de parler de la santé des habitants du Cap. En général, ceux qui ont traité cette matière ont semblé se livrer à deux extrêmes également reprochables. Les uns, et ce sont les plus nombreux, ont présenté son climat comme très-meurtrier; les autres ont cherché à faire croire qu'on l'accusait à tort et à offrir des résultats que des villes de France pourraient envier.

Je dirai ce que j'ai vu, ce que des personnes en qui j'ai grande confiance ont observé comme moi.

Il faudrait distinguer au Cap la population propre d'avec la population accidentelle et se rappeler ce que j'ai dit sur la manière dont une colonie se peuple. Il n'est presque pas d'instant où il n'arrive quelqu'un au Cap par les vaisseaux qui y mouillent, car cette ville est celle où il aborde le plus de bâtiments et celle qui offre le plus de probabilités aux combinaisons qui font qu'on y vient de toutes parts. C'est ce concours d'arrivants que je nomme la population accidentelle du Cap, soit qu'ils doivent s'y fixer, soit qu'ils n'y soient que passagèrement.

Une chose commune à tous les individus qui arrivent, c'est la nécessité de s'acclimater qui, quoi qu'on en pense, a aussi ses effets chez les créoles ou chez les colons qui reviennent de France. Mais cette nécessité est éprouvée de bien des manières par celui qui débarque, car on sent qu'elle doit dépendre du caractère, du tempérament, de l'âge, de l'état de la santé, de l'époque de l'année, de la durée et de la nature de la traversée, du contraste plus ou moins grand du climat qu'on quitte avec celui auquel on se trouve soumis, de la quantité de personnes qui augmentent déjà plus ou moins la population accidentelle du lieu, enfin de la situation de l'âme et du penchant plus ou moins marqué pour les jouissances qui nuisent à la température et à la sobriété. Personne ne peut nier que les arrivants ne soient plus ou moins éprouvés, et il est très-remarquable que ceux qui payent le tribut le plus coûteux sont également ceux qui croient pouvoir tout braver impunément, et ceux qui, effrayés de tout, se regardent comme malades en mettant pied à terre et qui ne songent qu'à leur santé qu'ils imaginent avoir déjà perdue. C'est que la confiance présomptueuse et la frayeur puérile sont deux excès et que le climat de Saint-Domingue les punit tous.

Si l'on confond cette classe d'individus extrinsèque à la colonie, comme constituant en partie sa population; si les marins et les soldats qui arrivent sont comptés au nombre des colons dès qu'ils touchent la terre de l'île, Saint-Domingue est très-meurtrier, et le Cap, qui reçoit la majeure partie de ces êtres, peut être considéré comme un lieu funeste. Cependant l'influence du nouveau climat devient chaque jour moins sensible, et par rapport au Cap, qui est l'objet de nos observations actuelles, il est facile de sentir que les maladies doivent y être et plus rares et moins actives depuis que des marais immenses ont disparu.

Je viens aux habitants réels de cette ville, à ceux qui y ont leur résidence et qui y sont acclimatés, quels qu'ils puissent être. Je trahirais la vérité, si j'osais dire que le climat brûlant de la zone torride est aussi favorable à la population que celui des zones fortunées où le froid aquilon semble souffler la santé au milieu des frimas ; où l'hiver donnant un nouveau ressort à la fibre, reproduit la vie annuelle, et ajoute ainsi les années aux années, en les accompagnant d'une force proportionnée aux besoins et aux jouissances que la nature a assignés à chacune des saisons de l'homme ; mais le climat des colonies a aussi ses avantages. Il ne les perd que pour ceux qui, bourreaux de leur propre existence, oublient que le plaisir peut devenir un poison ; il n'en est privé que pour ces hommes insatiables que la soif de l'or tourmente, et qui ne songent qu'à l'accumuler pour fuir un lieu qu'ils redoutent. Je sais bien que le climat moissonne aussi des êtres à qui leur modération promettait un meilleur sort ; mais quel est donc le champ fortuné où des épis ne tombent jamais avant leur maturité ?

La chaleur qu'on ressent au Cap raréfie les humeurs, tandis qu'une transpiration excessive relâche la fibre : on prend pour de la force une fermentation intérieure, et pour besoin l'appauvrissement que produisent de grandes déperditions. On se sent porté vers les divers genres d'incontinence par une sorte d'exaltation trompeuse, par un agacement des nerfs, et à ce désordre physique qu'il faudrait corriger, s'unissent tous les écarts de l'imagination, cette magicienne des pays chauds. On est environné de la séduction la plus dangereuse, celle qui ne repousse pas le désir, lors même qu'elle n'est pas capable de le faire naître, et l'on a cédé sans avoir songé à combattre. Les digestions deviennent lentes et pénibles, la bile s'aigrit, s'exalte et les maladies arrivent.

Plus violentes à Saint-Domingue qu'en France, elles y sont peut-être moins nombreuses. Elles ont dans les villes des colonies un caractère communément plus grave qu'à la campagne, et cette différence est également observée en Europe.

Au Cap les maladies suivent communément la période des deux saisons. Dans les mois chauds, les plus communes sont les fièvres intermittentes, les continues, les fièvres putrides, les fièvres malignes et les dyssenteries. Dans les trois mois froids, ce sont les rhumes, les fluxions de poitrine, les rhumatismes, les diarrhées, les affections scorbutiques, les maux de gorge. Les premières, qui règnent d'une manière plus marquée depuis le mois de juin jusqu'à la fin du mois de septembre, sont plus spécialement le partage des nouveaux arrivés, de ceux qui ont entrepris des voyages, ou de ceux dont l'âme a été trop vivement émue, soit par le plaisir, soit par le chagrin. Les autres menacent les anciens colons, les personnes d'une complexion faible ou celles qui se jouent des vicissitudes de l'atmosphère.

On ne peut s'empêcher d'être frappé, pendant que les premières exercent leurs ravages, de la rapidité avec laquelle on est atteint et terrassé; il ne faut pas, dans ce redoutable intervalle, se fier à l'idée d'une simple indisposition; le symptôme le moins apparent est quelquefois, par cela même, le plus sinistre; à la persuasion qu'on peut se livrer à ses occupations ordinaires, que dément cependant une prostration de forces, on peut reconnaître une fièvre maligne et insidieuse, et nulle part cette dernière épithète ne fut plus cruellement applicable qu'à Saint-Domingue. On est frappé à mort avant de l'avoir soupçonné, et si une expérience heureuse n'a pas accoutumé le médecin à distinguer cette affreuse maladie à sa simplicité apparente, tout espoir est perdu. Ah! quel pays a plus besoin de talents dans ceux qui exercent l'art de guérir! Ils sont là, plus souvent que dans tout autre lieu, placés entre le double écueil de prendre pour une maladie où il faudrait tout brusquer, celle où la nature n'a besoin que d'être aidée à temps, ou de se livrer à une attente perfide lorsqu'il n'y avait plus un moment à perdre pour agir.

Dans les maladies chroniques, combien d'obstacles s'opposent au rétablissement! Un climat chaud fait si peu pour le recouvrement des forces vitales, le sommeil est si troublé, les aliments si peu restaurants, le désordre de l'appétit surtout est une cause si propre à produire d'autres désordres, que les convalescences sont longues et pénibles. Si l'on est tourmenté par des obstructions qui sont si fréquentes après les maladies aiguës; si l'on est attaqué de ces diarrhées effroyables qui changent l'homme en spectre, et qui sont accompagnées de la faim dévorante, il n'est rien à espérer tant que l'on demeure dans la colonie, à moins que pour ces diarrhées on ne trouve dans l'usage de la poudre de Castillon (ainsi nommée du nom d'un chirurgien du Cap, son inventeur, qui conserve l'art de la préparer), un remède dont on publie avec raison des effets qu'on serait tenté d'appeler miraculeux. Mais, en général, ceux à qui la ressource d'aller chercher une nouvelle santé dans un pays froid est possible ne se résolvent à la prendre que lorsqu'elle est devenue douteuse à force d'avoir attendu. Il semble qu'on craigne plus d'abandonner ses affaires que son existence, presque toujours compromise lorsqu'on s'obstine à combattre dans la colonie une maladie quelconque qui a été longtemps rebelle.

Le genre de vie qu'on mène au Cap n'est rien moins qu'un régime propice à la santé. Toutes les passions y sont en jeu et dans une continuelle agitation. On n'y connaît pas les douceurs de la société, de cette réunion d'individus qui se conviennent plus ou moins, et qui mettent en commun le désir de plaire les uns aux autres, et de charmer les heures de leur loisir. On ignore le plaisir de se livrer à cette espèce d'abandon où l'on s'oublie, pour ainsi dire, soi-même pour s'occuper des autres, pour mieux goûter des délassements qui appellent et excitent la gaieté.

Si l'on joue c'est pour gagner; si l'on cause c'est d'affaires;

si l'on va au spectacle, c'est pour faire assaut de vanité; au bal, c'est pour s'exténuer; si l'on se régale, c'est l'orgueil qui le veut, et c'est pour avoir une cohue qui fait fuir la véritable joie. Et, le dirai-je? c'est au caractère de la plupart des femmes qu'il faut reprocher la perte d'une des plus délicieuses jouissances de la vie. Avec peu d'amabilité et de politesse elles ont mille prétentions et se prodiguent, entre elles, les marques du défaut d'éducation. Elles se disputent les places au spectacle, elles comptent les visites et les invitations qu'elles se font. S'il y en a plusieurs, par exemple, qui doivent quêter le même jour, il y en a qui font coucher le coiffeur chez elles afin d'être les premières prêtes, et d'aller s'emparer des places qu'elles croient les meilleures; en un mot, jamais l'orgueil n'a rien imaginé de plus puéril et de plus capable d'empêcher toute liaison. Il faut donc vivre pour soi, être égoïste par nécessité comme par calcul, et ne songer qu'à l'or.

Tandis que ces dispositions morales nuisent à la santé, d'autres causes l'attaquent encore. La dépravation du goût produite par la chaleur, porte à faire usage des salaisons. Les jambons, les cuisses d'oie, le bœuf à la daube, la morue salée, les saucissons, sont des mets dont on ne se lasse jamais, et que le relâchement de l'estomac fait rechercher. On mange beaucoup parce que les assaisonnements sont piquants, et il faut remarquer deux choses: la première, qu'on mange plus aux colonies qu'en France, quoique la chaleur y soit plus grande; la seconde, qu'on y boit moins qu'on ne fait en France pendant des chaleurs moins considérables, dernier effet qu'on ne peut attribuer qu'à l'humidité de l'air.

On avait imaginé, pendant quelque temps, au Cap, d'avoir des ventilateurs, espèce d'éventail de planches attaché au plafond avec des couplets, et qu'un petit nègre agitait pendant le repas. Mais l'on s'est aperçu que les rhumes devenaient fréquents, et la sensualité du ventilateur a été abandonnée. Il est bien étrange que dans un lieu où l'on a songé à un pareil moyen, on conserve l'orgueilleuse habitude de se faire environner à table par un rang, quelquefois double, d'esclaves qui, appuyés sur le dos des chaises, interceptent l'air à une grande hauteur et étouffent leurs maîtres qu'ils dominent de plus d'un pied.

J'ai assez dit ailleurs combien les femmes créoles faisaient peu pour leur santé, et cela est vrai, principalement pour celles du Cap. Là le luxe agit plus qu'ailleurs sur les mœurs, et les passions agitent et vexent encore plus le physique. Au milieu d'une vie monotone, elles ne sont pas exemptes des secousses violentes des passions, et elles éprouvent toutes, plus ou moins, celles des infirmités de leur sexe, qui peuvent résulter du combat inégal d'une constitution faible contre un caractère dominateur et une imagination exaltée. Assez renfermées, elles sont sujettes aux impressions de l'air, et l'on est frappé de voir qu'après avoir été quelquefois recluses tout le jour, elles s'asseyent devant leurs maisons durant trois ou quatre heures avant et après le souper, lorsqu'un serein dangereux charge l'atmosphère et rend humides tous les corps qui y sont exposés. Il est telle soirée où ces femmes rentrent avec leurs vêtements flasques de l'effet de cette vapeur humide et chaude, à laquelle on pourrait peut-être attribuer une grande partie des ophthalmies dont Saint-Domingue est affligé, et la perte des dents, ce moyen de santé, cet ornement si précieux pour la beauté.

A la vérité, l'on se défend mal, dans un climat chaud, contre le désir qui porte à chercher une sensation rafraîchissante. C'est à cette disposition presque involontaire que l'on doit les rhumes, les catarrhes, les suppressions de transpiration qui, dans des sujets faibles, préparent des maladies mortelles. Les femmes sont encore les plus imprudentes à cet égard, quoiqu'elles dussent savoir qu'à certaines époques périodiques, leur santé peut être facilement compromise. On ne se rappelle non plus jamais assez, combien il est dangereux d'être mouillé par la pluie dans des lieux où la transpiration même insensible est toujours considérable.

Je ne puis m'empêcher de m'occuper ici un instant des enfants, cette portion si intéressante de l'humanité. Il est extrêmement difficile de les élever aux Antilles, et cette observation je la trouve consignée dans les pièces les plus anciennes que ces établissements puissent procurer, et sans doute elle y a toujours été frappante, car elle est faite par des personnes de tous les états. La faible complexion des mères en est la première cause, puis la manière dont on les élève, la manie dangereuse de les laisser aller pieds nus, celle de les baigner souvent quand ils sont en sueur, l'énorme quantité de fruits qu'on leur donne, sans même s'assurer de leur parfaite maturité ; tout leur prépare donc une pénible existence. La petite vérole, les fièvres suivies d'obstruction, et surtout les maladies vermineuses en moissonnent la majeure partie.

Les enfants sont à peine sevrés qu'il faudrait employer exactement les vermifuges pour les garantir des convulsions qui les enlèvent tout à coup ou qui causent dans l'économie animale des désordres que la mort suit tôt ou tard. Les saisons pluvieuses sont celles où l'on a remarqué que les enfants étaient plus sujets aux vers, qui compliquent alors toutes leurs maladies. Les aliments muqueux qu'on leur prodigue contribuent sans doute aussi à les rendre la proie de ces animaux destructeurs ; on ne peut donc trop recommander d'envoyer les enfants en Europe dès leur bas âge, afin de les soustraire à des maux qui rendent la population presque nulle dans un pays immense.

Je crois devoir m'élever contre un abus tout à la fois ridicule et dangereux, qui est très-commun à Saint-Domingue : c'est de confier la garde des enfants à d'autres enfants. Rien de plus ordinaire que de voir un enfant de huit ou neuf ans qui en garde un de deux ou trois ans. On conçoit combien le fardeau fait courir de risque à l'un et à l'autre, et surtout à celui qui est porté ; d'ailleurs, l'amour des jeux de son âge entraînant le gardien, le gardé, laissé seul, est exposé à se blesser ou à être blessé. La mauvaise position que le poids fait prendre à celui qui le porte influe aussi sur celui qu'il met sur ses hanches, et ils se déforment et s'estropient l'un et l'autre. Cette méthode est encore une source d'injustices : quand l'enfant échappe des mains de celui qui n'a pas la force de le retenir, quand son poids, qui fait chanceler le porteur, occasionne la chute des deux, on frappe celui qu'on a chargé d'un soin au-dessus de son âge; l'on s'irrite d'autant plus que la chute est plus grave, et l'on continue à être injuste au risque d'exposer la vie de deux enfants. Mais la crainte du châtiment empêche souvent le gardien de parler d'un accident qui n'a pas eu de témoins; quelquefois même les domestiques concourent pour le dissimuler, et de petits infortunés meurent parce qu'on n'a pas connu des chutes graves.

On serait peut-être surpris de mon silence relativement aux esclaves, si je ne faisais pas observer que ce n'est pas dans une ville qu'ils peuvent offrir des observations particulières. Occupés de soins domestiques ou de différents métiers, leurs maladies sont très-ressemblantes à celles des blancs, comparativement à leurs occupations. On ne peut pas remarquer là les deux causes qui ont le plus d'influence sur certaines maladies des esclaves : le besoin d'une nourriture plus abondante et celui de repos. J'ose même dire que le plus grand ennemi des esclaves des villes, c'est l'excès du plaisir, ce sont les suites honteuses dont cet excès est accompagné et qui attaquent d'autant plus leur existence qu'ils font usage de palliatifs et de répercussifs, afin de pouvoir courir plutôt les mêmes dangers. Deux autres raisons accélèrent la destruction des esclaves; la conjuration de tous pour procurer à ceux d'entre eux qui sont malades de quoi manger lorsque la diète la plus austère est exigée par leur état; la confiance qu'ils ont dans les remèdes de leurs *commères*, qui en ont au moins un millier pour chaque incommodité. Cette confiance est la suite d'un usage commun à plusieurs parties de l'Afrique, où les femmes pratiquent ce qu'on y appelle la médecine, et notamment à Serre-Lionne. Il faut donc une surveillance continuelle pour écarter ces deux genres d'assassinat; et comment peut-elle être sûre, quand il faut absolument que les esclaves malades soient soignés par d'autres esclaves?

J'ai dit que les maladies avaient perdu de leur intensité, et il en est une affreuse pour laquelle cette observation est très-vraie. Je veux parler de la maladie de Siam, dont j'indique l'origine à l'article du Port-de-Paix, et qui fut apportée de la Martinique à Saint-Domingue en 1691. Une barque venant de Léogane au Cap la propagea dans cette dernière ville au mois de septembre 1696. Chaque année voyait de nouveaux ravages, et lorsqu'au mois de juillet 1705 les vaisseaux *l'Ambitieux*, le *Faucon* et le *Marin* vinrent de la Martinique au Cap, cette effroyable maladie qui produit une telle raréfaction du sang qu'il rompt tous les vaisseaux et sort par tous les pores, y fit mourir trois cents personnes, en quelque sorte pestiférées. Comme elle frappait particulièrement les hommes de mer, on l'appela aussi la matelote et la *tavardille*.

En 1733, et au mois de juillet 1734, elle causa de grands ravages, qu'on vit se renouveler en 1743 et au mois d'août 1755. Mais depuis lors elle est toujours devenue de plus en plus rare; l'on cite même les sujets qu'elle attaque, mais que l'on n'arrache presque jamais à la mort.

Le Cap n'a donc pas toujours été exempt d'épidémies, et en 1755 il y en eut une de près d'une année, pendant laquelle les fièvres gangréneuses firent les plus terribles ravages. Les chiens, au bout de quatre mois, partagèrent ce fléau; il étaient dévorés par les vers, même avant leur mort, et l'on crut d'une sage police de défendre alors l'usage du poisson, parce que les cadavres des chiens étaient jetés dans la rade.

C'est pour moi une occasion de dire que, quelquefois, le poisson a une propriété malfaisante au Cap, lorsqu'il est très-gros. On a même pris l'usage de le faire cuire, lorsqu'il est d'une grande dimension, avec une cuiller d'argent, parce qu'on a observé que quand la cuiller noircissait, le poisson était malsain. L'espèce de sardines appelée cayeux est spécialement proscrite au Cap depuis le mois de mai jusqu'à celui d'octobre, par une ordonnance de police du 12 juin 1778, rendue trente-sept ans après que le médecin Desportes eut vu des personnes empoisonnées par la chair de ce poisson d'autant plus dangereux qu'il est très-délicat. Plusieurs personnes pensent que le poisson est nuisible lorsqu'il s'est nourri sur des bancs cuivreux, mais cette opinion a fait place à celle plus raisonnable qui attribue cet effet au fruit du mancenillier qui croît sur le rivage, et dont on sait que toute la substance est un des poisons les plus actifs. Peut-être devrait-on s'occuper d'expériences relatives au temps du frai ; elles jetteraient sans doute du jour sur cette partie encore environnée de ténèbres. La preuve que la défense de vendre du cayeux pendant les six mois que j'ai indiqués n'est pas un préservatif suffisant, c'est que pour en avoir mangé le 14 février 1779, j'eus, le lendemain, le corps tout rouge d'une éruption avec prurit, des coliques et des vertiges.

Une épidémie toujours renaissante, c'est celle de la petite vérole. Jamais on n'oubliera les effets désastreux qu'elle eut, en 1772, au Cap et dans sa dépendance. Elle fut introduite dans cette ville par le navire négrier dont j'ai cité le naufrage dans le port du Cap. Les nègres allaient couverts de pustules dans les rues, et le médecin du roi, qui avait sans doute oublié ou qui ne savait pas que la petite vérole était contagieuse, quoique plusieurs ordonnances successives, depuis le 18 janvier 1686, l'eussent désignée parmi les maladies dont il était de son devoir d'empêcher la communication, ne prit aucune précaution pour s'y opposer. Il périt 1,200 personnes de cette épidémie. Elle servit du moins à rappeler que vers 1745 on avait tenté quelques essais d'inoculation, renouvelés en 1757, et plusieurs habitants de la plaine du Cap, chez qui l'épidémie était parvenue, usèrent de ce moyen préservateur, que le médecin Joubert n'avait cessé de conseiller au Port-au-Prince en 1769. Mais on a vu, page 293, qu'il était réservé à M. Warlock d'obtenir à l'inoculation, par de continuels succès, une grande partie de la confiance qu'elle mérite.

L'inoculation n'est cependant pas encore assez familière pour que la petite vérole ne soit pas redoutable. Qui croirait que c'est au Cap qu'on trouve le plus d'incrédules sur le succès de la méthode qui la combat, et où l'on oppose le plus d'entétement à la propagation de cette méthode! Au mois de juin 1782, la petite vérole se manifesta au Cap et y fit périr beaucoup d'individus jusqu'au mois de décembre, qu'elle commença à perdre de sa force. Elle existait encore, mais très-affaiblie, au mois de mars 1783. Elle a reparu en 1788 avec des caractères affligeants. En vain prétend-on que cette maladie cruelle l'est beaucoup moins dans les climats chauds, elle y est toujours assez funeste pour qu'on doive diminuer le nombre de ceux qui ne l'ont point encore éprouvée; et qu'on se souvienne, comme l'a dit la Condamine, qu'elle défigure et mutile ceux qu'elle ne peut détruire. D'ailleurs la vieille routine d'un traitement échauffant est elle-même aussi redoutable que la maladie.

Je tiens de M. Warlock que ce qu'on publie du prétendu préservatif que procure le soin de laisser saigner le cordon ombilical et de le presser est imaginaire. Il a fait l'expérience plusieurs fois, notamment dans la paroisse du Dondon, en 1784, et elle n'a pas empêché la communication de la petite vérole, soit naturelle, soit inoculée.

Il est rare que la petite vérole ne soit pas précédée, accompagnée ou suivie de très-près par la rougeole, qu'on craint avec raison à Saint-Domingue. Au mois de décembre 1748, de janvier et de février 1749, elle causa beaucoup de pertes dans toute la partie du nord, et au mois de septembre 1782 elle fit périr un grand nombre de personnes, presque toutes adultes, par les dyssenteries dont elle fut suivie.

On voit assez communément au Cap, depuis quelques années, des sujets attaqués de l'éléphantiasis ou mal rouge, ce fléau de plusieurs contrées de l'Afrique. Leur aspect hideux excite autant l'effroi que la pitié, et il force ceux qui portent leurs vues plus loin à reprocher au gouvernement une indifférence coupable et dangereuse. Il devrait y avoir dans un lieu quelconque de la colonie une léproserie où ceux de ces individus qui sont encore susceptibles de guérir trouveraient les secours nécessaires, où les autres seraient assujettis à un régime convenable et où l'on formerait à l'égard de tous une reclusion assez douce pour ne pas aggraver la douleur de leur état, et assez sûre pour empêcher la communication de cette maladie.

On parvient rarement au Cap à un âge avancé, et la liste des octogénaires de toutes les époques serait courte ; et ce serait encore plutôt des nègres ou des mulâtres. On y a remarqué Thomas Bernard, homme de couleur, âgé de plus de quatre-vingts ans, et qui avait, en 1787, douze enfants légitimes vivants. L'on cite Mme Marie Regnard, épouse de M. Cormeau de la Chapelle, notaire au Cap, morte à quatre-vingt-quatre ans, le 29 mai 1770, et Mme Marguerite Gigot, épouse de M. de Safrey, marquis de Tournemine, qui y était née et qui y mourut le 16 mars 1771, âgée de quatre-vingt-deux ans.

Les personnes des deux sexes qui parviennent à leur cinquantième année y ont une existence plus entière qu'ailleurs, parce qu'elles n'y éprouvent pas les infirmités des pays froids. Ce n'est pas qu'il faille croire, comme l'a dit Reynal, que la goutte [1], la gravelle, la pierre et l'apoplexie ne font jamais le moindre ravage aux îles. Les trois premières maladies y sont bien connues, et elles y autorisent peut-être l'opinion de ceux qui les considèrent comme des maladies de la lymphe. Quant à l'apoplexie, on en est assez garanti par la grande activité que la chaleur imprime au sang, et qui, en brisant ses molécules, les fait passer plutôt à l'état inflammatoire qui allume les fièvres de ce nom qu'à celui de violence et d'épaississement qui cause l'apoplexie. Au surplus, on ne voit encore que trop d'apoplectiques aux îles.

Étrangers et autres personnes remarquables venues au Cap.

Un lieu aussi fréquenté que le Cap, où il arrive chaque année autant de bâtiments et qui est le centre d'un aussi grand

---

[1]. Fils d'un père que m'a ravi l'apoplexie, et d'une mère qui était devenue goutteuse à cinquante-deux ans, je suis goutteux moi-même, et nous sommes *créoles* tous les trois. Ma seule famille me fournirait de nombreuses réfutations de l'assertion de Reynal.

mouvement, doit avoir été nécessairement visité par des personnes remarquables. J'en vais citer quelques-unes dans l'ordre chronologique.

Une flotte espagnole, passant devant cette ville, y mit à terre, le 27 juillet 1708, don Guillermo Morfil, mestre de camp, qui allait prendre possession de la place de président de la partie espagnole, et qui s'y rendit par la partie du nord de la colonie française, où il fit un peu de séjour, puisqu'il assista, comme je l'ai dit, à la Sainte-Anne, fête patronale de la paroisse de Limonade.

Le père Charlevoix, jésuite, venant de la Louisiane, où l'avait mené le voyage qu'il fit, par ordre du gouvernement, en septembre 1720, pour découvrir la mer de l'Ouest, arriva au Cap le 1er septembre 1722, et en partit pour le Havre le 25 du même mois. Il est même vraisemblable que ce fut alors que le père le Pers lui remit ses mémoires, qui ont formé l'*Histoire de Saint-Domingue,* qui s'arrête en 1723, et que je trouve vraiment digne d'éloges.

Le 7 novembre 1731, don Manuel Lopez Pintadez, chef d'escadre, qui montait le *Saint-Louis,* de 60 canons, relâcha au Cap avec cinq autres vaisseaux espagnols, faisant partie des galions qui retournaient du Mexique en Europe, et qui avaient été très-maltraités d'un coup de vent. Il y séjourna jusqu'à la fin du mois d'avril. Ces vaisseaux, pendant qu'on les réparait, mirent à terre 80 millions.

Au commencement de 1744, on vit au Cap don Pierre Zorrilla de Saint-Martin, marquis de la Gandara Réal, premier lieutenant des gardes espagnoles, qui se rendait à la présidence de Santo-Domingo. Ce fut lui qui eut l'occasion d'entendre parler de la ferme des boucheries.

Au commencement de février 1744, arriva un prince de Mont-Liban, venu de Marseille à la Martinique et de cette île à Saint-Domingue, pour implorer la charité des fidèles, afin d'obtenir de quoi racheter son frère aîné, retenu en otage par le pacha de Sidon, pour un tribut qu'il n'avait pu payer. Il était vêtu à la turque, ainsi qu'un homme qui l'accompagnait et lui servait d'interprète. Il fut reçu et logé par les jésuites, qui le traitèrent avec de grands égards; mais, étant revenu au mois de mars 1751, les administrateurs crurent convenable d'empêcher le renouvellement de ses quêtes.

Un illustre voyageur, le commodore Byran, revenant du naufrage qu'il avait éprouvé dans son voyage autour du monde, entra au Cap le 8 juillet 1745, sur la frégate particulière *le Lys*, armée à Saint-Malo, et en repartit le 6 septembre, sur le même bâtiment, dans un convoi escorté par une escadre aux ordres de M. de l'Étenduère.

Ce fut dans cette ville qu'un archevêque de Nicosie vint mourir, au mois de septembre 1751, au moment où les administrateurs exigeaient qu'il repartît de la colonie, qu'il disait être venu voir en voyageur qui veut s'instruire.

Don Manuel de Azlor y Urriez, colonel et président de la partie espagnole, arriva, le 20 février 1766, de son gouvernement, et fit dans cette ville un assez long séjour, que M. d'Estaing sut lui rendre très-agréable.

Un autre président espagnol y fut attiré par la grande affaire des limites. C'était don Joseph Solano y Bote, chevalier de l'ordre de Saint-Jacques et capitaine de vaisseau. Il y vint le 14 février 1776, et le 8 avril 1782 il mouilla dans son port avec l'escadre qu'il commandait en qualité de lieutenant général et qui y séjourna jusqu'au mois d'avril 1783.

Le 21 février de la même année, le Cap reçut don Bernard de Galvez, lieutenant général des armées espagnoles, qui venait y prendre le commandement général des armées combinées de France et d'Espagne. Il en repartit le 8 mai 1783, emportant les regrets de tous ceux qui l'avaient connu; regrets qui devinrent bien plus vifs en 1786, à la nouvelle de sa mort; il était alors vice-roi du Mexique.

Mais l'étranger le plus célèbre que la ville dont je parle ait eu dans son sein, et dont j'ai déjà fait mention à l'article du *spectacle*, c'est le prince Guillaume-Henri, duc de Lancastre, fils du roi d'Angleterre, qui y débarqua le 5 avril, de l'escadre de l'amiral Hood, où il servait en qualité de garde-marine, et qu'il rejoignit à l'expiration de son congé de vingt-quatre heures, ayant eu à peine le temps de voir cette ville, qu'il trouva très-digne de la curiosité qu'elle lui avait inspirée.

Le Cap a été la patrie, le tombeau ou le séjour de plusieurs hommes qui ont des titres pour être cités.

Le père Pierre Boutin, jésuite. Il était né à la Tour-Blanche, en Périgord, durant l'année 1672. Arrivé au Cap en 1705, en qualité de missionnaire, il occupa successivement les cures de l'Acul, du Port-de-Paix et du Petit-Saint-Louis, jusqu'en 1714, qu'il passa à celle du Cap, dont on a vu qu'il dirigea l'église et comme pasteur et comme architecte. Quelques effets d'un zèle peut-être trop ardent ayant fait désirer presque aussitôt aux administrateurs de ne pas voir le père Boutin à la tête de cette paroisse, il s'attacha spécialement à l'instruction des nègres. Il avait pour cette œuvre les deux grands talents qu'elle exige : une patience qui ne se lasse de rien et une santé ferme que ne promettait cependant pas son extérieur faible. À cette partie de l'apostolat, le père Boutin réunit le soin spirituel des marins, c'est-à-dire qu'il cultivait la partie la plus laborieuse de la vigne sainte, puisque alors il fallait aller dans la rade, parce que les matelots malades étaient gardés à bord des bâtiments.

L'étude des nombreux idiomes de l'Afrique, celle des mœurs des hommes qui habitent cette partie du monde, était la principale application du père Boutin, qui était parvenu à se rendre aussi simple et aussi intelligible pour tous les nègres que pour les blancs les plus instruits. Ce fut lui qui établit le premier l'usage de faire le baptême des adultes, aux deux époques annuelles des samedis de Pâques et de la Pentecôte; mais chaque soir il faisait une instruction au devant du perron que l'église avait alors. La messe appelée *des nègres* fut aussi instituée par lui.

On a vu quelle affection il avait montrée pour les malades

en établissant un hôpital, et quel attachement solide et religieux il avait pour la colonie, à qui il a fait un vrai présent dans l'établissement des religieuses de Notre-Dame au Cap. Livré aux plus grandes austérités, le père Boutin ne cessa pas de jouir d'une santé constante, et sa mort, arrivée le vendredi 21 décembre 1742, ne fut précédée que de quelques jours de maladie.

Cette mort fut le signal d'un deuil universel; ceux mêmes qui croyaient que le zèle du pieux missionnaire avait été quelquefois trop loin ne virent plus que la perte de ses vertus et de leur influence sur deux classes d'hommes qui en avaient éprouvé l'heureux ascendant. Il n'est pas encore aujourd'hui un seul individu qui ne sache le nom du père Boutin, et chez qui il ne réveille l'idée de la bienveillance la plus fervente. Les habitants du Cap, en particulier, lui conservent une gratitude qui est le monument le plus durable qu'un homme puisse consacrer au souvenir d'un autre homme. Le père Boutin avait trouvé au milieu d'une vie pleine d'exercices de piété et de travaux utiles, le temps de se livrer aux observations astronomiques, et les *Mémoires de Trévoux* renferment plusieurs des siens.

Le Cap a eu aussi pendant quelques années pour curé le père Margat, jésuite, qui l'avait été auparavant de la paroisse de la Petite-Anse, pendant vingt ans. Ce religieux est l'auteur d'une histoire de Tamerlan, et de plusieurs lettres curieuses et intéressantes, imprimées parmi les Lettres édifiantes.

C'est au Cap que Jean-Baptiste-René Poupée Desportes pratiqua seize ans la médecine; il y fut même médecin du roi chargé des hôpitaux, depuis 1740 jusqu'à sa mort, arrivée au Quartier-Morin le 15 février 1748, lorsqu'il n'avait encore que quarante-trois ans et cinq mois. M. Desportes, né à Vitré, en Bretagne, d'une famille qui a produit plusieurs médecins, s'occupa de justifier le choix qui lui avait confié une place importante, quoiqu'il fût encore très-jeune, comme médecin; le brevet de correspondant de l'Académie des sciences récompensa ses essais en 1738 et l'encouragea pour l'avenir.

On a imprimé en 1771, à Paris, 3 volumes in-12 des œuvres de M. Desportes, sous le titre d'*Histoire des maladies de Saint-Domingue*. On y trouve un traité des plantes usuelles de la colonie; une pharmacopée ou recueil de formules des médicaments simples du pays, et quelques dissertations sur diverses denrées coloniales, l'analyse des eaux minérales du Mirebalais, etc., etc. J'ai dit, en parlant du père Le Pers, que ses travaux botaniques avaient passé à M. Desportes.

Ce médecin a des apologistes et des détracteurs. Les uns et les autres ont trop abondé dans leur sens, et peut-être que si les premiers voulaient considérer que les connaissances botaniques et chimiques de M. Desportes, qui avait quitté la métropole vers 1732, n'étaient pas et ne pouvaient pas être très-profondes, on s'étonnerait moins de trouver dans ses recettes une profusion contradictoire, qu'il n'est pas permis de vouloir justifier de nos jours. Mais M. Desportes a eu le mérite d'avoir le premier donné quelques idées sur la médecine coloniale; il a fait des observations locales qu'on ne peut s'empêcher d'estimer, et si son livre n'est pas toujours propre à être un guide, il peut du moins servir de notes indicatives.

M. Bourgeois, né à la Rochelle, de la famille du ministre M. Bourgeois de Boynes, habita pendant près de trente ans la ville du Cap, où il fut avocat et le premier secrétaire de la Chambre d'agriculture. M. Bourgeois, revenu en France, fit imprimer à Paris, en 1773, un poëme, sous le titre de *Colomb*, en deux parties in-8°, dont chacune contient vingt-quatre chants. La vérité force à dire que cette publication fut un piége pour l'amour-propre de l'auteur, et qu'on ne pourrait rien retirer de cet ouvrage, que des matériaux pour un dictionnaire des rimes, parce qu'elles y sont d'une grande richesse. Un neveu de M. Bourgeois a publié en 1788, et depuis sa mort, un recueil in-8°, sous le titre de *Voyages intéressants dans différentes colonies françaises, espagnoles et anglaises, etc., etc.* C'est un extrait fort incomplet de traits anecdotiques, de descriptions et d'autres détails.

C'est pendant sa résidence au Cap que M. Hilliard d'Auberteuil a composé les deux volumes in-8° qu'il a publiés à Paris, en 1776. Ils sont intitulés : *Considérations sur l'état présent de la colonie de Saint-Domingue*. Cet ouvrage, écrit avec hardiesse, ne formait qu'une partie d'un grand travail que M. Hilliard se vit forcé de réduire, parce que l'histoire politique des deux Indes, de l'abbé Reynal, en avait rendu plusieurs détails inutiles. Le livre de M. Hilliard fit une grande sensation à Saint-Domingue, où sa distribution fut même défendue. La réputation de critique qu'avait son auteur contribua beaucoup à lui donner des lecteurs, et fut la cause de plusieurs faits qui trouveront leur place dans l'histoire. M. Hilliard s'est quelquefois laissé emporter au désir de censurer, et ses détails ne sont pas toujours d'une exactitude rigoureuse. Le ministre, a qui on en dénonça l'esprit et des fragments, fit de M. Hiliard un procureur du roi de l'île la Grenade. Mais l'esprit inquiet de M. Hilliard le ramena en France, et il vient de mourir à Saint-Domingue, où il faisait depuis deux ans le métier de solliciteur de vieux procès et d'écrivain de mémoires de judicature, que des avocats inoccupés couvraient de leur signature.

C'est au Cap aussi que M. Dubuisson, né à Paris, auteur de la tragédie de *Mirza*, fit la critique de l'ouvrage de M. Hilliard, sous le titre de : *Nouvelles considérations sur Saint-Domingue, en réponse à celles de M. H. D.* Elle a été imprimée à Paris en 1780 ; l'auteur y a suivi M. Hilliard chapitre par chapitre, et dans plusieurs points il loue par cela même qu'il ne critique pas.

M. Rey, créole du Cap, mort en 1779 procureur général du conseil supérieur de cette ville, a écrit sur le commerce des blés et a concouru à la rédaction d'un ouvrage périodique connu sous le nom de *Spectateur français*.

M. Weuves le jeune, né à Neufchâtel, en Suisse, en 1738, après avoir étudié le commerce quelques années à Paris et au Havre, vint le faire au Cap. Il alla, en 1766, dans la partie espagnole, et fut six semaines à Samana. Devenu fondé de procuration de M. le duc de Bouilllon, dont il a régi l'habitation à Léogane, il repassa en France en 1776. C'est là qu'entendant dire, en 1779, à un homme d'État, que les colonies étaient onéreuses à la métropole, il fit, pour combattre cette opinion, un mémoire qu'il remit au ministre de la marine, des mains duquel il le retira pour le donnner à M. de Vergennes qui le désirait. Ce dernier se détermina à le faire imprimer, mais l'ambassadeur d'Espagne, qui sut que le cagotisme espagnol y était sévèrement blâmé, sollicita pour que l'ouvrage fût cartonné. Il le fut, en effet, de l'agrément de M. Weuves, qui faisait alors un voyage à Londres, et qui transigea ainsi pour qu'on ne touchât point au fonds des choses coloniales. Cet ouvrage, intitulé : *Réflexions historiques et politiques sur le commerce de France avec ses colonies d'Amérique*, imprimé en 1780, chez M. Cellot, à Paris, un volume in-8°, est fait pour attirer de justes éloges à son auteur, qui habite encore Paris en ce moment.

M. Alexandre Dubourg, né à Caen, le 27 février 1747, est mort au Cap le 9 décembre 1787. Son père, qui était tapissier, ne pouvant lui faire continuer ses études, lui fit enseigner le dessin et les mathématiques, et l'envoya à Rouen pour s'instruire dans le commerce de la droguerie. Il y entendit le célèbre Le Cat, et s'enflamma pour l'étude de la nature ; mais, contrarié dans ce goût, il se fit soldat au régiment de Périgord, avec lequel il passa à la Martinique.

On éleva un spectacle dans cette île, et M. Dubourg s'y fit remarquer par l'intelligence avec laquelle il remplissait quelques rôles. Séduit par les applaudissements, M. Dubourg continua à être comédien, après même qu'il n'était plus soldat, et il vint exercer cet art au Cap. Une conduite honnête, un extérieur décent et des talents presque naturels pour le théâtre, donnèrent des amis et des admirateurs à M. Dubourg, qui, nourri de la lecture des bons auteurs, se livra à une étude qui peignait la douceur de son caractère.

Le cercle des Philadelphes, en se formant, choisit M. Dubour pour le présider, et cette nomination honora les électeurs et celui qu'ils avaient élu. M. Dubourg, qui trouvait dans cette nouvelle société des jouissances analogues à ses goûts, s'occupa beaucoup de rendre ses premiers travaux intéressants. Il fit un cours de botanique, et dans un pays où toutes les manufactures sont alimentées par le règne végétal, M. Dubourg fut écouté avec intérêt et avec fruit, et l'on peut dire que ses travaux ont procuré au cercle des liaisons flatteuses et propres à encourager. Il est bien malheureux que la culture d'une science qui a tant à recueillir à Saint-Domingue y soit naturellement pénible, parce qu'il faut braver un climat ardent pour aller lire dans le grand livre de la nature. Ce zèle, qui ne manquait pas à M. Dubourg, lui donna la mort, malgré sa forte constitution, et sa perte en a été une réelle pour la colonie. Celle-ci a donné en lui cette preuve utile qu'elle ne partage pas l'opinion de ceux qui pensent que la profession destinée à offrir sur la scène les vices et les ridicules pour les faire haïr, et les vertus pour les faire aimer, est dégradante. On y a bien senti que ce sont les mœurs des acteurs qui les ont avilis, et non pas l'emploi de leurs talents.

Je serais inexcusable si je ne rappelais pas ici un homme à qui Reynal, Hilliard et la Blancherie ont payé un juste tribu d'éloges.

M. Pinsun, de Bayonne, capitaine négrier, garda un des nègres qu'il avait traités au Congo et en fit son domestique. Louis (c'est le nom de ce nègre), qui suivait son maître dans ses voyages, fut mis par lui en apprentissage du métier de cuisinier à Nantes, quand M. Pinsun quitta la mer. On prétend que ce dernier trouvant que Louis prenait en France une manière d'être qui influait sur sa soumission, le renvoya à Saint-Domingue, en le rendant libre.

Louis vint exercer son industrie au Cap, d'abord comme cuisinier, puis il y leva une pension, et comme il avait de la réputation, surtout dans la pâtisserie, il fut surnommé *des Rouleaux*.

M. Pinsun forcé de repasser, longtemps après, dans la colonie, à cause du dérangement absolu de sa fortune, ne trouva plus d'anciens amis ou n'en rencontra que de froids. Mais Louis des Rouleaux les suppléa tous. Apprenant l'arrivée de son ancien maître, il va le chercher, le loge, le nourrit, exige qu'il s'éloigne d'un pays où la comparaison d'une situation prospère ajoute à ses chagrins, et lui assure une pension.

Jusqu'à la mort de Louis des Rouleaux, arrivée en 1774, il a non-seulement acquitté la pension comme une dette sacrée, mais sa reconnaissance ne laissait échapper aucune occasion d'y ajouter des présents qui la surpassaient toujours. Louis des Rouleaux, qui avait acquis trois maisons, a joui pendant longtemps de l'estime générale, son éloge était dans toutes les bouches. Nul homme sensible n'aurait voulu quitter le Cap sans avoir vu celui dont l'exemple était tout à la fois si noble et si touchant, et il commandait l'admiration, même aux ingrats.

De son mariage avec une négresse étaient nés deux fils, qui n'existent plus, et une fille mariée à Cape, nègre, et actuellement vivante au Cap français.

De l'Éducation.

C'est quand on vient de parler d'hommes instruits, d'hommes qui ont cherché à être utiles à la colonie, qu'on déplore de la voir sans un seul établissement propre à donner de l'éducation à ceux des enfants que la fortune de leurs parents ne permet pas d'envoyer en France. Il n'existe au Cap que des écoles où l'on enseigne à lire, à écrire, et l'arithmétique. Ces connaissances sublimes en soi sont, je le sais, indispensables et très-précieuses, mais c'est comme moyens qui conduisent à toutes les autres connaissances, à celles des arts et des sciences; elles perdent donc la plus grande partie de leur autorité pour des sujets qui restent d'ailleurs dans une profonde ignorance.

Plusieurs fois on a projeté et même formé des pensionnats où l'on enseignait de plus les mathématiques, l'histoire, la géographie et quelquefois le latin, et où l'on avait des maîtres d'agrément. En ce moment même, celui de M. Dorfeuil, qui s'est toujours accru depuis 1784, et où l'on compte plus de cent externes et trente-cinq pensionnaires, mérite de justes éloges et pour les soins attentifs que les élèves y trouvent, et pour l'ordre qu'il a mis dans l'enseignement, en combinant les divers devoirs et les divers exercices avec l'amour de la variété, qui caractérise le jeune âge. Mais l'extrême cherté de tout nécessitant celle des pensions, il n'en est point qui puissent être constamment durables. D'ailleurs, comment suppléer le chef de l'entreprise lorsqu'il meurt ou seulement lorsqu'il est malade, et comment remplacer un maître d'agrément qui n'a été trouvé que par hasard et qui ne regarde pas comme solide le pensionnat auquel il s'est attaché?

Il n'y a qu'une institution publique qui puisse remplir ce but important, parce que les sujets seraient assez multipliés pour que les pertes pussent être réparées sur-le-champ, ou pour que le vide ne fût pas absolu jusqu'à l'arrivée d'un remplaçant d'Europe. Des instituteurs instruits et éprouvés quant aux mœurs, des artistes à talent trouvant d'abord dans l'établissement et dans les ressources d'une grande ville de quoi se faire un sort, adopteraient Saint-Domingue comme une nouvelle patrie. Des créoles eux-mêmes, formés en France avec cette destination, feraient ensuite éclore dans l'île les talents qu'ils auraient été acquérir en France, et en prenant soin que le prix de l'éducation fût modique, parce qu'on répartirait la dépense de l'établissement sur toute la colonie, on ferait des colons des hommes instruits et intéressants. Une pareille institution au Cap et une au Port-au-Prince suffiraient à tous les besoins. Quand je songe que les colonies espagnoles ont des universités, et que nous qui nous croyons si supérieurs aux Espagnols nous n'avons que des écoles qui indiquent les temps d'ignorance, je gémis d'une vanité qui n'est fondée que sur les richesses. Mais, au surplus, l'instruction n'est-elle donc rien pour l'industrie?

L'on croira peut-être que je me contredis en désirant une éducation locale, après avoir dit ailleurs qu'il était utile que les créoles allassent la chercher loin des illusions et des influences de leur pays. Je suis et je serai toujours de ce dernier sentiment; mais je ne veux pas que l'impuissance de supporter une grande dépense fasse croupir dans une honteuse ignorance des êtres qui pour devenir l'ornement de leur pays n'auraient besoin que d'enseignement. Avec l'instruction viendrait la politesse, l'urbanité; les mœurs se poliraient, l'émulation du bien naîtrait; l'habitant qui pourrait s'instruire dans la physique, les mathématiques, l'agriculture, la botanique et même dans cette langue qui fait connaître tant de chefs-d'œuvre, serait plus utile, considéré comme manufacturier, comme chef d'un nombreux atelier. Il y aurait encore assez de colons riches qui préféreraient, ne fût-ce que par orgueil, l'éducation métropolitaine. Eh! que sait-on? peut-être que les créoles, qui ne pourraient plus se croire des coryphées en revenant parmi ceux à qui toute lumière a manqué, se piqueraient eux-mêmes d'émulation et se croiraient obligés de rapporter du savoir. Un pareil établissement, dont la Société des Sciences et Arts du Cap serait vraiment le complément, aurait des effets que j'aime à concevoir et à prédire.

Un autre gain serait que les femmes trouveraient plusieurs avantages à avoir des maris façonnés, et que l'éducation domestique des enfants serait améliorée. On trouverait alors des pensionnats de jeunes personnes du sexe, non pas à un prix exorbitant, comme j'en ai vu un, notamment rue Espagnole, au Cap, où la pension et deux maîtres d'agrément coûtaient 2,800 livres tournois par an, mais où les maîtres auraient du bénéfice à n'être pas plus coûteux qu'en France. Des institutrices connaissant l'influence des vertus privées sur la vie d'une épouse et d'une mère en donneraient l'exemple et la leçon, et nos créoles ne se contenteraient plus d'être jolies, elles voudraient de plus être dignes de l'estime universelle, qui les embellirait encore.

Des environs du Cap.

Il est temps que j'examine les environs de la ville du Cap et le reste de la paroisse, dont elle est le point principal.

De la ravine du Cap.

La première chose qui attire les regards dans ces environs, parce qu'elle est tout à la fois et dans la ville et hors de la ville, c'est la ravine du Cap.

Cette ravine a pour véritable nom celui de ravine de la Belle-Hôtesse, que portent un très-grand nombre d'autres de Saint-Domingue. Elle a son cours dans la gorge qui est au-dessus de la Providence des hommes, et se trouve placée de manière à recevoir les eaux du revers des mornes qui la bordent, et qui, coupés eux-mêmes par différentes ravines ou ruisseaux, fournissent un grand volume d'eau dans la saison des orages, mais plus encore durant les pluies de nord.

Cette ravine, à partir du sommet de la gorge, se dirige vers la ville, en faisant, avec les rues qui vont du morne à la mer, un angle d'environ 33 degrés. Rendue en face de l'hôpital de Jasmin, elle court parallèlement à ces mêmes rues jusqu'à ce qu'elle soit parvenue à la hauteur de la rue du Pet-au-Diable et en face de la rue Saint-Michel. De là, elle s'écarte vers le nord, de manière que, parvenue au bout de la rue des Marmousets, elle fait presque face à la rue Saint-Pierre; qu'au bout de la rue Royale elle est un peu au nord de la rue du Conseil, et qu'au bout de la rue du Morne-des-Capucins elle est à peu près vis-à-vis le point de son embouchure. De cette extrémité de la rue du Morne-des-Capucins jusqu'à la mer, elle a un cours assez droit, si ce n'est que depuis la rue Saint-Domingue jusqu'à celle du Gouvernement elle rentre au sud, même d'environ 15 toises vers cette dernière rue. Elle parcourt dans la ville, à compter du haut des emplacements au-dessus de la Providence jusqu'à la mer, environ 700 toises. Un arceau en voûte aplatie, trop basse pour laisser introduire la plus petite pirogue, donne passage à un canal de 5 toises de large; c'est par là que les eaux de la ravine gagnent la mer, sous la batterie circulaire.

A mesure que la ville s'est étendue, la ravine est devenue

un plus grand inconvénient pour elle. Lorsqu'on n'avait bâti que sur le rivage et que le Cap ne s'étendait pas au nord de cette ravine; lorsque le morne du Cap n'était pas aussi à nu et aussi exposé aux dégradations des pluies, les eaux s'écoulaient sans obstacle, et il paraît qu'alors le lit de la ravine lui suffisait, mais son état a changé avec l'agrandissement du Cap.

Des personnes prétendent que, vers 1720, on venait, avec des canots par la ravine, faire de l'eau à un puits placé à la hauteur de la rue Vaudreuil. Mais des pièces de 1719 me prouvent que la ravine était toujours à sec dans les temps ordinaires. D'autres personnes m'ont assuré avoir passé en canot sous le pont qui est entre l'arsenal et le magasin du Roi en 1740, ce qui ne peut avoir eu lieu que dans des débordements, puisque même lors de sa construction on n'a laissé que 7 pieds de vide sous ce pont. Mais il est certain que ce vide n'est pas à présent de 2 pieds de hauteur, tant le fond s'est élevé.

Cette différence, encore plus sensible dans d'autres points, est due à deux causes : la première et la plus puissante sont les terres et les sables entraînés par cette ravine elle-même et par celles qui viennent y réunir leurs eaux; la seconde, l'habitude contractée, depuis que le voisinage de cette ravine a été bâti, d'y jeter la plus grande partie des immondices de la ville, sans que les ordonnances de police aient jamais pu remédier efficacement à ce mal, dont il faut avoir vu les effets pour les concevoir.

On peut juger du volume du remblai par le banc formé en dehors de la batterie circulaire, à l'embouchure de la ravine; et lorsqu'on sait qu'en 1782 le conduit qui mène l'eau à la fontaine de la rue du Conseil et qui traverse la rue Royale était élevé de plus de 2 pieds au-dessus de son fond, tandis qu'en 1788 il est absolument sous terre, on ne peut qu'être étonné de cet exhaussement si prompt, qu'on le voit croître de plusieurs pieds en un petit nombre d'années; il était tel enfin en 1788, que le lit de la ravine était plus élevé que le niveau des rues qui lui sont parallèles. Les nouveaux établissements faits depuis peu le long de cette ravine, les déblais et les remblais formés sur les terrains concédés par la Providence, l'écoulement de la ravine sur un terrain en quelque sorte plat lorsqu'elle arrive dans la ville chargée de ce qu'elle a pris dans le morne; ensuite ses sinuosités qui lui laissent le temps de former des dépôts, tout la rend dangereuse, et les ravages de ses débordements vont toujours en croissant.

Autrefois elle en avait eu où l'eau enfilait les rues du Conseil, Saint-Pierre, Saint-Michel, la Providence et Bourbon, c'est-à-dire l'une de ces rues ou plusieurs, ou même toutes à la fois; mais pendant longtemps cette eau retournait à la ravine par la rue Saint-Domingue. Depuis elle a suivi ces différentes rues jusqu'à la mer.

Le jeudi 8 novembre 1781, à 8 heures précises du soir, la pluie commença avec la plus grande impétuosité et avec une telle force, qu'en moins de vingt-cinq minutes la ravine déborda dans les rues du Conseil, Saint-Pierre, Saint-Michel et de la Providence, et surtout dans cette dernière où l'eau entra dans la plupart des maisons jusqu'à l'extrémité de la rue Saint-Laurent vers la mer. Il y avait, à 8 heures 1/2, 2 pieds 1/2 d'eau au coin de la rue Royale et de celle de la Providence. Il y eut des meubles emportés à la mer avec une rapidité incroyable; des sucres, des cafés furent avariés dans les magasins; le pavé fut creusé en plusieurs endroits et notamment dans une longueur de 40 toises de la rue Saint-Laurent entre celles du Palais et Saint-Domingue. On attribua cet événement à la construction nouvelle de deux maisons sur le bord nord de la rue Saint-Michel, au-dessus de celle des Marmousets, dans une partie de l'ancien lit de la ravine, auquel on prétendait qu'il n'avait été laissé qu'un lit trop étroit que ses eaux avaient surmonté.

Comme la présence d'un malheur inspire presque toujours l'idée d'une précaution, M. Desforges, ingénieur, proposa, le 14 décembre suivant, un plan de détournement de la ravine, à partir du point où elle reçoit la ravine à Douet. De là même, la ravine était jetée sur sa rive gauche; arrivée à la rue du Lion elle était menée presque au nord, et, parvenue vis-à-vis la rue du Fort-aux-Dames, on la conduisait derrière le hangar à la mâture, et elle arrivait à la mer vers l'extrémité de la rue Saint-Alexandre.

Ce projet faisait parvenir toutes les rues percées du sud au nord, depuis celle des Marmousets jusqu'à la rue du Gouvernement, presque aussi loin dans le nord que la rue Saint-Alexandre, et à leur tour les rues du Petit-Carénage, depuis celle de l'Arsenal jusqu'à celle Saint-Alexandre, se seraient étendues dans l'ouest jusqu'au prolongement de la rue des Marmousets. On aurait formé une rue entre celle du Conseil et celle de l'Arsenal, en suivant la direction du lit actuel de la ravine pris à son embouchure. Enfin ce plan, qui donnait cinquante îlets de plus à la ville en la débarrassant de la ravine, lui procurait encore un magnifique boulevard formé d'un rang d'arbres plantés le long de la ravine qui aurait eu 656 toises et 100 pieds de pente.

Suivant M. Desforges, ce travail ne devait coûter que 450,000 livres. Soit qu'on ait trouvé des obstacles à son exécution, soit que l'on se fût refroidi, suivant l'habitude coloniale, les choses restèrent dans leur premier état.

Le 28 février 1782, la ravine déborda encore et passa, à huit heures du soir, par les rues du Conseil, Saint-Michel et la Providence, mais sans causer de dommages.

Ce ne fut pas la même chose le 7 novembre 1787. Après une heure et demie d'orage, la ravine déborda entre 8 et 9 heures du soir; les eaux abattirent le mur qui ferme l'emplacement du côté nord de la rue Traversière. Elles s'élevèrent à 8 pieds, perdirent tous les meubles, noyèrent deux jeunes nègres de Mme Bessière, propriétaire de la maison construite sur cet emplacement, et lui firent courir des risques à elle-même. Il y eut 4 pieds de sable et de pierres dans la maison, une voiture fut emportée et brisée, et les chevaux, placés dans l'écurie, ne se sauvèrent qu'en en brisant les portes. Un chirurgien fut entraîné jusque vers la mer; les cadavres du cimetière de la Providence furent exhumés et emportés; les denrées et les approvisionnements furent avariés dans des magasins où l'eau s'éleva jusqu'à 4 pieds. Il fallut dès le lendemain matin déblayer la ravine, et l'on y employa cent cinquante hommes du régiment du Cap, cinquante de l'artillerie et tous les nègres de la chaîne publique.

Les réparations n'étant que provisoires, on sentit enfin qu'il fallait s'occuper sérieusement de garantir le Cap de pareils événements, et M. de Rallier fit, le 11 juin 1788, un plan visé le 17 par le directeur général des fortifications, et approuvé le 20 par le comité d'administration. Les propriétaires des maisons intéressées aux travaux de la ravine s'assemblèrent le 19 avril, et nommèrent deux d'entre eux pour commissaires.

Enfin, après tous les examens et toutes les discussions, les administrateurs ont rendu, le 20 mai 1789, une ordonnance portant que la ravine sera redressée de la rue de l'Ours à celle du Morne-des-Capucins, et son nouveau lit, fouillé aux frais de l'État, a 15 pieds de profondeur. L'écore intérieur, du côté de la ville, est revêtu d'un mur qui s'élève de 7 pieds au-dessus du bord, dont l'État paye un tiers et les deux autres tiers sont supportés par les propriétaires du local et ceux des maisons et emplacements de l'ancien lit. Entre ce mur et la ville est une rue de 18 pieds de large, qui va de celle de l'Ours à celle du Morne-des-Capucins. L'entretien du mur de revêtement est à la charge des propriétaires des emplacements adjacents, chacun au devant de son terrain, ce qui doit avoir lieu pour le mur de revêtement que les propriétaires au nord pourraient vouloir faire de ce côté. Quant à l'entretien du lit de la ravine, à la largeur et à la profondeur qu'on a trouvé à propos de lui donner, les riverains des deux côtés en supportent les deux tiers, et l'autre tiers est aux frais des propriétaires des maisons situées entre la ravine et les rues Saint-Michel et Saint-Jean. En soignant cet entretien, l'on n'aura plus rien à craindre de la ravine, et l'on aura l'obligation de cette sécurité à M. de Rallier, dont le plan a un peu augmenté l'étendue de la ville.

C'est encore à lui qu'on doit d'autres déterminations de

cette ordonnance jusqu'en 1773, les rues aboutissant à la ravine y avaient un libre accès, mais au mois de janvier 1774, M. Doré, doyen des notaires, propriétaire de terrains au nord de la ravine, en face de la rue Saint-Domingue, demanda aux administrateurs et obtint d'eux, le 12 du même mois, la permission de faire un pont sur la ravine, et de le fermer par une porte, sur la rue Saint-Domingue. MM. Abel et Leclerc, propriétaires des deux maisons qui faisaient les angles nord-ouest et nord-est de la rue Vaudreuil et du Conseil, enchérirent sur cet exemple, et firent faire un portail entre eux deux, et fermèrent par une grande porte le bout de la rue Vaudreuil. Peu après, les propriétaires du haut de la rue du Conseil et de la partie adjacente de la rue Royale demandèrent à placer un portail et une porte à l'extrémité de la rue Royale et sur le côté nord de celle du Conseil ; les administrateurs les y autorisèrent le 6 décembre 1774. Voilà trois issues de la ravine fermées, quoiqu'en réalité cette dernière l'ait toujours été fort mal, parce qu'elle est le passage pour aller à la vigie, à l'habitation des religieuses et à la prise d'eau d'Espaigne, et sous divers prétextes on la laissait presque toujours ouverte pendant le jour. En imitation de ces clôtures, on ferma d'un mur l'extrémité de la rue du Palais à toucher la ravine, et l'on mit des ponts au bout des rues Saint-Domingue et de Penthièvre, aussi sur la ravine, et on les ferma d'une porte. Lorsqu'en 1778 M. de Vaivre, intendant, vint habiter le Cap, on ferma aussi d'un mur, avec une porte, l'extrémité de la rue du Morne-des-Capucins, au bout de la rue du Conseil.

Rien n'était si singulier que la colère de tous ceux qui n'habitaient pas près de la ravine, de ce qu'on en avait interdit l'accès aux immondices, tandis que ceux qui étaient dans son voisinage en avaient une bien plus fondée, de ce qu'il restait encore des issues par lesquelles on y pénétrait. A la vérité, dans certains jours, et surtout dans les temps pluvieux, il était difficile de résister aux exhalaisons que les matières stercorales répandaient dans toute la longueur de la ravine, qui était réellement une des latrines publiques du Cap. Quelquefois même il y avait des rixes entre les porteurs d'immondices et les habitants du voisinage de la ravine. Le conseil supérieur, les administrateurs, se querellaient sur cette dégoûtante compétence.

Enfin l'ordonnance citée, du 20 mai 1789, a ordonné la construction de cinq ponts de maçonnerie sur la ravine, aux points où les rues du Gouvernement, du Palais, du Morne-des-Capucins, de Vaudreuil et Royale y aboutissent, le premier aux frais de l'État, qui l'entretiendra, et les quatre autres à ceux de M. Abel. Quant à leur entretien, il est obligatoire pour les propriétaires des maisons et des terrains contigus, avec cette différence, cependant, que ceux situés au nord de la ville payeront les deux tiers de cet entretien. Chaque pont doit avoir la largeur de la rue et un mur en garde-fou de 7 pieds, pour empêcher que la ravine ne soit encore le réceptacle des ordures. Ce projet exécuté, la ravine aura huit ponts : celui de l'Arsenal, les cinq que je viens de nommer, celui de la rue de Penthièvre et celui de la rue Saint-Domingue. Le Cap aura une grande cause d'infection de moins, et l'on ne sera plus exposé aux dommages que la ravine ne causait que trop souvent.

C'est à environ 80 toises dans le nord de cette ravine, et presque en face de la rue du Lion, qu'est la prise d'eau d'Espaigne, ainsi nommée du propriétaire du terrain, qui a les bâtiments de sa petite habitation presque en face et à 25 toises de la rue Royale. Cette proximité avait même fait prétendre que la maison était celle d'un citadin, mais le contraire fut jugé, par arrêt du conseil du Cap du 21 octobre 1777.

Qu'il me soit permis de m'arrêter un instant pour payer un juste tribut à la mémoire de M. d'Espaigne, qui, borné dans sa fortune et chargé d'une nombreuse famille, presque toute composée d'enfants jumeaux, a su, aidé par son épouse, leur donner une éducation utile et agréable, et offrir ainsi un modèle aux parents qui voudront mettre leur plaisir et leur bonheur à former d'estimables citoyens dans les deux sexes.

Après avoir passé l'habitation d'Espaigne, en venant à

l'est, il y a un grand terrain, presque plat, qui appartient à M. Abel. Il en a mis une portion en potager et en verger, et c'est l'objet d'un grand profit, aussi à portée de la ville, d'autant que les fruits y sont excellents. On y cultive aussi des fleurs. On y a vu un superbe dattier. Le reste est planté en petit mil pour fourrage, ainsi que la portion où le morne n'est encore qu'un coteau. C'est sur le terrain de M. Abel, et en face de l'extrémité de la rue du Morne-des-Capucins, qu'était un petit lieu de plaisance, formé dès le commencement du siècle et qui a subsisté longtemps sous le nom de *la Guinguette*. On y voit même encore un bout d'allée qui ombrageait ce lieu champêtre. L'ordonnance du 20 mai 1789 permet à M. Abel de diviser son terrain en emplacements, en y suivant la direction des rues.

Entre les rues du Palais et Saint-Domingue sont les établissements de M. Solh, un des sept particuliers auxquels appartiennent les soixante-dix-neuf cabrouets qui font les transports dans la ville du Cap. C'est encore un motif de louer le père Boutin, à qui les premiers cabrouets sont dus. Affligé de ce que, dans un climat aussi chaud, les matelots étaient obligés de faire eux-mêmes les charrois du rivage au magasin, et du magasin au rivage, il imagina de faire faire des cabrouets, et cette idée eut bientôt des imitateurs, parce qu'elle est lucrative. Ces cabrouets, qui ne sont que des charrettes à deux roues, assez courtes pour qu'elles tournent facilement dans des rues de 24 pieds, sont attelés d'un mulet et conduits par deux nègres. On les charge au moyen d'un tourniquet; ils portent deux milliers. On donne 30 sous par course, de la mer à la rue Royale, et une demi-gourde si c'est au-dessus. Pris pour la journée ils coûtent 4 gourdes, du soleil levant au soleil couchant, excepté depuis midi jusqu'à deux heures, que les nègres et les animaux prennent du repos. Un cabrouet à mulets coûte seul 700 livres.

Après M. Solh est un grand corps de bâtiments aligné à peu près dans son bout ouest, sur le côté oriental de la rue Penthièvre. C'est là que la première loge de francs-maçons, formée au Cap vers 1748, s'est assemblée pendant trente-cinq ans. C'est principalement aux colonies que les motifs pour se réunir sont précieux, et quand ils sont de nature à ramener les hommes à des sentiments fraternels, d'où naissent quelquefois des actes de bienfaisance, ils doivent être accueillis. Je ne puis me rappeler, sans en être touché, le tableau qu'offrait cette loge en 1778, lorsque des officiers anglais y étaient traités en frères, tandis que la politique les avait rendus prisonniers de guerre.

Les francs-maçons, qui n'auraient pas voulu qu'on les crût insensibles aux charmes du beau sexe, ont contribué aux frais d'une brillante fête, qui fut donnée dans ce local, le 1er février 780.

Cette loge, qui porte le nom de Saint-Jean-de-Jérusalem Écossaise, et que j'ai dirigée pendant quatre ans, a suspendu ses travaux depuis plusieurs années, et déposé ses archives parmi celles de la loge de la Vérité.

Au nord précisément de la loge et sur la cime d'un coteau, qui est même escarpé au sud-est, sont plusieurs petites maisons dont le site est agréable, parce que ce point domine la ville et reçoit l'impression des brises. C'est dans un de ces petits pavillons, où l'on va par la rue Saint-Domingue, que M. de Fleurieu et le père Pingré firent leurs observations astronomiques en 1769, et où MM. de Verdun, Borda et Pingré en firent encore en 1772. A environ 50 toises dans le nord-nord-est de ces pavillons, et dans un enfoncement, est la poudrière, qui a toujours été à cette place depuis qu'il y en a une au Cap ; on se rappelle qu'elle a donné son nom, en 1750, à l'une des rues du Petit-Carénage.

Chemin du fort Picolet.

A l'extrémité de ce faubourg est une petite langue de terre qui finit à 800 toises au fort Picolet. La maison qui termine le Petit-Carénage et la ville, à main gauche, est nommée *la Guin-*

guette, parce qu'elle est depuis longtemps occupée par un traiteur, chez lequel on va faire des parties d'amusement. Cette maison, placée sur le bord de la montagne et à laquelle on arrive par plusieurs terrasses et des escaliers qui sont coupés dans le morne même, en montant dans le sens du sud vers le nord, frappe par sa situation. Lorsqu'on la quitte et que par conséquent on franchit la limite de la ville, on approche tout près, et sur la gauche du chemin, de l'habitation Bailly, dont l'aspect est fort gai. Elle est placée sur un repos que forme le morne dans cette partie. On y parvient par des rampes et des escaliers de maçonnerie, qui règnent symétriquement de chaque côté, et qu'enjolivent diverses plantes et de petites statues, qui rendent tout cet ensemble vraiment pittoresque. Cette habitation est une manufacture à chaux. La maison principale est jolie, commode et agréable, et une bonne longue-vue y multiplie les jouissances.

Cette habitation passée, le chemin monte en faisant un crochet vers l'est, et revient aussitôt dans l'ouest. Il contourne ainsi une batterie de mortiers, qui est à 100 toises, en ligne droite, de la limite de la ville et après laquelle est un arbre qui a fait prendre à ce point et à la batterie le nom de Gris-Gris. Le chemin reprend sa direction au nord, côtoyant toujours le morne et descendant un peu dans cet endroit. On va laissant deux ou trois petites maisons et un four à chaux à main droite, et l'on se trouve dominer le Fort-aux-Dames, qui est à 60 toises dans le nord de la pointe du Gris-Gris, par laquelle l'élévation où est la batterie du même nom est terminée vers la mer. A environ 200 toises du Fort-aux-Dames, on aperçoit de la même manière le fort Saint-Joseph. A peu près à égale distance de l'un et de l'autre, et du même côté, est une autre maison et encore un four à chaux; et enfin à 400 toises du fort Saint-Joseph est celui de Picolet, qui termine le chemin par son pont-levis.

Le chemin de Picolet, qui, depuis le Petit-Carénage, est varié parce qu'il se trouve tantôt dans de petits points boisés et sur un terrain qui offre des inégalités, et tantôt dans le sens d'une plage, sur laquelle on voit briser la mer presque à ses pieds, formerait une promenade assez agréable et propre à procurer des sensations de plusieurs genres, si elle n'était pas souvent malsaine pour les habitants de la ville. Placé sur le bord de la côte et le long du morne, le vent y frappe avec force, et lorsque les brises sont violentes, leur action est capable de répercuter la transpiration, que l'air chaud de la ville a rendue abondante. On a observé que des personnes qui choisissaient ce lieu pour venir s'y délasser, ainsi que celles qui venaient s'asseoir au Gris-Gris, étaient sujettes aux rhumes et à des incommodités du même genre. C'est sans doute la même cause qui agit sur les habitants de la partie septentrionale du Petit-Carénage qui, presque tous ouvriers, ont plus à redouter les suppressions. Leur teint est livide; les femmes y ont aussi une carnation terne et les enfants y ont presque tous des obstructions. D'ailleurs cette partie est privée d'eau, et celle que des puits lui procurent doit être un nouveau principe de mauvaise santé. C'est à Picolet que se termine ce qu'on peut appeler les environs du Cap, du côté nord. Je passe au côté sud.

La Fossette.

Le grand chemin qui fait sortir de la partie méridionale de la ville est aligné sur la rue Espagnole. Dès qu'on quitte cette dernière, on a, à sa droite, l'enfoncement appelé la *Fossette*, à cause de sa configuration, et à gauche, une promenade appelée *le Cours Villeverd*.

La Fossette forme une petite habitation que la compagnie des Indes acheta, lorsqu'au mois de septembre 1720 elle obtint le privilège exclusif du commerce de la côte de Guinée et de la fourniture des nègres à Saint-Domingue, en les tirant de l'étranger. Elle y avait fait construire des magasins, dont l'incendie signala la révolte de la colonie contre les privilèges de cette compagnie en 1723. Ce fut même en haine d'elle qu'on ne voulut plus appeler ce lieu du nom de *l'Afrique*, que les agents de cette compagnie lui avaient donné, et que l'on reprit celui de la Fossette qu'il avait auparavant.

En 1759, la compagnie vendit une petite portion de ce terrain pour le cimetière de la ville qui a aussi conservé, comme on l'a vu, le nom de la Fossette. En 1763, la compagnie annonça la vente de cette habitation. M. de Clugny, alors intendant, s'empressa d'écrire au ministre que ce terrain était indispensablement nécessaire au service public, soit pour y former un arsenal, soit pour y camper des troupes en temps de guerre, ou pour y construire des hôpitaux, soit pour avoir toujours à proximité de la ville un lieu propre à nourrir les chevaux d'une troupe de cavalerie ou d'une compagnie de maréchaussée, soit enfin pour y rassembler un certain nombre de bestiaux pour la subsistance des troupes. Ce local, qui a un peu plus de cinquante-sept carreaux, presque tous en plaine, était alors cultivé par trente-quatre nègres que M. de Clugny annonçait comme devant être très-utiles aux travaux des magasins et des hôpitaux, ce qui économiserait la dépense très-coûteuse des journaliers : 70 ou 80,000 livres devaient suffire à l'acquisition. Sa lettre, écrite le 19 décembre 1763, ne produisit aucun effet, et la Fossette fut achetée par M. Ducasse en 1766.

Ce que M. de Clugny avait dit s'est vérifié en grande partie. Lorsque des escadrons des régiments de dragons de Condé et de Belzunce arrivèrent au Cap, il fallut faire construire à la Fossette une écurie pour leur chevaux. Lorsqu'on concerta, en 1781, des opérations militaires qui annonçaient des entreprises sur des îles ennemies, on crut devoir préparer des hôpitaux, on les plaça dans la savane de la Fossette. Il a fallu payer toutes ces jouissances et les dépenses qu'on a faites pour y conduire l'eau qui devait être nécessaire aux hôpitaux; à coup sûr, l'achat qu'on aurait fait en 1764 aurait été une économie. Cet achat n'a cependant eu lieu qu'en 1788, pour une somme de 40,000 livres.

L'enfoncement appelé la Fossette peut avoir environ 300 toises de l'est à l'ouest, depuis la haie qui borde le chemin jusqu'au morne, sur une largeur inégale qui va en se rétrécissant et qui peut être évaluée à 150 toises de largeur moyenne. On y cultive quelques vivres et du petit mil pour fourrage. Le morne le borde sur les trois faces, nord, ouest et sud. C'est à 150 toises du chemin que sont les bâtiments de l'habitation, et c'est entre eux et le chemin qu'on avait fait les constructions destinées à servir d'hôpital.

Elles consistaient en huit corps de logis de bois à rez-de-chaussée, de 100 pieds de long chacun, formant deux rangs de chaque côté et de l'est à l'ouest. On les voit encore sur le plan du Cap. De ces huit bâtiments il n'y en a plus que six, savoir : les quatre du côté nord et deux seulement au sud. Les deux autres ont été transportés ailleurs; c'en est un qu'on a mis au bout de la rue Saint-Alexandre au Petit-Carénage. Une fontaine était projetée au milieu des huit maisons.

Les inconvénients qui résultent de la vente des nègres africains à bord des vaisseaux qui les ont transportés étant très-multipliés, je dressai, en 1783, un mémoire qui fut signé d'un grand nombre d'habitants des paroisses de la dépendance du Cap et qui indiquait les bâtiments élevés à la Fossette comme un bazar commode et propre à sauver les nègres de plusieurs maux tous affligeants pour l'humanité. Les administrateurs n'osèrent pas adopter cette mesure dont la justice les frappait; mon mémoire fut envoyé au ministre. Les chambres de commerce en furent averties, et leurs sollicitations ou la marche craintive du gouvernement qui n'a pas su être ferme à propos le rendirent inutile.

Cependant cette semence avait germé et les mêmes administrateurs profitèrent d'une occasion favorable pour tenter une partie de ce que j'avais espéré. Le 24 mai 1784, au moment de l'impression récente de la visite de sept magasins négriers, ils défendirent de déposer en ville des nègres nouveaux, et autorisèrent à les placer dans les bâtiments construits à la

Fossette, à la charge de remettre au trésor 24 livres par chaque tête de nègre, après la vente faite. Mais les capitaines prétendirent que cette disposition était peu commode ; que les nègres malades n'y trouvaient pas de soins, et quant à ceux en santé, ils craignirent d'être obligés de les vendre à terre. Cette ordonnance est donc demeurée sans effet sur ce point ; mais elle a produit, du moins, l'établissement de l'hôpital de M. Durand dont j'ai parlé.

A environ 140 toises de la rue Espagnole, est un très-petit tertre sur le milieu duquel, et au bord du chemin du côté de la Fossette, est une croix. C'est à côté de cette croix que coule l'eau amenée du morne en 1782, qui est une des meilleures du Cap et qui fournit à présent la fontaine de la place Royale si utile à cette partie de la ville.

La Fossette a une très-sinistre réputation ; c'est le lieu où un préjugé aussi cruel qu'insensé amène tous ceux qui veulent y venger des injures réelles ou imaginaires. La solitude de ce lieu où de petites sinuosités montueuses mettent à l'abri de tous les yeux, la facilité de s'y rendre de la ville, même sous le prétexte de la promenade, le voisinage de l'hôpital, tout lui a mérité cette funeste préférence. Il n'est pas d'année que cette terre ne soit arrosée de sang humain, et en temps de guerre, où les troupes sont nombreuses, elle est continuellement ensanglantée. Il semble que le climat ne soit pas assez fatal, et qu'on ait besoin de seconder ses influences.

Les nègres forment aussi dans la savane de la Fossette leurs danses, le soir des dimanches et des fêtes ; de manière que c'est un théâtre de fureur et de plaisir.

C'est dans cette savane que l'on fait manœuvrer les troupes, surtout pour les exercices à feu.

Encore en 1780, le terrain qui est à la gauche du chemin que borde d'un côté la haie vive de l'habitation de la Fossette était un cloaque, un vrai marécage, où pénétrait l'eau de la mer et celle de la rivière du haut du Cap, où deux ravines qui coulent dans la longueur de la savane de la Fossette pendant les pluies, venaient aussi mêler leurs eaux. C'était surtout à 200 toises de la ville que ce marais, à cause d'un détour de la rivière, venait forcer le chemin à entrer dans l'ouest pour côtoyer ensuite une langue de terre très-étroite, puis le côté nord et le côté est d'une petite pointe de montagne, dont l'extrémité est plus orientale que la rue Royale. A l'infection de ces eaux croupissantes se mêlait celle des immondices de la ville, que transportent les tombereaux employés à son nettoiement, celle des dépouilles des animaux tués à la boucherie, placée au bord de la rivière en 1778, et celle des animaux morts, qu'on ne prenait pas toujours la peine d'enterrer; de sorte que le passage de ce lieu était insupportable, et que la brise du soir et les vents de la partie du sud en portaient toutes les émanations sur la ville. Le chemin, qui faisait différents tours pour avoir un sol moins aquatique, était facilement gâté, et durant les pluies il devenait un bourbier presque impraticable. En un mot, jamais ville n'eut un abord plus repoussant, surtout lorsque la décoration de la porte du cimetière ajoutait encore à son impression.

M. Ducasse, qui avait acheté l'habitation de la Fossette, demanda au ministre la concession de tout l'espace entre cette habitation et la rivière, formant ce qu'on appelle aux îles les cinquante pas du roi[1]; mais les administrateurs, consultés par le ministre, dirent que ces cinquante pas contenaient des parcs indispensables au fermier des boucheries et servaient à la pâture des animaux deux ou trois jours avant leur tucric; qu'en outre le rivage de ce terrain sur la rivière était le carénage de petits bâteaux ou barques de pêcheurs.

M. Sourbier avait été plus heureux, puisque dès le 17 avril 1764 les administrateurs lui avaient accordé cette concession des cinquante pas, dont l'avis des administrateurs en 1768 prouve qu'il n'avait fait aucun usage. On eut cependant l'étrange

---

1. C'est-à-dire un intervalle de 175 pieds, mesurés à partir du point jusque auquel monte la plus haute marée, et qui est réservé, hors des villes et bourg, dans toutes les Antilles françaises, pour l'utilité publique.

idée de placer dans ce lieu les Providences, et ce fut dans cet esprit qu'on leur concéda, le 8 novembre 1771, les cinquante pas du roi, bornés au nord des fossés de la ville (le fossé qui était au devant de l'ancien front des fortifications), au sud des religieux de la Charité, à l'est de la rivière et à l'ouest des terrains Ducasse, mais à la charge d'ouvrir un grand chemin en suivant la rue Royale, et de le planter d'arbres des deux côtés. Cette concession répétait les mots de celle de M. Sourbier, qui avait fait don de ses droits aux Providences, le 24 octobre précédent. Une ordonnance des administrateurs, du 5 novembre, prescrivait même la translation des Providences, mais ce projet, que je ne puis m'empêcher d'appeler insensé, fut aussitôt abandonné que conçu.

Ce que je ne devine pas, ce sont les motifs qui ont fait obtenir à M. Ducasse, le 9 octobre 1777, contre les Providences, la réunion de la concession par un jugement du tribunal Verrier, qui porte, sauf aux administrateurs à accorder la concession de ce terrain à qui ils trouveront convenir. Le cloaque et l'infection existaient encore lorsque MM. de Reynaud et le Brasseur, frappés de l'horreur de ce spectacle, formèrent le projet de le faire disparaître.

Cours Villeverd.

Depuis le mois de juillet jusqu'à celui de novembre 1780, l'on s'occupa de relever le plan du terrain et de faire divers projets qui furent enfin arrêtés. Par ordonnance du 1er décembre, MM. de Reynaud et le Brasseur accordèrent à M. Artau, entrepreneur du roi, la concession des terrains dont j'ai parlé, estimés 100,280 livres, à la charge de faire, dans un an, un chemin allant en ligne droite de la rue Espagnole jusqu'au pied du morne de l'hôpital; d'abattre et d'enlever, depuis la rue Espagnole jusqu'à celle d'Anjou, toutes les terres qui restaient de l'ancien retranchement, et de faire un corps de garde sur la place Royale, le tout estimé 104,885 livres. Il devait même encore placer, à ses frais, la porte du cimetière à son angle nord-est, pour pouvoir jouir du terrain qui est entre ce cimetière et l'alignement de la rue Espagnole. Le chemin a été fait; il est beau, bien bombé à son milieu, avec un fossé d'écoulement de chaque côté, et par son moyen, de la porte du Gouvernement l'on découvre jusqu'au morne de l'hôpital. Sa largeur est de 60 pieds et sa longueur de 380 toises depuis les dernières maisons de la rue Espagnole.

Ce n'était pas assez pour les vues des deux administrateurs. Ils s'occupèrent de plus de faire border ce chemin d'une allée d'arbres, et outre cela il devait y en avoir une de palmistes de 300 toises de long et de 50 pieds de large, qui aurait formé une promenade.

La gauche du chemin fut destinée à offrir une autre promenade, au moyen d'une magnifique allée de 400 toises de long et de 36 pieds de large, correspondant à la rue Royale, ayant une contre-allée de 30 pieds de chaque côté, et dans une longueur d'environ 120 toises, une plantation d'arbres en quinconce, entre l'avenue et le grand chemin à l'ouest, et s'étendant avec une pareille largeur dans l'ouest. Le chemin a eu des arbres, le quinconce a été planté, et l'avenue conduite seulement à 200 toises, parce que le terrain est devenu dans cet endroit plus difficile à combler qu'on ne l'avait cru.

Cet ainsi que le zèle bienveillant de deux chefs a converti en un lieu agréable et salubre une source de maladie et une cause de destruction. C'est ainsi qu'on a vu naître le cours Villeverd, nom pris par M. de Reynaud de Villeverd, qui a été l'un des créateurs. C'est en faisant ces travaux salutaires qu'on a formé la belle rue du Pont, qui a 60 pieds de large, et du bord sud de laquelle part le quinconce. Des barrières de bois ferment celui-ci, et l'on y entre par des tourniquets. Tous les travaux de la promenade et de la rue du Pont ont coûté 120 ou 130,000 livres, prises dans la caisse des libertés.

Ce local a éprouvé cependant quelques changements qui lui ont ôté, jusqu'à un certain point, le caractère public que

MM. de Reynaud et le Brasseur avaient donné à presque toute sa totalité. Ils y avaient fait des concessions, mais toujours à la charge de quelques constructions qui avaient le public pour objet. Telle était celle d'un vaste emplacement, à condition d'y avoir un café et un lieu propre à donner des fêtes publiques. Mais un jugement du tribunal Terrier, du 10 novembre 1784, a réuni au domaine public tout ce qui avait pu être concédé antérieurement. Je reviens aux changements qu'on a faits.

Ils sont dus à la complaisante amitié de M. de Bellecombe, gouverneur général, pour M. Artau, entrepreneur du roi, qui a obtenu, par ordonnance de cet administrateur et de M. de Bongars, intendant, en date du 16 octobre 1783, la jouissance, pour vingt ans, du terrain non employé par la promenade entre le chemin et la rivière, sauf un point destiné alors à des lavoirs publics. Il avait appuyé sa demande sur les pertes que lui faisait souffrir la dispersion de ses matériaux, sur le besoin d'un vaste chantier pour les travaux du roi, qu'il entreprenait. Il obtint de plus la permission de transporter ailleurs la maison qui avait été construite pour le gardien de la promenade près du chemin; de planter en petit mil, en herbe de Guinée et en autres herbages, l'espace qui est entre le cours et le chemin, et de faire des hangars et d'autres bâtiments pour ses matériaux et ses chantiers.

Les obligations de M. Artau, proposées par lui-même, sont de laisser sur ce terrain, à l'expiration des vingt ans de sa jouissance, ceux des bâtiments qui seront utiles au service public, moyennant le prix que des arbitres convenus y mettront; d'entretenir à ses frais le logement du gardien, les arbres de toute la promenade, de tenir le cours enclos et à l'abri du dégât des animaux, de ne pas ôter le coup d'œil de la promenade, de donner un chemin pour aller à la boucherie par le cours, et un autre dans l'est vers la rivière pour y conduire les animaux.

M. Artau a, en effet, disposé les choses pour son utilité. On voit donc des deux côtés de l'avenue de la promenade, d'abord de beaux potagers et de grandes portions chargées de petit mil et d'herbe de Guinée, dont il faut avouer que la verdure ajoute à l'agrément de ce local. Le logement du gardien du cours est devenu en même temps celui du jardinier de M. Artau, qui a trouvé les deux places très-compatibles. La culture de ce lieu est d'autant plus profitable pour lui, que le sol, qui a été celui d'eaux pourrissantes et le séjour des amas d'une voirie, est extrêmement productif par sa nature, et que cette fécondité est entretenue par un arrosement facile, puisqu'une partie de l'eau de la Fossette, qui ne sert pas à la fontaine de la place Royale, se rend sur ce terrain par le premier des trois radiers du grand chemin auxquels correspondent trois ponts dans l'avenue.

Au-dessous du cours, M. Artau a construit de vastes appentis pour ses matériaux et pour le logement de ses centaines d'ouvriers nègres. Il a étendu, à cet effet, les remblais de cette partie et assaini d'autant ce canton. Il est seulement fâcheux que ces constructions empêchent que de la promenade l'on ne découvre la rivière et ce qui se trouve sur sa rive droite. Dans le bout sud-est de ce terrain et de la rue du Pont, sont aussi plusieurs maisons, et la rue d'Anjou se trouve même avoir déjà un prolongement au sud de la rue du Pont. Le bord de la rivière est toujours resté pour être le carénage des pêcheurs, jusqu'à la rencontre de la première ravine sur laquelle est le premier radier du chemin.

Vers ce point est un parc de moutons et de cochons, que la police a récemment expulsé de la ville comme nuisible à sa salubrité, et que les administrateurs du Cap ont permis de placer dans cet endroit sans pouvoir y élever aucun bâtiment. Il faut rendre ici cet hommage, que le juge du Cap avait défendu d'avoir des animaux dans la ville, et spécialement le 2 avril 1740. Mais, depuis, la haute police avait permis aux bouchers de moutons, cochons et chèvres, d'avoir ces animaux vivants dans des cours au sein de la ville, à la charge, disaient les ordonnances qui les y autorisaient, et notamment une des administrateurs, du 28 juillet 1766, d'enclore ces cours, de les nettoyer chaque jour, et d'en faire enlever le fumier; comme si ces précautions avaient été suffisantes et assurées. Ce parc actuel a encore procuré un remblai.

De la Boucherie.

Enfin, c'est sur le bord de la rivière, à 140 toises du côté sud de la rue du Pont, qu'est placée la boucherie, transportée dans ce point en 1778, parce que sa situation, rue de Rohan, était peu convenable relativement aux troupes logées à l'extrémité de la rue Dauphine ou du Bac. Cette boucherie, qui appartient à l'État, est un bâtiment de bois de 150 pieds de long sur 30 de large, construit pour cette destination, qui a encore éloigné de la ville des causes de putridité et procuré l'usage de l'eau si nécessaire à une tuerie, surtout dans un climat chaud; on va à cette boucherie par le bord de la rivière, par la rue d'Anjou, d'après une ordonnance des chefs du 9 juin 1787, et encore par un chemin qu'a fait M. Artau, et qui prend dans l'avenue à environ 20 toises dans le nord du second pont.

Après la boucherie, allant au sud, le sol est marécageux, parce qu'il n'est pas assez élevé pour empêcher que les marées ne s'y fassent sentir. J'ai déjà dit que cette raison avait fait arrêter l'avenue à la troisième ravine où est le troisième radier du chemin et le troisième pont de l'avenue. De ce dernier pont, il y a une petite chaussée qui va joindre le grand chemin en faisant avec lui un angle de 45°. Depuis le point de leur rencontre et le long du chemin à l'ouest, sont plusieurs jolies maisons récemment bâties, et dont la première se trouve à environ 250 toises de la rue Espagnole. A 100 toises plus loin, mais à l'est du chemin, est un petit enfoncement qui autrefois était un bourbier à la moindre pluie. Il a été concédé à la Société des Sciences et des Arts, qui en a laissé la jouissance à l'un de ses membres, à condition d'y faire des constructions et de dessécher le terrain. On y voit une maison entourée de jardins.

Ces changements, tous effectués dans moins de neuf ans, ont converti un vaste champ d'infection, dont l'aspect affligeait les habitants du Cap, en un site agréable et riant; de petits jardins ont remplacé des lagons; les plantes utiles, les légumes succulents ont pris la place des mangliers. Tout citoyen paye avec joie un tribut de reconnaissance aux chefs dont la bienfaisance a produit d'aussi heureux effets, à ceux qui ont eu le bonheur de réaliser plusieurs choses avantageuses conçues avant eux, et qui ont préféré cette exécution à la basse envie qui s'enorgueillit de ne pas adopter ce qu'un autre a imaginé. Dès le 4 juillet 1764, les administrateurs avaient créé une loterie soumise à l'inspection des officiers de la sénéchaussée, et sur le produit de laquelle on devait prélever 15 pour 100 destinés à embellir le Cap; mais il était réservé à MM. de Reynaud et le Brasseur d'accomplir ce qui avait été vainement désiré depuis si longtemps.

C'est au bout de la concession de la Société des Sciences et des Arts, que le chemin dirigé vers le petit morne de l'hôpital, qu'il semble qu'on va être contraint de gravir et sur lequel est une batterie, qu'on tourne brusquement à l'est pour suivre la forme même du morne, puis on prend au sud. La gauche de ce chemin se trouve là, comme je l'ai déjà observé, très-peu distante du bord de la rivière. L'intervalle est noyé, mais il faut espérer que les immondices de la ville, qu'on fait toujours conduire par les tombereaux au sud du cours et de la promenade, finiront par exhausser assez le terrain pour contenir l'eau de la rivière dans son lit.

Presque aussitôt après avoir dépassé ce petit morne, et sur le bord du chemin à gauche, est une chaussée qui forme l'embarcadère de l'hôpital, auquel la rivière sert pour tous ses transports. Cette chaussée annonce elle-même que le terrain qui l'avoisine est marécageux. De là le chemin côtoie un instant des parties élevées et incultes, puis on arrive au point sur la droite duquel est l'hôpital qui exige, sous plusieurs rapports, un examen détaillé.

De l'Hôpital des religieux de la Charité.

Ce ne fut qu'environ soixante-dix ans après qu'on eut vu les premiers Français disputer le territoire aux Espagnols, qu'il y eut des hôpitaux. Rien ne détermina plus puissamment à en former que les effets désastreux de la maladie de Siam. On en avait cependant le dessein auparavant; car le ministre engageait M. Ducasse, le 27 août 1692, a en établir un pour secourir les pauvres, les blessés et les orphelins. On lui permit même alors d'y employer jusqu'à 6,000 livres sur le produit des prises du vaisseau *l'Emporté*, et ce qui restait des biens confisqués des religionnaires, auxquels il aurait encore été plus juste de les restituer, et de guérir une des plaies les plus profondes que la France ait jamais eues.

En 1694, on accorda encore 3,240 livres aux religieux de la Charité qui devaient passer dans l'île pour l'établissement d'un hôpital, et on les prit sur une partie de l'économie du traitement alloué pour deux curés de la Tortue, où il n'en avait pas existé de 1687 à 1692. Le provincial des frères de la Charité s'était excusé sur la guerre pour l'envoi des sujets; mais, au mois de décembre 1697, le ministre, en lui observant que cet obstacle n'existait plus, lui marqua d'en choisir quatre pour former deux hôpitaux au Cap et à Léogane. Il écrivit en même temps à M. Ducasse de presser cet établissement, que rendait encore plus nécessaire l'envoi de soldats pour compléter les compagnies; il lui recommanda d'engager les habitants à l'aider par quelques-uns de leurs nègres, et à convertir, au profit de l'hôpital, en peines pécuniaires contre les habitants, les châtiments qu'ils pourraient mériter. Il se promettait lui-même d'exciter ceux qui devaient fournir aux flibustiers des nègres pour le produit de leur part dans la prise de Carthagène, à donner par aumône, à ces hôpitaux, quelques nègres qui devaient jouir de la solde et de la ration du soldat malade.

En 1698 partirent le vaisseau *le Faucon* et la flûte *la*

Gloutonne, emportant des religieux de la Charité, au supérieur desquels le roi avait accordé 8,000 livres de gratification pour aider leur entreprise, et en outre des instruments de chirurgie, des tuiles, des briques et des planches pour les deux hôpitaux du Cap et de Léogane. Ils arrivèrent au Cap le 18 avril, et M. Vimont de Saint-Aubin, commandant *la Gloutonne*, y débarqua tout ce qui était destiné pour l'hôpital de ce lieu.

On installa provisoirement cet hôpital dans le magasin du roi, qui était sur la place d'Armes, et où l'on plaça quarante lits. Il fut ouvert le 1er août 1798. M. Ducasse écrivit au ministre qu'il fallait doubler le nombre des lits, puisque, outre qu'on avait mis deux malades dans un, il y en avait encore sur e carreau ; mais le ministre oubliant qu'il avait destiné l'hôpital aux pauvres et aux nouveaux venus, comme aux soldats et aux matelots, se récria sur la dépense. M. Ducasse insista, et ce fut alors que le ministre écrivit, le 7 avril 1699, qu'il fallait que les nouveaux venus travaillassent après leur guérison au bénéfice de l'hôpital, pour le dédommager de leur traitement ; que si cette ressource, réunie au payement pour les soldats et les matelots, et quelques rétributions qu'il tâcherait de faire faire à l'hôpital, ne pouvaient pas le soutenir, il n'y avait qu'à renvoyer les pères de la Charité et renoncer à l'hôpital. Cette étrange décision n'eut pas d'effet, et l'on chercha tous les moyens de consolider un aussi utile établissement.

Dès 1698, M. Ducasse acheta, en conséquence, l'habitation où est cet hôpital, sept nègres, huit engagés et quatre-vingts bêtes à cornes, et l'hôpital y fut transféré en 1699. Il fit tous les dons dont sa place lui permit de disposer ; il détermina les juges à lui appliquer des amendes ; en un mot, ce chef ne négligea rien pour favoriser ce qu'il avait réellement fondé par son zèle. Le roi accorda, peu après, 3,040 livres par an à cet hôpital, et 2,000 livres par forme de supplément, payées en France aux religieux de la Charité, sur des états visés de l'intendant ; de l'intendant qui, depuis M. Deslandes, le premier qu'on vit chargé de ces fonctions à Saint-Domingue, quoique avec le simple titre d'ordonnateur, a toujours eu l'administration générale des hôpitaux.

L'hôpital mis sur le terrain qui m'occupe en ce moment n'était composé, ainsi que le logement des frères, que d'espèces de cases à nègres, et l'on n'y comptait que dix-huit lits entretenus, au mois de décembre 1706. Cependant l'hôpital avait eu assez d'économie pour acheter la moitié de la sucrerie qui lui appartient encore aujourd'hui, dans la paroisse de la Petite-Anse, et sur laquelle il y avait environ soixante nègres. Cette moitié était affermée, en 1706, à l'associé des pères, 7,000 livres par an. Il est vrai qu'il restait dû environ 10,000 livres sur cette acquisition. Il y avait de plus quinze nègres attachés à l'hôpital même ou à ses dépendances, et dans le nombre de ces dernières, on comptait un jardin dont l'utilité était déjà sentie.

En 1709, on s'occupa de constructions, et le roi accorda même 1,000 livres sur les effets laissés par la mission des Capucins, pour aider ce projet. L'hôpital commença donc à avoir un aspect analogue à sa destination; mais on commença aussi à reprocher, avec raison, aux religieux, de n'en pas laisser l'accès toujours ouvert aux pauvres dont l'admission est une condition aussi ancienne que le projet de l'hôpital. Ce fut même cette circonstance qui avait déterminé le père Boutin, curé du Cap, à rétablir, comme je l'ai rapporté, un ancien hôpital des pauvres, qui fut critiqué et supprimé par les administrateurs, le 13 août 1717. Ceux-ci mirent fin aussi, au mois de septembre suivant, à un grand abus, celui de ne pas procurer de secours spirituels aux matelots malades en rade, et de les garder à bord; ils ordonnèrent de les faire transporter à l'hôpital, lorsqu'un bâtiment aurait plus de trois malades.

En 1739, on comptait trente-cinq lits dans l'hôpital du Cap, et le frère Martial Dougnon, qui en était alors le supérieur, voulant lui procurer de nouvelles ressources, demanda au conseil du Cap et en obtint, le 6 février 1749, la permission d'avoir un tronc dans les églises du district et de quêter à leurs portes, à la charge de recevoir les pauvres, comme l'avait dit le père Boutin, dont le conseil avait pris l'avis. En conséquence, il fut décidé aussi par cette cour que la moitié des dons et des legs qui seraient faits aux pauvres appartiendrait à l'hôpital.

Ce fut au mois de mars de la même année 1719, que furent accordées les lettres patentes de l'établissement des religieux de la Charité aux deux hôpitaux du Cap et de Léogane à perpétuité, pour y exercer l'hospitalité envers les pauvres malades et blessés du sexe masculin, les traiter, panser et médicamenter, et leur faire toutes les opérations de chirurgie nécessaires pour leur entière et parfaite guérison, leur administrer les sacrements, faire le service divin, enterrer les morts par prêtres séculiers ou réguliers, soit de leur ordre ou autres à leur choix, y faire leurs autres fonctions sous l'autorité et obéissance du provincial et vicaire général de leur ordre en France, suivant leur institut, bulles, règles, constitutions, règlements et priviléges, ainsi qu'ils sont dans les autres maisons, couvents et hôpitaux de cet ordre dans l'étendue du royaume. En conséquence, le roi leur fait don des églises, couvents et hôpitaux du Cap et de Léogane, bâtiments, terrains, habitations, manufactures, nègres, meubles, ustensiles et généralement de tous les biens de ces hôpitaux, et les maintient dans leur propriété et jouissance.

Le provincial a, par ces lettres patentes, le droit de changer les supérieurs à son gré et le roi prend ces hôpitaux et tout ce qui en dépend sous sa sauvegarde spéciale, ce qui a donné lieu à l'inscription : *A la sauvegarde du roi*, mise au-dessus de leur principale entrée et à laquelle ces religieux ont quelquefois attaché une telle force d'expression, qu'ils ont prétendu qu'un débiteur ne pouvait pas être saisi dans leur enceinte et que tout être quelconque y jouissait d'un droit d'asile inviolable. Il est permis à ces deux hôpitaux de faire boucherie pour leur seule consommation, de poser les armes de France sur leurs portes et autres lieux apparents, d'acquérir des meubles et immeubles, de recevoir les donations et les legs, en prenant pour l'avenir des lettres d'amortissement. Il leur est encore permis de quêter dans toutes les églises, d'y avoir des troncs, et les lettres patentes leur accordent l'exemption, tant pour eux que pour leurs domestiques blancs et noirs attachés à ces hôpitaux, du service de gardes, corvées, capitation, et, de plus, l'exemption de capitation pour cinquante domestiques attachés à la culture de leurs habitations, avec faculté de faire venir de France, exempts de droits de sortie du royaume et d'entrée dans l'île, les comestibles, médicaments, toiles, étoffes, meubles, ustensiles et marchandises nécessaires pour eux, leurs malades et serviteurs. Le passage des religieux leur est accordé gratuitement.

On trouve encore dans les lettres patentes que le supérieur est obligé de représenter le compte annuel de la recette et de la dépense à l'intendant, toutes les fois que celui-ci l'exige, et que celui-ci rendra compte tous les ans au ministère de l'état de ces hôpitaux, de leur administration, ainsi que de l'état et du produit des habitations.

Le père Martial, enhardi par tant de succès, désirant peut-être aussi montrer au père Boutin qu'il se rappelait l'observation de 1719, demanda encore au conseil du Cap que les biens destinés par ce jésuite à l'établissement des religieuses fussent adjugés à l'hôpital, parce que ces biens appartenaient aux pauvres, mais cette demande fut rejetée par arrêt du 22 septembre 1721.

En 1732, de nouvelles lettres patentes confirmèrent l'établissement des hôpitaux coloniaux ; et ceux de Saint-Domingue acquéraient chaque jour de l'augmentation.

Ce fut cependant cette année que, par une ordonnance du 9 août, M. Duclos, intendant, frappé de l'inconvénient de transporter les soldats malades des garnisons aux deux seuls hôpitaux du Cap et de Léogane, transport qui était cause de la mort de la plupart de ces malades, enjoignit de former un hôpital particulier au Fort-Dauphin, au Port-de-Paix, au Petit-Goave et à Saint-Louis, dans les casernes de ces divers lieux : et à Saint-Marc, où il n'y avait point de casernes, dans une chambre qu'on louerait. Ces hôpitaux furent confiés aux soins des médecins du roi pour les endroits où il y en avait, et à ceux des chirurgiens-majors dans les autres.

Ce que je ne puis concevoir, c'est ce que dit Poupée-Desportes, que dans cette année 1732 il n'y avait que vingt lits à l'hôpital du Cap, nombre qui fut porté peu après à cent, d'où l'on a inféré que ce médecin avait produit cette rapide augmentation. Je soutiens que dès 1719 il y avait vingt-cinq lits, qu'on s'occupait alors de doubler ; et quand on sait quelle est aux colonies, et surtout quelle était à cette époque l'influence d'un médecin du roi sur l'augmentation des dépenses d'un hôpital, on est convaincu que le zèle du médecin Desportes n'a pas eu tous les succès qu'on lui attribue. La vérité est que ce zèle fut très-fécondé par Larnage et Maillart ; que les religieux de la Charité avaient fait achever en 1737 une nouvelle salle de maçonnerie de 200 pieds de long, et que pour la prolonger encore de 100 pieds, ces deux administrateurs leur firent avancer, par le trésor, 20,000 livres le 22 janvier 1738 ; que le 1er août 1739 ces deux administrateurs prouvèrent que leurs vues bienfaisantes s'étendaient sur tout, en ordonnant de traiter les officiers, les soldats, les matelots, même ceux des navires marchands dans les hôpitaux du Cap et de Léogane, et en établissant dans chacun d'eux quatre garçons chirurgiens, nourris par les religieux.

Le médecin du roi à Léogane est tenu, par la même ordonnance de 1739, de faire la visite chaque jour, et celui du Cap quatre fois seulement (attendu que l'hôpital est loin de la ville), depuis le 1er juin jusqu'au 1er octobre, saison des maladies contagieuses, et deux ou trois fois le reste de l'année, en rendant compte, l'un aux deux chefs principaux, et l'autre à leurs représentants au Cap, de la quantité de malades et de la nature des maladies. Un officier de chacune des deux garnisons est tenu de faire la visite de l'hôpital, et le major ou l'aide-major de la place, deux fois par semaine, et d'en instruire le commandant. Enfin, pour encourager encore plus les quatre garçons chirurgiens, l'ordonnance allouait 500 livres à chacun d'eux, sur les amendes, jusqu'à ce qu'ils fussent placés dans l'île par les médecins du roi.

Certes les auteurs de tant de dispositions utiles peuvent bien mériter le pas sur Poupée-Desportes, qui, dans ses visites consultatives, ne pouvait que diriger d'une manière plus sûre ce que les chefs trouvaient avantageux, eux à qui il n'échappa point alors de représenter au ministre qu'il était juste que le médecin du roi eût un traitement, qui lui fut alloué en 1740 et fixé à 2,400 livres, taux où est resté celui de ses successeurs, malgré l'énorme différence de la valeur de cette somme aux deux époques.

En 1751, on voulut augmenter d'une salle l'hôpital du Cap, mais on la commença seulement et on ne s'occupa de la terminer qu'en 1756.

Par l'ordonnance du roi du 24 mars 1763, il fut déclaré que l'hôpital du Cap serait pour les soldats, les officiers et pour la marine, et qu'il y serait attaché un médecin et un chirurgien du roi. Cette ordonnance assujettit de plus les hôpitaux militaires de la colonie aux règlements faits pour ceux des troupes en France, et à l'inspection du médecin du roi et du chirurgien-major.

Dès l'arrivée des troupes venues de France avec M. de Belzunce, on fit des marchés particuliers avec les religieux de la Charité, qui formèrent des hôpitaux au Fort-Dauphin et au Trou. Les pertes que ces troupes éprouvèrent firent créer à Versailles, le 1ᵉʳ janvier 1763, un inspecteur et directeur général de la médecine, de la pharmacie et de la botanique des colonies, avec 3,000 livres d'appointements; ce fut M. Poissonnier, conseiller d'État, médecin de la faculté de Paris, consultant auprès de la personne du roi, nommé le même jour inspecteur général des hôpitaux de la marine en France; et comme les maladies et les mortalités avaient été en augmentant à Saint-Domingue, on renouvela, le 12 novembre 1763, le brevet de M. Poissonnier; on le chargea de choisir et d'examiner les médecins du roi pour les colonies; on lui recommanda de redoubler ses soins et ses recherches pour arrêter les maux qui existaient à deux mille et même à cinq mille lieues de lui, et l'on porta son traitement à 6,000 livres, traitement qui est l'unique effet qu'ait jamais produit son brevet, quoique l'ordonnance du 24 mars 1763 ait assujetti les médecins et les chirurgiens du roi à lui rendre compte de la nature et de la conduite des maladies.

Par un marché entre l'intendant et le supérieur de l'hôpital du Cap, en date du 20 octobre 1763, conclu pour deux ans, à compter du 14 novembre, et qui renfermait les hôpitaux du Fort-Dauphin et du Trou, la journée du malade fut fixée à 36 sous en y comprenant la retenue, et chaque journée d'officier à 10 livres. Ce fut alors qu'on mit des contrôleurs dans ces hôpitaux.

Le 2 juillet 1764, MM. d'Estaing et Magon firent une ordonnance pour la police des hôpitaux confiés aux religieux de la Charité. Ils prescrivirent aux médecins et aux chirurgiens du roi quatre visites par semaine à l'hôpital du Cap, et aux religieux de leur procurer une voiture pour ces visites; de plus, le médecin inspecteur, car il y en avait un alors, devait visiter les hôpitaux des religieux deux fois par mois et en rendre compte au gouverneur général. Ils déclarèrent que la police intérieure de l'hôpital appartenait au supérieur, et que le sergent de garde devait recevoir ses ordres à cet égard. On augmenta l'hôpital du Cap, en 1764, d'un pavillon pour les officiers.

Les changements produits dans l'administration des hôpitaux, depuis 1762, ne convinrent point aux religieux, qui se plaignirent des inspecteurs, des médecins, des chirurgiens, des commissaires des guerres, des commissaires de la marine, des contrôleurs et généralement de tous les employés. Aussi, dans le marché passé à Fontainebleau le 31 octobre 1765, pour trois ans, les débarrassa-t-on de tant de surveillants importuns. La journée du malade y fut mise à 40 sous.

Je dois dire qu'une ordonnance du roi, du 30 avril 1764, sur la chirurgie aux colonies, exigea que les chirurgiens eussent servi un an dans les hôpitaux militaires de ces colonies avant de pouvoir exercer leur profession, et que chacun de ces hôpitaux entretînt toujours quatre sujets; mais cette disposition si sage, et qui est évidemment la suite de celle adoptée par Larnage et Maillart en 1739, est tombée en désuétude et n'existe plus que dans les recueils.

En 1767 l'hôpital du Cap coûta, frais d'entretien et tout compris, 184,595 livres. Il y mourut trois cent trente-neuf soldats, deux ouvriers et huit marins.

On fit à Versailles un nouveau marché le 17 décembre 1768, pour neuf ans.

La dépense de 1771, pour l'hôpital du Cap, en journées de malades, fut de 120,062 liv. 10 sous. Il mourut cent cinquante-sept soldats et huit matelots.

Le marché de 1768 étant expiré en 1778, il y en eut un nouveau, seulement au mois d'août 1779, mais provisoirement fait par MM. d'Argout et de Vaivre, d'après une autorisation du ministre du 15 novembre 1778. Il y en eut un définitif conclu à Paris le 13 décembre 1780, pour cinq ans, à compter du 1ᵉʳ janvier 1781.

La guerre rendit l'hôpital très-insuffisant, et j'ai eu occasion de dire déjà qu'il y en avait eu plusieurs de formés dans la ville même du Cap, et quelles précautions on avait cru devoir préparer dans le local de la Fossette. Une idée très-heureuse des administrateurs, ce fut d'établir, à la fin de 1782, des salles de convalescents dans les différents quartiers des troupes, et de leur accorder une distribution réglée de vin.

Enfin le dernier marché fait avec les religieux de la Charité, pour l'hôpital du Cap, est du 1ᵉʳ septembre 1787. Le ministre ayant senti qu'il était plus convenable qu'il fût discuté et réglé dans la colonie, autorisa M. de Marbois à en faire un, par sa lettre du 15 juin, et celui-ci le fit stipuler par l'ordonnateur du Cap, avec le père Séraphin Merdier, supérieur de l'hôpital. Je crois devoir en faire connaître sommairement les conditions.

1° On recevra autant de soldats, de matelots et autres

personnes à la solde du roi qu'il sera possible, sans empêcher les habitants et les matelots marchands d'y trouver place. On pourra mettre des malades dans le pavillon des officiers, en y laissant trois chambres vides. Les pauvres doivent toujours être mis séparément en temps de paix, et lorsqu'il sera possible en temps de guerre. On exprime la nécessité absolue d'avoir une salle particulière des vénériens et des galeux.

2° L'état des bâtiments de l'hôpital a été constaté, le 24 septembre 1787, par l'ordonnateur, l'ingénieur en chef, le commissaire de la marine chargé du détail des hôpitaux et l'officier d'administration chargé du contrôle, et l'entretien de ces bâtiments est à la charge des religieux, moyennant 12,000 livres par an.

3° Les priviléges des lettres patentes de 1719 sont conservés ; et on donne 10,000 livres par an aux religieux, attendu la nécessité où ils sont de payer la boucherie, comme tout le monde, par la suppression de la ferme.

4° Nul inspecteur subalterne. Le supérieur de la maison rend compte de tout ce qui concerne le service des troupes au gouverneur général et à l'intendant, à leurs représentants et aux autres officiers de l'état-major ou de l'administration, à qui les deux chefs donnent commission de surveiller ce service. Le commissaire de la marine, chargé du détail des hôpitaux, doit visiter et inspecter l'hôpital deux fois la semaine, même plus souvent s'il l'estime nécessaire, et, après avoir provisoirement averti le supérieur ou le grand infirmier en particulier, il peut remédier aux négligences ou aux omissions. Les officiers de service ont aussi la monition secrète auprès du supérieur, et s'il n'y défère pas, la voie d'en rendre compte aux administrateurs ou à leurs représentants qui y remédieront, après examen préalable, comme dans le cas d'avertissement de la part du commissaire.

5° Les religieux traitent et pansent eux-mêmes les malades et font les opérations chirurgicales. Ils peuvent être aidés par des nègres, mais ceux-ci ne peuvent ni saigner ni faire aucun pansement. Le choix et le renvoi des médecins appartiennent au supérieur ; il doit toujours y en avoir un par quarante malades, indépendamment des quatre élèves chirurgiens prescrits par l'ordonnance du 30 avril 1764. Ces élèves n'ont droit à des appointements qu'autant que le nombre des malades rend leur service actif, c'est-à-dire qu'il doit se trouver au moins cent soixante malades pour les quatre. Comme ces chirurgiens sont destinés à aspirer à la maîtrise dans la colonie, ils doivent, pour être admis à l'hôpital, exhiber au supérieur leurs lettres d'apprentissage ou certificats de service, visés du médecin et du chirurgien du roi, et ils ne peuvent être congédiés qu'après un rapport fait au commissaire de la marine, ayant le détail des hôpitaux.

6° Le médecin et le chirurgien du roi sont tenus d'aller une fois par jour à l'hôpital et même deux lorsqu'ils en sont requis par les administrateurs ; ils se concertent avec les religieux pour les traitements dont ils doivent tenir un compte exact, ainsi que de leurs observations, afin de concourir avec les chefs à la meilleure administration ; les chirurgiens des corps et des vaisseaux peuvent venir à l'hôpital quand bon leur semble, mais ils ne peuvent rien prescrire et doivent se borner à des observations sur ce qu'ils croient utile et nécessaire. Les frais de voiture pour les visites du médecin et du chirurgien du roi sont faits par l'État.

7° L'hôpital doit avoir deux aumôniers, qui ont 1,250 livres d'appointements fixes des fonds de la colonie. Les aumôniers que les religieux feront venir de France ne peuvent être employés ni par le préfet apostolique ni par d'autres, qu'avec le consentement par écrit du supérieur.

8° Tout ce que l'hôpital fait venir de France y est exempt de droits, quels qu'ils soient. Les religieux ont leur passage gratuit en allant et en revenant, ainsi que les aumôniers et autres employés de l'hôpital.

9° Les religieux peuvent faire boucherie, mais sans en vendre au public. Il continue d'y avoir un sous-officier à la pesée de la viande et au service de a cuisine, lequel rend compte au commissaire. Il assiste aussi à la distribution et il y a un cadenas et une sentinelle à la chaudière.

10° Les religieux chirurgiens sont tenus de dresser chaque mois l'état des malades, de désigner la nature des maladies dominantes et des moyens curatifs employés. Le médecin et le chirurgien du roi doivent le signer; on le présente aux administrateurs par la voie de leurs représentants, et il est envoyé au ministre.

11° Suivant l'ordonnance du 1ᵉʳ janvier 1786, le commis qui fait les états d'hôpitaux donne des reçus des sacs des matelots de la marine de l'État; les chefs de division et les commandants les visitent.

12° En temps de paix, la journée du soldat, du matelot et autres entretenus, sans distinction de maladie, est de 3 liv. 10 sous et de 5 liv. en temps de guerre. Celle de l'officier, 10 liv. et 16 liv. 10 sous en temps de guerre. Les bas officiers des régiments et des vaisseaux doivent être placés dans les parties les plus commodes des salles.

13° L'hôpital peut prendre aux magasins du roi les choses qui lui sont nécessaires, sur le pied auquel elles reviennent d'après l'état arrêté par l'administration.

14° L'hôpital supporte les 4 deniers pour livre de tout ce que l'État lui paye.

15° On compte les journées de malade, du jour de l'entrée inclusivement à celui de sortie exclusivement; 6 livres par enterrement. Le commissaire de la marine retire les armes et les hardes des soldats et matelots, en donne reçu; l'hôpital les tient en dépôt jusqu'à cette remise.

16° Les religieux sont obligés d'avoir et d'entretenir des fournitures pour les huit cents malades que leur hôpital peut contenir.

17° Les pertes causées par accidents imprévus, tels que le feu du ciel, les tremblements de terre, ouragans, inondations, invasions par l'ennemi, donnent lieu à une indemnité par l'État en les faisant constater par procès-verbal du principal officier d'administration ou par ses ordres, et approuver par les administrateurs.

18° L'administration des hôpitaux de France ne voulant pas garantir celle de la colonie, pour assurer l'envoi de ce que la première fait passer à l'autre, on lui compte, chaque année, 40,000 livres de France sur la quittance du procureur-syndic de la Charité. Cette somme est retenue par douzième sur les états de chaque mois dans la colonie, et le trésorier de celle-ci en fait raison au trésorier général des colonies en France.

19° Le marché est fait pour jusqu'au dernier septembre 1792, et si le roi mettait en régie, ou chargeait des entrepreneurs du soin des malades, les régisseurs ou entrepreneurs seraient tenus de prendre les effets, les drogues, les ustensiles et les marchandises destinés à l'hôpital, d'après une estimation d'experts, et en payeraient la moitié comptant, moitié six mois après.

20° Et, comme il serait presque impossible de séparer alors les bâtiments du roi d'avec ceux des religieux, parmi lesquels ils sont enclavés, et que les cuisines, magasins et autres dépendances appartenant aux religieux ne pourraient être communs à des entrepreneurs, l'État retiendrait pour son service ce que le procès-verbal du 24 septembre 1787 constate être à lui, ainsi que ceux devenus inutiles aux religieux, et les indemniserait du terrain et des bâtiments qui sont à eux, et leur donnerait le temps d'en construire d'autres ou ferait faire cette construction.

21° Obligation de suivre les troupes si elles entraient en campagne, et qu'il n'y eût plus de service à faire à l'hôpital.

22° Les religieux ne sont pas tenus de recevoir des officiers dans leur maison principale, si le pavillon qui leur est destiné n'est pas rempli, et ils choisiront ceux qu'ils voudront mettre dans la première.

Voilà maintenant le service et la police intérieure :

A chaque officier malade, par jour, une livre et demie de viande de boucherie, une bonne volaille de deux en deux jours, grillée ou rôtie, une côtelette de mouton et un plat de légumes ou de poisson avec des confitures du pays, suivant les saisons. Les officiers ne peuvent manger plusieurs ensemble à la table des religieux, à moins que le supérieur ne les invite. Les lits d'officiers ont un matelas, une paillasse de feuilles de maïs, une couverture de laine ou de coton, un traversin et un oreiller de plumes d'oie, et des draps de toile blanche, qu'on change tous les huit jours et même plus souvent si la maladie l'exige; des serviettes tous les deux jours, une chandelle des six à la livre par jour, et des lampes de nuit au besoin. On peut mettre plusieurs officiers dans le même appartement. Ils sont tenus de se fournir de linge de corps. Ils ont un domestique blanc par quatre, ou un noir par trois, sauf à augmenter en cas de nécessité. Il y a d'ailleurs des tables, des chaises, etc. Si l'officier prend un domestique à lui, ce domestique est à ses frais.

A chaque soldat, matelot ou autre entretenu, par jour, 26 onces de viande de boucherie, de la meilleure qualité; 20 onces de pain blanc, bien cuit, frais et de la meilleure qualité, et une chopine, mesure de Paris, de vin de Bordeaux. Pour varier, on met une forte volaille pour quatre rations et demie de viande, et du vin blanc au lieu de rouge, quand les religieux, le médecin et le chirurgien du roi n'y trouvent pas d'inconvénient. Tous les jours on porte dans les infirmeries, à sept heures du matin, un bouillon maigre aux herbes, fait au beurre ou à la mantègue ; à dix heures on distribue le bouillon gras, la viande et le vin, et le soir de même. A quatre heures les malades taillent eux-mêmes leur soupe dans les écuelles qu'on leur donne. D'autres ont des œufs, des bananes, du riz, des pruneaux, des confitures du pays et autres choses réglées par le médecin et le chirurgien du roi. Il est défendu de rien réserver pour le lendemain, soit bouillon, soit viande quelconque. On peut substituer le bouillon maigre au gras si les officiers de santé le jugent convenable, en y joignant les purées, les légumes, les panades, le riz, le gruau, le lait, les œufs, les confitures, et l'on diminue d'autant la viande.

Chaque malade est couché seul. Il a, sur une couchette, un matelas de crin ou de laine, une paillasse, un traversin de paille de mil, maïs ou bananier, une couverture de laine ou de coton. Il est permis d'employer des hamacs et des pliants. Il doit y avoir trois paires de draps, six chemises et six bonnets de toile pour chaque lit. La vaisselle est de fer-blanc; il y a des chaises percées et autres ustensiles à l'usage des malades.

L'hôpital doit être desservi par un religieux infirmier général, très-expert, trois religieux chirurgiens et un apothicaire. Ils ont sous eux des aides, de manière qu'il y ait un religieux chirurgien ou un aide-chirurgien pour quarante malades, et un par quinze blessés; un domestique blanc pour douze malades ou un noir par dix. Il y a un infirmier blanc de ronde pendant la nuit, et un nègre qui veille pour vingt-cinq malades. Si le nombre des nègres devenait insuffisant, les administrateurs fourniraient des blancs qui auraient deux rations de malades et des gages que ces administrateurs fixeraient et que les religieux payeraient, mais on ne peut pas les forcer à faire venir pour l'hôpital des nègres de leur habitation[1].

La visite des malades se fait de très-grand matin. Si le médecin ne peut y aller, elle est faite par le chirurgien-major. Les religieux les avertissent l'un et l'autre des opérations chirurgicales graves pour qu'ils y assistent ou en confèrent. On panse les blessés deux fois par jour.

Il y a une garde avec un officier qu'on n'est pas tenu de nourrir. Les portes de l'hôpital sont fermées à la nuit et ne peuvent être ouvertes avant le matin sans l'ordre des chefs.

L'État fait imprimer les billets d'entrée et de sortie, les états, les extraits mortuaires; le commis signe les états. Le registre mortuaire doit être tenu avec soin, et tous les six mois on en donne une copie certifiée, visée du commissaire de la marine; elle est remise au contrôleur de la marine, qui l'envoie

---

1. Qui produit annuellement depuis 150 jusqu'à 200 milliers de sucre blanc.

au ministre pour le dépôt de Versailles ; le registre d'entrée est paraphé par le commissaire de la marine, et les états sont vérifiés et arrêtés par ce commissaire chaque mois, et ordonnancés par l'intendant ou l'ordonnateur.

Ce traité a été imprimé aux frais de l'État et envoyé aux religieux, au médecin et au chirurgien du roi, aux chefs des corps et commandants, aux commissaires chargés des hôpitaux et des classes, au contrôleur de la colonie et à son représentant au Cap. Il a été approuvé par l'intendant le 5 du même mois de septembre 1787, et par le ministre le 17 février 1788.

Je n'ai pu résister au désir de rapporter tant de particularités sur l'établissement de l'hôpital, parce que ce qui touche l'homme, et surtout l'homme en proie aux douleurs, intéresse toujours l'être sensible, et que j'aime à croire mon lecteur rangé dans cette classe. Je viens à la partie descriptive de l'hôpital.

On l'aperçoit du chemin, parce que le terrain va en amphithéâtre depuis ce chemin jusqu'au point où le morne du Cap vient se terminer par de petites collines successives. La principale entrée, qui est située à 650 toises du tourniquet qu'a le cours Villeverd sur la rue du Pont, est placée au milieu d'une claire-voie de bois peinte en rouge, et que portent un petit mur et des pilastres de maçonnerie. Là commence une belle avenue de quatre rangs de chênes qui conduit à la maison où sont logés les religieux. Cette avenue, dont la maîtresse allée a 132 pieds de large et celles des côtés 45 pieds, et qui n'existait pas en 1742, fait un angle un peu obtus du côté du nord avec le chemin, parce que celui-ci va du nord-est au sud-ouest, tandis que l'avenue est dirigée de l'est-sud-est à l'ouest-nord-ouest.

La maison est à 255 toises du chemin ; on y arrive par une terrasse de 25 pieds de large, où l'on monte par trois escaliers de pierre ; l'un au milieu et en face de l'entrée de la maison, les deux autres sur les côtés du premier et obliquement placés.

Cette maison de maçonnerie consiste en un arrière-corps,

qu'une aile posée de chaque côté dépasse de 6 pieds. L'arrière-corps a 66 pieds de long sur 33 de large, et les ailes 45 pieds de long sur 33 de large, ce qui fait que le bâtiment, pris en total, a 132 pieds de façade; il se montre tout entier dans l'avenue qui a la même dimension. Ce n'est que depuis 1783 qu'on a fait un étage à cette maison, couverte d'ardoises, ce qui lui donne encore plus de grâce et de commodités. On entre d'abord par la terrasse dans une belle galerie qui communique à un grand salon servant de salle à manger et qui est au centre de la maison ; il a 33 pieds en carré.

Il est peu de situations à Saint-Domingue plus agréables que celle de l'hôpital du Cap, qui, par l'élévation de son sol, domine une vaste étendue de plaine qu'on aperçoit à l'est et au sud. Ce local, rafraîchi par les deux brises, offre aussi la vue de la rivière du Haut-du-Cap qui serpente et dont le grand chemin se rapproche et s'éloigne successivement; du côté du morne, un jardin charmant, dont je parlerai bientôt, ajoute encore à tant de jouissances. Il est dommage que le petit morne de l'hôpital qui est dans le chemin, dérobe la rade du Cap qui ajouterait de la variété et du mouvement au tableau charmant dont on jouit de la terrasse de l'hôpital, et où l'on n'est troublé que par le spectacle des marais de la Petite-Anse, à travers lesquels l'œil saisit un instant le voyageur qui se rend au Cap par le chemin de cet embarcadère.

Au sud de la maison principale, et sur la déclivité d'une colline, sont les cuisines, les boulangeries, la buanderie, les magasins, la pharmacie, les écuries, les remises.

Au-dessous de ces constructions, et après un petit intervalle, est une enceinte qui s'étend du levant au couchant, et qui a la forme d'un carré long : elle renferme plusieurs corps de bâtiment. Le principal, construit en maçonnerie, est le premier bâtiment de ce genre qu'on ait fait pour les malades; il a, du nord au sud, 50 toises de long sur 29 pieds de large. A son extrémité septentrionale est la chapelle qui est comprise dans sa longueur et qu'on fait servir aussi de lingerie; elle est sous l'invocation de Saint-Jean-de-Dieu, fondateur de l'ordre des religieux de la Charité. Un petit clocher en flèche, qui excède le toit, sert à l'indiquer.

C'est dans cette chapelle, à laquelle M. Barreau, dont j'ai précédemment énuméré les legs pieux, a laissé, en 1758, 2,000 livres pour acheter une lampe et un calice d'argent, que M. l'abbé de Pradines prononça, le 7 juin 1777, l'oraison funèbre de M. d'Ennery, mort gouverneur général. Les gens de couleur libres et esclaves et quelques blancs du Cap viennent aussi y faire une station l'après-midi du vendredi saint et entendre prêcher la Passion. On y a été frappé plusieurs fois du talent du P. Roubion, chanoine de la Trinité, mort depuis quelques années sacristain de la paroisse du Cap. D'ailleurs il semble que dans un hôpital les cérémonies religieuses prennent un caractère encore plus auguste, parce qu'elles sont accompagnées du spectacle de l'homme dans l'état où il a le plus besoin de la Divinité consolatrice qu'il implore.

Ce bâtiment, élevé en 1737 et en 1738, est appelé aussi la salle Saint-Jean-de-Dieu. A chacune de ses extrémités et en retour d'équerre, allant de l'ouest à l'est, il y a deux autres salles aussi de maçonnerie qui lui sont contiguës. Celle du côté du nord, qui tient à la chapelle, est la salle Saint-Honoré; c'est la dernière bâtie, elle n'a même pas été aussi étendue qu'on le projetait; elle n'a que 18 toises de long, sa largeur est de 31 pieds. Celle du côté sud, qui est parallèle à celle Saint-Honoré, est la salle de la Vierge, terminée en 1756, d'après un ordre de M. Lambert, ordonnateur au Cap, choqué de ce que M. Perrier avait été forcé de mettre les malades de son escadre dans la ville. Elle a 33 toises de longueur sur 27 pieds de large. On s'apercevrait, à ces différences dans les dimensions des trois salles, qu'elles n'ont été ni projetées, ni exécutées en même temps. Elles ont cependant toutes la même élévation, qui est de 14 pieds jusqu'à la naissance du toit, et elles sont couvertes de tuiles.

Jusqu'en 1777, il n'y avait point d'autres bâtiments dans

l'est que ceux dont je viens de parler ; mais l'augmentation de troupes que la crainte de la guerre fit envoyer, et par conséquent le plus grand nombre de malades, a forcé de former, dans cette partie septentrionale, trois nouveaux bâtiments. Le plus occidental, aligné à sa face ouest sur le bout est de la salle de la Vierge, a 118 pieds du nord au sud et 30 de large, c'est la salle Saint-Louis. Celui qui suit dans l'est a 150 pieds de long qui viennent s'aligner sur la face méridionale de la salle Saint-Honoré et 36 pieds de large, c'est la salle Saint-Raphaël ; le troisième, en tout semblable au second, est la salle Saint-Augustin. Ces trois bâtiments, construits en bois, couverts d'essentes et parallèles entre eux, n'ont que 10 pieds d'élévation jusqu'à la naissance du toit, et seulement environ 40 pieds d'intervalle de l'un à l'autre. La clôture de cette enceinte est formée par un mur de 7 ou 8 pieds de haut.

La disposition de la salle Saint-Jean-de-Dieu, dont les deux extrémités servent elles-mêmes d'enceinte, forme deux cours, dont l'une est au couchant et l'autre au levant de cette salle. Parcourons-les en décrivant les détails et les inconvénients de l'hôpital.

La cour occidentale, qui est irrégulière dans son côté sud, contient deux rangs d'arbres servant de promenade. Presque au milieu de son côté ouest est un pavillon à étage, de maçonnerie, où se trouvent le logement des chirurgiens, une salle de bain et une chambre de discipline. Ces deux dernières sont humides et malsaines, à cause de l'élévation du petit coteau qui porte la maison des religieux et ses appartenances, et auquel ce bâtiment se trouve presque adossé. Trois baignoires sont insuffisantes pour les malades, et la nécessité de faire servir la même à un vénérien, à un galeux, à un fébricitant, choque les premières notions de l'art de guérir, ainsi que celle de transporter des malades à travers une cour pour aller prendre un bain. Il faudrait des bains pour chaque salle, et qu'on eût soin de les placer dans un lieu où l'on conduirait l'eau à volonté ; c'est un devoir qu'on doit se hâter de remplir.

En bâtissant la salle Saint-Jean-de-Dieu, on avait mis les latrines à 50 pieds de cette salle et à l'angle sud-ouest de la cour. Il n'y a que fort peu de temps que, sur les représentations de M. Arthaud, médecin du roi, le supérieur de l'hôpital en a fait construire de nouvelles. Sur le côté ouest de la chapelle, une galerie en appentis sert à abriter les malades qui passent par une porte donnant dans la salle Saint-Jean-de-Dieu, et qui sont ainsi garantis d'une course en plein air, et quelquefois sur un sol humide, qu'ils étaient obligés de faire autrefois. Ces latrines anciennes et nouvelles sont nettoyées chaque matin par l'eau d'un bassin de plusieurs muids, qu'on lâche et qui doit conduire les immondices dans une ravine qui passe au bout sud de la salle Saint-Jean-de-Dieu. On assure que l'on n'a pas donné assez de rapidité à ce courant, d'ailleurs insuffisant, et qu'il n'empêche pas des exhalaisons infectes qui, dans la salle Saint-Jean-de-Dieu, incommodent les malades surtout lorsque les vents d'ouest et du sud-ouest soufflent. Il semble qu'on remédierait à ce mal, si les latrines étaient au bout sud-est de la salle Saint-Jean-de-Dieu, et si une eau plus abondante, acquérant encore de la vitesse par sa compression, balayait un canal couvert.

Cette cour a aussi des bassins qu'on devrait tenir couverts et fermés avec des cadenas, lorsqu'ils ne servent pas, et il faudrait dans le cas contraire des personnes capables d'en interdire l'accès à des malades ou à des convalescents, qui viennent y laver ou s'y baigner, et chercher ainsi de nouvelles causes de maladies.

C'est au nord de cette cour qu'est la porte d'entrée qui conduit dans l'hôpital. A sa droite, et à l'angle nord-ouest de la cour, est le bureau de l'écrivain et du garde-meuble pour les effets des malades. Une barrière qui fermerait cette porte, et dont le cadenas serait, la nuit, entre les mains du factionnaire, empêcherait des courses nocturnes et même des désertions. Un grand inconvénient de cette cour, c'est que se trouvant plus élevée que le pavé de la salle Saint-Jean-de-Dieu, et ayant une pente de l'ouest à l'est, elle y conduit de l'eau dans les grandes pluies.

Je passe à la seconde cour, celle du levant.

Les blessés et les vénériens sont dans la salle de la Vierge. Il est vraiment regrettable que, pour avoir un magasin au bout sud de la salle Saint-Jean-de-Dieu, on ait fermé toute communication entre ces deux salles, qui ouvraient l'une dans l'autre, et que celle de la Vierge ait son entrée sur le côté nord dans la seconde cour. Le froid et l'humidité sont deux grands ennemis des maladies syphilitiques et surtout des blessures, trop souvent suivies du spasme dans les pays chauds, et toujours très-difficiles à guérir, comme on peut en juger par le seul fait des blessés des vaisseaux de l'armée de M. de Grasse qui vinrent au Cap, après le combat naval du 12 avril 1782, puisque de cent quatre-vingts blessés, mis dans un hôpital, deux seuls y furent guéris. Cette considération exige le rétablissement des choses dans leur premier état, sauf à placer une porte grillée entre les deux salles, pour éviter les abus. Les latrines de la salle de la Vierge, qui sont en dehors, au sud et vers son centre, ont aussi trop peu d'eau pour leur nettoiement, et elles exigeraient également un égout couvert jusqu'à la ravine.

L'entrée de la salle Saint-Honoré est à sa face sud, dans la seconde cour. C'est encore une source de désordre, parce que les matelots marchands et les pauvres qui y sont placés communiquent librement avec les soldats et les matelots de l'État, et que jouissant de cette porte, où il n'y a point de factionnaires, ils sortent eux-mêmes quand ils veulent. On corrigerait ces abus en faisant ouvrir cette salle dans la chapelle. La salle Saint-Honoré a ses latrines, comme celle de la Vierge, à son centre, au sud, dans cette seconde cour. On n'y met que de simples pots sous des lunettes, et l'on va les vider aux latrines de la salle Saint-Jean-de-Dieu, qu'on traverse en infectant les malades. Il faudrait encore faire un égout à travers la cour et y conduire de l'eau pour nettoyer de vraies latrines.

On peut reprocher aux trois salles de maçonnerie d'avoir

des ouvertures qui, quoique assez nombreuses, sont percées trop bas dans leur partie supérieure, ce qui nuit à la circulation de l'air. Au bout sud de celle Saint-Jean-de-Dieu est une porte et deux fenêtres, qu'une bonne police voudrait qu'on grillât, pour empêcher la sortie des malades, tandis que le besoin d'air exigerait, peut-être, que l'extrémité de la chapelle au nord eût quelque ouverture qui le renouvellerait dans la salle Saint-Jean-de-Dieu. La construction des trois salles de bois a diminué la seconde cour, qui formait une utile promenade avec quatre rangs d'arbres, dont on pouvait se dispenser de prendre une partie, puisque le terrain ne manquait pas.

Les trois salles de bois sont trop rapprochées l'une de l'autre, l'air y est trop resserré, les exhalaisons se communiquent de l'une à l'autre, et les latrines postiches de leur bout sud ont les mêmes vices que celles de la salle Saint-Honoré.

C'est au-dessus de cette salle en venant dans l'ouest, et en dehors du mur de clôture au nord, qu'est le corps de garde de l'hôpital. Comme il arrivait fréquemment que les malades franchissaient ce mur, dans le côté est de l'enceinte, on a mis une sentinelle en dedans dans l'angle nord-est de cette clôture; mais elle n'y est pas la nuit, et le mal n'est qu'à demi réparé.

Je passe au côté nord de l'avenue. On y trouve cinq corps de bâtiment parallèlement dirigés du nord au sud. Le plus oriental et le plus long (il a 150 pieds) est à peu près aligné sur la salle Saint-Louis; tous les cinq ont leur bout sud proche du second rang d'arbres de la contre-allée du nord. Le dernier, à l'ouest, et celui qui le précède ont été construits pendant la guerre de 1778; ils sont de bois et couverts d'essentes. Le troisième est de maçonnerie, divisé en plusieurs chambres de malades, ouvertes seulement à l'est sur une galerie fort basse. Le quatrième est de bois et la plupart de ses chambres sont des servitudes. Ces trois bâtiments ont également 110 pieds de long. J'ai vu poser celui que j'ai désigné comme le quatrième, au mois de mai 1777. Je rencontrai en allant à l'hôpital, à la pointe du jour, le nombreux atelier de M. Artau, qui en transportait la charpente environnante tout assemblée, et revenant après le coucher du soleil, il y avait une maison de 110 pieds de long, palissadée, couverte et fermée, dans un espace qui était vide le matin. Je cite ce trait, parce qu'il donne une idée des moyens de cet entrepreneur, et d'une célérité d'exécution que lui seul a fait voir à Saint-Domingue.

Le dernier bâtiment, le plus occidental, et qui répond à l'entrée de la première cour, de l'autre côté de l'avenue, est un pavillon à étage, de 130 pieds de long, appelé le pavillon des officiers, à cause de sa destination. Il a quatorze chambres de 15 pieds en carré. Au rez-de-chaussée est une cuisine et une salle de bains où l'on est fâché de ne trouver que trois baignoires. La face est a une galerie en haut et en bas de 8 pieds 1/2 de large. Il en aurait fallu une pareille à l'ouest pour qu'on pût, selon la direction du soleil et des brises, tenir les chambres ouvertes et les garantir de la chaleur qu'on y éprouve. Une ravine qui est derrière ce pavillon passe à son extrémité nord. Devenue un torrent dans les grandes pluies, elle fait refouler l'eau jusque dans les chambres du rez-de-chaussée ; il faudrait la détourner. Ce pavillon a encore un inconvénient, c'est celui de recevoir, dans la saison des nords, les exhalaisons des parcs à cochons et des vidanges des cases des nègres de l'hôpital, qu'on a mises au nord de la ravine, sur le penchant d'un coteau et sur la ligne des cinq bâtiments dont je suis occupé en ce moment.

Le danger d'entasser beaucoup de malades est encore plus grand dans les pays chauds. Il ne faudrait jamais plus de deux rangs de lits dans les salles des hôpitaux des Antilles, et les circonstances seules de la guerre peuvent contraindre à en mettre davantage. On en avait formé quatre dans la salle Saint-Jean-de-Dieu pendant l'automne de 1787 ; mais l'on s'aperçut que les ulcères prenaient un caractère gangréneux. On ouvrit une autre salle et les accidents cessèrent. C'est une leçon qui ne doit pas s'effacer du souvenir de ceux qui soignent cet hôpital, où l'on a vu, pendant la guerre de 1778, jusqu'à huit cent vingt-cinq malades non compris quarante-cinq officiers.

On y envisage aussi la gale comme une maladie trop légère, et l'on ne veut pas s'apercevoir qu'elle est quelquefois produite par la malpropreté du linge et des draps.

Un grand inconvénient des hôpitaux coloniaux, c'est la nécessité d'y employer des nègres, dont l'indolente indifférence et la dangereuse complaisance laissent les malades sans soins, et leur procurent des aliments et des boissons funestes à leur état. Le marché exige un nègre par dix malades, mais ils seraient heureux si la violation leur en laissait un pour soixante. Aussi des malades ayant le transport sortent-ils, d'autres tombent de leurs lits, et un grand nombre sont privés des secours dont ils ont le plus pressant besoin. Sans prétendre faire une censure amère des principes des religieux, il est évident que leur nombre est insuffisant pour surveiller tous les détails d'un pareil hôpital; et cela s'applique aussi au petit nombre des chirurgiens et des infirmiers blancs, qu'on se contenterait de rencontrer par paire ou même seuls dans chaque salle, quoique le marché en veuille un par douze malades. Il faudrait les attacher à d'aussi pénibles, mais aussi utiles fonctions, par un traitement proportionné à leur zèle.

Une chose dont les amis de l'humanité ne pourront jamais assez s'étonner, c'est que dans des marchés qui (puisqu'on veut des marchés) ne devraient que marquer le prix des soins, des aliments et des remèdes qu'on peut tarifer, on ait imaginé de subvertir l'ordre naturel des choses, sans vouloir considérer qu'un hôpital est essentiellement destiné à la conservation des hommes des classes les plus précieuses. Comment veut-on que des religieux, qu'il est impossible de ne pas envisager comme des entrepreneurs, deviennent tout à la fois les fournisseurs et ceux qui examinent ou prescrivent les fournitures? Je sais bien que le marché exige les soins du médecin du roi, mais celui-ci doit aussi, suivant ce marché, se concerter avec les religieux; or quel concert veut-on établir entre un médecin qui ne peut et ne doit se déterminer que d'après ses connaissances et à qui sa probité commande d'exiger en faveur du malade tout ce qui lui est nécessaire, et des religieux entrepreneurs? Si le médecin est inébranlable, il sera bientôt appelé tracassier, et je garantis que le *père supérieur* trouvera des échos. Si le médecin cède, je vois tous les abus se multiplier, et un hôpital, le lieu le plus sacré par sa destination, transformé en une boutique où tout se calcule, excepté la durée de la vie des hommes.

C'est alors qu'on confie la distribution des remèdes à des nègres ignorants et dont les erreurs sont mortelles. C'est alors que l'heure de toutes les distributions est incertaine, que des malades privés de force périssent d'inanition, parce que le marché a dit qu'ils devaient tailler leur soupe eux-mêmes et n'a pas su prévoir qu'ils seraient hors d'état de prendre ce soin, et qu'il arrive très-souvent qu'un malade enlève, de force, la portion d'un autre malade plus faible que lui. C'est alors que les infirmiers blancs sont occupés à jouer avec des convalescents, au lieu de remplir leurs devoirs dont chaque négligence peut être un meurtre ; c'est alors enfin qu'un hôpital n'est plus qu'un cimetière où les cadavres ont encore un reste de mouvement.

Administrateurs qui stipulez froidement les conditions d'un pareil marché, qui croyez qu'il faut plaire aux religieux de la Charité, comme si leur plaire était le but qu'on doit se proposer, allez dans ces hôpitaux et écoutez les imprécations de ceux pour qui vous pensez avoir tout fait en disant qu'ils auraient ce que vous jugez leur être nécessaire, quand vous avez pris des mesures telles qu'on pût les leur refuser impunément. Je sais qu'on criera : *Mais la délicatesse des entrepreneurs!* La crainte de la mort d'un seul homme qu'on doit sauver, voilà tout ce que j'aperçois, et je frémis quand je remarque, quand je sais que ma crainte n'est pas commune à tous ceux qui l'environnent.

Pour ajouter au ridicule mêlé de cruauté de ce système, on veut aussi que les religieux fassent, avec le médecin, le tableau des maladies et de leur traitement. Comme si les religieux étaient destinés à autre chose qu'à exécuter, avec fidélité, ce que le médecin a prescrit! D'ailleurs ces états envoyés aux administrateurs, et supposés parvenus jusqu'au ministre, ont-ils jamais produit une ligne de l'inspecteur général de la médecine coloniale? Ce dernier a-t-il même jamais eu l'idée heureuse, mais tardive, des administrateurs qui demandaient au ministre, par une lettre du 16 juin 1789, que le journal des hôpitaux, rédigé par M. de Horne, fût envoyé aux médecins, aux chirurgiens et aux apothicaires du roi dans la colonie? Comment répète-t-on des conventions par pure forme et sans être frappé de leur inutilité? Comment, si on les croit nécessaires, ne prend-on pas des mesures plus sûres pour leur accomplissement?

Une autre circonstance me frappe et m'afflige encore, c'est l'impossibilité qu'un médecin qui vient une seule fois par jour, et qui ne voit qu'un seul moment un malade, soit véritablement utile. L'instant de sa visite peut être calme et suivi d'une crise mortelle; dans un climat aussi actif, la maladie change de caractère d'une minute à l'autre, et le malheureux est condamné à attendre vingt-quatre heures un avis salutaire. On dira bien qu'un religieux chirurgien ou autre supplée le médecin dans l'intervalle; mais si l'accident est du ressort de la médecine, si le chirurgien n'est pas très-instruit, s'il ne rend pas à la visite du lendemain un compte exact de ce qui s'est passé, de ce qu'il a fait, que deviendra le moribond?

Non, jamais je ne serai tranquille sur le sort de l'hôpital du Cap tant que le médecin n'y séjournera pas et ne pourra pas y faire des cours utiles à lui-même et à des élèves; tant qu'il n'y aura pas un logement séparé et une manière d'être indépendante des religieux, dont il ne doit pas même faire soupçonner l'influence. Mais qu'au moins il soit tenu d'y faire une visite matin et soir, et qu'on ne soumette pas à un vil calcul les frais de son transport, pour lequel Larnage et Maillart demandèrent vainement au ministre, en 1739, une somme de 1,200 livres. Une seule recrue coûte plus à l'État que ces visites, et n'y a-t-il que ces bénéfices à peser? On a vu, à la grande indignation de ceux qui n'ont pas étouffé toute sensibilité, les visites du médecin et du chirurgien du roi interrompues parce que les religieux refusaient de fournir une voiture et que l'administration n'en donnait pas. Est-ce là aussi une économie ?

Payez tous les travaux utiles, payez les chirurgiens de l'hôpital sans vous contenter de cette générosité parcimonieuse qui a décidé l'administration à accorder, le 1ᵉʳ janvier 1787, 66 livres par quartier à celui des garçons-chirurgiens qui s'acquitte le mieux de ses devoirs. Sachez que lorsque ces chirurgiens sont à la solde des entrepreneurs, ils sont et moins nombreux et trop dévoués ; réglez qu'au lieu d'une année, tous ceux qui se destinent à la chirurgie passeront deux ans dans un hôpital de la colonie avant d'y exercer leur profession, sans vouloir en excepter tous les ignorants à parchemin qui y arrivent. Ceux qui seront vraiment instruits ne seront que plus précieux après cette école locale que rien ne remplace. Les autres auront le temps d'oublier le rasoir que leur main est accoutumée à manier et de la familiariser avec les instruments qu'ils doivent employer pour guérir et non pour moissonner les habitants du nouveau monde ; qu'enfin les uns et les autres soient examinés avant d'être admis à l'hôpital et à l'époque où ils doivent en sortir.

Je me suis peut-être un peu écarté de mon objet actuel en me livrant aux sentiments que l'administration de l'hôpital a excités en moi. Mais, quand je contemple cet amas de bâtiments encore trop peu étendus dans ces temps où l'homme détruit l'homme ; quand je réfléchis que le vainqueur y pousse quelquefois des cris aigus sur un lit de souffrance où la nature lui fait payer cher les sacrifices qu'il fait à la gloire, je ne puis m'empêcher de demander que ces asiles soient protégés par un amour pur et éclairé de l'humanité.

Encore un abus. Le cimetière de l'hôpital du Cap est au midi de tous les bâtiments qui le composent et de la ravine ; il est à 35 toises du bout sud de la salle Saint-Jean-de-Dieu, point où l'on traverse la ravine sur un pont pour y arriver. Ce cimetière, qui a environ 180 pieds de l'est à l'ouest, sur environ 110 du nord au sud, est évidemment trop petit et trop voisin de l'hôpital, sur lequel la brise du soir ramène ses exhalaisons. Je rends avec une satisfaction réelle ce témoignage aux religieux, que depuis longtemps, et notamment en 1782, ils n'ont pas cessé de demander que ce cimetière fût changé et transféré à environ 600 toises des salles, derrière un petit monticule qui garantirait de ses émanations et qui en ôterait la vue à des malades parmi lesquels il est possible que quelques-uns en soient douloureusement affectés. Mais en attendant ce changement nécessaire, qu'on veille aux inhumations ; elles sont si incomplètes quelquefois, qu'une odeur cadavéreuse infecte la salle Saint-Jean-de-Dieu, et qu'il est arrivé aux nègres de laisser un corps sans sépulture dans ce cimetière. Veillez donc pour eux, religieux consacrés à l'humanité souffrante ; ne tolérez point, par exemple, que le visage de celui qui a expiré frappe, dans son lit, l'être qui est près de le suivre, et que ce tableau déchirant n'ajoute pas à ce que les approches de la mort ont quelquefois de hideux !

Un grand malheur pour l'hôpital du Cap, c'est la nature du terrain qui se borne à l'est ; ce sont les émanations dangereuses des marais immenses sur lesquels passe la brise du large avant de lui arriver. La main seule du temps peut remédier à un pareil fléau, et jusqu'à cette époque heureuse, ces marais, dont on ne peut s'empêcher d'être frappé, sont un avertissement de plus pour que des soins continuels et une police sévère empêchent tout ce qui pourrait féconder les influences d'une atmosphère qui est loin de l'état de pureté désirable pour un hôpital.

Cet hospice est plus heureux quant à l'eau. Elle lui est fournie en grande masse par plusieurs sources qui sont au pied du morne, à peu de distance et dans l'ouest de la maison des religieux. Il est seulement fâcheux que ces sources naissent dans un terrain argileux au lieu d'être sablonneux. Leurs eaux sont claires et limpides, elles blanchissent parfaitement le linge et cuisent de même les légumes. Dans l'analyse qu'en ont faite MM. Arthaud, médecin, Roulin, chirurgien-major, et Ducatel, maître en pharmacie, le 4 mai 1788, et que l'on trouve imprimée dans le premier volume des mémoires de la Société des Sciences et Arts du Cap, il résulte que la pesanteur de ces eaux est de onze degrés à l'aréomètre pour les esprits, et d'après l'examen, par les réactifs et par l'évaporation, que chaque livre d'eau contient sept soixante-cinquièmes de grain de sel marin à base terreuse calcaire ou muriate calcaire; un quart de grain de terre calcaire et trois quarts de grain de sélénite ou sulfate calcaire; ce qui prouve qu'elle n'est aucunement nuisible, quoiqu'elle ne jouisse pas d'une pureté parfaite.

Il existe, depuis plus de soixante ans, une difficulté entre le supérieur de l'hôpital et le préfet de la mission, relativement à l'aumônerie de cet hôpital que les religieux regardent comme un titre qui confère tous les pouvoirs nécessaires pour l'exercice des fonctions pastorales et curiales, soit quant aux malades, soit quant aux individus quelconques attachés au service de l'hôpital. C'était même sur cette considération que le supérieur de la Charité se fondait, dès le mois de mars 1727, pour être dispensé de payer des droits curiaux à la paroisse du Cap. Depuis, les religieux ont obtenu et invoqué un brevet de Benoît XIV, du 5 octobre 1745, qui confirme tous les priviléges concédés à leur ordre, et qui accorde pour toujours aux prêtres employés au service des hopitaux des îles de l'Amérique le pouvoir de baptiser, confesser et marier, d'administrer tous les sacrements et de faire dans leurs églises toutes les fonctions curiales. Ce bref, qui a eu pour cause une discussion entre les missionnaires des îles dont il vise une requête, sous la date du 3 janvier 1744, et les réponses du prieur général des pères de la Charité, et qui conséquemment juge un procès très-contradictoirement instruit, veut que les aumôniers des hôpitaux coloniaux confessent non-seulement les malades et toutes les personnes qui les servent, à quelque titre que ce soit, mais leur donnent l'eucharistie et l'extrême-onction; il les autorise à baptiser, à marier les esclaves attachés à ces hôpitaux et à faire toutes les fonctions paroissiales, à officier solennellement les fêtes et les dimanches, à publier les vigiles-jeûnes, fêtes et autres choses semblables, et le pape impose sur cela aux missionnaires un silence perpétuel.

Comme les brefs ne peuvent recevoir aucune exécution dans les colonies sans des lettres d'attache du roi, le provincial des religieux de la Charité à Paris en demanda; le ministre lui répondit, le 12 mai 1751, que le roi ne jugeait point à propos de permettre l'enregistrement du bref de 1745, mais qu'il allait faire un règlement sur la difficulté qui était entre les missionnaires et les hôpitaux. Ce règlement est encore à naître, et les aumôniers des hôpitaux se maintiennent dans leur ancienne possession, en dépit des missionnaires des préfets.

Il semble qu'il n'y a nul inconvénient dans le bref, pourvu que les aumôniers exécutent ce que des lois coloniales leur prescrivent sur les registres des hôpitaux. On trouve ceux de l'hôpital du Cap, depuis son établissement, au mois d'août 1698 jusqu'au 14 janvier 1759, déposés au greffe de la sénéchaussée de la ville. J'ignore ce qu'on a fait de ceux postérieurs. L'édit du mois de juin 1776 veut que ces hôpitaux aient trois registres des inhumations; un pour y demeurer, l'autre pour le greffe de la juridiction du lieu, et le troisième pour le dépôt de Versailles où l'on trouve, en effet, quelques registres des hôpitaux coloniaux. N'est-il pas vraiment étrange que, dans le marché de 1787, l'intendant ait cru pouvoir substituer à ce troisième registre une copie certifiée et s'arroger ainsi dans un acte obscur une autorité supérieure à celle d'un édit enregistré dans les cours de la métropole?

Une chose des religieux de l'hôpital de la Charité qui est très-louée, c'est leur bonne chère, dont je rapporterai cette preuve singulière. Autrefois les officiers malades mangeaient à leur table dès qu'ils pouvaient s'y rendre, et ce régime leur paraissait si bon, surtout lorsque pendant la guerre ils ne trouvaient au Cap que des pensions fort mauvaises et fort chères, et aux époques où nulle campagne, nulle entreprise ne réveillait leur désir de combattre pour la patrie, qu'on prenait par partie de plaisir un billet d'hôpital. Cette méthode, devenue abusive pour la dépense des frais d'hôpitaux, frappa aussi sur les religieux. Les officiers malades recevaient la visite de leurs camarades, et les visitants augmentaient le nombre des convives. C'est pour remédier à ces manières qui convertissaient l'hôpital en auberge, qu'une lettre du ministre, du 31 juillet 1785, a porté aux deux tiers, au lieu de la moitié, la retenue qui a lieu sur les appointements des officiers malades, et que le marché de 1787 veut que chaque officier mange dans sa chambre seul.

Je viens au jardin de l'hôpital du Cap. Il est à l'ouest de la maison et commence au bout d'une terrasse qui suit la galerie placée au devant de cette façade. Une jolie pièce d'eau avec un jet répond à la porte intérieure du salon et forme le milieu d'un beau potager. Supérieurement, le terrain qui est la descente d'une colline, est divisé en terrasses successives. De petits canaux de briques, des bassins de bains, des réservoirs couverts de bosquets, tout rend ce local riant; des plantes alimentaires ou médicamenteuses lui servent d'ornement, ainsi que des arbrisseaux et des plantes curieuses et étrangères. L'air y est doux, le murmure de l'eau parle à l'âme et la dispose au calme et au repos; en un mot, sans trop de recherches, l'art a embelli la nature. On ne se lasse pas de songer au bonheur précieux que la jouissance des sources qui arrosent le sol de l'hôpital lui procure. On pense à l'influence qu'elles ont sur la salubrité d'un lieu qui renferme tant de malades dans un climat chaud, et l'on fait des vœux pour que des travaux hydrauliques plus intelligents augmente la masse de ces eaux et en accroisse l'utilité.

Sur la droite du jardin, qui a 55 toises de long à compter de la naissance du parterre, et 160 pieds de large, est un bassin assez long, situé près de la haie au nord, où l'on voit une multitude de poissons dorés de la Chine, connus à Saint-Domingue sous le nom de *poissons rouges*. Les premiers furent introduits dans la colonie par M. Mercier de la Rivière, commissaire de la marine, qui, vers 1777, en acheta quatre d'un jeune officier d'un navire venant de l'Inde, et mouillé dans la rade du Cap; il les paya 20 piastres gourdes pièce. M. de Trémondrie, habitant au petit Saint-Louis, au retour d'un voyage de France vers la même époque, en apporta aussi plusieurs. Ils se sont prodigieusement multipliés, surtout à l'hôpital.

C'est un spectacle très-amusant de voir ces jolis animaux promenant leurs couleurs éclatantes à travers un liquide où la lumière va les embellir et les nuancer. On admire la pourpre, l'or et l'argent qui enrichissent leurs écailles. Il en est qui ont près de 10 pouces de long. Ils n'acquièrent leur couleur rouge que par une transition successive, et leur nuance noirâtre, qui est la primitive, n'est même pas toujours relative à leur longueur; on en voit, en effet, qui sont encore tout noirs, tandis que de plus petits sont déjà devenus rouges; c'est vers la queue que le changement commence. Ce bassin procure beaucoup de ces poissons à la ville du Cap, où on les trouve dans des salons qu'ils semblent égayer et où, à travers de superbes bocaux de cristal, on suit tous leurs mouvements en admirant leur flexibilité et toutes les nuances de leur robe. Mais ils deviennent très-délicats lorsqu'ils sont ainsi contenus dans un espace borné; j'en ai vu périr plusieurs en quelques instants, seulement parce qu'il était tombé un peu de mie de pain dans leur bocal. Il faut être exact à les changer d'eau, éviter de les toucher, même de les transvaser avec violence, car ils sont aussi délicats que jolis.

Au-dessus de ce bassin, et sous un petit toit ouvert qu'on y a pratiqué, sont plusieurs ruches où des abeilles déposent leurs dons utiles et bienfaisants. Je répète que ce laborieux insecte, très-commun dans la partie espagnole, s'est singulièrement multiplié dans la colonie française, depuis 1777 qu'on en a apporté de la Martinique et qu'on en a fait venir de la partie espagnole. Ces abeilles essaiment plus qu'en France et donnent en plus grande abondance un miel légèrement sirupeux, mais qui mérite toujours, dans la colonie, la préférence sur le miel d'Europe, qui y arrive un peu fermenté. Le supérieur de l'hôpital (Séraphin Merdier) s'occupe beaucoup de ces abeilles, dont le travail procure une véritable ressource pour les malades. Ces hospitalières, car elles méritent ce nom, sont douces; la durée de leur existence est moins longue qu'en France, mais pouvant travailler toute l'année elles s'épuisent plutôt, et leur propre utilité accélère leur destruction.

C'est encore dans ce jardin qu'on voit se naturaliser plusieurs plantes des Indes orientales ou d'autres lieux, dont le succès serait un vrai trésor pour Saint-Domingue. On y distingue entre autres le précieux arbre à pain, le palmier du cap de Bonne-Espérance, le dattier du Sénégal, le manguier et encore le mûrier à papier de la Chine, apporté dans la colonie par M. François de Neufchâteau qui le tenait de M. de Buffon, et qui l'a confié aux soins du père Séraphin, dont on ne peut trop louer le zèle botanique. Puissent tous ces dons des autres lieux de la terre être fécondés par le sol de Saint-Domingue, et donner à ses laborieux habitants et des subsistances et des jouissances nouvelles!

Je veux dire un mot de l'idée qu'a eue le père Séraphin de faire faire en maçonnerie, dans de grands magasins, trois foudres à vin cimentés avec du béton et contenant chacun 25,000 pintes. On y a laissé la première fois le vin pendant un an, et il s'y est amélioré; on en a versé de nouveau sur la lie, et après plusieurs mois, lorsque je le goûtai, en 1788, il était excellent. Il est possible que cette tentative amène d'heureuses imitations, même avec des dimensions infiniment plus petites.

La proximité où le terrain de l'hôpital se trouve de la ville l'exposait aux dévastations des nègres, qui venaient y couper du bois; ce désordre, auquel une ordonnance de M. de Chastenoye voulait remédier dès le 4 février 1726, se renouvelle encore quelquefois, malgré l'amende de 50 livres qu'il fait encourir à leurs maîtres.

Du canton appelé le haut du Cap.

En sortant de l'avenue de l'hôpital du Cap, et suivant le chemin à l'opposite de la ville, on se dirige vers le sud-ouest, et l'on s'écarte de la rivière jusqu'à un point où l'on trouve l extrémité de l'un des prolongements du gros morne du Cap, qui oblige le chemin à reprendre une direction plus rapprochée du sud. On aperçoit dans cet intervalle, et sur la droite, une pyramide carrée sur laquelle on lit : *Limites de la garnison du Cap*, et des deux côtés du chemin sont des sentiers qui conduisent aux petites habitations qui le bordent. Déjà l'œil commence à saisir, vers la gauche, un grand espace et à se promener sur des parties de la paroisse du Quartier-Morin, et de celle de la Petite-Anse. A la droite, il contemple plusieurs petits lieux de plaisance ou habitations à vivres dont la culture interrompt de temps en temps le ton agreste de la haute montagne du Cap, et sur lesquels on recueille tout ce qui peut servir aux besoins de la ville, en légumes, en racines et en fruits.

Le chemin se rapproche encore bientôt d'une autre petite cuisse de montagne, qui court de l'est à l'ouest et sur l'extrémité de laquelle le chemin est tracé. Là on est arrivé à l'habitation Charrier, dont le site est d'autant plus gai, qu'un joli pavillon, placé sur une éminence, le décore. C'est dans ce logement qu'un possesseur du même nom avait destiné aux délassements du prince de Rohan, que don Bernard de Galvez a fait sa résidence durant son séjour au Cap. M. Charrier, possesseur actuel, lui en fit l'offre généreuse, et c'est dans ce lieu que ce général chéri des Français a vu naître un fils. J'ai annoncé qu'on avait fait auparavant de ce séjour celui des religieuses du Cap, lorsqu'on fit une caserne de leur couvent.

Le pavillon, sans être très-vaste, est fort commode; une galerie ombrage ses deux façades à l'est et à l'ouest; des meubles élégants sans somptuosité, des peintures fraîches sans recherche, une eau vive qu'on promène à son gré, un immense salon placé à angle droit et dans l'ouest du pavillon, une grande terrasse ornée de treillages et de figures et à laquelle on arrive par un superbe escalier; tout promet, dans cet asile, le frais et le repos, et l'on peut y trouver les douceurs de la solitude champêtre qu'augmente encore la facilité de leur substituer en un instant les plaisirs bruyants de la ville.

La situation de l'habitation Charrier est d'autant plus riante, qu'à sa lisière sont plusieurs petites maisons qui bordent la route; qu'on aperçoit de là la première partie de la bourgade du haut du Cap, et dans le lointain la chaîne de montagne qui, depuis Sainte-Suzanne, se dirige vers l'Acul. De l'habitation Charrier, le chemin, qui a un peu monté pour passer la petite patte de la montagne, redescend en faisant de petits détours, et conduit au haut du Cap.

Ce point est intéressant pour l'histoire, puisqu'il a été celui de la première paroisse que les Français aient fondée dans la plaine du Cap. On ne doit pas avoir oublié que les premiers d'entre eux qui vinrent de la Tortue pour s'y établir n'étaient qu'au nombre de douze, et ce fut là que se fit le rassemblement de leurs forces et de leurs moyens. La paroisse fut mise sous l'invocation du prince des Apôtres, patron de Pierre Lelong, celui d'entre ces douze nouveaux apôtres de la grande île qui avait la conduite et la confiance des autres. J'ai vu un acte de baptême en tête duquel on lisait : « Extrait des registres baptistaires de l'église Saint-Pierre du haut du Cap Saint-Domingue. » Il relatait un baptême du 24 février 1680, fait par Bournon, curé.

Le bas du Cap, la ville actuelle, ne tarda guère à avoir aussi une paroisse, puisque le conseil des milices y prononça un jugement le 26 août 1684, sous la présidence de M. Bégon, intendant de toutes les îles, venu alors de la Martinique à Saint-Domingue; mais le haut du Cap était le lieu principal relativement à l'autre où l'on ne trouvait que des pêcheurs, et ceux que le commerce avec la rade attirait dans son voisinage.

Il ne faut cependant pas imaginer que cette espèce de

supériorité eût des traits bien remarquables, et pour qu'on en juge d'une manière non équivoque, je transcris ici un procès-verbal de visite de l'église du haut du Cap, que j'ai en original, comme celui du bas du Cap que le lecteur a déjà vu :

« L'an 1688, le troisième jour du mois de mai, sur les ordres de M. de Cussy, gouverneur, pour le roi, de l'île de la Tortue et côte Saint-Domingue, nous François Camuset, procureur du roi au siége royal du Cap, en conséquence dudit ordre, nous nous sommes transportés au quartier du haut du Cap où est située l'église Saint-Pierre, où étant nous aurions vu et examiné ladite église tant en dedans que dehors, laquelle s'est trouvée découverte et sans palissade, porte ni enclos de cimetière; en laquelle manque une grosse cloche, *attendu que c'est une grande paroisse;* un tableau de Saint-Pierre, une croix de bois de deux pieds de haut pour l'autel, une lampe, un bénitier, six chandeliers, un missel romain, un rituel romain, un antiphonaire, un calice, un soleil, un ciboire, une custode, deux burettes, une chasuble avec son voile, coussin et devant d'autel; une chasuble noire avec son voile; coussin et devant d'autel; deux aubes et amicts, et quelques toiles pour faire des corporaux et nappes d'autel; un fer d'hostie, une clochette pour l'élévation, un encensoir et la navette; desquelles choses ci-dessus, ladite église Saint-Pierre est dégarnie et en nécessité dont les habitants et paroissiens d'icelle sont dans l'impossibilité d'y satisfaire; en outre, nous aurions fait la visite de la maison presbytérale, laquelle est tout à fait abattue sans y pouvoir faire aucune réparation que celle de la rétablir de tout généralement; de tout ce que dessus nous avons fait et rédigé le présent procès-verbal pour présenter à Sa Majesté, afin que par sa bonté ordinaire il lui plaise donner secours. Fait et arrêté ledit jour et an que dessus, présence des soussignés. *Signé* : F. Michel de Calais, prêtre, capucin indigne, desservant ladite église en l'absence du Père qui la desservait; Delaborde; Duclos; Camuset, procureur du roi et marguillier de ladite église, et Lestorel, greffier. »

On ne peut assez s'étonner de l'état misérable peint par ce procès-verbal, lorsqu'il y avait près de soixante ans que les Français luttaient contre tous les obstacles d'un nouvel établissement, et au moment où la colonie venait d'être trouvée assez importante pour avoir un tribunal souverain et quatre sénéchaussées. L'une de ces dernières était même établie au haut du Cap, dont l'église avait le procureur du roi de cette sénéchaussée pour marguillier.

Le haut du Cap était aussi le chef-lieu de ralliement de la milice des deux paroisses, et la compagnie qu'elle formait portait même le nom du haut du Cap. Elle marcha, en 1690, au siége de Saint-Yague, sous les ordres de M. Fromageau, capitaine, qu'elle y perdit, et elle-même fut taillée en pièces. La paroisse fut brûlée, pillée et détruite par les Espagnols au mois de janvier 1691, époque où elle avait cent cinquante hommes portant armes. Ceux des colons qui avaient pu fuir, commencèrent cependant de nouveaux établissements, et au mois d'octobre 1692, la seule paroisse du haut du Cap contenait en blancs cent vingt et un hommes, quarante-trois femmes et quatre-vingt-quinze enfants, et avait pour capitaine M. Guerit. Les Espagnols réunis aux Anglais vinrent ravager la dépendance du Cap, et le bourg dont je parle en ce moment disparut encore en 1695.

Malgré tant de malheurs, un nouveau bourg reparut ainsi qu'une église qui peignait bien la misère ; mais les pertes éprouvées avaient tant diminué les habitants, que l'on conçut l'idée de supprimer la paroisse du haut du Cap, d'autant que plusieurs personnes avaient été augmenter celle du bas du Cap ou de la Basse-Terre. J'ai même la preuve qu'au mois de juin 1698, la paroisse du haut du Cap n'avait point de pasteur qui lui fût propre, mais seulement les soins que le pasteur de celle du bas du Cap lui donnait en la considérant déjà comme n'étant plus qu'une annexe. M. de Galiffet, gouverneur général par intérim, consomma cette suppression à la fin de l'année 1699, en partageant les paroissiens entre la paroisse du Cap et celle Saint-Pierre du Haut-Moustique, et en rapprochant l'église de cette dernière comme je le dirai plus loin. Ainsi a disparu la première paroisse du quartier du Cap.

Depuis ce temps, le bourg qu'on n'avait pas anéanti a toujours été le point de réunion de plusieurs maisons, et il s'est toujours nommé le bourg du haut du Cap. Il est composé de deux parties vraiment séparées ; celle qu'on trouve la première, et que précède une tuilerie établie en 1769, a vingt-quatre maisons où habitent cinq ou six ouvriers blancs, cinquante ou soixante affranchis et environ soixante-quinze esclaves. C'est après cette première portion, et à main gauche, qu'est le point par où le chemin va traverser la rivière du haut du Cap, et gagner les paroisses qui sont à l'est de cette rivière. Ce chemin était bien plus fréquenté lorsqu'il était le seul qui fît communiquer tout l'est du Cap avec cette ville, c'est-à-dire, avant l'établissement du bac et du chemin qui y conduit de l'embarcadère de la Petite-Anse.

C'est à ce point où la rivière était guéable, excepté dans les débordements, au moyen de la passe qui y avait été formée avec de grosses pierres, qu'on a construit cette année un pont avec des piles de maçonnerie et des travées en bois. Il a 14 pieds de large; une seule arche de 46 pieds d'ouverture sert au passage de l'eau, et la dépense a monté à 125,000 livres. On regrette que le plan primitif de M. Rallier, qui y ajoutait deux arches latérales de 23 pieds de large chacune, n'ait pas été suivi, parce que le peu d'exhaussement de la voûte unique fait craindre qu'elle ne soit surmontée. La rivière du haut du Cap ne croît d'ordinaire que d'environ 4 ou 5 pieds lorsqu'elle est débordée; cependant en 1784 elle a monté à la passe de 8 pieds 1/2 au-dessus de son niveau ordinaire.

Elle a toujours été l'embarcadère des habitants de cette partie, et autrefois on y faisait beaucoup de transports du Cap par canots. On voit même une ordonnance du 10 août 1739 qui désigne cet embarcadère comme un de ceux qui ont besoin de réparations, et dont l'incommodité contraint les matelots de se mettre à l'eau. C'était aussi à cause de cette communication par la rivière, qu'une autre ordonnance du 31 août de la même année ordonnait aux riverains de cette rivière de la nettoyer, en coupant les bois qui la bordent. La marée se fait sentir jusque vers le pont dont je viens de parler. Il y a près du pont deux magasins qui servent d'entrepôt aux objets transportés par la ravine, et près de ces magasins deux guildiveries.

La rivière du haut du Cap doit avoir été, sinon plus profonde, du moins plus étendue autrefois, à l'époque où elle nourrissait des caïmans, qui avaient fait appeler *savane à Caïman* un endroit de l'habitation Choiseul, de la Petite-Anse, encore connu sous ce nom en 1710.

Après la première partie du bourg, on trouve deux habitations. Celle de la droite est la sucrerie Breda, la seule de la paroisse, dont le sol est, comme celui de tout l'espace qui est depuis l'hôpital entre la rivière et le morne, maigre et chargé des débris graveleux de ce morne. A gauche est une manufacture de tuiles, de briques, de pots et formes pour la fabrication du sucre, connue aussi sous le nom de *poterie à Breda*, la plus estimée de toutes, parce qu'elle est d'une argile non poreuse très-pure, qui, loin d'agir par ses principes sur le sucre, favorise les soins du raffineur et semble embellir son travail.

Ce point, où le chemin s'élargit, a été témoin du massacre d'un nègre exécuteur des hautes œuvres, que la haine assez inexplicable des autres nègres y fit périr sous les pierres et le bâton, seulement à cause de ses fonctions. Cet événement, renouvelé une autre fois à la Fossette sur la provocation aussi insensée de quelques enfants, est la cause de la résidence habituelle du bourreau dans la geôle, depuis plus de vingt ans, et il n'en sort que pour aller faire des exécutions.

Après un intervalle d'environ 60 toises, depuis l'extrémité de la première partie du bourg, on trouve la naissance de la seconde partie, qui renferme onze maisons et une guildiverie. Une trentaine d'ouvriers blancs des deux sexes et trente ou quarante esclaves en forment la population. Au total, les maisons de ce bourg sont considérables, couvertes d'essentes, et une grande partie est de maçonnerie. Le voyageur en trouve en tout seize à sa droite et dix-neuf à sa gauche. C'est dans la partie la plus nord du bourg qu'était la boucherie lorsque le haut du Cap était une paroisse; elle fournissait le bas du Cap, où la viande était transportée en canot. La tuerie a même existé encore au haut du Cap après que les autres établissements eurent passé dans la ville actuelle, et les canots continuaient les transports. L'église était, au contraire, dans la partie méridionale.

Il y a quelques années qu'on a fait une tannerie au bourg du haut du Cap sur la rivière qui procure l'eau, tandis que les mangliers de ses bords peuvent donner du tan.

On avait établi un hôpital ambulant pour les soldats et les matelots français et espagnols au haut du Cap en 1782, et l'on y a vu jusqu'à quatre cents malades.

Après être absolument sorti du bourg, le chemin fait environ 500 toises en tirant encore plus vers le sud, et se dirigeant vers une petite chaîne ou embranchement de la montagne qui se prolonge un peu vers le Morne-Rouge; mais arrivé à cette distance, on laisse cette direction pour aller à l'ouest. C'est là que finit la paroisse de la ville du Cap, qui a pour limite, au sud, une ligne qui, censée partie de la rive gauche de la rivière, joindrait cette partie du chemin qui va de l'est à l'ouest jusqu'au morne, de manière que cette paroisse n'a guère plus de 1,000 toises dans son côté méridional plan, mesuré de l'intervalle qui est là, entre la rivière et le morne. Du pied de ce dernier, une ligne qui, prenant le sommet d'un embranchement du morne, vers lequel le chemin arrive, et qui, traversant le massif du morne du Cap, va se rendre au Petit-Port-Français, fait la borne de cette paroisse à l'ouest. Je n'ai donc plus à décrire dans la paroisse du Cap que sa partie montueuse.

Du morne du Cap.

Cette partie forme la plus considérable portion du morne du Cap, de cette masse qui, commençant à l'est de la baie de l'Acul, vient jusqu'à Picolet et occupe ainsi une longueur d'environ 8,000 toises, mesurée en ligne droite de l'est à l'ouest, sur une profondeur nord et sud, qui varie depuis 1,000 jusqu'à près de 5,000 toises. Cette masse a son sommet principal, sa véritable arête, celle qui détermine la chute des eaux vers le nord ou vers le sud, plus éloignée de la mer qui la termine au septentrion, que du terrain plan qui la borde au midi. Ce sommet forme une courbure dont la convexité regarde le sud, et qui est telle, qu'à l'extrémité occidentale du morne ce sommet se trouve dirigé vers le nord-ouest tandis qu'à l'extrémité orientale il court au nord-est. Ce sommet forme l'arc dont la longueur de

800 toises serait la corde, et n'a guère lui-même plus d'environ 9,000 toises. C'est au milieu de l'espace qu'il parcourt, et où sont les établissements de l'habitation Loumeau, que se trouve la plus haute élévation de tout ce massif monstrueux, et qui est de 1,783 pieds perpendiculaires au-dessus du niveau de la mer. Enfin l'arc décrit par le sommet appartiendrait à un cercle de 1,000 toises de diamètre, et dont le segment sphérique aurait été enlevé de manière que son milieu se trouverait dirigé du sud-sud-est au nord-nord-ouest.

De la grande arête part une multitude d'embranchements ou contre-forts, dont la direction principale est sur le côté de la mer, du midi au septentrion, et en sens contraire sur le côté opposé; mais ces embranchements se subdivisent eux-mêmes en branches, en pattes et en ramifications du second, du troisième et du quatrième ordre, de sorte que ce groupe montueux a un ensemble tumultuairement disposé, et que son aspect varie presque à chaque pas à cause des éminences et des plateaux, des collines, des ravines, des falaises et de tous les autres accidents qui appartiennent à sa forme ou à sa composition intérieure.

Le morne du Cap est absolument détaché de toutes les autres chaînes de montagnes, mais il est trop peu éloigné pour que tous les monticules qui sont entre elles et lui ne doivent pas être considérés comme des communications réelles, comme des points d'union qui lient toute la carcasse osseuse de l'île; et en considérant le morne aux Anglais, près l'Acul, et les élévations qui le suivent jusqu'à la grande chaîne de l'Acul, qui elle-même est un embranchement de la cinquième de Cibao, on ne peut méconnaître cette indépendance réciproque.

C'est aussi vers le milieu de la longueur de l'arête qu'on fait passer la ligne qui sépare la paroisse du Cap d'avec celle de la plaine du Nord, dont la première est bornée au nord et au sud; mais cette délimitation a laissé bien plus du morne dans la dépendance du Cap, ce qui résulte de sa plus grande profondeur ou largeur est dans cette partie.

Le morne du Cap serait un trésor pour un naturaliste, parce qu'il contient des substances très-variées et dont l'étude intéresserait principalement le minéralogiste. On y trouve des parties ferrugineuses, cuivreuses, de l'argile, mais surtout des matières calcaires, soit en masse de rochers, soit en morceaux détachés; des bancs de sable, d'autres de poudingues, d'autres de coquilles marines. Ces bancs sont communément dirigés de l'est à l'ouest en s'inclinant vers le sud; on y rencontre du spath, du granit imparfait, puis une espèce de marbre jaspé ou de jaspe. Tout y annonce un grand mouvement de la nature, dans la confusion et le mélange des substances, dans l'inclinaison des couches, dans les sinuosités des filons montagneux, tandis que les coquilles et des fragments de madrépores attestent le séjour des eaux au-dessus de la masse totale.

Quant à la couche végétale du morne du Cap, elle est très-superficielle et, chaque jour, elle est entraînée par les pluies dont sa pente favorise la rapidité; de manière que ce sol découvert d'arbres, ou n'en ayant plus que de rabougris, n'est qu'une terre maigre mêlée de sable et de gravois et où l'argile se découvre fréquemment. C'est cependant un semblable terrain qui fournit à la ville du Cap, des légumes, des fruits, du laitage, du bois à brûler et du charbon, ce qui annonce assez que l'industrie y est très-active. Elle a moins à faire pour lui procurer les roches à ravets ou les granitoïdes qu'on emploie dans les constructions de maçonnerie.

L'aspect du morne n'est point partout le même, et là, comme dans tout le reste de la colonie, on peut observer que les faces de montagnes qui regardent la mer sont plus desséchées et plus arides que les autres. C'est surtout depuis Picolet jusqu'à la Fossette que cette aridité est frappante. Elle semble même s'augmenter dans les points qui environnent la ville. On y voit de longues déchirures, ouvrages des eaux, et un sol pierreux annonce la plus hideuse stérilité. Cependant un peu plus haut, l'œil distingue de petites maisons de plaisance, dont l'une porte encore le nom de M. le comte d'Estaing qui l'avait achetée, en 1764, en société avec M. Magnon, intendant, pour y aller quelquefois respirer un air pur et frais. On remarque aussi des jardins où la bêche et surtout l'arrosoir rempli de l'eau dont le morne du Cap est un immense réservoir créent des effets, pour ainsi dire, miraculeux. La température varie dans ce morne avec l'élévation et la situation relativement aux brises, mais en général les jours y sont chauds, excepté durant les nords.

C'est à un point de l'extrémité orientale du sommet, d'où une ligne dirigée est et ouest irait passer entre le fort Saint-Joseph et celui du Picolet, qu'est placée la vigie. De ce point, l'observateur découvre à l'est et à l'ouest du Cap une immense étendue. Deux bâtons de pavillon servent à y faire les signaux convenus. Le bâton le plus ouest signale les mouvements des bâtiments de cette partie, ou répète ceux qui lui sont successivement transmis depuis le Môle, et l'autre annonce tout ce qu'on distingue jusqu'à la Grange. La vigie est perceptible de la plus grande partie de la ville, où l'on est informé, à l'instant, de tous les événements maritimes que la vigie découvre. En temps de guerre, un milicien d'ordonnance, à cheval, va au soleil levant et au soleil couchant, chercher les détails que l'observateur n'aurait pas pu exprimer par des pavillons; quelquefois même ce voyage est encore renouvelé pendant la journée. Cette vigie est très-ancienne : M. Ducasse avait imposé sur les habitants du Cap, pour en payer la dépense, un droit qui fut supprimé en 1702.

C'est dans le morne du Cap, au nord du champ de Mars, qu'est la petite habitation des religieuses que cet établissement doit aux aumônes et au zèle du père Boutin. C'est sur cette habitation et non loin de la maison que se trouvent plusieurs sources qui ont procuré à la ville sa première fontaine et dont l'eau, comme toutes celles du Cap, forment aisément des incrustations. Ce lieu sert à cultiver quelques vivres, à élever des volailles, à donner du laitage, des œufs et du fruit au pensionnat des religieuses ; elles en font même revendre quelquefois, et les oranges de chez elles surtout ont au Cap une réputation méritée par leur énorme grosseur et leur faveur extrêmement sucrée.

Il part quelquefois du morne du Cap des rochers qui roulent sur sa pente et qui causent de vives alarmes. Dans la nuit du 9 au 10 février 1764, il s'en détacha un du sommet, derrière les casernes. Il avait 32 pieds de long, 28 de large et 15 d'épaisseur. Cette masse énorme, après avoir roulé avec grand fracas jusqu'au bas du morne, y trouva, très-heureusement, une mare et des terres fraîchement remuées, de manière qu'une de ses pointes s'enfonça fort avant dans le sol. Il était temps qu'elle s'arrêtât ; encore une révolution et elle aurait écrasé une maison à 2 pieds de laquelle elle resta. Depuis on en a vu une autre, beaucoup moins grosse à la vérité, qui était parvenue jusqu'au bord du morne, vers la rue Sainte-Avoye et celle Saint-Joseph. Elle se trouvait placée et disposée intérieurement, de manière qu'une vieille négresse y avait établi sa résidence, et tout le Cap a vu la négresse de la Grosse-Roche. Mais la crainte qu'un jour ce rocher ne continuât son voyage vers la ville a porté à le faire dépecer ; la pioche et la mine l'ont assez amoindri pour qu'il cesse de donner des craintes.

De la Fossette vers le sud, le morne du Cap est moins aride et surtout moins décharné. On y voit bien des parties incultes et presque inaccessibles, mais le reste est boisé et les petites habitations y sont plus multipliées et plus productives, dans la partie inférieure ; les eaux y sont plus vives, plus légères, plus abondantes.

L'on a vu que depuis l'extrémité du faubourg du Petit-Carénage jusqu'au fort Picolet, le morne était en quelque sorte bordé par le rivage, puisqu'il existait à peine un petit espace sur lequel est le chemin qui conduit de l'un à l'autre. Arrivé à Picolet, il faut traverser cette fortification pour pouvoir aller plus à l'ouest, et le chemin ou plutôt le sentier qu'on trouve alors est d'une destination et d'une utilité purement militaires.

De la Bande du Nord, du grand et du petit Port-Français.

De Picolet l'on commence la face septentrionale du morne du Cap. Cette face, qui porte le nom de Bande-du-Nord, depuis Picolet jusqu'à la pointe à Honorat, est beaucoup moins habitée que l'autre, et est même inhabitable en grande partie, dans près des trois quarts de sa longueur en partant de l'ouest, par son aspérité, par la nature ingrate de son sol et par l'impossibilité d'y pratiquer des chemins durables et propres aux voyages et aux transports. On n'y trouve que dans de petites anses des établissements qui annoncent la préférence de l'homme.

Après Picolet, et à 110 toises à l'ouest, est la roche du même nom, qui est un morceau de rocher détaché, placé à environ 15 toises de terre. Plus loin, et à 440 toises, est l'anse aux Palmistes, et à une pareille distance encore l'anse à Laviviaud, où sont deux batteries ; la plus est est appelée batterie à Hersan et l'autre le fort Bourgeois, nom de deux habitants qui possédaient deux petites habitations situées sur cette anse. L'on appelle aussi la seconde batterie, batterie de la Bande-du-Nord. On arrive à l'une par le sentier aboutissant à Picolet, et par un embranchement du chemin dont je vais parler, mais le fort Bourgeois n'a de communication terrestre avec le Cap que ce chemin.

Arrivé à la Providence des hommes, on se dirige vers la gorge du nord-ouest, dont j'ai fait mention plusieurs fois, et l'on va jusqu'à l'extrémité de la ville, en suivant cette gorge, ayant à sa droite la ravine du Cap ou de la Belle-Hôtesse, où les blanchisseuses viennent chercher le filet d'eau qui y coule à peine dans les temps ordinaires. C'est là que leurs langues se donnent un libre essor par les discours et les chansons; c'est là que la médisance, la calomnie, car il n'est point de classe ni de couleur qui n'en connaissent l'usage, ont un champ libre; aussi les jalousies, les querelles, les voies de fait même, y sont-elles fréquentes. Toutes les passions y trouvent à se satisfaire, et les blanchisseuses, dont tous les feux ne s'éteignent pas dans le fluide où elles se tiennent, ont aux colonies une réputation érotique qu'elles savent soutenir.

Il y a aussi des lavoirs dans quelques petits jardins de la gauche du chemin. Ils y ont été établis par des particuliers dans leurs propres terrains où se trouvaient des sources. On paye à ces lavoirs 15 sous par blanchisseuse pour la journée.

Parvenu au point où était le cimetière de la Providence, le chemin monte rapidement dans un sol calcaire et crayeux, côtoyant toujours la ravine qui en reçoit plusieurs autres, toutes peu considérables. Enfin l'on atteint le sommet de la gorge où se trouve un petit repos. Là, le chemin se sépare en deux : celui de la droite conduit, en se divisant, aux différentes anses de la Bande-du-Nord, et celui de la gauche au grand et au petit Port-Français. A la droite du chemin le plus oriental est un petit corps de garde appelé Corps de garde de la Bande-du-Nord, qui domine les deux chemins, et qui sert dans cette partie de limites à la garnison. Il a été construit, en 1758, en maçonnerie. Il fait face à l'ouest et a 60 pieds de long, en comptant une galerie formée par des pilastres cintrés qui le couvrent à l'ouest et au sud.

Du corps de garde on aperçoit la mer; la configuration de cette partie, qui est opposée à celle par où l'on est venu du Cap, lui est absolument semblable. C'est à l'ouest le prolongement du morne auquel la ville est adossée, à l'est le prolongement de la partie de ce morne qui va vers Picolet et que l'observateur voit fort au-dessus de sa tête, parce que le haut de la gorge n'est pas à beaucoup près le sommet de la montagne. La pente des deux côtés de celle-ci, d'abord très-roide, à partir de sa crête, plus adoucie vers son milieu, forme ensuite une espèce de gorge ou de gaîne rétrécie vers le corps de garde, mais dont les côtés, qui ont une très-grande inclinaison, vont, en s'écartant l'un de l'autre, vers la mer, former d'un côté la Bande-du-Nord, et de l'autre le Port-Français, entre lesquels est une cuisse de la montagne.

Pour gagner l'anse Laviviaud on suit l'enfoncement de la gorge. Le chemin est roide et pierreux ; on passe plusieurs fois une ravine et, enfin on arrive à la plage dont l'étendue forme une petite habitation joliment située, et qui était enjolivée autrefois. Au bord de la mer est la batterie Bourgeois, que M. de Larnage fit établir en 1749, avec un corps de garde où la milice du Cap tient un poste durant la guerre.

Si l'on veut aller à la batterie d'Hersan, on prend, dès le haut du chemin de la Bande-du-Nord, une branche qui y conduit sur la droite. Cette batterie a été établie, à la fin de 1741, par M. de Coudreau, ingénieur, d'après les ordres de M. de Larnage.

A un quart de lieue du fort Bourgeois est l'anse à Peck ; puis à un autre tiers de lieue l'anse à Toulouse. On se rend à l'une et à l'autre par deux autres branches de chemin qui viennent se réunir en haut à celui de l'anse Laviviaud, et qui suivent de petits enfoncements ou espèce de ravinages.

Après l'anse à Toulouse, et à 700 toises, on trouve la pointe du morne au Diable qui est à 400 toises dans l'est de la pointe à Honorat ; cette dernière est à une lieue trois quarts du fort Picolet, et forme l'extrémité est de ce qu'on appelle le Grand-Port-Français, situé à deux lieues et demie du Cap, dont l'autre pointe ouest est la petite pointe du Port-Français ou la pointe à Barrau, du nom d'un habitant.

Le Port-Français ou Grand-Port-Français a environ 550 toises d'ouverture sur 426 toises d'enfoncement. On y entre avec la plus grande facilité et l'on y peut mouiller par 8 et 10 brasses, fond de sable vaseux excellent et à une grande encablure de terre. La mer y est toujours belle, et l'on s'y trouve à l'abri des vents du nord, de l'est et du sud. C'est donc un refuge précieux pour un bâtiment et même pour une frégate tourmentée par un nord ou poursuivie par l'ennemi.

La pointe à Honorat forme, avec la pointe du petit morne au Diable ou pointe Lélot, dont elle est à 466 toises de distance, une petite baie dirigée de l'ouest à l'est, en dedans même du

Grand-Port-Français. Cette petite baie a 400 toises d'ouverture sur environ 200 de profondeur. On y mouille également par sept brasses, sans aucun mouvement de la mer, et si près de terre, qu'on peut y établir un excellent carénage et y abattre avant la mâture des vaisseaux précisément à terre. La pointe à Honorat forme une espèce d'avancée qui a, à l'ouest, la petite baie dont je viens de parler, et de l'autre côté l'anse qui est entre la pointe du morne au Diable et la pointe Honorat. Cette avancée et le terrain jusqu'au pied du morne forment un espace plan et assez étendu pour ce qu'exigerait une relâche et un carénage, d'autant que la petite anse de l'est est inabordable à cause des récifs à fleur d'eau qui la bordent et qui s'étendent au large dans le nord. Dans le fond du Grand-Port-Français, où est l'habitation Belly, se trouve un grand ruisseau ou une très-petite rivière dont l'eau est fort bonne.

Le Port-Français a eu l'honneur d'être visité par l'amiral des premiers vaisseaux de la marine française qui aient été envoyés aux Antilles. Ces vaisseaux, armés au Havre-de-Grâce, sous les ordres de M. de Cahuzac, partirent de France le 5 juin 1629. Ils étaient au nombre de dix, y compris une barque en flûte ou galiote. Après avoir détruit tout ce qu'il y avait de forces maritimes anglaises à Saint-Christophe, ils allèrent croiser dans le golfe du Mexique en se donnant rendez-vous à Tiburon et au Port-Français. M. de Cahuzac, montant le vaisseau *les Trois-Rois*, entra au Port-Français le 29 octobre 1629 et y fit de l'eau. Les gens de son équipage y eurent même des vomissements à cause des prunes de monbin qu'ils y mangèrent en abondance.

Cet usage de faire aiguade au Port-Français a duré longtemps. L'escadre de M. de Forant y prit son eau au mois de mars 1678. J'ai la certitude que la flûte *le Large* y fit la sienne au mois de juin 1690. Pendant très-longtemps les moindres corsaires anglais y ont mouillé à leur gré, et ils s'y procuraient commodément de l'eau et du bois. Trois vaisseaux espagnols y passèrent plusieurs jours en 1691.

C'est aussi le Port-Français qui a procuré un mât de deux pièces au vaisseau *le Rubis* en 1731.

Le Port-Français, où les Anglais firent leur débarquement en 1695, et d'où ils allèrent au Cap, est depuis longtemps défendu dans l'ouest, et la milice de cette ville y fournit un poste durant la guerre. Sa situation est vraiment pittoresque, et la gorge qui le fait communiquer avec le Cap ne pouvant être aperçue parce qu'elle est obliquement placée, il semble qu'on n'ait pu y parvenir que par la mer ou qu'on soit forcé de franchir le sommet du morne du Cap pour en sortir. Sur le côté est du Port-Français et sur une partie de son fond au sud sont plusieurs chaufourneries qui ajoutent à la singularité de ce site, dont l'aspect est aride et sauvage. Il n'y a qu'une lieue et demie du Cap au Port-Français par le chemin.

Tout près de la pointe à Honorat, un peu au sud, est un petit mornet détaché où il y a un colombier. Ce mornet portait autrefois une batterie de cinq pièces de canon. Dans la guerre de 1756 on en avait confié la garde à un nommé la Bastide, pêcheur de profession, dont la maison était tout auprès. Deux corsaires vinrent s'embusquer dans l'anse que j'ai désignée comme propre à un carénage, pour tâcher de surprendre quelques caboteurs; mais la Bastide, aidé de ses deux seuls compagnons, se battit si bien contre eux pendant trois heures, qu'il les contraignit à regagner le large après les avoir très-maltraités. Le brave la Bastide est mort en 1772.

On compte environ 1,200 toises depuis la pointe du grand Port-Français ou à Barrau, jusqu'à la pointe ouest du petit Port-Français. La profondeur de ce petit port est d'environ 830 toises. Là est la limite nord-ouest de la paroisse du Cap. On se rappelle que j'ai dit qu'au-devant du corps de garde du haut de la gorge en venant du Cap, la branche gauche du chemin allait au grand Port-Français. Ce chemin, qui va de l'ouest à l'est, a une direction assez droite dans sa totalité, et n'a guère que 2,600 toises depuis le corps de garde d'en haut jusqu'à celui du Port-Français, mais ce chemin est fatigant et difficile. Il est sur le côté de la grande pente du morne du Cap, et il rencontre les deux embranchements du grand et du petit morne au Diable allant à la mer. Il est encore plus difficile d'aller du grand Port-Français au petit, à cause des roches à ravets qui garnissent cet intervalle.

En allant du haut de la gorge du Cap au grand Port-Français, on trouve plusieurs maisons de plaisance, et même de jolis jardins dont les productions, qui sont dues à des eaux recueillies, contrastent avec l'aridité des parties qui les avoisinent. C'est là qu'on trouve ce qu'un goût assez bizarre s'efforce, depuis quelque temps, de réunir en France pour former des jardins anglais. D'un côté sont des points gais, peignés et enjolivés; de l'autre des acacias, des goyaviers, des campêches; ici des tonnelles, des bassins; là des lianes, des ronces et des parties de rochers.

Lorsqu'on retourne de la Bande-du-Nord ou du Port-Français au Cap, et que, parvenu au petit corps de garde on commence à descendre pour venir chercher la ville, on aperçoit, dans le lointain, des points de la paroisse du Quartier-Morin. La perspective s'étend à mesure qu'on avance; l'œil découvre successivement un plan plus grand; il mêle bientôt la maison du sud de la ville à l'aspect de la campagne, et enfin le voyageur arrive à l'espèce de petit faubourg formé au-dessus de la Providence, et il regagne ainsi le Cap.

Cette ville est distante :

De celle de Santo-Domingo :
Par la route de Saint-Raphaël, de. . . . 89 lieues.
Par celle de Dahabon, de. 98
De la ville du Port-au-Prince, d'environ. . 60
De celle des Cayes, d'environ. 108

Après avoir décrit et la ville et la paroisse du Cap, je dois naturellement dire quelque chose des ressources de cette ville pour ses consommations, ce qui comprend ses communications et ses rapports avec les autres points de la colonie et même avec la métropole. Centre du commerce d'une portion très-fertile de la colonie, séjour d'une garnison et d'un grand nombre de consommateurs, le Cap tire ses subsistances locales d'abord de son voisinage, ensuite des diverses paroisses de la plaine de son nom, dont presque tous les comestibles viennent au marché de cette ville, et encore des points de la côte depuis le Fort-Dauphin jusqu'au Port-de-Paix, au moyen des bateaux passagers qui transportent et des denrées et des vivres. Quant aux subsistances qu'elle attend du dehors comme toute la colonie, elles lui sont procurées par les navires des divers ports du royaume, et elle sert même d'entrepôt à toute la partie du nord. Les bâtiments de l'Amérique septentrionale apportent aussi des bestiaux vivants, des volailles, des salaisons, de la bière, du riz, de l'huile à brûler, du maïs, des fèves, indépendamment des planches et du bois à bâtir qu'ils fournissent en majeure partie.

DE LA DÉFENSE DE LA PARTIE DU NORD.

Il ne reste plus qu'un unique objet relatif au Cap et qui veut qu'on considère ce lieu non-seulement comme une paroisse de la colonie, mais comme le chef-lieu de la partie du nord : c'est sa défense militaire.

Je ne me livrerai pas à la question si souvent agitée de savoir si les colonies ne doivent être défendues que par des forces navales, ou si elles peuvent avoir une défense terrestre utile. Rien ne me semble plus oiseux que l'examen de cette question, si l'on prétend établir que l'un des deux moyens peut être suffisant et indépendant de l'autre. Je crois avoir déjà dit que tous les moyens doivent être combinés de manière qu'ils aient ce triple objet : empêcher l'attaque, prolonger la défense si l'attaque s'effectue, et enfin préparer le succès des secours que la durée de cette défense amènerait de la métropole. Or ce plan exige les moyens des deux genres. La défense d'une colonie, et par conséquent celle d'une partie de cette colonie, doit donc elle-même se diviser en maritime et en terrestre ; c'est sous ce double rapport que je vais parler de celle du Cap.

Par la défense maritime d'une colonie je n'entends pas seulement l'emploi d'une force navale capable d'empêcher les entreprises de l'ennemi, mais je comprends sous cette dénomination les obstacles de toutes les espèces que la nature ou l'art opposent aux entreprises d'un ennemi, que transportent des bâtiments flottants, qui sont eux-mêmes tout à la fois et des moyens de force et des moyens de diriger facilement vers divers points des hommes et des instruments de guerre.

Qu'on n'imagine cependant pas que je veuille, m'érigeant en homme du métier et en juge, établir un système de défense du Cap ; je n'ai l'intention que d'offrir quelques idées générales, qui me fourniront des occasions de multiplier les détails descriptifs.

Jusqu'en 1691, la partie dépendante du Cap, qui ne s'étendait que de l'Acul à Limonade, paraissait d'une si faible importance, en comparaison du Port-de-Paix et de la partie de l'ouest de la colonie, qu'il n'y existait aucun vestige de fortifications, et qui se passa en 1691, à la prise de toute cette dépendance, en a été une assez forte preuve.

M. Ducasse, successeur de M. de Cussy, fut le premier qui pensa, au commencement de 1692, à la défense de cette partie. Il proposa la construction d'un fort au Cap, c'est-à-dire, ce qu'on appelait alors un fort, et dont on peut prendre une idée par de misérables redoutes qu'on a décorées de ce nom, même depuis cette époque. Le ministre l'autorisa, le 27 août, à construire cette forteresse, dont la dépense était évaluée à 60,000 livres. Telle fut l'origine du premier fort, qui avait un revêtement de maçonnerie. On ne voyait en outre, en 1694, que des retranchements de terre que M. de Graffe, commandant au Cap, fit faire.

Il y en avait aussi un sur le fossé de Limonade, un sur la grande rivière au Quartier-Morin, un sur la rivière Any à la Petite-Anse, et le quatrième au haut du Cap, sur la rive gauche de la rivière. On en avait placé de semblables le long du rivage au bourg du bas du Cap, et ces moyens n'empêchèrent pas la dévastation et l'incendie de toute la dépendance du Cap, par les Espagnols réunis aux Anglais, en 1695. Ce ne fut aussi qu'en 1694 qu'on crut utile d'avoir un ingénieur attaché au service particulier de Saint-Domingue.

En 1700, M. de la Boulaye, inspecteur général de la marine, chargé par le roi d'examiner l'état des colonies, donna sur la défense de Saint-Domingue quelques idées qui se bornaient à celle de la rade du Cap. M. Renaud fit alors, pour fortifier Picolet, un projet qui a été le premier germe des fortifications du port. Au surplus on peut juger de ce que l'on pouvait tenter, puisque le fond annuel, pour les fortifications ordinaires de la colonie, était de 6,000 livres; à la vérité, les travaux se faisaient alors par les nègres des habitants, qu'on employait fréquemment aux travaux de tous les genres.

Ce fut au mois de juillet 1702 que M. de Galiffet s'occupa de faire placer une batterie à Picolet, d'après un plan beaucoup plus restreint que celui de M. Renaud, que la nature du terrain fit trouver d'une trop pénible exécution. Il y fit préparer un petit plateau pour recevoir six canons. La tentative des ennemis sur Léogane avait fait adopter cette idée. Le commandeur d'Ailly et le comte de Rouffy devaient y transporter les canons, mais ils n'en eurent pas le temps. Plusieurs autres vaisseaux se refusèrent même à ce transport difficile, parce que la mer y est toujours grosse et bat en côte. M. de Galiffet fit faire une espèce d'avancée de pierres, par les nègres de corvée, pour faciliter le débarquement des canons; il envoya des scieurs de long à la Tortue, afin d'avoir des madriers d'acajou pour les plates-formes; enfin, au mois de juin 1702, on y débarqua six canons de 24. M. de Galiffet conduisit lui-même le radeau à chaque voyage, avec beaucoup de peine et même de péril, puisque le radeau et tout le monde pensa périr à la sixième pièce. On les fit monter ensuite sur la plate-forme, qui était à 45 pieds au-dessus de la mer.

Dans la même année, M. de Galiffet fit faire 640 toises de retranchements en terre devant le bourg du Cap, et commencer deux batteries. La première de six pièces à l'extrémité de la ville dans le nord de la ravine sur le rivage, dans l'emplacement du fort de 1692, ce qui le fit appeler le Vieux-Fort, et l'autre de onze pièces aussi le long de la mer, à l'extrémité sud de la ville, au bord septentrional du marais, qui venait alors jusqu'à la rue Chastenoye, et qu'on nomma la batterie des Dames. Quelques retranchements, aussi en terre, placés dans différents embarcadères, formaient, avec les fortifications dont je viens de parler, toute la défense de la partie du Cap, lorsqu'en 1710 M. Cauvet fit un mémoire sur cette défense.

Considérant le morne du Cap comme une presqu'île formée par la mer, la rivière du haut du Cap et la rivière Salée du camp de Louise, il pensait que toute la défense de la partie du Cap devait être renfermée dans cette étendue. La batterie de Picolet et une batterie sur le petit Mouton, un retranchement de maçonnerie devant le bourg et des retranchements de distance en distance, depuis le bourg jusqu'à un retranchement qui régnerait de la rivière Salée au camp de Louise, et dont le Cap ferait la retraite, composaient tout le système de M. Cauvet qu'une ordonnance des administrateurs du 12 mars 1710 borna encore au projet de Picolet, du petit Mouton et de la muraille du bourg.

Cependant, en 1712, les choses étaient comme en 1702. Il y avait un poste de milices à Picolet et un dans la ville. Un homme en vigie sur le morne dans l'ouest du Cap sonnait d'un cor un nombre de fois égal à celui des vaisseaux qu'il apercevait dans l'est. Une seconde vigie, sur l'habitation de M. de la Thuyllerie à la Bande-du-Nord, faisait le même signal pour les bâtiments venant de l'ouest, car on n'avait pas encore imaginé de choisir, comme à présent, un point d'où l'on découvrît les deux côtés : si le nombre des voiles inquiétait, on tirait l'alarme générale par deux coups de canon, à la distance d'une minute, que l'on répétait un quart d'heure après, et alors tous les habitants se réunissaient à la savane de l'habitation Breda au haut du Cap.

Le 29 mars 1713, le ministre écrivit aux administrateurs, en envoyant un plan de fortifications pour le port du Cap, et en leur prescrivant de délibérer sur son exécution. Le conseil de guerre tenu à Léogane le 13 juillet, formé par MM. de Charrite et de Paty gouverneurs, de M. Mithon ordonnateur, Cauvet et le Merle ingénieurs, trouva d'abord le plan fautif et inexact, et l'on décida qu'au lieu de fortifier le grand Mouton, c'était le petit qu'il fallait rendre respectable, après toutefois que M. le Merle l'aurait examiné. Celui-ci fit cette visite le 20 février 1714, accompagné de M. d'Arquian, gouverneur du Cap, de M. de Charrite (qui venait d'être nommé gouverneur de la Martinique), de M. de Vilaire, lieutenant de galiote, de M. Duleny, capitaine de milices, et de MM. Duhamel et Rehautté, capitaines de deux navires mouillés dans la rade, et des pilotes du port, et il rejeta l'idée de fortifier soit le grand soit le petit Mouton, soutenant qu'il fallait leur préférer le Bélier qui, étant situé à l'entrée du canal du carénage et pouvant avoir un feu croisé avec le Cap, leur était supérieur. Le résultat de tant de soins fut que 1718 ressemblait à 1702, excepté que la batterie du vieux fort était sans affûts, et que celle des Dames ne pouvait plus servir que pour les saluts.

M. Frezier, arrivant au Cap en 1719, fut choqué de ne trouver dans la partie du Cap que les trois batteries déjà nommées, et en mauvais état et sans parapet. Il proposa, au mois d'avril 1720, de mettre Picolet sur un pied de défense utile. Il voulait que le vieux fort, détruit par les ennemis en 1695, fût rétabli. Quant à la batterie des Dames, où l'on comptait quinze canons parce qu'elle avait été allongée dans le nord de la batterie Sainte-Barbe, qui venait jusqu'au point où est la calle du roi, deux flancs de 10 toises de long pour la couvrir au nord et au sud lui paraissaient suffire.

M. Frezier considérait tout plan relatif à la fortification des récifs de la passe ou de la rade comme extrêmement coûteux et presque impossible dans l'exécution, mais il préférait, comme on l'avait proposé depuis 1718, d'avoir un ouvrage à la pointe du Mapou, vers l'embarcadère de la Petite-Anse, qui aurait vingt pièces de gros canons pour battre le mouillage, cet embarcadère et le carénage. M. Frezier proposait, en outre, de faire un retranchement au sud de la ville et du marais, appuyé depuis le morne, au bout de la rue Espagnole, jusqu'à la rivière, et en retour le long de la mer, pour défendre l'embouchure de cette rivière.

Dix-neuf ans s'écoulèrent avant qu'il y eût rien de statué sur le travail de M. Frezier. On avait été depuis longtemps totalement occupé du Fort-Dauphin. Cependant, en 1732, M. de Fayet était d'avis qu'on songeât à fortifier le petit Mouton de la passe du Cap. Mais en 1739, M. de Larnage fit exécuter ce qui concernait Picolet, qui fut mis à deux étages et qui reçut trente-quatre pièces de canon. Au moyen de son enceinte cette batterie devint un véritable fort de 25 toises de long sur 7 toises de hauteur, que M. de Coudreau, ingénieur, termina à la fin de 1744, en y faisant construire le magasin à poudre avec son mur d'enveloppe, la citerne et le corps de garde. Ce fut à la même époque qu'on fit la porte de ce fort, qui est formée de deux pilastres ioniques de pierres de taille et à qui le piédestal sert de socle. Une corniche de 8 pouces porte un fronton triangulaire, dans le tympan duquel sont sculptées les armes de France avec des attributs guerriers. Entre la porte et l'entablement est une pierre portant cette inscription :

LUDOVICO XV REGNANTE
AUSPICE
D. D. COMITE DE MAUREPAS
REGIO
NAVALIS REI ET COLONIARUM
PRÆFECTO.
STETIT HOC : STETQUE DIU
CONTRA GALLICI NOMINIS HOSTES
PROPUGNACULUM
ANNO DONI. MDCCXLI.

Au devant du fort est un fossé taillé dans le roc et sur lequel est un pont-levis.

Dès 1735, la batterie du vieux fort avait été détruite et celle des Dames eut peu après le même sort. En 1741, M. de Larnage, considérant que le fort Picolet ne suffisait pas pour protéger la rade du Cap, fit faire à la hâte une batterie de douze pièces de 18, en terre et en fascines, sur le quai où est aujourd'hui la batterie royale. Mais il demanda au ministre de la faire remplacer par une batterie de maçonnerie qui devait dispenser de fortifier les récifs de la rade, parce qu'on n'avait eu, selon lui, cette idée qu'à cause de l'impossibilité de placer une batterie au devant du Cap, par le défaut de quai. Il fit aussi garnir de pieux tout le bord de la mer, devant la ville.

Au commencement de 1743, d'après une autorisation du ministre, on travailla à la poudrière actuelle, et qui consistait jusqu'alors dans une simple case placée en avant de cette dernière, et que l'on pouvait canonner de la rade. C'était encore une des propositions de M. Frezier réveillée par M. de Larnage. La poudrière est à l'épreuve de la bombe et conserve bien la poudre. Elle est divisée en deux. Un des côtés sert aux poudres de l'État, l'autre à celle des particuliers et des vaisseaux marchands.

On reçut aussi des ordres pour la batterie circulaire, mais dont l'exécution était cependant soumise à celle des remblais de la compagnie Béhotte. M. de Larnage, pressé par la crainte de la guerre, fit placer, en attendant, au devant de l'arsenal actuel, une seconde batterie en terre et en fascines, avec douze pièces de 24 que la flûte *l'Éléphant* venait d'apporter. Les habitants du Cap fournirent leurs nègres, qui firent environ 150 toises de remblai qui était à la charge du roi et qui unissaient l'entreprise Béhotte et l'entreprise Coudreau. Ils les donnèrent encore pour tout ce qui put accélérer les travaux de la batterie dont je viens de parler, comme remblais, transports, etc., et lorsqu'au mois de février 1744 l'on commença la batterie circulaire, ils montrèrent le même zèle.

En 1744, M. de Vaudreuil vint dans la partie du nord. Il fit faire des corps de garde à tous les postes de Limonade, du Quartier-Morin, de la Petite-Anse, de la Plaine du Nord, de l'Acul, du Limbé et du Port-Margot, celui de Caracol étant le seul qui en eût un. Au mois de septembre de la même année, il fit mettre, d'après le conseil de M. de l'Isle-Adam, capitaine des troupes, tout le long du rivage du Cap, et de demi-pied en demi-pied, des pieux de 12 pieds de long sur 6 pouces de diamètre, enfoncés de 6 pieds et dont la tête était à fleur d'eau, afin d'empêcher la descente des chaloupes, si l'ennemi pénétrait dans la rade. On sonda, à cette occasion, tout le bord de la mer qui se trouva d'un fond argileux et par conséquent d'une bonne tenue pour les pieux, qu'un acon ponté enfonçait au mouton. Mais les vers détruisirent très-vite cet obstacle.

Ce fut alors que M. de Vaudreuil proposa l'établissement du fort Saint-Joseph, sur la pointe nommée Pointe à Foëson, du nom du propriétaire de l'habitation dont elle dépendait. Il le jugeait indispensable pour seconder le fort Picolet, pour battre la passe et le mouillage, en croisant ses feux avec les batteries du quai, autres cependant que la circulaire, que la guerre força de discontinuer.

L'année 1745 fut l'époque de plusieurs dispositions militaires au Cap. La batterie faite de terre, où est la batterie Royale, ayant été presque aussitôt détruite qu'achevée, par son peu de solidité, M. de Larnage ordonna de la construire en maçonnerie, et cette batterie fut achevée avec l'année; c'est la batterie royale elle-même. On fit un retranchement en terre qui défendait toute la longueur du Petit-Carénage jusqu'à la ravine; l'on rasa alors les restes du vieux et l'on appela fort des Dames la redoute qu'on mit à l'extrémité septentrionale de ce retranchement et d'où la rue du Fort-aux-Dames a pris son nom. On fit une batterie à l'embouchure de la rivière du Haut-du-Cap sur la rive gauche pour défendre cette embouchure. M. de Larnage fit raser les merlons de la première batterie de Picolet, et ouvrir, par les nègres de corvée, le chemin que nous voyons et qui mène de la ville à Picolet.

On projeta aussi dès lors de couvrir la ville du Cap au sud par un front de fortifications ; on le commença au mois de février 1746, et il fut terminé au mois d'août suivant. C'était un retranchement en terre gazonnée, qui, prenant dans le pied sud du morne qui borde la Fossette au nord, venait fermer la ville par une courtine et deux demi-bastions ; la courtine régnait depuis la rue Espagnole jusqu'à celle d'Anjou, et allait ensuite jusqu'à l'embouchure de la rivière. Il y avait un glacis en avant de ce retranchement et l'on avait même fait un chemin couvert depuis l'entrée laissée à ce retranchement pour aller à la ville et qui était en face de la rue Royale jusqu'à un petit retour qui ouvrait dans la savane de la Fossette. Sur le morne dominant celle-ci, le retranchement avait une batterie de trois canons. M. de Vaudreuil voulait qu'on saisît cette occasion pour redresser le chemin qui menait de la rue Espagnole au Haut-du-Cap, mais M. de Chastenoye ne trouva pas ce travail nécessaire, et c'est cette opposition qui en a laissé le mérite à MM. de Reynaud et le Brasseur.

Durant la même année 1746, on fit un retranchement depuis le sud de la batterie Royale jusqu'au point du quai qui correspond à la rue Chastenoye ; un autre qui allait du nord de la rue des Religieuses au sud de celle Saint-Joseph, un autre où est la place le Brasseur, et enfin on en ajouta un à l'angle sud-est de la batterie qui venait d'être placée au bac. C'est dans cette année qu'on fit aussi beaucoup de remblais et de constructions dans l'étendue de ce qui s'appelait auparavant le marécage et qui, à cause d'un haut-fond formé par un banc de sable charrié par la rivière, n'était pas aussi accessible aux chaloupes que le reste.

L'année 1747 fut remarquable, quant aux fortifications du Cap, par la construction du fort Saint-Joseph placé à 20 toises dans l'est du chemin qui mène à Picolet et à 400 toises de ce dernier fort. Ce nom lui fut donné à cause du patron de M. de

Vaudreuil qui l'avait proposé au ministre, ainsi que je l'ai observé. Ce fort fut achevé en 1748.

Ce fut pareillement en 1748 qu'on s'occupa de l'exécution définitive de la batterie circulaire, mais en abandonnant son plan primitif. Selon celui-ci, qui était immense, il devait y avoir une batterie circulaire de quinze canons, tangente à la ligne de la ravine au nord; et une seconde batterie circulaire absolument semblable, tangente au côté nord de la rue Chastenoye au sud, puis l'intervalle entre ces batteries devait être rempli par une batterie droite de dix-huit canons où l'on aurait ménagé trois calles correspondantes à la rue du Conseil, à celle Saint-Jean et à celle de la Fontaine. Au lieu de cela on avait fait, en 1745, la batterie Royale qu'on voit au sud de la calle du roi, et l'on fit à sa droite la batterie circulaire que le plan que j'ai fait graver représente. On ne construisit, en 1748, que ce qui est depuis la calle jusqu'à 12 toises au nord de la ravine, c'est-à-dire 70 toises en y comprenant l'oreillon qui, dans le bout sud, va de l'est à l'ouest. Cette construction et les murs faits sur la ravine pour en contenir les bords montèrent à 247,000 livres. On y travailla avec une telle activité que les canons et trois mortiers pouvaient y jouer le 1ᵉʳ mai 1748, ainsi qu'au fort Saint-Joseph. On mit un revêtement en merlon à la batterie Royale qui était à barbette; on fit une estacade de pieux tout le long du marécage; tous les flancs des retranchements, des quais reçurent des canons; on en mit six aux flancs du front de la Fossette; on prolongea le retranchement du Petit-Carénage jusqu'à la rencontre de la ravine; enfin l'on s'occupa d'assurer la conservation du Cap pour lequel la prise de Saint-Louis augmentait les alarmes. La paix arriva et avec elle l'espèce de repos négligent qu'elle amène à sa suite.

Cependant le ministère montra de la prévoyance, et, sentant toute l'importance que Saint-Domingue devait acquérir et qui elle-même pourrait compromettre sa sûreté, il crut devoir profiter de la paix pour multiplier les moyens de le protéger. Ce fut dans cette intention que fut dressé le mémoire du roi, du

25 octobre 1750, qui demandait à la colonie de Saint-Domingue un octroi extraordinaire pour les fortifications. La colonie l'accorda, en mars 1751, pour cinq ans. Un second mémoire, du 7 novembre 1754, prolongea l'impôt pour cinq autres années, de 1755 à 1760 ; la colonie obéit encore, mais les deux conseils supérieurs, qui étaient alors dans l'usage de se rassembler pour la représenter et qui avaient voté en son nom, en 1751, dressèrent des remontrances en 1755, où ils établirent que depuis 1720 il avait été fait pour vingt millions de dépenses en fortifications dans la colonie, ce qui aurait dû suffire si le savoir et l'économie avaient présidé à leur emploi. Ces représentations ne furent pas heureuses, puisque l'impôt fut encore prolongé pour cinq ans, jusqu'en 1765.

En 1755 M. de Vaudreuil proposa de fortifier le Grand-Mouton, et en 1757 M. Bart demanda que la pointe à Bertrand, qui est à 200 toises dans le sud du fort Saint-Joseph, devînt une nouvelle protection pour le port ; et en effet, on y voit maintenant une batterie de mortiers que l'on appelle, je ne sais pourquoi, le fort aux Dames. En 1758 on acheva la batterie circulaire dans la partie du nord de la ravine, et ce fut la même année qu'on établit la batterie de mortiers du Gris-Gris, lieu qui s'appelait, vers 1736, la Pointe des Nègres. La guerre de 1756 ne cessa pas de donner des craintes à Saint-Domingue, et ces craintes, en lui procurant M. de Belzunce, officier de terre sur le talent militaire et la réputation duquel on avait fait un grand fonds, furent l'occasion d'un changement notable dans le système de défense de cette colonie.

Convaincu par la douloureuse expérience qu'on venait de faire à la Martinique, où les secours étaient trop tardivement arrivés, qu'une place intérieure qui prolongerait la défense pourrait sauver une colonie, il eut cette combinaison pour idée principale, et j'ai dit comment Sainte-Rose et le Dondon lui avaient paru les points propres à le réaliser. M. de Belzunce manifesta encore par ses dispositions cette pensée, que la partie du nord de la colonie de Saint-Domingue est la plus importante à défendre, celle dont la destinée doit avoir la plus grande influence politique sur celle de la colonie entière.

M. d'Estaing, successeur de M. de Belzunce, auquel il attribuait un grand savoir militaire, fut frappé de son système en arrivant, au mois d'avril 1764, des îles du Vent, où il avait eu la mission particulière d'examiner le meilleur plan de fortifier ces îles et de délibérer avec leurs chefs sur l'exécution de ce plan. Il lui parut que M. de Belzunce avait saisi, en homme de guerre, l'objet qu'on doit se promettre en défendant une colonie. C'est d'après ces deux hommes, à qui l'on ne peut refuser cet hommage, qu'ils ont parlé de ce qu'ils savaient bien, que je hasarde une opinion, ou, pour être plus vrai, c'est la leur que je vais exposer, après avoir ajouté qu'elle a encore été commune à M. Duportal, directeur des fortifications, et dont M. d'Estaing se vantait d'avoir reçu des leçons.

Une vérité première à saisir, c'est qu'il y a entre une colonie et la marine une union et une corrélation tellement intimes, qu'on ne peut se dissimuler que la supériorité maritime doit disposer des propriétés coloniales. Une colonie comme celle de Saint-Domingue, qui verse annuellement dans la métropole pour *cent cinquante millions tournois* de denrées, qui par conséquent imprime un mouvement prodigieux à son commerce, ne doit pas être exposée à devenir la proie d'un ennemi puissant, qui pourrait, même s'élevant au-dessus de la honte d'une violation ouverte des traités, la croire justifiée par un succès qu'on n'aurait pas songé à rendre difficile. Mais comme l'entretien du secours d'une marine permanente serait ruineux par sa dépense et par sa consommation en hommes, il est indispensable de trouver des ressources intérieures.

Or, celles-ci ne peuvent être autre chose qu'une fortification, combinée de manière cependant qu'en donnant l'espoir d'une défense prolongée, elle ne soit pas elle-même inexpugnable si elle devenait enfin le partage du vainqueur qui aurait la supériorité sur mer. Il faut qu'entre l'ennemi et cette place une route difficile, semée d'obstacles, puisse à chaque instant lui rendre son propre nombre embarrassant et l'expose à voir acquérir, par une poignée d'hommes acclimatés et embusqués, l'avantage sur de nombreux bataillons. Il faut que tous les transports lui soient pénibles, que toutes ses communications avec ses vaisseaux soient lentes et fatigantes ; qu'en un mot les hasards de la guerre et les maux du climat lui fassent tout redouter.

Mais ce système veut des préparatifs. Il veut ceux du choix du lieu dont la salubrité doit être une des conditions indispensables. Il veut des approvisionnements, surtout en objets susceptibles de conservation pendant un long temps, et en outre des bestiaux, des fourrages, et une disposition faite à l'avance, de manière qu'au moment de l'attaque chacun sache quel point, quelle fonction, quelle utilité il doit avoir dans cette espèce de réduit général. Il faudrait que le génie du chef sût rendre ce réduit tel, qu'il faudrait pour le forcer une attaque régulière et propre à faire perdre beaucoup de temps à l'assiégeant.

Mais avec la vaste étendue de la colonie française de Saint-Domingue, divisée presque naturellement en trois parties distinctes, peut-être est-il impossible de se passer d'avoir un point central dans chacun d'eux. On ne doit pas oublier qu'il s'agit surtout de rendre fructueux l'envoi d'un secours de France, et par conséquent de favoriser la réunion de la force qui combat encore dans l'intérieur avec celle destinée à la faire triompher par l'expulsion de l'ennemi. Il est sans doute difficile d'empêcher qu'une escadre française ne débarque un secours sur une circonférence aussi étendue, mais il ne faut pas que les troupes qu'elle apporterait aient de grands espaces à franchir, de grandes fatigues à essuyer avant la réunion désirée, puisque ces troupes auraient à redouter, comme celles de l'ennemi, les maux qui frappent des hommes non acclimatés.

L'utilité du poste intérieur sentie, celle des autres moyens intérieurs l'est bientôt. Ils ne peuvent être que de deux espèces, considérés dans leurs rapports avec le système de défense générale, c'est-à-dire qu'ils consistent dans les obstacles à opposer au débarquement et dans ceux qui doivent arrêter les progrès de l'ennemi si ce débarquement n'a pu être empêché; et en s'occupant des premiers il ne faut pas manquer de calculer le besoin d'empêcher l'insulte passagère ou grave qu'on pourrait tenter de faire à un point de la côte, soit pour le piller, soit pour y venir enlever le bâtiment qui cherche un refuge contre l'ennemi supérieur qui le poursuit; car c'est une partie intégrante de la défense relative aux débarquements, que celle qui éclaire les côtes et qui ne permet pas à l'ennemi de choisir les points qu'il croit les plus accessibles, ou de multiplier de fausses attaques pour en rendre une efficace.

Une des plus grandes difficultés de la défense des colonies, c'est de déterminer s'il est avantageux ou non de s'opposer au débarquement, parce qu'il est presque impossible de décider la question en thèse générale. Elle doit dépendre des forces de l'ennemi, de celles qu'on a à lui opposer, et beaucoup encore du point où le débarquement est tenté. Mais, en général, tout dit que le moment où l'ennemi a mis sur la plage environ le tiers de ce qu'on lui suppose d'hommes de débarquement, est le plus favorable pour l'attaquer; parce qu'alors il ne peut plus être protégé par le feu des vaisseaux, et que dans le désordre inséparable d'un débarquement qui n'est encore effectué qu'en partie, les probabilités sont toutes en faveur de celui qui le trouble et qui a dû se ménager une retraite assurée, tandis que l'ennemi n'a que celle de ses chaloupes, qui est lente et sujette aux événements de la mer. Il faudrait être bien sûr de l'avantage d'une position prise à terre et voisine du point de débarquement pour préférer d'y attendre l'ennemi, toujours plus à craindre lorsqu'il marche formé qu'à l'instant où chaque homme sort presque isolément d'une chaloupe, embarrassé de ses armes, craignant de les mouiller, troublé par la vue d'un élément qui n'est pas celui du soldat, et ignorant l'état au vrai du point où il arrive.

Comme tout débarquement fait par une armée a pour but nécessaire l'envahissement du territoire, et que pour y parvenir l'ennemi doit chercher à s'emparer des points les plus importants, soit comme établissements militaires, soit comme dépôts de commerce, une première notion de la défense doit être de préserver ces mêmes points et leur voisinage de toute descente. Cette vue est encore plus importante dans une île qu'ailleurs, parce que les attaques ne pouvant être effectuées que par les moyens maritimes et toutes les ressources devant être tirées des vaisseaux, c'est faire beaucoup que de mettre une grande distance entre le point de débarquement et celui dont l'ennemi a le projet de s'assurer; entre l'armée qui attaque et l'escadre ou la flotte qui la nourrit, qui reçoit ses malades et ses blessés, et d'où elle doit tirer son artillerie.

Si cependant l'ennemi a débarqué, s'il marche pour conquérir, c'est alors que les ressources intérieures doivent être employées pour arrêter, pour ralentir ses progrès. Il faut que chaque pas lui offre la nécessité d'un nouveau combat, un nouvel obstacle à franchir, la crainte d'un nouveau danger. Il faut surtout s'être bien convaincu que chaque retard est une victoire remportée sur lui, parce que le climat peut en triompher d'un instant à l'autre. Comme il doit naturellement préférer la saison tempérée pour ses entreprises, dans la crainte que les chaleurs excessives ne l'accablent des maux qu'elles enfantent, il s'expose alors à la chance des pluies qui peuvent, à chaque instant, lui commander des haltes et rendre impraticable un chemin où son artillerie aurait pu passer quelques heures auparavant.

Dans un pays où la nature a multiplié partout des positions que l'art tenterait vainement d'imiter, il y a mille probabilités en faveur de celui qui les connaît, qui les a étudiées et qui sait par où il fuira si une force supérieure lui rend la fuite nécessaire. On sent qu'il est bien difficile de se promettre de grands succès dans les plaines, par l'impossibilité d'opposer alors une milice, quoique très-courageuse, à des troupes familiarisées avec les évolutions militaires; mais dans des fortifications bien entendues, dans des gorges, dans des ravines, dans d'étroits défilés, le courage du colon déconcertera le soldat accoutumé à des mouvements réglés et d'ensemble. Sans doute il est possible que l'attaquant, désespéré de l'inutilité de sa tentative, ou croyant même que le spectacle de leurs propriétés livrées aux flammes arrêtera le zèle des habitants, offre partout sur son passage le tableau du ravage et de l'incendie ; mais cette manière de guerroyer, digne des flibustiers, ne sera pas un moyen de conquête pour lui, si le chef de la colonie a su leur inspirer l'espoir d'y échapper, et s'il fait mettre à profit l'amour des colons pour le nom français. C'est donc à la guerre de campagne qu'il faut tout rapporter, après avoir mis les points principaux qui, dans les colonies, sont presque toujours les villes, à l'abri d'une invasion soudaine et facile, et les côtes à l'abri d'un coup de main.

Ces idées générales, rapportées à la dépendance du Cap, donnèrent à M. d'Estaing, l'occasion de proposer d'améliorer la défense de Picolet, et de mettre à la roche du même nom une batterie de canons et de mortiers qui, placée au point sur lequel les vaisseaux gouvernent longtemps avant de donner dans la passe, empêcherait par ses feux que l'on n'en approchât. Il adoptait le projet de fortifier le Petit-Mouton, en regrettant que la nature du fond du Grand-Mouton et des raisons d'économie lui enlevassent la préférence. Il attachait aussi un grand prix au secours de deux prames, qui avaient même été construites dans les ports de France en 1765, et que l'on destinait à être entraversées dans les passes du Cap, et il croyait qu'on devait être toujours prêt à fermer cette passe par des estacades. Quant à la partie terrestre de la ville, M. d'Estaing voulait dans les gorges, depuis le Cap jusqu'à l'hôpital, des redans, des retranchements, pour défendre la communication de la ville avec la plaine, et que le morne Lory fût le point principal de cette partie de la défense. J'ai parlé ailleurs de ses vues pour avoir des magasins de marine et une fortification propre à les défendre et à protéger la ville en même temps, en les plaçant sur l'extrémité de la langue de terre qui mène de la Petite-Anse au bac.

Suivant une lettre du ministre aux administrateurs, datée

du 22 janvier 1768, il était question de fortifier le Petit-Mouton, mais tout resta dans la même situation, excepté qu'en 1773, d'après un plan de M. Boisforest de 1772, on fit le premier bastion qui est au sud de la batterie royale et qui a été mené sur le point du quai correspondant à la rue Saint-Laurent, jusqu'à celui où aboutit la rue de la Fontaine. A l'arrivée de M. d'Ennery au Cap, au mois d'août 1775, ce gouverneur général fit rétablir le front de fortifications de la ville au sud, tel qu'il avait été fait en 1746, et il fit voûter les batteries de Picolet et du fort Saint-Joseph, pour les garantir du feu des hunes des vaisseaux.

On doit regarder l'année 1777 comme une de celles qui ont eu l'influence la plus heureuse sur les besoins de la défense de Saint-Domingue, parce qu'elle a été l'époque de l'arrivée des cinq compagnies du régiment de Metz du corps royal d'artillerie, et de trente ouvriers, le tout sous les ordres d'un chef de brigade et d'un lieutenant-colonel. Les chefs eurent plusieurs occasions d'exercer leurs talents; c'est à eux qu'on doit des magasins d'artillerie, le remplacement des affûts marins par des affûts de côte, bien précieux dans un pays où l'économie en hommes doit être la première; et l'émulation qui s'est établie depuis lors entre les officiers du génie et ceux de l'artillerie.

La guerre arriva en 1773, et elle réveilla encore l'attention sur ce qui intéressait la défense. La nouvelle de la prise de Sainte-Lucie et les vives instances de M. de Reynaud auprès de M. d'Argout, alors gouverneur général, firent fortifier, au mois de mars 1779, les mornes de l'hôpital, par des batteries et des redans, dont quelques-uns furent même concertés avec M. d'Estaing, au mois d'août 1779, lorsque venant de la conquête de la Grenade il faisait des préparatifs pour aller attaquer Savannah. M. de Reynaud aurait voulu que le morne Lory devînt un point respectable, que des prames défendissent les passes, et que les magasins et les parcs d'artillerie fussent mis dans la gorge de l'habitation de la Fossette que M. de Reynaud trouvait encore économique d'acheter. M. d'Argout fit ôter les voûtes des batteries de Picolet et du fort Saint-Joseph et leur fit donner des affûts de côte.

Enfin, pour avoir sur les fortifications de la colonie un avis motivé et un plan qui pût être à l'avenir une règle, dont les gouverneurs ne pourraient s'écarter qu'avec une autorisation expresse, le ministre écrivit à M. d'Argout, le 22 août 1779, de saisir l'instant où plusieurs officiers supérieurs s'y trouvaient; et comme les circonstances de la guerre ne permettaient pas les déplacements, de se borner, quant alors, à la partie du nord et au Môle, sauf à embrasser par la suite les deux autres parties de la colonie. Il était ordonné de former un conseil de guerre, auquel seraient soumis les plans et les mémoires de MM. d'Estaing, Duportal, de Vallière, de Moulceau et de Nolivos, ainsi que la correspondance des administrateurs et des ministres sur cette matière, et les plans qu'on croirait nécessaire de faire lever, sauf à celui des membres qui n'adopterait pas l'opinion de la majorité à motiver la sienne. Le résultat de la délibération devait servir à faire distinguer les ouvrages les plus pressés et on devait l'accompagner de plans et de devis.

Le conseil de guerre, présidé par M. de Reynaud, lieutenant au gouvernement général et commandant général de la colonie par intérim, tint sa première séance au Cap le 2 mai 1780, et était composé de M. de Vincent, commandant en second de la partie de l'ouest, et de M. Lilancour, commandant en second de la partie du nord; de M. de Moulceau, directeur général des fortifications, tous les trois brigadiers d'infanterie; de M. de Gimel, lieutenant-colonel du corps d'artillerie au régiment de Metz, et de M. d'Ancteville, ingénieur du roi. M. de Vaivre, intendant, y assista aussi d'après la lettre du ministre. M. d'Ancteville fut choisi pour rapporteur. Le conseil de guerre, dans ses six séances terminées le 3 juin, a proposé ses vues sur la partie du nord et sur le Môle. Je crois pouvoir ajouter seulement qu'il a cru que la défense intérieure et celle que j'ai appelée maritime devaient s'entr'aider.

C'est d'après le résultat de ce conseil de guerre que M. de

Reynaud a fait détruire le retranchement que M. d'Ennery avait fait rétablir au sud de la ville. Ce travail, qui avait coûté plus de 200,000 livres et dont l'entretien était fort cher, s'éboulait à la moindre pluie à cause de sa nature sablonneuse; il était dominé de partout, et comme on l'avait rendu tel qu'on pouvait y monter à cheval par la nécessité d'un talus capable de retenir les terres, il ne pouvait pas défendre la ville à laquelle il interceptait l'air. On en a seulement conservé ce qui est à l'ouest de la rue Espagnole, comme on le voit sur mon plan, et dont le bout appuyé au morne de la Fossette montre encore ce qu'on appelait le polygone.

C'est en arrière de cette portion de retranchement et dans le nord-ouest du cimetière qu'est l'école d'artillerie pour le canon et la bombe, à qui l'autre face de la Fossette donne la facilité de s'exercer sans danger pour personne. On va à cette école par les deux côtés du cimetière. Entre eux deux et au-dessus du cimetière, l'on passe sur un petit pont de bois couvrant un ravinage, pour aller soit à cette école, à la batterie de mortiers placée, soit à la batterie de mortiers placée au-dessous du morne Lory, vers la moitié de la longueur d'un plateau étroit formant le sommet de l'embranchement du morne du Cap qui va vers le cimetière et qui s'étendait autrefois jusqu'auprès de l'embouchure de la rivière.

Quand on est sur la plate-forme de cette batterie de mortiers, la ville présente un coup d'œil agréable et inattendu. Ses rues tirées au cordeau, la facilité de plonger dans chaque cour, offrent un tableau aussi mobile que varié, et l'aspect de la rade forme l'arrière-plan le plus intéressant que puisse avoir une vue à vol d'oiseau.

Depuis 1780, il n'a été rien entrepris en fortifications au Cap, quoique le ministre eût approuvé, le 22 février 1781, le plan d'avoir un carénage pour tenir toujours une frégate mouillée en dehors de la passe du Cap, afin de protéger l'entrée et la sortie des bâtiments du commerce.

On peut dire avec assurance que quelle que soit l'attaque

de l'ennemi dans la partie du nord, le Cap en sera toujours l'objet, à cause de son port, de ses établissements et de ses richesses ; c'est donc le Cap qu'il faut avoir continuellement en vue lorsqu'on s'occupe de la défense de la partie du nord.

Pour assurer celle de toute la colonie d'une manière qui ferait cesser toute inquiétude, il faudrait au moins dix mille hommes de troupes d'Europe. Mais combien de circonstances peuvent s'opposer à ce rassemblement de forces ! Il faut donc empêcher que cette brillante colonie ne puisse devenir, en une seule campagne, la conquête de l'ennemi, et à cet égard, il est encore naturel de croire que les efforts seront toujours dirigés vers la partie du nord, ce qui me ramène à l'importance du Cap. L'ennemi n'oserait y rien entreprendre s'il avait une garnison de trois mille hommes et si une armée au moins aussi forte en gardait la plaine ; mais encore un coup cet état heureux ne peut être certain.

Nous avons vu que le point oriental où l'ennemi pourrait essayer de débarquer, serait la baie de Mancenille, d'où les chaloupes arriveraient à l'embouchure du Massacre ; mais quelle tentative que celle qui serait faite à Saint-Domingue, à 16 lieues du point qu'on voudrait envahir et dans un lieu où l'on ne pénétrerait qu'en surmontant de grandes difficultés ! Cependant deux batteries sur la rive gauche de cette rivière suffiraient pour dissiper toutes les appréhensions. La chaîne de récifs et de hauts-fonds qui borde la côte depuis le Massacre jusqu'au fort Dauphin ne permet aucun accès qu'à des chaloupes à travers des passes étroites ; mais de simples batteries mises à ces points d'embarcadères, qu'on pourrait même combler en cas d'attaque prévue, remédient à cet inconvénient.

Quant au fort Dauphin lui-même, il est d'une défense suffisante avec l'estacade de chaînes, de câbles et de mâtures qui rendrait son entrée impénétrable.

Du fort Dauphin à Limonade, des récifs qui s'étendent au large jusqu'à la grande portée du canon ne permettent pas à l'ennemi de protéger de son feu une descente que tout dit qu'il ne hasardera pas de faire sous voile avec l'incertitude de reprendre ses troupes si elles étaient repoussées.

Il y a bien trois passes, mais celle des Fonds-Blancs, propre aux chaloupes seulement, a de quoi les foudroyer. La seconde, commune aux embarcadères de Caracol et de Jacquezy, est accessible à des bâtiments d'une certaine force, mais ils ne peuvent s'approcher assez pour protéger une descente qui ne peut être faite qu'aux deux embarcadères cités et où des batteries suffisantes ne la souffriraient pas. La passe de Limonade donne plus de crainte, mais elle a 1,500 toises de long, elle est sinueuse, elle exige des pratiques et un bâtiment bon manœuvrier ; et si l'on ne comptait pas assez sur les batteries qui la défendent, une prame deviendrait un obstacle insurmontable.

De Limonade à l'embarcadère de la Petite-Anse, les difficultés surpassent les efforts que l'audace pourrait conseiller et que le manque d'eau du chenal condamne d'avance. D'ailleurs les récifs éloignent encore là le feu protecteur des vaisseaux.

A l'ouest du Cap, la Bande-du-Nord et le Port-Français offrent bien deux points de débarquement, mais toutes les anses qui sont depuis l'entrée du Cap jusqu'à celle de la Bande-du-Nord proprement dite ne sont abordables que pour des canots, encore dans des temps calmes. Il faut même que la mer y soit un peu tranquille, ce qui n'arrive que rarement le matin et jamais l'après-midi, et des batteries y sont placées pour rendre cet abord beaucoup plus dangereux. Le Port-Français offre, il est vrai, des facilités plus grandes, parce qu'il est le débarquement le plus commode de la partie de côte que le morne du Cap termine, et que l'on sait que les Anglais y effectuèrent leur descente en 1695, mais les mortiers qui y sont placés doivent intimider les vaisseaux. Si l'on y faisait une seconde batterie dans l'ouest, elle multiplierait les dangers pour eux, et donnerait le temps d'y accourir en force du Cap, d'autant que la vigie signalerait les mouvements de l'ennemi. Mais si, contre toute probabilité, la descente y était faite, quels obstacles que des sentiers très-étroits, très-roides à monter et d'une âpreté inexprimable, à travers lesquels il faudrait tenter d'arriver au haut de la gorge à laquelle la ville est adossée, à travers des lits de roches à ravets, mille fois supérieurs aux chevaux de frise et aux chausse-trappes inventées par l'art, puisqu'au tranchant du rasoir se trouve réuni un bruit aussi fort que celui de bouteilles cassées, et que la dureté et l'irrégularité de ces pierres peuvent offrir une barrière que l'adresse ne pourrait vaincre qu'avec une perte de temps qui serait elle-même un grand moyen de succès contre cette entreprise! Le plus léger travail rendrait bientôt ces sentiers impraticables, et cinq cents hommes qui y feraient rouler les pierres qu'ils trouveraient à leurs pieds en extermineraient dix mille qui ne peuvent jamais compter y mener du canon. On a d'ailleurs la ressource de rendre inaccessibles, en les comblant, les passes de ces embarcadères ou anses, et l'on a à pied-d'œuvre tout ce qu'il faut.

Depuis le Port-Français jusqu'à l'Acul, la côte ne souffrirait que des canots en temps calme, c'est-à-dire, dans un temps qui n'y règne presque jamais, et le morne présenterait ensuite son impénétrabilité aux débarqués.

Serait-on inquiet d'une tentative par la baie de l'Acul? Mais elle est semée d'écueils, elle n'offre qu'un unique mouillage pour de gros vaisseaux, et si un ou deux vaisseaux peuvent y entrer avec le secours d'un excellent pratique, des précautions incroyables et un vent frais, quelle comparaison quand il s'agit d'une escadre nombreuse suivie de transports et de l'attirail qu'exigerait l'attaque du Cap? Les anciens marins regardent la chose comme impossible, surtout s'il survenait un calme, parce que ne pouvant mouiller sur des roches, on ne peut s'élelever, et que, porté par les courants sur des récifs, un vaisseau y serait bientôt démantelé par la violence de la brise. Il faut cependant s'y garantir d'une descente partielle propre à faire diversion, et c'est ce que les batteries de canons et de mortiers qu'on y a faites sont très-susceptibles d'exécuter.

Au delà de l'Acul, il n'y a plus d'abri pour les bâtiments.

Les points éloignés du Cap dont ils sont séparés par des rivières, des montagnes et des défilés faciles à défendre, ne peuvent donner aucune crainte.

C'est donc par le Cap même qu'il faut tenter de s'en emparer, et c'est là aussi qu'il faut réunir les moyens défensifs maritimes. Il est de la plus haute nécessité d'y établir la batterie de mortiers et de canons que tous les hommes de guerre qui ont vu le local ont proposé de mettre en dehors et au nord de Picolet, près la roche du même nom. On sait combien la bombe est faite pour intimider le chef le plus hardi d'un vaisseau, surtout lorsqu'il est à la portée de récifs qui le menacent de naufrage, si sa témérité ne parvient pas à tout franchir. Picolet soutenu de ce feu et ayant, comme la batterie, des grils pour chauffer les bombes et les boulets, deviendrait redoutable. Tout vaisseau qui veut entrer dans la rade du Cap est obligé de passer devant Picolet entre deux points qui n'en sont éloignés que depuis 100 jusqu'à 300 toises. Arrivés par son travers, ils ne peuvent plus s'en retourner sans courir le risque inévitable de se perdre à la côte. Un vaisseau ne peut s'embosser moins loin de 100 toises de Picolet, à cause du temps qu'il faut pour porter des ancres, et, fût-il même à 250 toises, fourche des deux passes, s'il y reste longtemps, il aura la grosse mer qui annulera la plupart de ses coups, tandis que Picolet et la batterie qui le suit en porteront de sûrs; et s'il est désemparé il faudra qu'il entre à tous risques; il faut donc gêner la passe.

La meilleure manière serait de faire une batterie en fer à cheval sur le Petit-Mouton et d'y placer des canons, des mortiers et des obusiers, et d'y avoir aussi des grils. Si l'on redoute quelque chose de la passe des Normands, une carcasse qu'on y coulerait peut tranquilliser. Enfin deux prames très-fortes avec une estacade en avant faite avec des chaînes, des câbles, des mâtures et des corps morts disposés pour cette destination, rendraient les passes inaccessibles. Tant de moyens secondés par le fort Saint-Joseph, le fort des Dames et la batterie du Gris-

Gris, vomissant aussi des bombes et des boulets rougis, doivent garantir le succès.

Mais comme il faut supposer le cas où la passe serait forcée, on doit considérer combien il devient essentiel alors que Picolet et le fort Saint-Joseph ne tombent point par ce fait même. Il faut donc rendre l'un et l'autre susceptibles de tenir six semaines encore après et espérer, par eux, de contraindre l'ennemi à abandonner la rade; ce qui, ou l'empêcherait d'y faire un débarquement, ou priverait les troupes débarquées de toutes les ressources, par l'éloignement des vaisseaux. Il ne s'agit pas de parler de la dépense que ce moyen coûterait, on ne doit la connaître qu'après l'avoir effectuée. La batterie de l'oreillon ou circulaire, la batterie royale et la batterie à mortiers placée au-dessous du morne Lory, concourraient aussi au même but.

Quant au morne Lory lui-même, qui part du gros morne auquel il n'est point égal en hauteur, et dont il est séparé par une coupure qui, n'étant pas profonde, ne forme pas une véritable gorge, on a longtemps parlé d'y élever une citadelle; mais commandé par d'autres hauteurs, il ne peut être appelé à une aussi haute destinée. L'exécution en serait singulièrement coûteuse et ses inconvénients ne disparaîtraient pas tous.

Une redoute mise sur la rive droite et à l'embouchure de la rivière du Haut-du-Cap aurait plus d'utilité pour protéger le fond de la rade, empêcher de remonter la rivière et défendre la langue de terre de sa rive gauche. Ses feux croiseraient avec ceux des batteries du quai et avec ceux de la première des neuf batteries qu'on voit sur le morne de l'Hôpital, depuis son extrémité au bord du chemin jusqu'à environ 500 toises dans l'ouest. Celles-ci battent l'embouchure de la rivière, le front de la ville au sud et les gorges du morne de l'Hôpital, soit du côté de la ville, soit du côté de l'hôpital.

Et si tant de ressources étaient insuffisantes, si l'ennemi s'emparait du mouillage, il serait essentiel d'avoir pris des mesures pour en effectuer une qu'un utile désespoir conseillerait alors, ce serait de mettre le feu à un brûlot, qu'on aurait tenu le plus mouillé au nord possible, et dont les flammes embraseraient bientôt les vaisseaux ennemis sur lesquels le vent du large les porterait, confondant ainsi le vainqueur et la proie dont il se serait, mal à propos, déjà cru maître.

Il faut cependant examiner l'hypothèse où la plus belle, la plus riche ville des colonies françaises serait tombée au pouvoir de l'ennemi, et où il faudrait agir pour qu'il ne pût pas la conserver et s'y croire possesseur de la partie du nord. Je le répète, quelque part que la descente soit tentée, il faut s'y opposer et défendre le terrain pied à pied, avoir un ou plusieurs bataillons de chasseurs de couleur qui, faisant la guerre en Tyroliens, diminueraient, sans perte pour eux, le nombre des assaillants; épier les mouvements de l'ennemi, le harceler, surtout par des inquiétations durant la nuit, afin d'accélérer les effets si redoutables des pays chauds; couper si l'on peut ses communications et enlever ses vivres, et s'il est dans le Cap, l'y resserrer le plus qu'il sera possible et lui disputer ensuite la plaine; en un mot, faire tout ce qu'une petite armée peut tenter contre une autre qu'on ne peut supposer moins de quatre fois plus forte qu'elle. Ce moyen unique laissera au climat le temps de déployer sa vigueur contre l'ennemi, qui conséquemment résistera d'autant moins aux efforts combinés de ceux qui le combattent au dedans et de ceux qui seront venus d'Europe pour les secourir.

On considère avec raison les gorges les plus voisines du Cap, telles que Sainte-Rose, le Dondon, la Marmelade, comme des asiles impénétrables et des derrières sûrs. La circulation montueuse que des sentiers difficiles assurent entre les premières coupes des divers aculs, tels que ceux des Pins, de Samedi, à Conit et du Trou, avec le Fond-Chevalier, Sainte-Rose, le Dondon, la Marmelade, le Limbé, est une ressource que l'ennemi pourrait d'autant moins couper que d'autres sentiers, encore plus impraticables, vont déboucher de ceux-là dans la partie espagnole, et former autant de points de retraite et des têtes d'attaque. L'art, la science, les plus grandes forces ne sauraient interdire cette ressource.

La gorge de Sainte-Rose est la position la plus centrale de la plaine du Cap, avec laquelle elle a une multitude de communications par des débouchés de montagne. Les troupes qui seraient dans la plaine auront donc toujours un accès vers cette gorge, à l'est par la ravine à Mulâtres, l'acul de Samedi, les Écrevisses, le Moka, les Côtelettes, Sainte-Suzanne et le Bois-Blanc; à l'ouest par le Dondon, le Bonnet-à-l'Évêque, le Grand-Boucan, les Mornets et les Périgourdins. Le poste de la Tannerie doit devenir inexpugnable entre les mains d'un chef habile. Des retranchements répétés, appuyés à des redoutes et des batteries battant la gorge du Grand-Gilles et la communication allant vers l'église Sainte-Rose, sont des moyens dont la puissance est incalculable. Si le camp de Sainte-Rose était forcé, celui du Dondon serait la retraite. Le Dondon a des communications avec les deux autres parties de la colonie française et avec la colonie espagnole.

Si après tant de soins et d'opiniâtreté, la métropole ne faisait rien pour les couronner, elle aurait renoncé à sa plus belle colonie, et ce serait aux circonstances à conseiller ce qu'il serait plus utile ou moins honteux de faire.

Mais ce qu'il est essentiel qu'on se persuade à Saint-Domingue, c'est qu'il ne suffit pas de faire et de proposer de grandes dépenses de fortifications; l'abandon auquel on a l'habitude de les livrer, surtout en temps de paix, entraîne des réparations ruineuses lorsque la guerre reparaît, et elles sont la preuve d'un grand désordre. Il y a depuis plusieurs années 200,000 livres tournois affectées annuellement à l'entretien et à l'augmentation des fortifications, et l'emploi en est fait d'une manière qui n'annonce ni zèle ni prévoyance. Il faut aussi que, dès les premières nouvelles d'une rupture, les approvisionnements en vivres, en munitions et en objets de tous les genres nécessaires aux camps de Sainte-Rose et du Dondon occupent la pensée.

Mais ce qui est aussi indispensable que tout cela, ce qu'il faut placer en tête de tous les moyens préservateurs de cette précieuse colonie, c'est le choix d'un chef qui mette sa gloire à la conserver à la France, qui ait assez de talents pour ne rien laisser d'intenté, assez de réputation pour que l'ennemi sache que ses efforts pourraient être vains, et assez d'énergie pour persuader les colons, par son exemple, qu'il est beau d'être Français, et qu'en portant ce titre on a contracté le devoir sacré de verser son sang pour ne le pas perdre. Un tel homme est plus de la moitié du succès. Si l'on a calculé de plus que cet homme pouvant périr victime du climat ou tomber sous le fer ennemi, il doit être remplacé à l'instant même, on aura épuisé toutes les combinaisons qui promettent moralement un succès tellement important, que rien ne doit paraître trop coûteux pour l'obtenir.

XIII.

PAROISSE DE LA PLAINE-DU-NORD.

Il faudra souvent répéter la censure contre les dénominations coloniales, parce qu'il semblerait encore, d'après celle-ci, que la plaine du Nord ou la plaine du Cap est renfermée dans une seule paroisse. On dirait qu'il est de la destinée de la paroisse que je vais décrire de changer souvent de nom, puisqu'elle a déjà eu ceux de paroisse de Moustique et de paroisse du Morne-Rouge.

La paroisse de la Plaine-du-Nord est bornée au septentrion par la mer, au midi par une partie de la paroisse du Dondon, au levant par la paroisse de la Petite-Anse et par celle du Cap, et au couchant par la paroisse de l'Acul.

La paroisse de la Plaine-du-Nord, qui est peu étendue, a une forme très-bizarre à cause des sinuosités des rivières qui lui servent de limites à l'est et à l'ouest, et elle a cette particularité, que ses deux extrémités nord et sud sont montagneuses.

Cette extrémité nord est la partie occidentale du morne du Cap dont j'ai fait connaître la forme et la nature.

Sa limite est dans la partie supérieure : la ravine des Matteux, qui se jette dans la rivière du Haut-du-Cap, a environ 3,000 toises en ligne droite du bourg du même nom; puis la rivière du Haut-du-Cap jusqu'à environ 500 toises avant d'arriver à ce bourg. De là, la limite va gagner un coude du grand chemin du Cap à l'Acul, dont elle suit la direction pour aller chercher le point de la crête du morne du Cap où est située l'habitation Loumeau, et descendre la face du nord de ce morne vers la mer, dans le petit Port-Français.

A l'ouest, la limite est le bord oriental de la baie de l'Acul, jusqu'à l'embouchure de la rivière Salée, puis cette rivière et ensuite la ravine de Vite-à-la-Voile, qu'une expression obscène décorait autrefois; de là elle gagne une autre ravine à environ 2,000 toises plus haut, et va avec elle chercher la ravine du Haut-du-Cap, qu'elle abandonne dès qu'elle a trouvé l'embouchure de la ravine à Trompette, pour suivre jusque dans la montagne.

La paroisse de la Plaine-du-Nord doit être considérée comme la seconde qui a été formée dans la plaine du Cap. Son église primitive, qui existait avant 1681, était placée dans un endroit peu éloigné du bourg du Haut-du-Cap. Cette église de la paroisse de Moustique était sous l'invocation de saint Jacques, et son premier curé était le père Hyacinthe, dominicain. Elle fut brûlée en 1691; celle qui la remplaça eut le même sort en 1695, et en 1698 on n'y voyait pour temple qu'une baraque couverte de paille, mais alors c'était l'église du morne Rouge, et elle était au point qu'on appelle maintenant le carrefour ou le cabaret, et qui est à environ 2,000 toises, mesurées du bourg du Haut-du-Cap. Le registre paroissial le plus ancien remonte jusqu'à l'époque de la dévastation de 1695. Enfin, au mois de janvier 1720, l'église a été transférée au lieu où on la voit en ce moment. Elle est de maçonnerie, isolée à 1,800 toises du carrefour ou cabaret, et presque sur le bord du chemin qui va du Cap au Grand-Boucan et aux Périgourdins. Saint Jacques en est encore le patron.

La première culture de cette paroisse a été celle de l'indigo; on y a tenté celle du cacao, et le nom de Bras-Coco, que porte encore une petite dérivation de la rivière du Haut-du-Cap, dans le bas de cette paroisse, n'est venue que de ce que ce point était planté de cacaoyers qu'on y voyait encore en 1700. Ensuite on a adopté celle de la canne à sucre et du cafier. On y compte actuellement vingt-quatre sucreries, donnant environ 4 millions de sucre; trois indigoteries; vingt-trois cafeteries; trente places à vivres; deux fours à chaux; deux guildiveries; une hatte et un entrepôt pour les denrées.

Le sol de la paroisse de la Plaine-du-Nord ne jouit pas d'une haute réputation. Les parties où il pourrait être d'une nature fertile sont si noyées, que la canne n'y arrive point à une maturité parfaite. Il y a cependant des terrains, comme celui de l'habitation Breda, dont la qualité est très-recommandable; mais d'autres parties, surtout celles du canton du Morne-Rouge, sont sèches; les cannes y sont belles, mais sans jus. L'habitation le Normand de Mezy y fait néanmoins 400 milliers de sucre, mais avec un mobilier considérable, et l'habitation Gruel, avec deux cent cinquante-six nègres, n'en donne que 180 milliers.

Le canton du Grand-Boucan, qui est dans la partie supérieure de la paroisse, est terminé par le revers occidental du morne du Bonnet-à-l'Évêque. Son aspect a quelque chose d'effrayant; ce n'est qu'un amas énorme de rochers calcaires entre les interstices desquels s'élèvent des arbres superbes et d'une dureté que semble indiquer ce sol agreste, si propre à élaborer la nourriture que des feuilles et des troncs pourris leur procurent, et que des pluies fréquentes disposent à remplir cette destination.

Ce morne n'est qu'excavations, précipices et cavernes;

dans ces dernières, d'immenses stalactites annoncent un long et continuel ouvrage de la nature. Vers le milieu de l'élévation du morne est un bassin ou réservoir d'environ 150 pieds de long sur 50 pieds de large. Son eau limpide et pure nourrit d'énormes écrevisses, des crabes et de magnifiques anguilles, mais la température en est si froide qu'on a vainement tenté plusieurs fois d'y accoutumer des poissons de différents genres ; on les a toujours trouvés morts le lendemain. Ce bassin est d'une immense profondeur, dans les intervalles qu'y laissent des roches amoncelées les unes sur les autres et que l'œil peut y distinguer, quoiqu'elles soient elles-mêmes très-éloignées de la surface.

Le nom de Grand-Boucan a été donné à ce lieu par les boucaniers, qui y trouvaient une chasse abondante de gibier et de cochons marrons.

La gorge du Grand-Boucan est une des communications de la plaine du Cap avec le Dondon.

La paroisse de la Plaine-du-Nord est coupée dans plusieurs sens par différents chemins, qui conduisent à la montagne, à l'Acul, au Cap et au Quartier-Morin.

C'est dans un point où ce dernier chemin coupe la rivière du Haut-du-Cap, qu'était le pont à Pasquier, ainsi appelé du nom du propriétaire de l'habitation, placée là sur la rive gauche de cette rivière. Jusqu'en 1742, qu'il n'y avait point de chemin de l'embarcadère de la Petite-Anse au Cap, plusieurs habitants faisaient transporter leurs denrées à l'embarcadère du Haut-du-Cap, d'où les canots les conduisaient dans la ville ou dans la rade ; pour cela on venait traverser la rivière du Haut-du-Cap au pont à Pasquier, si toutefois le nom de pont convenait à un gué revêtu d'une chaussée de pierres. J'ai plusieurs ordonnances, notamment de l'année 1739, qui prescrivent de réparer ce pont qui, quoique plus utile alors, n'était pas moins négligé qu'aujourd'hui.

La rivière du Haut-du-Cap ou rivière à Galiffet cause quelquefois des dommages par ses débordements. Elle est aussi, comme presque toutes celles de la colonie, un sujet de querelles et de contestations entre ses riverains, soit pour des prises d'eau, soit à cause des levées destinées à garantir de ses irruptions.

Toute la partie septentrionale de la paroisse de la Plaine-du-Nord peut être regardée comme connue du lecteur, d'après ce que j'ai dit du massif du morne du Cap, dont cette partie est un prolongement.

Quant à la côte dont elle est bordée, on y trouve le petit Port-Français, qui est à une grande demi-lieue du grand Port-Français. Son enfoncement, qui est nord-ouest et sud-est et d'environ 1,800 toises plus sud que le fort Picolet, a 830 toises de profondeur. Il y a un quart de lieue de la pointe occidentale du petit Port-Français jusqu'à la pointe à Picard, et 1,200 toises de celle-ci à la pointe des Trois-Maries où sont trois grosses roches qui portent le même nom; c'est la pointe orientale de l'entrée de la baie de l'Acul et l'extrémité nord-ouest de la paroisse de la Plaine-du-Nord.

Le débarquement est presque impraticable sur toute cette partie de côte, dont des canots peuvent à peine approcher dans des temps calmes; et d'ailleurs les mornes qui la forment sont, à bien dire, impénétrables.

Dans le bord est de la baie de l'Acul, qui est la limite ouest de la paroisse que je décris, on trouve, à environ 600 toises de la pointe des Trois-Maries, la batterie Graville, au point où aboutit une espèce de grande gorge; puis, à une pareille distance de la batterie, un gros monticule qui saille vers la baie de l'Acul, et qui est appelé le morne Rouge. Il paraît avoir donné autrefois son nom à toute la paroisse, et le canton le plus voisin de ce monticule le porte encore. Après ce morne Rouge, et dans le sud, est un enfoncement nommé la baie à Allain et que suit, à 200 toises, la batterie Allain, mise sur un épatement de montagne, puis vient l'embarcadère et la batterie du Mahot.

Cet embarcadère très-ancien contient plusieurs magasins.

En gagnant encore plus au sud, on commence à trouver le terrain marécageux que forment les eaux de la ravine de Vite-à-la-Voile, dans toute la portion où le mouvement des marées lui a fait prendre le nom de rivière Salée.

Cette rivière Salée est traversée par le grand chemin de la partie du nord, vers celle de l'ouest, et quoiqu'elle n'ait à basse marée que 18 pouces d'eau, elle se gonfle dans les hautes marées. Ses débordements, rares il est vrai, l'élèvent d'environ 7 pieds, et on l'a vue aller à 10 pieds 3 pouces en 1785. Cette contrariété, grande pour les voyageurs, pour les voitures de charge, et plus encore pour les nègres, avait déterminé MM. de Reynaud et le Brasseur à y projeter, en 1780, un pont de pierres et de briques, pour lequel la paroisse de l'Acul donnait 10,000 livres, celle du Limbé 6,000 et celle de Plaisance 4,000 livres. En 1788, les administrateurs y ont fait faire, d'après les plans de M. de Rallier, dans un point un peu inférieur à l'ancienne passe, un pont qui a coûté 125,000 livres, payées par la caisse municipale. Il est en piles de maçonnerie avec des travées de bois et il a 14 pieds de large. Il est regrettable que M. Reynaud, l'un des entrepreneurs, y ait mis une activité à laquelle on attribue sa mort.

En sortant du pont et rentrant dans la Plaine-du-Nord, on trouve la pente d'un des mamelons qui courent encore du bord est de la baie de l'Acul dans le sud. Celui-ci porte le nom de Morne-aux-Anglais, parce qu'ils s'y arrêtèrent en 1695, en allant au Port-de-Paix. Le chemin le franchit dans un point qui était extrêmement roide il y a dix ans. De là la vue s'étend jusqu'aux hauteurs de Sainte-Suzanne.

La portion de la paroisse de la Plaine-du-Nord qui se rapproche du Cap a des places à vivres, des cultures et des logements qui annoncent qu'on est dans l'étendue qu'une grande ville semble s'approprier pour ses besoins et son luxe.

La population de la paroisse de la Plaine-du-Nord était considérable en blancs dès qu'on commença à l'établir; malgré les pertes qu'on y avait éprouvées en 1691, on y comptait encore cent hommes portant armes. Elle n'en avait guère plus en 1723, et l'on n'y comptait à cette seconde époque que neuf cents esclaves; maintenant elle renferme quatre-vingt-douze blancs dont quinze s'occupent à la pêche, vingt-huit affranchis et environ quatre mille cinq cents esclaves.

Sa milice offre soixante-dix individus.

La Plaine-du-Nord est du quartier, du commandement et de la sénéchaussée du Cap.

On trouve sur son territoire une habitation qui a appartenu à Pierre Lelong, que j'ai déjà eu plusieurs occasions de citer. L'une de ses descendantes l'a fait passer à M. Faubeau de Mallet par son mariage.

C'est sur l'habitation de M. Le Normand de Mezy (dont j'ai aussi placé l'éloge ailleurs) qu'ont été naturalisés les premiers campêches venus à Saint-Domingue. Le plan qui en avait été pris à la baie de Campêche même fut apporté au Cap vers 1730, et donné à M. Le Normand qui en introduisit l'usage sur sa sucrerie du morne Rouge, où les citronniers réussissaient difficilement. Le nouveau venu n'a pas cessé depuis de prendre, dans les divers lieux de la colonie, la place de celui qu'il supplée à merveille comme moyen de défense, mais il n'en a pas le doux parfum.

On croit que cette paroisse contient des mines, et on regarde comme certain que le canton du morne Rouge en recèle de cuivre.

On compte de l'église de la Plaine-du-Nord :

```
A celle du Cap. . . . . . . . .   4 lieues
A celle de la Petite-Anse. . . .  2   »
A celle de l'Acul. . . . . . .    1 1/2
```

XIV.

PAROISSE DE L'ACUL.

Il faut, au risque de paraître fastidieux, se plaindre encore de ce qu'une paroisse a pris un nom qui exprime à Saint-Domingue un enfoncement quelconque. Celle-ci en avait cependant un autre que Charlevoix attribue à une prononciation vicieuse de *Acon de Luysa,* dénomination espagnole qui signifiait le havre, le port où réside une dame Louise, et auquel des Français ont supposé une dégoûtante origine. Quoi qu'il en soit, *Can de Louise* était devenu *Camp de Louise,* et jusqu'en 1720 on se servait rarement d'une autre expression pour parler de la paroisse actuelle, et la baie qu'elle contient s'appelait alors *Port du Camp de Louise.*

Le Camp de Louise faisait partie de la paroisse du Morne-Rouge, la plus avancée à l'ouest, dans la plaine du Cap, en 1699, époque où M. de Galiffet l'en sépara et en forma la paroisse du Camp de Louise. Pour y attirer les habitants ou plutôt pour y retenir ceux qui s'y occupaient déjà d'élever des pourceaux, il y fit prendre une concession à son neveu et une autre aux religieux de la Charité. Avec ces exemples il fallut moins de huit jours pour que le terrain entier de la paroisse eût des concessionnaires. Un carme qui venait de la Guadeloupe, avec une nomination de MM. de Blénac et de Bégon, administrateurs généraux des îles françaises, pour être le pasteur des paroisses de Nippes et du Rochelois, consentit à en être le premier curé.

M. de Charrite parvint peu à peu à se rendre maître, concessionnaire ou propriétaire de toute cette paroisse, dont il revendit une grande partie en 1716. Je ne sais pourquoi, vingt ans après, cet établissement a pris absolument le nom de l'Acul.

La paroisse de l'Acul a pour limites : au nord, la mer; à l'est, la paroisse de la Plaine-du-Nord; au sud, des chaînes de montagnes qui lui sont communes avec le Dondon et la Marmelade, et à l'ouest, la paroisse du Limbé. Cette limite occidentale, fixée par une ordonnance des administrateurs du 10 octobre 1776, commence au nord par la crête de la montagne où sont les deux coupes du Limbé et va, de la plus grande élévation de la grande coupe, parcourir le sommet des plus hautes montagnes, jusqu'à la coupe à David, pour de là gagner la rivière de la Soufrière du Limbé, puis son bras droit au point où elle en a deux, jusqu'à la limite nord de la Marmelade.

Cette paroisse a, dans sa plus grande largeur, environ 4 lieues, et le double dans sa plus grande profondeur. Son territoire plane est peu considérable et le sol y est très-varié. Comme toutes les autres elle est subdivisée en cantons. Ceux de la plaine sont l'embarcadère, l'Acul proprement dit, les Manquets, les Mornets et les Périgourdins. Ceux de la montagne sont la Grande-Ravine, la Rivière-Dorée, les Fonds-Bleus, la coupe à Mongaut, la ravine à George, la Soufrière et la coupe à David.

En s'occupant de la partie plane, la chose qui s'offre la première pour être décrite, comme la plus intéressante et la plus frappante, est la baie.

La baie de l'Acul, qui semble être préparée par le gisement des terres dont la direction est à peu près vers le sud-ouest, depuis la pointe à Honorat jusqu'aux Trois-Maries, et vers le nord-est, depuis l'îlet du Limbé jusqu'à la pointe d'Icaque, commence réellement à cette dernière pointe et à celle des Trois-Maries, distantes l'une de l'autre de 945 toises. Elle a une profondeur d'environ 3,500 toises.

On y arrive par trois passes : l'une entre la côte et l'îlet à Sable; elle ne peut servir qu'aux seuls bateaux; la seconde entre l'îlet à Sable et l'îlet à Rats, qui est pleine de récifs et d'écueils pour de gros vaisseaux; et la troisième entre l'îlet à Rats et la côte qui court de la pointe d'Icaque à l'embarcadère du Limbé. Cette troisième passe, indépendamment de la grande caye à Philipot, qui s'étend à plus de 2,500 toises vers l'ouest, est parsemée de tant d'autres cayes détachées les unes des autres, qu'il faut une grande connaissance du local et des précautions continuelles pour arriver à l'ouverture de la baie. A son tour, celle-ci, soit par son haut-fond connu qui a 1,600 toises de long sur une largeur moyenne de 200 toises, soit par d'autres hauts-fonds qui en sont détachés, soit par son peu d'eau, dès qu'on approche à une certaine distance de terre, offre de nouvelles difficultés pour venir mouiller même au nord du morne Rouge, devant l'habitation Graville, point qui peut recevoir de gros bâtiments.

Le 17 septembre 1712, des Anglais firent une descente dans la baie et y enlevèrent quarante-six nègres à M. de Charrite et vingt-six à Mme Huchet. En 1713 toute la défense de cette baie ne consistait qu'en deux corps de garde, dont l'un était au point du morne Rouge et l'autre à l'Acul, vers l'enfoncement de la baie. Un coup de canon tiré de chez le commandant avertissait tout son contour. Depuis on avait mis deux pièces de canon au corps de garde de l'Acul, pour empêcher les tentatives des frégates légères, les seules auxquelles on croyait que la passe pût donner accès.

On était même si plein de confiance, qu'il n'existait plus de canons sur la baie, lorsque, le 17 avril 1748, trois corsaires français sortant du Cap et poursuivis par deux bâtiments de guerre anglais, l'un de 26 et l'autre de 56 canons, se réfugièrent dans la baie de l'Acul, bien persuadés que la petite frégate pouvait seule tenter d'y entrer, et étant préparés à l'aborder. Mais le vaisseau de 56 y vint le premier la sonde à la main, et, suivi de la frégate, il mouilla à la baie à Allain.

Les corsaires s'échouèrent à terre sur un fond de vase, l'alarme fut tirée, et M. de Vaudreuil, bientôt informé au Cap de ce qui se passait, envoya M. de Fontenelle et quatre canonniers ; on prit les plus gros canons que les corsaires avaient déjà débarqués, on en fit une batterie sur l'habitation Pillat, et elle fut en état de riposter au premier coup que tirèrent les vaisseaux après avoir mouillé.

On fit partir du Cap six pièces de canon de 6 sur des charrettes et cent cinquante nègres firent un épaulement au morne Rouge pour couvrir la batterie où l'on devait mettre ces pièces. Les vaisseaux, qui avaient tiré plus de deux cents coups de canon, envoyèrent un parlementaire pour déclarer que si l'on élevait une batterie au morne Rouge, ils feraient à la terre tout le mal qu'ils pourraient. M. de Vaudreuil, qui avait été à l'Acul avec la compagnie des dragons-milices du Cap, vint au morne Rouge répondre à cette fanfaronnade en déclarant que sous trois heures les canons seraient montés. Les bâtiments ne jugeant pas prudent de les attendre, ils mirent à la voile et sortirent à la nuit, après avoir perdu sept hommes. Les canons qui, à cause des mauvais chemins, étaient arrivés trop tard, servirent à former la batterie du morne Rouge. M. de Vaudreuil commanda en même temps un retranchement à l'embarcadère de Mahot et une batterie à l'embarcadère d'Acul.

Nous ne perdîmes personne dans cette affaire. Le capitaine le Blanc, le plus ancien des trois capitaines corsaires, fit des prodiges avec sa batterie, et M. Pillat, dont tous les nègres avaient été employés à la défense, eut sa savane labourée par les boulets et quelques constructions endommagées.

Maintenant la baie de l'Acul est dans un état respectable; 8 batteries de canons et de mortiers établies dans son contour, la précaution de réduire la passe du morne Rouge, la seule propre aux vaisseaux, à 13 pieds de profondeur, et des corps de garde pour veiller aux moindres entreprises, ne doivent laisser aucune inquiétude sur cette baie, quoique son enfoncement, qui n'est que vases et mangles, et où les canots ne peuvent aborder qu'aux embarcadères, ne soit réellement qu'à environ 7,000 toises du Cap. D'ailleurs, il est impossible, comme je l'ai dit précédemment, qu'une escadre veuille s'y hasarder.

M. de Puységur, qui a levé un plan de la baie de l'Acul

qu'on trouve dans son *Pilote* de Saint-Domingue, a marqué la latitude de l'îlet à Rat à 19 degrés 48 minutes 53 secondes, et sa longitude à 74 degrés 48 minutes 35 secondes.

Le 14 avril 1773, le bateau *le Dromadaire*, monté par son propriétaire, M. Turon, ancien pratique, sortait de cette baie avec un léger vent de terre pour aller au Cap. Il avait pris, comme plusieurs autres fois, la passe entre la pointe à Picard et l'îlet à Sable, mais se trouvant en calme par le travers des Trois-Maries, et ne pouvant mouiller sur les roches, les courants le portèrent sur un récif, où en peu de temps il fut démantelé.

La baie de l'Acul a eu l'honneur de recevoir Christophe Colomb, qui lui avait donné le nom de Port-Saint-Thomas, parce qu'il y était entré le 21 décembre 1492, jour de la fête de ce saint.

C'est au fond de cette baie qu'est l'embarcadère de l'Acul, situé au moins 3,000 toises plus méridional que l'extrémité sud de la ville du Cap. Il est peu considérable, quoique composé de trois établissements. Celui qui appartient à M. Chanche, et qui est le principal, a de plus une guildiverie. Quelques magasins pour entreposer les denrées et les marchandises en retour, et quelques baraques occupées par des pêcheurs, donnent un air de peuplade à ce point que la privation d'eau potable empêchera toujours de devenir important. Lorsque la mer est libre, c'est-à-dire pendant la paix, il part chaque matin de cet embarcadère pour le Cap, où ils se rendent dans la journée, quatre *passagers* qui sont des goëlettes de 25 à 30 tonneaux, dont un blanc et quatre ou cinq nègres forment l'équipage.

Cet embarcadère très-ancien était affermé au profit du fisc dès 1739, et le transport de la barrique de sucre était alors d'une gourde. En 1752, le fermier donnait 750 livres par an.

La rivière Salée, qui est la limite nord-est de la paroisse, servait aussi autrefois d'embarcadère, et des acons venaient y prendre des denrées qu'ils portaient dans la baie. De légères obstructions dans le cours de cette rivière, et la négligence trop générale dans la colonie, ont fait perdre cette utile ressource.

Depuis, on a parlé d'en nettoyer et d'en redresser le lit, et l'on a même été jusqu'à proposer de faire communiquer la rivière Salée avec la rivière du Haut-du-Cap, afin qu'en temps de guerre, du moins, on pût faire parvenir, sans danger, dans la ville du Cap les denrées des paroisses de la Plaine-du-Nord et de l'Acul, et même du Limbé et du Port-Margot, au moyen de petits bateaux qui, n'étant plus obligés de s'écarter de la côte, comme les passagers, ne courraient plus le risque de tomber au pouvoir de l'ennemi. M. Bonami avait fait, en 1778, un plan de cette opération en avouant que l'invention en appartenait à M. Cauvet, ingénieur, et MM. de Reynaud et le Brasseur s'occupaient des moyens de le réaliser, lorsque leur intérim a cessé.

Dès qu'en quittant la rivière Salée on entre dans la paroisse de l'Acul, on se trouve devant deux ou trois maisons, dont l'une est une petite auberge ou cabaret, et l'on est dans le canton de l'Acul proprement dit. De ce point partent plusieurs chemins. L'un va aux Mornets, l'autre vers l'église, et un troisième, qui est celui de communication entre le Cap et le Port-au-Prince, va de l'est à l'ouest en se dirigeant sur une chaîne de montagnes. En suivant ce dernier, l'on traverse d'abord la raque à Maurepas, du nom d'un ancien propriétaire de ce sol, qui est si compacte et si boueux dans les temps de pluie, qu'il n'est pas de patience dont la durée puisse égaler celle du temps qu'on met alors à parcourir cette raque.

Dans cette longueur, on voit sur la gauche la sucrerie Sacquenville, dont dépend un petit tertre que l'on assure avoir été l'habitation d'anciens naturels de l'île, et où l'on prétend que des calculs lucratifs ont fait détruire des tombeaux. On y trouve encore des fétiches et des coquilles. En avançant encore, on aperçoit quelques autres sucreries dont l'aspect contraste agréablement avec celui des mornes dont on s'est rapproché.

Parvenu à environ 1,500 toises du pont de la rivière Salée, le chemin royal est coupé par un autre chemin, qui conduit depuis le haut de la paroisse jusqu'à l'embarcadère du fond de la baie. La rencontre des deux chemins se trouve à 500 toises dans le sud de cet embarcadère et à 650 toises dans le nord de l'église consacrée à la nativité de la Vierge. Cette église est isolée. Il y a cinq ans qu'on l'a rétablie à neuf et que la piété des habitants en a fait un temple digne de son objet. Ses registres remontent jusqu'en 1720 seulement. Elle est presque sur la même ligne est et ou est que l'église de la Plaine-du-Nord, et un chemin assez droit fait parcourir les 3,000 toises qui sont entre elles deux.

On compte de l'église de l'Acul

A l'église	du Limbé.	2 l. 1/2.
—	Dondon.	5
—	de la Marmelade.	7
—	du Cap.	4

De l'espèce de carrefour dont j'ai parlé, le chemin prend la direction du nord-nord-ouest entre la baie et une chaîne de montagnes. Après qu'on y a fait environ 1,500 toises, on trouve une ravine de la Belle-Hôtesse, et 150 toises plus loin le chemin de la grande coupe du Limbé, qui par des contours adoucis mène dans les parties supérieures de la plaine du Limbé et à l'église de cette paroisse. C'est celle que suit le courrier du Cap au Port-au-Prince.

A partir du point où le chemin est coupé par celui de la grande coupe, l'on entre dans le canton du Camp de Louise, où est la route du bas Limbé, du Port-Margot, du Port-de-Paix et du Môle. Ce canton n'est, dans sa partie plane, qu'une bande qui a la baie dans l'est et une chaîne de montagnes dans l'ouest. Cette bande a une habitation de chaque côté du chemin, qui le coupe en deux parties assez égales. Quand on est parvenu dans le nord au point qui correspond à peu près à la pointe d'Icaque, l'une de celles de l'entrée de la baie, le chemin contourne un épatement de mornes, et en allant un peu à l'ouest on ne tarde pas à trouver la petite coupe du Limbé.

C'est le nom du second point par lequel on franchit la chaîne de montagnes qui est à l'ouest de l'Acul, et qui va par des embranchements successifs se réunir à la première chaîne du Cibao. Il faut monter assez longtemps dans une espèce de gorge étroite où l'on trouve des espaces cultivés et surtout dans le point le plus élevé, où une bananerie considérable couvre les deux croupes de la montagne, dont l'écartement laisse un passage au chemin.

C'est en gagnant le haut du canton de l'Acul vers le sud, qu'on trouve encore dans la plaine celui des Manquets, qui n'appartient à présent qu'à la sucrerie de Noé, parce que celle d'Héricourt lui est réunie ; puis le canton des Mornets, dont la dénomination indique assez la nature. Ce dernier se termine par une gorge de son nom, qui commence au-dessus de l'habitation Guillemenson, et qui mène au Dondon. Plus à l'ouest est le canton des Périgourdins, dont la gorge mène à la Marmelade par la coupe à Mongaut.

L'on aperçoit dans un point de la plaine de l'Acul, et à environ une lieue au-dessus de l'église, sur l'habitation Flaville et Nogerée, un moulin à vent, qui frappe d'autant plus l'œil du voyageur, qu'il est le seul de toute la plaine du Cap.

Le territoire plan de la paroisse de l'Acul contient, dans sa totalité, dix-sept sucreries et deux qu'on établit. On peut en évaluer le produit à 3 millions et demi de sucre blanc, mais pas de la première qualité. Il y en avait davantage autrefois ; des pertes et des produits insuffisants en ont fait disparaître plusieurs dans le voisinage de la rivière Salée. La plaine a de plus sept guildiveries, une tuilerie-briqueterie et deux entrepôts, l'un au pied des Mornets et l'autre au pied des Périgourdins, pour recevoir les denrées des mornes et les provisions qu'ils tirent du Cap.

Les cantons montagneux renferment environ cent cafeteries et autant de places à vivres. Ils n'ont pas tous un sol égal. Plusieurs sont très-propres à la culture du caféier, et considérés même comme très-fertiles : tels sont le haut des Mornets, la rivière Dorée, les Fonds-Bleus et la coupe à David. Ceux des Périgourdins, de la grande ravine, de la ravine à Georges et de la Soufrière ne conviennent point à cet arbuste, et plusieurs habitants en ont fait une coûteuse expérience. Mais les vivres du pays y réussissent bien. Ces cantons seraient encore plus fructueusement employés en pacage pour les animaux qui y viennent tous avec succès.

Au sud de la paroisse et presque au haut de la montagne qui la sépare d'avec le Dondon, se trouve une source très-abondante dont l'eau tombe de rochers en rochers; plusieurs ruisseaux se réunissent à son cours dans la gorge des Mornets, et arrivée dans la plaine c'est la rivière du Haut-du-Cap, parce que son embouchure est au Cap, ou la rivière à Galiffet, parce qu'elle traverse les trois sucreries de ce nom. Ses eaux, que les plus grandes sécheresses ne réduisent qu'à la moitié de leur volume, font mouvoir sept moulins à sucre dont deux sont de la paroisse de l'Acul.

Peut-être un travail hydraulique sur cette paroisse, très-coupé par des ravines, des ruisseaux, lui procurerait-il des avantages dont elle a besoin, et, par exemple, celui de rendre les parties noyées du bord de la baie propres à la culture de la canne à sucre.

La paroisse de l'Acul a, comparativement à sa surface, beaucoup de chemins à entretenir. On en compte 32,465 toises, soit royaux, soit de communication.

En 1688, la milice y était de cinquante et un hommes, en 1723 de quatre-vingt-dix-neuf, et à présent elle est de cent vingt.

La population totale de la paroisse, où l'on ne comptait que 950 nègres en 1723, est dans la plaine de 130 blancs et 3,500 esclaves, et dans les mornes de 95 blancs, 200 affranchis et 1,500 esclaves. Total, 6,425 individus.

Le Camp de Louise, devenu l'Acul, est le lieu où l'on prétend que la lèpre ou l'éléphantiasis s'est montré pour la première fois dans la colonie française. Cette affreuse maladie y parut en

1709, et d'après une visite ordonnée par deux arrêts du conseil du Cap, le 5 mai 1710 et le 3 mars 1711, et faite par un médecin et deux chirurgiens, on trouva qu'elle était l'affligeant partage de vingt-huit familles; et elle s'était propagée à Bayaha et au Trou. Était-elle venue, comme quelques-uns le disaient, de l'île Saint-Christophe? Était-elle un des effets de la nourriture principale des habitants de l'Acul, qui élevaient beaucoup de cochons? Était-elle enfin un argument pour ceux qui rejetant l'étymologie de Charlevoix quant au nom du lieu, en adoptaient une qu'ils attribuaient à la plus honteuse débauche, et qu'autorisaient les noms dégoûtants que portent encore quelques ravines? Le temps n'a rien respecté de ce qui pourrait donner des lumières sur ce point; mais je trouve doux d'avoir à dire que de charmantes créoles de cette paroisse prouvent, par leurs attraits comme par leurs vertus, que le séjour qu'elles habitent ne doit plus nourrir aucune prévention défavorable.

On est redevable à un habitant de l'Acul, nommé Michel Périgord, d'avoir essayé, au commencement de ce siècle, de faire usage de l'espèce d'indigo appelé *bâtard, marron* ou *sauvage,* qui, quoique moins estimé à plusieurs égards que l'indigo *franc,* multiplie cependant les ressources de la colonie. Mais depuis 1776 cette utile plante a presque disparu par l'effet d'une maladie qui l'anéantit et dont je parlerai à la description des paroisses où sa destruction s'est manifestée d'abord.

Les cacaoyers ont été longtemps une culture très-lucrative à l'Acul, et Charlevoix rapporte, d'après un mémoire de Le Pers, qu'en 1714 un seul habitant appelé Chambillac en possédait vingt mille.

L'épizootie a causé de grands ravages dans la paroisse de l'Acul. Elle y passa de l'habitation Carré, du Quartier-Morin, sur celle Du Paty, qui, dirigées par le même administrateur, avaient entre elles des communications fréquentes. En trois mois la sucrerie Du Paty perdit, en 1772, quatre-vingts mulets, sans compter les chevaux et les bœufs. Les sucreries la Plaigne, Sacanville et Macarty eurent aussi de grandes pertes d'animaux.

L'Acul a vu naître M. Mercier Du Paty, mort trésorier de France et membre de l'Académie de la Rochelle. Dans les mémoires publiés par cette compagnie savante en 1752, on en trouve un de M. Du Paty, lu le 5 mai 1750, sur les bouchots à moules, pour servir à l'histoire naturelle du pays d'Aunis, où il parle des vers qui piquent les vaisseaux. M. Mercier Du Paty était père de M. le président Du Paty, dont la perte récente (en 1788) afflige encore tous ceux qui désirent, au nom de l'humanité, une réforme dans nos lois criminelles.

QUARTIER DU LIMBÉ

XV

PAROISSE DU LIMBÉ.

Le Limbé a la mer au nord; au sud une chaîne de montagnes dépendantes de la première chaîne qui va du Cibao vers le Port-de-Paix, et qui séparent le Limbé d'avec la Marmelade et Plaisance; à l'est une chaîne de montagnes secondaires qui vont de la mer jusqu'à la rencontre de la première chaîne du Cibao, dans la direction du nord au sud, en séparant le Limbé de l'Acul, et à l'ouest encore une chaîne secondaire semblable, qui est la limite entre le Limbé et le Port-Margot.

Ce n'est que vers 1712 qu'on a songé à s'établir au Limbé, et encore en 1715 les personnes qui l'habitaient dépendaient-elles de la paroisse de l'Acul. Cette dernière paroisse avait alors le P. Le Pers pour curé, qui, exerçant son goût pour la formation de nouvelles paroisses, acheta un terrain au Limbé moyennant 115 livres, pour y faire construire une chapelle. Ce local se trouva dépendre de la concession d'un M. Le Tellier, mais M. Barrère, lieutenant de roi du Cap, y suppléa par la concession d'un autre terrain. Le 2 septembre 1715, on consacra la chapelle sous l'invocation de saint Pierre, dans l'endroit même où est le bourg actuel. La paroisse a des actes qui remontent jusqu'à cette époque de 1715, mais ils ont été tenus avec beaucoup d'irrégularité, et il est plusieurs longues lacunes pendant lesquelles les registres n'ont, par exemple, rien de relatif aux baptêmes, aux mariages et aux inhumations des esclaves.

Pour accélérer le défrichement du Limbé, tous les terrains en furent réunis le 3 décembre 1715 ; mais, par un abus beaucoup trop commun alors, la majeure partie de la plaine du Limbé fut concédée à un seul individu, et cet individu était M. de Brach, lieutenant de roi à Léogane. Il n'y avait donc que des commencements de hattes en 1716, et le 14 septembre 1717, les administrateurs furent encore obligés de réunir tout ce qui était resté sans nul établissement.

Le Limbé est maintenant une paroisse considérable, composée d'une partie plane et d'une partie montagneuse. La plaine, qui a environ une lieue de large de l'est à l'ouest, sur trois lieues et demie de profondeur nord et sud, est arrosée par une grande rivière formée par les eaux de plusieurs ravines sortant de diverses gorges de montagnes, et dont la principale prend, comme je l'ai dit, sa source dans la paroisse de la Marmelade et parcourt environ 15 lieues avant d'arriver à la mer. On la nomme rivière Rouge, mais plus communément rivière du Limbé. Ses débordements sont très-fréquents depuis le mois de novembre jusqu'au mois de mars, et l'on cite particulièrement celui du mois d'octobre 1722. Ils sont occasionnés par la réunion des pluies d'orage et de celles qu'amènent les nords. Alors la rivière, comme on l'a encore vu en 1783, surmonte ses écores et va ravager les cultures que l'on n'a pas pris soin de protéger par des digues et des levées. Elle ne tarit jamais et nourrit des carpes fort délicates.

En observant qu'on trouve dans toute cette plaine des portions d'arbres et des feuilles à 12, 15 et même 18 pieds de profondeur, il est impossible de ne pas croire que la plaine du Limbé a été originairement couverte par la mer et qu'on doit à la rivière le remblai qui forme le beau terrain qu'on y voit. Et en considérant combien ces parties végétales enfouies sont encore conservées, on doit penser que ce travail des eaux n'est pas très-ancien.

Les points assez élevés pour que la rivière n'ait pas pu les atteindre dans ses débordements, sont d'une mauvaise qualité et d'une nature argileuse.

D'un autre côté, l'éloignement plus ou moins grand des montagnes qui terminent cette plaine au sud influe aussi sur la bonté du sol. On peut même regarder comme un moyen sûr pour apprécier cette bonté, l'ordre dans lequel les torrents forment successivement leurs dépôts. Les galets ou graviers les plus gros sont déposés par eux près de leurs sources, comme plus pesants, puis viennent les sables et ensuite les parties terreuses qui, pouvant se soutenir mêlées aux eaux, ne sont déposées que dans les endroits où ces mêmes eaux nappent, en quelque sorte, en perdant leur vitesse, c'est-à-dire, près de la mer.

Mais si dans ce système les terrains voisins des grandes montagnes sont les moins favorisés par le sol, ce désavantage est cependant balancé par les pluies d'orage qui y tombent plus fréquemment et avec plus d'abondance.

L'on divise la plaine du Limbé en deux parties, savoir : le haut Limbé, qui est la plus proche des montagnes au sud; elle contient seize sucreries ; et le bas Limbé qui est vers la mer, et où sont six sucreries. Ces deux parties sont séparées par la rivière qui, à environ une lieue de la mer, coupe en quelque sorte la plaine en allant du pied des montagnes de l'est chercher le pied de celles de l'ouest.

En général les terres de la plaine du Limbé sont d'une excellente qualité et susceptibles de toutes les cultures. On y avait autrefois beaucoup d'indigo qui y devenait très-beau, mais les insectes qui détruisent cette plante ont déterminé tous les habitants, qui en avaient le moyen, à lui préférer la canne à sucre ; de manière que presque toute la plaine du Limbé est occupée par des sucreries. Les vingt-deux qu'elle contient, et dont treize ont des moulins à eau, donnent annuellement environ quatre millions cinq cents milliers de sucre blanc, dont la moitié est produite par les seize sucreries du haut Limbé, et l'autre moitié par les six sucreries du bas Limbé. Avec plus de cultivateurs la plaine verrait encore son produit s'augmenter.

Lorsqu'on vient du Cap, on arrive, comme le dit la description de l'Acul, par deux gorges ou coupes. A environ une lieue de la cime de la chaîne que franchit la grande coupe qui va au haut Limbé, est le bourg où est l'église qui a été construite plusieurs fois en bois qui pourrissent très-vite à cause de l'humidité. On en projette une de maçonnerie, mais actuellement une grande case, partagée en deux, sert à la fois et de temple du Seigneur et de logement à son ministre. Une vingtaine de mauvaises cases couvertes de pailles ou d'essentes forment là une espèce de bourg où résident des ouvriers, des marchands et des cabaretiers, et où un aubergiste, nommé Rossignol, loue des chaises attelées pour aller au Cap, à 16 livres par jour, et des chevaux sellés pour la moitié de ce prix. Près du bourg, le grand chemin qui va du Cap au Port-au-Prince traverse la rivière qui, plus d'une fois, a mis le courrier en grand péril, et qui, chaque année, coûte la vie à quelque imprudent. Elle emporta le bourg presque en totalité en 1744.

Si l'on arrive par la petite coupe, on passe le chemin qui conduit au Port-de-Paix; dès qu'on est au sommet de la chaîne, limite de l'Acul et du Limbé, il s'offre un nouveau spectacle dans la plaine fertile du bas Limbé, dont le lointain, qui semble artistement ménagé par la nature, forme un effet pittoresque. Le voyageur en serait enchanté s'il ne remarquait pas qu'il n'a pour y descendre qu'un chemin hérissé de pierres mobiles ou encore incrustées dans le sol, qui forcent les voitures à aller par sauts et par bonds jusqu'au pied de la montagne. En vain chercherait-on à rendre la voie plus facile. Si l'on déplace les pierres, les pluies en enlevant la terre qui en couvre d'autres les laissent bientôt à découvert, et cette montagne inépuisable en pierres calcaires promet de lasser la patience des hommes encore quelques siècles. Il serait donc plus sage de chercher un autre chemin, et peut-être est-ce le long du rivage qu'il faut le choisir, parce que de grosses pierres qui s'y trouvent permettraient de former une levée de la plus grande solidité.

Il y a aussi un grand chemin de voiture qui fait communiquer entre eux le haut et le bas Limbé.

Après le bourg et la passe de la rivière, le chemin du Port-au-Prince suit la plaine, qui se rétrécit en se dirigeant vers le sud-ouest, et il va ainsi chercher la gorge de la grande ravine où coule réellement une grande ravine qui a aussi des carpes et qu'il faut passer trois fois. On rencontre, dans cet intervalle, des sucreries, dont celle Chabaud est la dernière. On a de chaque côté quelques indigoteries, ou bien des cafeteries dont les établissements sont sur la portion plane et les casiers dans des enfoncements que laissent l'extrémité des épatements de montagnes ou sur les pentes plus ou moins adoucies de ces dernières. Dans quelques points sont aussi des entrepôts pour recevoir les denrées des manufactures des montagnes, ou les objets utiles qu'elles attendent du Cap. Le taux actuel des charrois de cet entrepôt peut être connu en sachant qu'on paye 4 piastres-gourdes celui d'un millier de café de ces entrepôts à l'embarcadère du Limbé. Enfin l'on arrive au pied de la coupe de Plaisance qu'il fallait gravir à cheval et avec effort, avant qu'on n'eût fait une route praticable aux voitures qui conduisent à Plaisance, et là finit la plaine du Limbé.

Les cantons de la partie montueuse de la paroisse du Limbé sont, en allant de l'est dans l'ouest, l'acul à Jean-Raux, la ravine des Roches, la soufrière du Limbé, partie de la grande ravine, le boucan à Guimby, l'Ilet-à-Corne, le morne à Deux-Têtes, la rivière Rouge et partie de la coupe à Noé. Le cafier et les vivres du pays y réussissent parfaitement.

On compte dans ces montagnes ou dans les gorges qu'elles forment, cent vingt-quatre cafeteries, treize indigoteries et soixante-dix-neuf places à vivres. Il y a aussi dans la paroisse trois manufactures qui font des pots, des briques et des tuiles, et la paroisse a quatre guildiveries.

La coupe de Plaisance est longue parce que le chemin a été pratiqué dans la croupe même de la montagne, et qu'il n'a pas été possible de lui donner une pente extrêmement adoucie. Mais ceux qui ont passé dans celle où l'on n'allait qu'à cheval et qui est sur la gauche de la nouvelle qu'on vient de terminer, trouvent celle-ci bien douce. Ce chemin, dans ses directions différentes et quelquefois opposées, montre des établissements qu'on atteint successivement et au-dessus desquels on est presque surpris de se trouver, lorsque après avoir monté plus de 5,000 toises, on a dû parvenir au sommet de la crête qui est le point le plus élevé de cette coupe et celui qui sert de limite aux deux paroisses du Limbé et de Plaisance. Arrivé là, l'œil contemple avec étonnement la masse énorme de montagnes qui s'offrent de toute part, et dont plusieurs ont des aspects volcanisés; qui semblent amoncelées les unes sur les autres, et qui, dans leurs pentes plus ou moins rapides, dans les intervalles étroits qu'elles laissent entre elles, et qu'on pourrait prendre pour des précipices, offrent la preuve de l'industrie de l'homme. Le pittoresque de cette situation s'accroît par la vue de la grande ravine du Limbé, du bord de laquelle on a commencé à gravir la coupe et que l'on aperçoit alors dans les différentes gorges, passant dans le canton de l'Ilet-à-Corne et donnant dans le lointain la mesure de la hauteur à laquelle on est parvenu. Lorsqu'on est sur la cime on éprouve une sensation qu'on serait tenté d'appeler froide.

De toutes les paroisses de la partie du nord de la colonie, celle du Limbé est la plus favorisée par les pluies. Au mois d'avril 1766, elles y causèrent de grands dégâts. Le 25 elles furent accompagnées de coups de tonnerre affreux; le même jour, le courrier allant du Cap au Môle perdit ses paquets dans la rivière; et le 26, à neuf heures quelques minutes du soir, la terre trembla. On a calculé que du 1er avril 1783 au 31 mars 1784, il y était tombé 17 pieds 18 pouces 8 lignes d'eau. Si ces pluies sont nuisibles quelquefois par leur trop grande abondance, les habitants sont dédommagés de cet inconvénient, parce qu'ils n'éprouvent point les sécheresses qui désolent si fréquemment les autres lieux par les disettes de vivres, toujours si désastreuses. Cependant la sécheresse de 1786 y a été douloureusement sentie.

La situation de la plaine du Limbé, entourée de montagnes et traversée par une grande rivière, y rend l'air froid et humide. Le thermomètre de Réaumur y est presque toujours deux degrés plus bas qu'au Cap. Cependant le séjour en est sain pour les blancs, mais les nègres y sont sujets à des maladies de poitrine, dont des transpirations supprimées sont la plus fréquente cause.

Les montagnes qui bornent le Limbé sont encore assez garnies de bois. Les parties les plus voisines de la mer en ont d'excellents, appelés *bois incorruptibles*. Celles qui sont, au contraire, à une lieue et plus de la mer, ne portent que des bois mous, dont quelques-uns peuvent néanmoins servir à des charpentes couvertes ou être employés en merrain.

Les deux chaînes de montagnes de l'est et de l'ouest de la paroisse n'ont que des pierres calcaires calcinables, depuis le rivage jusqu'à environ une lieue en gagnant dans le sud. A partir de là jusqu'à la grande chaîne, il n'y a plus de pierres calcaires.

Le Limbé recèle probablement des mines de divers genres. Vers 1763, un habitant, en faisant creuser pour construire une écluse sur la rivière du Limbé, découvrit une mine de lapis lazuli. Il en envoya à Paris plusieurs morceaux qui furent reconnus pour être de la même nature que la pierre d'azur orientale avec laquelle on prépare le beau bleu appelé *outremer*.

On trouve de l'ocre dans les hauteurs de la grande ravine, près l'Ilet-à-Corne.

Sur la rive droite de la grande ravine et vis-à-vis l'habitation Glier, est une grosse pierre qui paraît être un ophite ou serpentin, sur lequel sont plusieurs figures humaines grossièrement faites, mais profondément gravées dans la pierre même. On attribue ce travail aux anciens naturels et, pour cette raison, cette pierre porte le nom de *roche à l'Inde*.

Non loin de là, et sur l'habitation Chabaud, est un espace qui paraît avoir été aplani de main d'homme. On y remarque les restes d'une terrasse et l'on trouve dans les environs une grande quantité de fétiches indiens.

Il est temps de parler de la côte de cette paroisse. A partir de la pointe d'Icaque, qui forme l'entrée nord-ouest de la baie de l'Acul, jusqu'à celle du Limbé, il y a beaucoup de hauts-fonds et de récifs. C'est à 1,360 toises de la pointe d'Icaque que commence la limite du Limbé, dont l'embarcadère est à 2 lieues encore plus à l'ouest.

Cet embarcadère, adopté depuis longtemps par les habitants, n'a reçu qu'en 1748, par les ordres de M. de Vaudreuil, après l'entrée des deux bâtiments dans la baie de l'Acul, la batterie projetée par M. de Larnage en 1742. On avait cependant déjà fait du passage qui y était établi, l'objet d'une ferme, que je trouve adjugée, le 3 mai 1743, par l'ordonnateur du Cap, à M. Burgaut, avec celle des passages de l'Acul et du Fort-Dauphin. Le tarif de ce passage était alors de 2 livres 5 sous par libre, de moitié pour un esclave, d'une gourde par barrique de sucre, etc. La ferme fut de 3,000 livres en 1752. Autorisés par les administrateurs du Cap, le 4 mars 1751, les habitants firent à cet embarcadère une chaussée qu'ils cédèrent à M. Delfaut, d'après une autorisation des administrateurs généraux, du 27 avril 1762, et qui est possédée en ce moment par M. de Pont.

L'embarcadère du Limbé a actuellement trente-trois maisons. Il en a malheureusement quelques-unes couvertes de paille, ce qui les menace toutes d'incendie. Au devant de l'embarcadère, M. de Pont, pour faciliter les chargements et les déchargements et être indépendant de l'époque de la haute mer qui, lorsqu'elle arrivait la nuit, donnait aux nègres la fatigue des veilles, a fait combler en roches 180 pieds, et a mis au bout de ce remblai une jetée ou calle de bois de 86 pieds, à l'extrémité de laquelle est une grue qui facilite encore les opérations.

A 160 toises dans l'est de l'embarcadère, est l'îlet du Limbé, qui a 170 toises de long du nord au sud sur 140 toises de large. Comme il est de nature calcaire, M. Blay et M. de Pont ont obtenu, le premier sous M. de Belzunce, le second en 1783, la permission d'y établir un four à chaux. Celui de ce dernier, le seul qui soit en activité, donne jusqu'à 5,000 barils de chaux par fournée. Entre l'îlet du Limbé et la pointe est du morne à Marigot, sont deux autres petits îlets, dont le plus grand, qui est dans l'est et que les grosses mers surmontent, est nommé la Roche-Pauvre. On ne trouve qu'une passe pour des canots entre ces derniers îlets.

L'embarcadère du Limbé a le désavantage d'être sous le vent du Cap. Les bateaux passagers qui portent les denrées ont donc presque toujours le vent contraire pour se rendre dans cette ville, ce qui les oblige à courir une première bordée fort au large, afin de s'élever au vent, et de tâcher d'entrer au Cap à la seconde, et dans l'intervalle d'une demi-journée. Mais en temps de guerre ils sont forcés d'aller de terre à terre, et souvent encore ils relâchent au Port-Français.

L'embarcadère du Limbé est d'un grand secours aux caboteurs qui y ont bonne tenue. L'îlet du Limbé le défend au nord, le morne du Marigot au nord-ouest, et les récifs à l'est. Si un corsaire ennemi tentait d'y entrer avec la brise favorable du vent du large, malgré la batterie de six pièces de canon à laquelle il faut présenter le devant en donnant dans la passe, il ne pourrait plus en sortir que la nuit, parce qu'il faudrait y attendre la brise de terre; et dans l'intervalle, les forces armées de la paroisse qui se réuniraient ne lui permettraient plus d'effectuer cette résolution.

Les vigies posées pendant la guerre sur deux petites montagnes, au pied desquelles est l'embarcadère du Limbé, avertissent les caboteurs de la présence de l'ennemi, et ils prennent alors les mouillages qui sont le plus à leur portée. C'est à ces vigies qu'on doit attribuer de n'avoir perdu aucun des quatre passagers du Limbé, qui sont des bateaux de 70 à 80 tonneaux, dont deux sont à M. Blay et deux à M. de Pont. Ces propriétaires ont des magasins où l'on entrepose les denrées du Limbé et même celles de Plaisance. Un blanc, passager, y paye une gourde; un nègre, un quart de gourde ou gourdin ; une barrique de sucre, 3 gourdes; une de vin, 9 livres; un baril de farine, 3 livres; un sac de café, 30 sous ; le reste à proportion.

On pourrait donner aisément à l'embarcadère du Limbé un filet d'eau pris dans le canal de l'habitation Lavaud. Cette eau servirait aussi aux caboteurs que ce mouillage reçoit et qui la payent aux nègres à raison d'un escalin par seau.

On trouve 210 toises de l'embarcadère du Limbé jusqu'à la pointe est du morne à Marigot, et 350 jusqu'à la pointe ouest du même morne. Toute cette partie de côte est bordée d'un récif à fleur d'eau, qui la rend d'un accès très-difficile.

Le morne à Marigot forme la pointe est de l'anse du même nom, qui a 1,810 toises jusqu'au morne à Manioc, qui la termine à l'ouest. La flèche de l'anse est d'environ 850 toises, et l'embouchure de la rivière du Limbé s'y trouve à 810 toises du morne à Marigot. Il y a au milieu de cette anse un haut-fond considérable des deux côtés duquel on passe, mais le meilleur est celui de l'est. Le mouillage y est très-exposé au nord.

Du morne à Manioc jusqu'à la pointe est de l'anse du Port-Margot où finit la paroisse du Limbé, il y a 240 toises, mais toutes de côtes de fer.

La population totale de la paroisse du Limbé est de trois cents blancs, deux cents affranchis et environ cinq mille nègres.

La milice y compte deux cent cinquante hommes portant armes.

Quoique l'église du Limbé ne soit qu'à 4 lieues et demie de celle du Cap, en ligne droite, il y a réellement par le chemin :

De cette église au Cap. . . . . 6 lieues.
— à celle de l'Acul. . . . . 3 »
— à celle du Port-Margot. . . . . . . 3 »
— à celle de Plaisance. . . . . 7 »

Le Limbé donne son nom à un quartier dont dépendent les paroisses du Limbé, de Plaisance, de Port-Margot et du Borgne.

Il est du commandement et de la sénéchaussée du Cap.

Il n'est aucune paroisse de la colonie qui ait à se glorifier autant que celle du Limbé de l'influence de ses habitants sur la prospérité du Saint-Domingue français. En disant ces paroles, tous les hommes justes, l'envie elle-même, nomment à la fois M. Belin de Villeneuve.

M. Belin de Villeneuve (Paul) est le premier, pour ne pas dire le seul, qui se soit occupé, avec succès, de perfectionner l'art du sucre. Il est résulté de ses recherches une théorie sûre.

Le canton du Bas-Limbé était décrié, autant par son peu de produit que par la mauvaise qualité de ses productions. M. Belin y achète, en société avec M. Raby, une habitation ; il prouve que les connaissances seules manquaient ; les eaux qui nuisaient sont contenues et évacuées, et un lieu cité comme incapable de nourrir des cannes devient le site d'une immense sucrerie. On l'imite, même en le censurant, et le Limbé a changé de face.

La supériorité de la manufacture de M. Belin lui attire bientôt des personnes qui viennent y chercher l'instruction. Elles y sont accueillies avec empressement, et si toutes n'emportent pas des connaissances théoriques parfaites, elles vont montrer que leur pratique les met au-dessus des autres fabricateurs, et on dit, pour louer un raffineur : *C'est un élève de Belin.* Cette pratique, il l'a même si bien éclairée, que des nègres ont pu, avec elle seule, obtenir des résultats heureux.

Avant les procédés de M. Belin, les formes de sucre fabriquées à Saint-Domingue ne pesaient que 28 livres. D'après ses procédés, elles vont à 40 livres et plus; le sucre est plus beau; on tire parti de toutes les matières qui étaient perdues auparavant; les sirops amers donnent de meilleur esprit ardent, parce que le principe sucré n'est pas détruit par les erreurs de la fabrique. Qu'on calcule combien il se fait de formes de sucre à Saint-Domingue, qu'on remarque qu'il en est un quart qu'on doit aux lumières de M. Belin, et l'on pourra apprécier alors de combien la colonie et l'État lui-même sont redevables à ce colon depuis trente ans.

Ce n'est pas tout. M. Belin, au lieu de trois cylindres égaux qu'avaient les moulins à sucre, a donné un tiers de plus au diamètre des cylindres latéraux, et celui du centre a communiqué la même somme de mouvement avec un tiers de moins dans la force motrice, avantage énorme quand celle-ci est produite par des animaux.

Il a rectifié les fourneaux des chaudières, qu'on ne pouvait débarrasser de leurs cendres sans arrêter le feu, ce qui diminuait l'action de cet agent. Il a imaginé depuis encore un nouvel équipage qui hâte considérablement la fabrication d'une quantité donnée de sucre, et on fait chez lui cent soixante-douze formes par vingt-quatre heures. Il a perfectionné les coffres à étuve [1] et amélioré la distribution des bâtiments qu'on emploie dans une manufacture à sucre, de manière à simplifier la main-d'œuvre; on lui doit un moulin à préparer la terre pour le terrage du sucre, et la démonstration qu'il est insensé de faire venir de France une terre argileuse blanche pour cet usage. Enfin dans la culture, dans l'administration et la conduite d'un

---

1. C'est ici le cas de dire qu'on n'avait pu obtenir jusqu'en 1786 que de mauvais pivots; mais MM. Dacosta, de Nantes, en ont fait exécuter d'excellents pour M. Belin et pour M. Verret. Ils ont aussi des tambours qui ont le fini des pièces d'orfévrerie et qui sont supérieurs à ceux d'Angleterre, qu'on ne polit qu'extérieurement, tandis que l'intérieur est plein de défauts et d'inégalités. Ces tambours sont d'excellente matière, ainsi que les chaudières à sucre de la même manufacture.

MM. Dacosta procurent, en outre, sur un modèle de M. Belin, ses nouveaux coffres à étuve.

immense atelier, M. Belin s'est montré, comme dans l'art du sucre et le perfectionnement des machines, d'autant plus digne d'éloges, que ce qu'il fait il l'a appris lui-même, et que toute sa renommée est à lui comme ses talents.

Le gouvernement lui a accordé, au mois de juillet 1777, des lettres de noblesse, que sans doute un jour les descendants de quelque dévastateur d'une contrée, qui en a obtenu aussi, se croira en droit de dédaigner; mais si l'utilité est le caractère de la vraie gloire, celle de M. Belin nous semble bien faite pour servir de base à l'orgueil, puisqu'on veut qu'il entre dans tout.

Je dois au caractère obligeant de M. Belin, à son amitié pour moi et plus encore à son penchant pour les vues qui m'animent, des principes, des règles et des observations sur toutes les parties qui constituent le cultivateur colonial. Je les ai recueillis dans de longs et nombreux entretiens, dans des séjours renouvelés sur l'habitation même, où la démonstration suivait la théorie. Il a revu ma rédaction. Un jour viendra sans doute où je les offrirai au public, pour qui je les ai recherchés, et ce sera un nouveau bienfait de l'homme que la médiocrité a attaqué de cent manières, et toujours sans considérer qu'il aurait fallu frapper trop haut pour qu'elle pût l'atteindre. Qu'elle sache que tant qu'elle n'aura pas à citer un exemple qui l'emporte sur celui de M. Belin, faisant au bas Limbé, avec cent soixante-cinq carreaux de cannes, six cent cinquante milliers de sucre, d'une qualité que nulle autre sucrerie du même lieu n'égale, ses clameurs ne seront qu'insensées. J'en appelle à la multitude de personnes qui ont été voir, sur l'habitation de M. Belin, ce que c'est qu'une sucrerie où de grands talents mettent leur empreinte sur tout[1].

1. On lit sur le manteau de la cheminée de la sucrerie de M. Belin, ces quatre vers qu'elle a inspirés à M. de la Borde, enseigne de vaisseau, qui a péri dans le voyage de M. de la Pérouse autour du monde.

> L'homme actif a les biens, l'homme oisif a les maux;
> Tout travail a sa récompense,
> Et la plus douce ici compense
> L'amertume de nos travaux.

Qu'il est pénible, après avoir cité un être dont toute la vie est une série d'actes recommandables, d'être obligé d'en nommer un dont l'atroce existence a été un fléau pour l'humanité!

C'est de l'habitation de M. le Normand de Mézy, au Limbé, que dépendait le nègre Macandal, né en Afrique. Sa main ayant été prise au moulin, il avait fallu la lui couper, et on le fit gardien d'animaux. Il devint fugitif.

Pendant sa désertion il se rendit célèbre par des empoisonnements qui répandirent la terreur parmi les nègres, et qui les lui soumit tous. Il tenait école ouverte de cet art exécrable, il avait des agents dans tous les points de la colonie, et la mort volait au moindre signal qu'il faisait. Enfin dans son vaste plan il avait conçu l'infernal projet de faire disparaître de la surface de Saint-Domingue tous les hommes qui ne seraient pas noirs, et ses succès qui allaient toujours croissants avaient propagé un effroi qui les assuraie encore. La vigilance des magistrats, celle du gouvernement, rien n'avait pu conduire jusqu'aux moyens de s'emparer de ce scélérat, et des tentatives punies d'une mort presque soudaine n'avaient servi qu'à terrifier encore plus.

Un jour les nègres de l'habitation Dufresne, du Limbé, y avaient formé un calenda nombreux. Macandal, qui était accoutumé à une longue impunité, vint se mêler à la danse.

Un jeune nègre, peut-être par l'impression que la présence de ce monstre avait produite sur lui, vint en avertir M. Duplessis, arpenteur, et M. Trévan, qui se trouvaient sur cette habitation, et qui firent répandre le tafia avec tant de profusion, que les nègres s'enivrèrent tous, et que Macandal, malgré sa prudence, se trouva privé de sa raison.

On alla l'arrêter dans une case à nègres, d'où on le conduisit dans une chambre de l'un des bouts de la maison principale. On lui lia les mains derrière le dos, et faute de fers on lui mit des enverges de chevaux. Les deux blancs écrivirent au Cap pour prévenir de cette capture, et avec deux nègres domestiques ils gardèrent Macandal, ayant des pistolets chargés sur la table où était une lumière.

Les gardiens s'endormirent. Macandal, peut-être aidé par les deux nègres, délia ses mains, éteignit la chandelle, ouvrit une fenêtre au pignon de la maison, se jeta dans la savane et gagna des casiers en sautant comme une pie.

La brise de terre qui augmenta, fit battre le crochet de la fenêtre, ce bruit réveilla ; grande rumeur, on cherche Macandal, que les chiens éventèrent bientôt et qu'on reprit.

Macandal qui, s'il avait fait usage des deux pistolets au lieu de fuir, était sûr d'échapper, fut condamné à être brûlé vif par un arrêt du conseil du Cap du 20 janvier 1758. Comme il s'était vanté plusieurs fois que si les blancs le prenaient, il leur échapperait sous différentes formes, il déclara qu'il prendrait celle d'une mouche pour échapper aux flammes.

Le hasard ayant voulu que le poteau où l'on avait mis la chaîne qui le saisissait fût pourri, les efforts violents que lui faisaient faire les tourments du feu, arrachèrent le piton et il culbuta par-dessus le bûcher. Les nègres crièrent : *Macandal sauvé;* la terreur fut extrême; toutes les portes furent fermées. Le détachement de Suisses qui gardait la place de l'exécution la fit évacuer; le geôlier Massé voulait le tuer d'un coup d'épée, lorsque d'après l'ordre du procureur général il fut lié sur une planche et lancé dans le feu. Quoique le corps de Macandal ait été incinéré, bien des nègres croient, même à présent, qu'il n'a pas péri dans le supplice.

Le souvenir de cet être pour lequel les épithètes manquent, réveillent encore des idées tellement sinistres, que les nègres appelle les poisons et les empoisonneurs des *macandals,* et que ce nom est devenu l'une des plus cruelles injures qu'ils puissent s'adresser entre eux.

Un peintre de Paris, nommé Dupont, fit en prison le portrait de Macandal et de trois de ses principaux complices, et les apporta en France. Sa veuve les faisant vendre sur le quai du Louvre, M. Courrejolles les acheta et les donna à M. Mazères, à la mort duquel ils ont été vendus. J'ai acheté celui de Macandal à Versailles, d'un étaleur au coin de la grande écurie, dans l'avenue de Paris. Ce portrait est à l'huile et très-bien fait.

On ferait un ouvrage volumineux de tout ce que l'on rapporte sur Macandal; mais il était réservé à un anonyme de le présenter dans le *Mercure de France,* du 15 septembre 1787, comme le héros d'un conte intitulé *Histoire véritable,* où l'amour et la jalousie agissent comme deux grands ressorts.

L'épizootie s'est montrée sur l'habitation Belin, mais en faisant tuer les mulets chez lesquels la morve était bien caractérisée et en isolant ceux qui n'en offraient que des atteintes, il est parvenu à en arrêter les ravages.

On voit sur l'habitation Belin un *rima* ou *arbre à pain,* placé le 7 août 1788 dans une terre de rapport, excellente et très-fraîche. Il avait le 28 décembre un tronc d'un pied, d'où partait un jet de 14 pouces et demi, de 7 lignes de diamètre, ayant des feuilles de 17 pouces de long. Tout promet que cet arbre si précieux aura le succès le plus complet, et les soins de M. Belin y concourront parce qu'ils sont continuels, et que vouloir être utile à la colonie est pour lui une douce habitude.

XVI.

Paroisse de Plaisance.

Nous voilà parvenus à l'une des paroisses les plus importantes de la partie française, parce qu'elle est située dans un point destiné, par sa nature, à servir de moyen de communication entre la partie du nord, la partie de l'ouest et le reste de la colonie, et même à assurer à divers points de la partie du nord une communication entre eux.

Un lieu éloigné de 12 lieues dans le sud-ouest du Cap, où l'on ne pouvait arriver que par des sentiers que les chasseurs eux-mêmes ne reconnaissaient pas toujours, ne pouvait être très-fréquenté, malgré le nom que lui avait fait donner la situation de l'espèce de bassin qu'on y trouve, et qui devait paraître réellement agréable à celui qui avait vaincu la difficulté d'y pénétrer. En un mot, ce ne fut qu'en 1726 qu'on fit de Plaisance une paroisse, quoique depuis cinq ou six ans on eût commencé à y reconnaître et à y séparer les concessions. D'épaisses forêts, des pluies abondantes, les obstacles de l'entrée et de la sortie, tout conspirait contre ce séjour et en écartait les colons les plus hardis.

Plaisance comptait, en 1728, cinquante-trois habitations, toutes dans la partie basse. M. de Lafond en commandait alors les milices.

Je ne sais quel motif a donné l'archange saint Michel pour patron à cette paroisse; mais le premier temple qu'on lui consacra n'eut pas une longue durée, puisqu'en 1746, M. Cabrol de Nègrefeuille, l'un des paroissiens, donna neuf carreaux de terre pour servir à y construire une église et un presbytère. Bientôt après la paroisse fut sans pasteur, et en 1751, M. de la Touraudais, marguillier, le suppléait à plusieurs égards et notamment en délivrant des extraits des registres tenus fort mal en ordre. L'église s'étant anéantie une seconde fois, la majesté divine était renfermée dans une portion d'une mauvaise case depuis treize ans, lorsqu'on a construit l'église actuelle en 1784. Elle est sur le même emplacement que la précédente, ayant 72 pieds de long sur 30 de large et faite de maçonnerie. Elle a coûté cinquante et quelques mille livres.

La paroisse de Plaisance, qui n'a été démembrée d'aucune autre, a pour limites : au nord, les paroisses du Borgne, du Port-Margot et du Limbé; à l'est, le Limbé et la Marmelade; au sud, la Marmelade et les Gonaïves; et à l'ouest, les Gonaïves et le Gros-Morne. Partout des chaînes de montagnes la bordent; sa plus grande longueur, qui va du sud-est au nord-ouest, est d'environ 8 lieues; sa largeur varie depuis 3 lieues jusqu'à environ une lieue et demie. Ce dernier point est celui où le

Margot, qui appartient à la paroisse du Port-Margot, fait une rentrée dans Plaisance.

On distingue cette paroisse en deux parties principales, qui sont Plaisance ou le haut Plaisance, et Pilate ou le bas Plaisance. La première, qui comprend la partie orientale jusqu'au morne à Miel, a pour subdivision Plaisance proprement dit, la Trouble, la Grande-Rivière, le Mapou, le Bœuf-Blanc, la Provence et la ravine Champagne. La seconde est une gorge très-ouverte formée dans la partie occidentale de la paroisse, d'un côté par la chaîne qui sépare celle-ci de la paroisse des Gonaïves, et de l'autre côté par les montagnes qui séparent la paroisse de Plaisance de celles du Borgne et du Port-Margot. Elle se partage en Pilate proprement dit, en ravine à Baudin, en Piment et en rivière la Porte.

La culture des premiers colons français de Plaisance a été l'indigo ; indépendamment de ce que cette denrée jouissait alors d'une sorte de faveur, elle était plus analogue qu'aucune autre à la position du lieu, par la facilité de la transporter au Cap où elle devait être vendue. Comme tout était encore agreste à Plaisance, on n'y cultivait même que l'indigo sauvage ou bâtard, et ces colons simples et heureux, trouvant dans la chasse et la pêche des ressources journalières, voyaient croître la plante qu'ils ignoraient alors que les insectes attaqueraient un jour comme l'indigo franc.

Plaisance avait une existence qui n'annonçait rien de brillant, quoiqu'on y vît quelques colons riches, lorsqu'en 1770 plusieurs nouveaux habitants y parurent et y firent des défrichements considérables. La culture des deux indigos s'y multiplia, mais bientôt celle du cafier la remplaça dans plusieurs points, et des forêts entières furent abattues, pour céder leur place à l'arbuste qui semble s'être approprié toutes les montagnes de la colonie. Examinons Plaisance dans ses différents cantons, tels qu'ils sont à présent.

Celui appelé *Plaisance*, d'une manière plus particulière, va depuis le point où est le bassin de la Trouble jusqu'au Morneà-Miel, où le Pilate commence. C'est dans un de ces points qu'est l'église, et dans un autre, plus à l'est d'environ 3,000 toises, se trouve ce qu'on appelle le bourg de Plaisance, c'est-à-dire une douzaine de maisons, d'auberges ou de cabarets et le logement de la maréchaussée. La terre de ce canton est réputée d'autant meilleure, qu'elle s'éloigne davantage de la coupe qui conduit au Limbé et qu'elle gagne la partie basse du bassin. C'est un mélange d'argile, de sable et de limon.

La *Trouble*, qui est le canton le plus sud-est de la paroisse, a pour bornes une partie de la Marmelade, l'Ilet-à-Corne, qui dépend du Limbé ; le canton de Plaisance et celui de la Grande-Rivière. L'argile domine dans la partie inférieure. Les eaux y stagnent et la terre y est gercée durant les sécheresses, tandis que dans les hauteurs qui le bordent, eaux, sol, température, tout est propice aux légumes et aux cafiers; mais en général ce canton, par des alternatives de sécheresse et d'humidité, éprouve la santé de ses habitants et les Africains s'y acclimatent avec difficulté.

La *Grande-Rivière* est bornée, vers le sud, par la rivière connue sous le nom de Grande-Rivière des Gonaïves ; à l'est, par la Marmelade; au nord, par le canton de la Trouble, et à l'ouest, par celui du Mapou. Il est fort avantageusement établi.

Le *Mapou*, dont on n'a connu la valeur que depuis environ vingt-cinq ans, donne maintenant une immense quantité de café et il mérite sa réputation.

Le *Bœuf-Blanc* suit le Mapou dans l'est.

La *Provence* est, dans le nord, opposée au Mapou et touchant au Limbé.

La *ravine à Champagne*, qui suit la Provence dans l'ouest et qui touche au Limbé et au Port-Margot, a un sol très-varié, et où s'offre le contraste d'un terrain fécond avec un champ argileux. M. Stollenverk a imaginé d'y employer les patates comme un engrais, et de superbes cafiers font l'éloge de cette idée.

Dans la seconde partie de la paroisse de Plaisance, le *Pilate*, proprement dit, offre un beau bassin que l'indigo a un peu épuisé. Les collines nourrissent de beaux cafiers.

Le *Piment*, l'un des cantons qu'on ait le plus établis à Plaisance, n'a pu obtenir cette préférence que du voisinage de l'embarcadère du Port-Margot, puisque les vicissitudes des saisons s'y font sentir d'une manière défavorable. Elles font même regretter le séjour d'un lieu où des eaux limpides et salubres, des bois propres à la bâtisse et des pierres calcaires, offrent de grands avantages. On ne conçoit pas comment ce canton est de la paroisse de Plaisance, avec laquelle il n'a et ne saurait avoir aucun rapport, et point de celle du Port-Margot, dont la seule position dit qu'il doit faire partie.

La *rivière la Porte*. Ce canton n'a guère été formé que postérieurement à 1750, comme celui du Piment. Il est très-arrosé. Ses parties élevées vers le Gros-Morne sont calcaires, le bois y est commun et, à quelques exceptions près, le cafier s'y plaît. La température en est très-fraîche.

Enfin on peut comparer plusieurs parties élevées du canton de la ravine à Baudin à celles du Mapou.

La paroisse de Plaisance compte trente-deux indigoteries, toutes dans la partie plane et dont le produit peut être évalué à 35 ou 40 milliers d'indigo. Ce revenu était presque double lorsqu'on cultivait l'indigo bâtard. Les cent quatre-vingts cafeteries donnent environ 3 millions de café. Avec des bras, cette quantité pourrait être augmentée d'un tiers. Toute la paroisse n'est cependant pas également propre à inspirer cette confiance. Par exemple, la montagne qui sépare Plaisance de la Marmelade et les Gonaïves, et qui forme une pente douce, a, dans sa face orientale, un sol qui la commande presque. La terre y est, dans une longueur d'environ 6 lieues, alternativement noire et rouge, assez forte, mais mêlée de pierres calcaires ou roches à raves qui empêchent les dégradations des pluies et conservent une fraîcheur propice. Le reste de la montagne, malgré la fécondité qu'elle promet d'abord, a des pierres vitrifiables et quelquefois du tuf. On jouit sur cette chaîne d'une température qui semble appartenir à un printemps perpétuel, et à cette sensation délicieuse se mêle un plaisir bien vif, lorsqu'on y trouve, comme dans le haut de l'habitation de M. le chevalier de Puilboreau, qui est cependant de la paroisse de la Marmelade, des fruits et des fleurs qui rappellent la France. Mais dans la montagne qui confine au Limbé, une terre rouge et forte et le manque de pierres calcaires défendent de la compter comme propre à prolonger longtemps les succès du cafier.

Les productions de Plaisance sont dues à une population d'environ six cents blancs, deux cent trente affranchis et six mille six cents esclaves.

L'humidité du lieu, qui serait contraire au cotonnier, et qui est un avantage pour le cafier et l'indigo, favorise aussi les vivres du pays. Toutes les espèces y réussissent : bananiers, tayos ou malangas, manioc, ignames, patates, maïs, riz, pois, etc.; et dans les années de sécheresse, les paroisses des Gonaïves et du Gros-Morne reçoivent de celle de Plaisance d'abondants secours, et dans tous les cas l'excédant de Plaisance est utile à la consommation du Cap. Les graines de jardinage, l'artichaut, y ont un sol propice; le pommier de France y égaye la vue sans être propre à flatter le goût, et la vigne embellit aussi quelquefois une tonnelle, quoique son fruit soit âpre.

Les cannes à sucre, que MM. Chailleau ont plantées sur leurs habitations, prouvent que le bassin de Plaisance pourrait permettre un établissement de sucrerie.

On trouve encore du bois à Plaisance, malgré tout celui que les cafeteries lui font sacrifier chaque jour. Le courbaril, improprement appelé par quelques-uns bois palmiste, le cèdre ou acajou franc, le bois major, le bresillet, l'amandier à petites feuilles, le bois savane, l'acoma jaune, forment, avec plusieurs autres, la classe des bois qu'on appelle incorruptibles. Celle des bois excellents à employer à couvert est encore plus nombreuse. L'acajou bâtard ou meuble y est loin d'égaler en beauté celui des Gonaïves.

La simple observation suffit pour prouver que la partie minéralogique de Plaisance est très-curieuse. Plusieurs ruisseaux y roulent des paillettes d'or; l'on attribue à une mine de ce métal le nom de ravine de la Mine, que porte un courant d'eau dans la montagne adossée au Limbé. On assure aussi qu'on en a vu de cuivre et il n'y a aucun doute sur l'existence de celles de fer. Plaisance offre partout des granits; le jaspe et le porphyre de toutes les nuances et de la beauté la plus vantée, même chez les anciens, sont dans ses montagnes, surtout vers la rivière la Porte. Les ophites y sont communs aussi, et expliquent comment l'on trouve dans plusieurs points des pierres ou haches indiennes que les naturels devaient à cette substance pierreuse. On rencontre aussi de leurs vases de terre cuite et de leurs ustensiles. M. Louet, en faisant fouiller sur son terrain, y trouva en 1727 un vase d'argile cuite en forme d'urne avec son couvercle. Ce fut avec une extrême surprise qu'en le découvrant on trouva une tête d'homme coupée au ras des épaules. Sa forme et la nature des cheveux, dont elle était encore couverte, ne permettaient pas de douter que ce ne fût celle d'un malheureux Indien.

On trouve aussi dans les montagnes des coquillages marins.

Plaisance est principalement arrosé par trois grandes ravines ou petites rivières. Elles ont leurs sources, vers le sud-est, dans la montagne qui sépare cette paroisse de celle de la Marmelade. La plus septentrionale s'appelle la Trouble, comme le canton qu'elle traverse. La plus occidentale donne son nom au canton de la Grande-Rivière; la rivière la Graix est entre elles deux. Elles se réunissent à environ une lieue et demie de la montagne au bassin de la Trouble, et deviennent les Trois-Rivières : dénomination que conservent leurs eaux mêlées, en traversant le reste du canton de Plaisance et le Gros-Morne jusqu'au Port-de-Paix où est leur embouchure à la mer, après avoir parcouru 35 lieues depuis Plaisance, en comptant les sinuosités.

La rivière des Trois-Rivières, qui charrie partout les pierres calcaires de son lit, reçoit toutes les eaux de la paroisse de Plaisance avant d'arriver au morne la Porte, où elle entre dans celle du Gros-Morne, par le boucan Richard. Les principales ravines qui s'y jettent sont, vers le sud, celles du Mapou, du Bœuf-Blanc et à Baudin; vers le nord, celles du boucan Champagne, du Margot et du Piment; vers l'ouest est la rivière la Porte, ainsi appelée parce qu'un peu au-dessous de son confluent avec les Trois-Rivières, celle-ci, resserrée entre deux gros rochers, passe dans l'intervalle que ceux-ci laissent entre eux et qu'on a nommé *Porte*. Les 210 pieds de hauteur perpendiculaire de ces rochers, le bruit des eaux roulant en cascades, le bassin profond qu'elles forment au-dessous et le sentiment de froid qu'elles produisent par leur grande agitation qui en réduit une portion en état de vapeurs, tout fait de ce passage un site qui porte un caractère que la nature seule sait donner, et qui inspire une sorte d'horreur. On est même assez déterminé par son aspect à supposer que ce passage a été produit par quelque secousse violente.

Les rivières de Plaisance n'assèchent jamais; les pluies y sont trop abondantes pour qu'on puisse y éprouver cet inconvénient. On évalue à 80 pouces d'eau le terme moyen de celles-ci annuellement; mais, même à Plaisance, la quantité de pluie va en décroissant.

C'est, d'une part, à ces pluies et au volume d'eau qu'elles produisent, et, de l'autre part, à la conformation de la partie plane de Plaisance, qu'il faut attribuer un phénomène de cette partie.

Presque chaque jour un brouillard plus ou moins épais, plus ou moins humide, plus ou moins élevé, couvre cette surface. Quelquefois il est formé avant l'aurore; d'autres fois il ne devient sensible qu'avec elle et même qu'après; tantôt l'observateur, qui est sur un point des chaînes qui dominent, l'aperçoit comme une mer d'où s'élèvent çà et là des monticules qu'on pourrait considérer comme autant de petites îles; tantôt il n'est composé que de pelotons séparés, ou de hauts filons qui occupent des hauteurs différentes, ou de filons qui indiquent la direction et les dimensions de chaque gorge. Il est des jours où sa blancheur est celle de la neige; d'autres jours il a une nuance terne; une fois il dérobe la vue des objets les plus voisins, une autre fois il ne cache que ceux qui sont à une certaine distance. Sa base est le plus souvent à terre même, mais parfois aussi il laisse entre elle et lui un intervalle marqué. C'est d'ordinaire dans la direction de l'est à l'ouest qu'il s'étend, mais il en prend aussi qui diffèrent de celle-là.

Les colons trouvent dans ce phénomène météorologique un baromètre qu'ils croient sûr. Si le brouillard se dissipe insensiblement, il promet une belle soirée; s'il s'élève, la pluie est prochaine.

Dans la saison pluvieuse, le brouillard se montre peu dans fond, et il s'empare des hauteurs ; et même, depuis que les défrichés se sont multipliés dans celles-ci, il semble aller chercher plus haut les forêts qui lui offrent leur paisible asile; enfin, entre huit et neuf heures du matin, ce voile aérien disparaît tout à fait.

Le site de Plaisance est montagneux dans sa plus grande partie, et d'autant plus frais que même sa portion plane est fort au-dessus du niveau de la mer. Le thermomètre de Réaumur a 25 degrés 1/2 pour maximum dans ce fond, et à la cime des monts il ne va qu'à 22. En général, la température est plus chaude dans les points qui avoisinent cette paroisse, même de 3 ou 4 degrés. Cette différence pourrait être prise pour l'une des causes de la condensation des vapeurs, sur un point très-arrosé, d'autant qu'il n'y a point de brouillard lorsque le vent règne pendant la nuit.

Il n'est pas extrêmement rare de voir le thermomètre descendre en peu d'heures, même de 7 ou 8 degrés, dans les points les plus élevés des chaînes qui bordent Plaisance. On y éprouve alors ce que le contraste veut qu'on appelle un grand froid, quoique le thermomètre marque encore 14 ou 15 degrés.

Les ophthalmies sont assez communes à Plaisance, quand il y a régné des vents de sud-ouest qui ont traversé la paroisse sèche des Gonaïves. Les cantons argileux sont un domaine pour les fièvres quand les années sont pluvieuses.

Dans les deux mois de novembre et de décembre 1785, on a ressenti à Plaisance quatre tremblements de terre venant du nord-ouest.

Il est temps que j'envisage Plaisance dans le rapport que j'ai exprimé en commençant sa description et qui le rend si intéressant.

Lorsqu'on commença à y former des établissements, ils ne se trouvèrent pas, comme dans les autres paroisses qui sont plus à l'est dans la plaine du Cap, l'effet d'une extension de culture gagnant de proche en proche, mais absolument séparés de tout reste; cette partie n'avait donc aucun chemin. J'ai dit que les seuls sentiers où passaient les chasseurs en tinrent d'abord lieu, mais ce n'était encore que pour aller vers le Port-Margot, point d'où étaient venus les premiers habitants de Plaisance. On ne pouvait pas, de toutes les situations, trouver ce point de sortie également commode, et pendant la guerre le besoin d'aller au Cap en fit désirer un autre.

On prit encore les chasseurs pour guides, et l'on arriva avec des fatigues cruelles jusqu'à la grande ravine du Limbé. Plaisance n'ayant cette issue que pour sa propre commodité, il était réduit à la rendre praticable avec ses seules forces, et cela n'amenait que des efforts peu fructueux.

Cependant les habitants trouvant tous plus d'avantages à aller au Cap qu'au Port-de-Paix, une déclaration du roi, du 16 juin 1740, prescrivit la distraction de la paroisse de Plaisance et du Pilate de la sénéchaussée du Port-de-Paix, dont elle avait dépendu depuis sa formation, pour la donner à la sénéchaussée du Cap. Plaisance resta cependant encore du commandement militaire du Port-de-Paix, mais un ordre du roi, du 26 octobre 1746, l'a réuni encore au Cap sous ce rapport. Ce fut, pour ainsi dire, à cette dernière époque que M. de

Vaudreuil, gouverneur de la partie du nord, conçut l'idée de faire communiquer cette partie à celle de l'ouest par Plaisance, et, au mois de septembre 1750, sans attendre les ordres des administrateurs généraux, il fit travailler les nègres des diverses paroisses environnantes au chemin, depuis le bas de la coupe de Plaisance, dans le Limbé, jusqu'au bas de celle des Gonaïves, dans cette dernière paroisse même. Ce travail fut conduit avec tant d'activité, qu'au mois de septembre 1751, M. de Vaudreuil alla par ce chemin du Cap aux Gonaïves, et dès lors les Français n'eurent plus besoin, pour aller du Cap au Port-au-Prince, d'emprunter un passage sur le territoire espagnol. Par une conséquence de cette entreprise, Plaisance, que cette route faisait traverser continuellement, vit accroître ses établissements.

M. de Belzunce, tout occupé de camps, de communications et de défense intérieure, ne trouvant pas ce chemin propre à ses vues, en chercha un autre et fit un tracé auquel on ne pensa plus à cause de la paix de 1763, et de la mort de ce général.

En 1773, les clameurs se faisant entendre de toutes parts contre le mauvais état du chemin de la coupe de Plaisance, devenu en quelque sorte impraticable, M. de Vallière ordonna qu'on prît des mesures efficaces pour en faire un solide. On y travailla, et les habitants de Plaisance, particulièrement, prouvèrent par leur zèle qu'ils en sentaient la nécessité.

Vingt-cinq ans plus tôt on ne concevait même pas l'espérance de pratiquer dans un pareil massif de montagnes une route durable et commode, et dès qu'on eut celle-ci, le désir de passer du nord à l'ouest, en voiture, s'éveilla. Il fallait pour cela trouver une issue de Plaisance vers les Gonaïves, et ce fut vers ce but que les observations se dirigèrent.

M. de Reynaud, pendant le court intérim qu'il remplit à la mort de M. de Vallière, en 1775, fit faire des recherches, mais on n'eut que des idées vagues.

La guerre de 1778 créant des besoins, on reprit l'idée de la communication par Plaisance, et, l'année suivante,

M. Louis Dumesnil, habitant et arpenteur de cette paroisse, fit lever le plan d'un chemin qui, prenant dans la plaine de Plaisance, gagnait les Gonaïves par la ravine Sèche. M. du Mousceau en fit même une vérification que suivit une opinion favorable, le 23 novembre 1779.

La mort de M. d'Argout ayant donné, au mois d'avril 1780, un nouvel intérim à M. Reynaud qui était devenu lieutenant au gouvernement général, il chargea M. de Mansuy, ingénieur et aide maréchal général des logis, de s'occuper essentiellement d'effectuer un chemin de voiture entre les deux parties du nord et du sud. M. de Mansuy, l'un des ingénieurs-géographes envoyés dans la colonie, en 1764, pour en faire le plan topographique[1], encore aidé des connaissances locales de plusieurs habitants et notamment de celles de M. Ballon, capitaine des milices à Plaisance; après avoir jugé que le chemin proposé par M. Dumesnil ne pouvait pas en être un de voiture, traça, avant le mois d'août 1780, une nouvelle route connue sous le nom de *communication de la Brande*.

A la même époque, M. Marsan, voyer de Plaisance, proposa à M. de Reynaud un chemin qu'il disait préférable et qui passait dans la partie la plus basse de la chaîne de montagnes qui sépare Plaisance d'avec le Limbé, le Port-Margot et le Borgne, et qui est la première chaîne du Cibao. De cette coupe jusqu'au morne la Porte, M. Marsan comptait 2 lieues ; de là à la coupe à Joseph on passe le chemin de voiture du Cap au Port-Margot, une lieue un quart, et de ce dernier terme au bourg du Limbé, environ une lieue, ce qui ne faisait que 4 lieues de la limite du Gros-Morne au Limbé.

De son côté, M. Dumesnil réclamait en faveur de son projet de la ravine Sèche; M. de Mansuy reçut donc de M. de Reynaud l'ordre de faire une visite exacte de ce dernier et d'en marquer les inconvénients. Il en dressa un procès-verbal le

---

[1]. Ce plan n'a jamais été achevé, à cause de la mort de plusieurs ingénieurs.

10 septembre 1780, sans néanmoins manquer de dire qu'il fallait entretenir le chemin tel qu'il existait déjà, ainsi que celui des orangers, parce que des circonstances particulières pouvaient rendre utiles ces diverses issues. MM. de Reynaud et le Brasseur prescrivirent l'ouverture du chemin de la Brande et on y mit les ouvriers le 2 janvier 1781. C'étaient soixante-quinze soldats du régiment du Port-au-Prince, et soixante du régiment du Cap, cent nègres de l'atelier du roi, cent de la paroisse de Plaisance et cent de celle des Gonaïves, la paroisse du Gros-Morne devant travailler au chemin sur son territoire. Le 14 avril suivant, M. de Reynaud parcourut à cheval toute la route, accompagné de trente-deux personnes que cet événement avait attirées.

MM. de Reynaud et le Brasseur avaient rendu compte au ministre, le 1ᵉʳ décembre 1780, de ce qu'ils avaient ordonné, et le ministre, dont tous les alentours n'étaient pas favorables, surtout au premier de ces deux administrateurs, répondit, le 17 février 1781, que l'on s'était trop pressé et que les corvées étaient bien onéreuses pour les habitants. Des lettres particulières ayant publié cette espèce de désapprobation, on crut le moment propice pour reparler des projets autres que celui de la Brande, qu'on regardait comme proscrit.

M. de Reynaud enjoignit alors à M. d'Anteville, capitaine au corps royal du génie, d'aller visiter toutes les communications possibles du nord à l'ouest, et d'en rendre un compte par écrit. Ce compte détaillé, et daté du 27 mai 1781, était favorable au chemin par la Brande ; mais l'intérim de M. Reynaud ayant fini à son départ pour la France, à la fin du mois de juillet 1781, tout ce qu'il avait voulu fut sacrifié à des ressentiments personnels, et un chemin de voiture dont on était au moment de jouir fut abandonné comme une entreprise au moins inutile. On y gagna cependant ce que cet infatigable administrateur avait fait faire pour adoucir le chemin de la coupe de Plaisance et les soins qu'il avait fait donner sous la direction de M. de Grandmont, commandant de la paroisse des Gonaïves, à celui de la coupe des Gonaïves ou des Orangers, pour le rendre moins mauvais.

Six nouvelles années s'étaient écoulées depuis, lorsqu'une circonstance difficile à prévoir est venue produire ce que quarante ans de recherches, de projets, de plans et d'essais n'avaient pu procurer à la colonie. Je veux parler de la réunion des deux conseils du Cap et du Port-au-Prince qui, en obligeant les habitants de la riche partie du nord à franchir les monts qui semblaient les séparer de celle de l'ouest, pour aller solliciter la justice dans cette dernière ville, a voulu impérieusement qu'on fît une route de voiture, dont le préambule de l'édit de réunion suppose même l'existence. MM. de la Luzerne et de Marbois y ont fait travailler, d'après leur ordonnance du 13 novembre 1787, et on l'achève en ce moment; de manière qu'on peut désormais aller en voiture de la partie du nord dans celle de l'ouest. MM. du Chillau et de Marbois viennent même, par une ordonnance du 28 mai 1789, d'autoriser un établissement de carrioles, réuni à la ferme de la poste aux lettres, pour transporter les voyageurs du Cap au Port-au-Prince et réciproquement, en payant 396 livres par personne, et même jusqu'à Léogane.

Jetons maintenant un coup d'œil sur tous les moyens de communication de la paroisse de Plaisance.

La partie du nord et celle de l'ouest ont pour séparation naturelle la première chaîne du Cibao, qui court en se prolongeant vers le môle Saint-Nicolas, et depuis 1750, que M. de Vaudreuil a voulu qu'une communication entre ces deux parties fût entièrement sur le territoire français, c'est toujours Plaisance qu'on a constamment reconnu pour le point où cette chaîne devait être franchie.

En effet, la seule chaîne qui sépare Plaisance des Gonaïves offre une position centrale, d'où les secours peuvent être également portés dans tous les points de la partie du nord, depuis la baie de Mancenille jusqu'à Jean-Rabel, et dans tous ceux de la partie de l'ouest, depuis les Gonaïves jusqu'au Grand-Goave et à Jacmel, et de celle-ci dans la totalité de la partie du sud. Cette chaîne est, par une conséquence nécessaire de sa situation, un centre qui, en définitive, pourrait être celui de la retraite de tous les points que l'ennemi aurait forcés, et un rempart contre les tentatives qu'il voudrait faire contre l'une ou l'autre des deux parties du nord ou de l'ouest, si l'une de ces deux était déjà envahie. A un pareil éloignement de ses vaisseaux, avec la nécessité d'une marche aussi longue et semée d'autant d'obstacles, il est plus que probable que l'attaquant, harcelé par des troupes légères et ayant à combattre le climat, ne ferait que d'impuissants efforts.

Avec cette vue défensive, il faut une route propre aux transports de tous les genres, aux gros bagages, et c'est ce qui rend si importante celle que l'on a assurée aux voitures de trait et de charroi. Elle a, en outre, l'objet important d'assurer le transport des denrées des Gonaïves, et même d'une partie de la plaine de l'Artibonite, d'où l'on est obligé de les envoyer au Cap pendant la guerre, et de tirer de cette ville les provisions d'Europe et les objets nécessaires à l'exploitation.

J'ai parlé, dans la description du Limbé, de cette route jusqu'au point où elle parvient à la cime de la coupe de Plaisance, depuis la grande ravine du Limbé. De ce point elle va trouver, à environ 3,000 toises, ce qu'on nomme le bourg de Plaisance, où est la rencontre du chemin qui va au Gros-Morne. De ce bourg, connu aussi sous le nom de carrefour de Plaisance, elle fait 700 toises pour traverser les Trois-Rivières. De ce point des Trois-Rivières à celui où elle trouve la ravine des Orangers, elle fait 2,200 toises, et c'est dans cet intervalle qu'est l'embranchement du chemin de cheval, qui va, par le canton de la Trouble, à la Marmelade et au Dondon. Les 2,900 toises dont je viens de faire mention, parcourues dans la partie plane de Plaisance, sont communes à l'ancienne route de Vaudreuil, mais avec une largeur et une solidité qu'elle n'avait pas auparavant. De la ravine des Orangers, la route fait 4,555 toises pour aller, avec une pente d'environ 4 pouces par toise, chercher sur la première chaîne la crête à Puilboreau, point qui est dans cette partie la limite de Plaisance avec les Gonaïves, celle de la sénéchaussée du Cap et de celle de Saint-Marc, et autrefois du conseil supérieur du Cap et de celui du Port-au-Prince, point dont on peut évaluer la hauteur à environ 400 toises au-dessus du niveau de la mer.

C'est de cette même chaîne, et aux confins de Plaisance, de la Marmelade et des Gonaïves, que l'œil peut se promener sur la plus riche portion de la plaine du Cap, et aller saisir la Grange, dans la direction de l'est-nord-est, à environ 26 lieues de distance. Il peut parcourir encore les montagnes cultivées qui bordent cette plaine, et comparer cet aspect gai et varié à celui des portions presque désertes des possessions espagnoles qu'il découvre au sud-est, et avec lesquelles Plaisance lui offre, dans le nord, un contraste de plus.

Je reviendrai au chemin de voiture dont on doit la direction et l'achèvement au zèle et aux talents de M. de Vincent, ingénieur, en décrivant la paroisse des Gonaïves, aux confins de laquelle je le laisse. J'ajouterai seulement qu'il a été fait par entreprise, et que les divers habitants qui en ont fait exécuter des portions, ainsi que les soldats des régiments du Cap et du Port-au-Prince qu'on y a employés, ont été payés par la caisse publique.

La route par la ravine Sèche, et qui est celle dont M. Dumesnil voulait qu'on fît le chemin de voiture, vient aussi du carrefour de Plaisance, mais vers l'extrémité de la plaine elle coupe plus à l'est que le chemin des Orangers pour aller atteindre un point de la coupe des Gonaïves, sur l'habitation Saint-Amand, après avoir fait 5,855 toises depuis le carrefour. Il a l'inconvénient de parcourir des contre-forts très-multipliés de la grande chaîne, de suivre pendant 8 ou 900 toises une ravine remplie de pierres, de galets et de gravois, auxquels une argile blanche a formé un gluten durci, et d'avoir, quoique sèche dans les temps ordinaires comme le dit son nom, beaucoup d'eau dans les orages. Ce dernier effet provient de ce qu'elle est formée par une patted'oie de ravines qui aboutissent toutes à sa tête et qui descendent de mornes escarpés par cascades. D'ailleurs, cette route exigeant un long travail, des mines, ces obstacles ont semblé plus faits pour arrêter que les 2 lieues 1/2 qu'a de plus la route qui a été ouverte aux voitures, tandis que l'autre est restée praticable aux chevaux et pour l'utilité des habitants, de son voisinage, soit de la Grande-Rivière, des Gonaïves, soit des gorges de la Motte, du Dos-d'Ane, etc.

Le troisième chemin est celui des Orangers, ainsi appelé parce qu'il suit longtemps une ravine de ce nom. C'est celui qu'on doit à M. de Vaudreuil, et conséquemment le plus ancien de tous, puisque avant lui Plaisance ne communiquait point avec les Gonaïves. Il est plus à l'ouest que celui de la ravine Sèche. Il a, en commun avec la grande route royale de chaises, 2,900 toises, comme je l'ai déjà dit, puis il fait 1,975 toises pour aller du passage de la ravine des Orangers gagner la coupe des Gonaïves sur l'habitation Bernard, portion dans laquelle il n'est plus qu'un chemin de cheval, avec une pente de 4 pouces par toise. Presque au sommet de cette coupe, limite des deux paroisses, mais du côté de Plaisance, on trouve une espèce de réservoir naturel, sans issue. Il a environ 60 pieds en carré et 15 de profondeur. Les pluies ou les sécheresses n'ont aucune influence sensible sur le volume de ses eaux.

Un quatrième chemin est celui de la Brande, qui est resté aussi une simple route pour le cheval. Il part également du carrefour de Plaisance, à 800 toises duquel il commence à côtoyer la rive droite des Trois-Rivières, et va vers l'église, puis il parvient au penchant du morne à Miel, qui sépare Plaisance du Pilate, et ayant parcouru 4,700 toises depuis le carrefour.

A 750 toises du morne à Miel, le chemin traverse à la passe la Boulayes, et, cette seule fois, les Trois-Rivières, dont il prend alors la rive gauche jusqu'au morne la Porte, n'ayant guère que 2 ou 3 pouces de pente par toise depuis le carrefour; il franchit le morne la Porte à 4 pouces par toise et parvient à la limite du Pilate avec le boucan Richard, dépendant de la paroisse du Gros-Morne, après avoir fait 4,300 toises depuis le morne à Miel.

Du point commun au boucan Richard et au Pilate, il fait 2,600 toises pour gagner la crête qui sert de limite entre le canton du boucan Richard, du Gros-Morne et le canton de la Brande aux Gonaïves, pour de là aller, en suivant la ravine de la Brande, joindre dans les Gonaïves le poteau où aboutissent les trois autres communications dont j'ai rendu compte, en faisant encore 10,500 toises, ce qui complète 22,100 toises depuis le carrefour de Plaisance. On a reproché à cette communication la difficulté de l'entretien, s'il était rendu propre aux voitures, et d'être trop rapproché des paroisses qui en avaient déjà une.

Du Pilate on peut aller au Port-de-Paix et au Port-au-Prince par le Gros-Morne, et gagner le Cap par le Port-Margot, le Limbé, etc.

Le canton de la ravine à Champagne a, en outre, une sortie vers le Limbé directement, et une troisième vers le Margot, mais il n'y a qu'un besoin absolu qui puisse déterminer à en faire usage.

La paroisse de Plaisance est du quartier du Limbé, de la Sénéchaussée et du commandement du Cap. Elle a pour sa police son commandant de milices, un substitut du procureur du roi du Cap, et, depuis une ordonnance du 13 septembre 1775, une maréchaussée composée à présent d'un exempt, d'un brigadier et de quatre archers. Sa milice peut donner cent cinquante individus, dont un peu plus de moitié sont blancs.

Le courrier du Cap au Port-au-Prince laisse et prend deux fois par semaine des lettres au bureau de Plaisance, qui est l'une des maisons du carrefour.

On compte de l'église de Plaisance :

A celle du Borgne.	9 lieues.
— du Port-Margot	7 »
— du Limbé	7 »
— de la Marmelade.	8 »
— des Gonaïves.	14 »
— du Gros-Morne	7 »

XVII.

PAROISSE DU PORT-MARGOT.

Nul lieu de Saint-Domingue ne peut le disputer en ancienneté au Port-Margot, comme établissement français, si ce n'est l'île de la Tortue. Cette dernière, devenue le séjour des aventuriers depuis 1630, avait en eux une population mélangée d'individus de divers lieux d'Europe, augmentée, dans la même année, de Français expulsés de Saint-Christophe par les Espagnols, et si les boucaniers passaient quelquefois de là dans l'île Saint-Domingue même, ils n'y avaient que des huttes momentanées qui portaient le nom de *boucans*.

Quoique les Espagnols eussent exterminé presque tous les habitants de la Tortue en 1638, il resta cependant une quarantaine de Français dispersés sur la côte de Saint-Domingue, qui voyant que cette petite île était abandonnée, y retournèrent en 1639, y vivant sans chef et sans que personne les y troublât. Mais Willis, capitaine anglais, ayant enlevé, sans aucune autorisation, de l'île de *Nièves* environ trois cents de ses compatriotes, il les conduisit à la Tortue. Les Français accueillirent ces nouveaux compagnons et ne cessaient même, depuis quatre mois, de les aider de toutes leurs ressources, lorsque l'ingrat Willis les fit désarmer, en fit massacrer une partie de sang-froid et envoya le reste dans l'île Saint-Domingue.

Quelques-uns de ceux échappés à tant d'infortunes allèrent en faire le récit au commandeur de Poincy, gouverneur général, pour le roi, des îles de l'Amérique, dont Saint-Christophe était alors le chef-lieu. M. de Poincy conçut le projet de faire servir cette circonstance à l'exécution d'un parti qui lui était déjà prescrit par les seigneurs de la compagnie des îles de l'Amérique, formée et protégée par le cardinal de Richelieu, alors grand maître, chef et surintendant général de la navigation et commerce de France.

Un officier de marine, compagnon de d'Enambuc, premier fondateur des Antilles françaises, à qui ses talents et son courage avaient fait donner le commandement d'une compagnie à Saint-Christophe, y jouissait auprès du commandeur de Poincy d'une confiance méritée. Mais il était huguenot, chéri de ceux de sa croyance dans l'île, et ce fut assez pour le dévouer à la persécution. Poincy résistait depuis quelque temps, parce que Le Vasseur et ses adhérents lui étaient nécessaires. Enfin il crut le moment favorable, et il ordonna à Le Vasseur d'aller croiser dans le golfe du Mexique, et lui remit des instructions relatives à Saint-Domingue, pour le cas où la croisière ne serait pas fructueuse.

Le Vasseur se mit, avec ceux que leurs opinions religieuses rendaient suspects comme lui, dans une barque que M. de Poincy avait fait acheter, et ils partirent pour aller servir une patrie qui les rejetait de son sein. D'après le plan de M. de Poincy, ils vinrent aborder dans l'îlet du Port-Margot, qui portait déjà ce nom dont l'origine m'est inconnue.

Ainsi ce petit point reçut le premier chef revêtu d'un pouvoir vraiment légal et émané immédiatement du monarque. Les Français qui les suivaient, ceux qu'il trouva sur la côte, furent réellement dès lors des êtres avoués et dirigés par l'autorité qui régissait la nation entière dont ils faisaient partie.

De cet îlet, Le Vasseur allait visiter Willis, qui lui rendait la pareille. Les Anglais vivaient, avec les nouveaux Français de leur voisinage, dans une parfaite harmonie, et même les deux chefs étaient convenus que des Français mêlés aux habitants de la Tortue seraient, comme ils le désiraient eux-mêmes, assimilés aux Anglais, mais cet accord ne fut pas de longue durée. Willis, qui avait une population plus grande dans son île, y désarma quelques personnes venues de l'îlet; il se joua des plaintes de Le Vasseur, qui, lassé de tant d'insultes, débarqua avec quarante-neuf hommes seulement à la Tortue, le 31 août 1640. Il fit Willis prisonnier, s'empara de cette petite île qui, abandonnée par les Anglais partis pour l'île Sainte-Catherine, devint, à cette époque, la première capitale de la colonie française de Saint-Domingue.

La proximité de la Tortue fournit l'occasion d'un établissement, et dans l'îlet et dans l'île Saint-Domingue, au point qui correspondait à cet îlet ; et lorsque d'Ogeron y forma, en 1665, une habitation où il introduisit la culture du cacaoyer en 1666. On comptait une centaine de Français dans ce lieu, et environ soixante sur l'îlet. Mais la préférence qu'acquit bientôt après le Port-de-Paix ne laissa plus que des boucaniers au Port-Margot, et les ravages des ennemis en 1695 lui furent très-funestes.

On y bâtit cependant une église alors, mais elle ne tarda pas à s'anéantir ; et lorsque les nouveaux efforts tentés au commencement du siècle actuel, soit dans l'est du Port-de-Paix, soit dans l'ouest du Cap, conduisirent quelques colons jusqu'au Port-Margot, ils dépendirent de la paroisse de l'Acul, puis ils eurent une chapelle succursale où l'on célébra la messe pour la première fois le 21 juillet 1711. Elle était au bord de la rivière, dans un endroit qu'on nommait auparavant Boucan au Figuier au père l'Amande, parce qu'un boucanier de ce nom y avait eu son boucan autrefois, et y avait planté quelques figuiers-bananes qu'on y voyait encore. Cette succursale était elle-même à sept ou huit cents pas plus bas que l'église de 1695. Le temple de 1711 fut consacré, par un vœu unanime, à sainte Marguerite.

Les débordements de la rivière du Port-Margot exposant la maison du Seigneur, les habitants s'assemblèrent, le 6 avril 1712, à la plaine du nord, sur l'habitation de M. de Barrère, lieutenant de roi du Cap, et y arrêtèrent que cette chapelle serait mise sur la pointe du morne du Corail. Les administrateurs consacrèrent ce vœu et autorisèrent à ne rien payer à l'église de l'Acul, mais à préparer, par une taxe, le moyen d'en faire construire une convenable chez eux-mêmes.

On comptait alors au Port-Margot quatre-vingts hommes portant armes, tous indigotiers ou chasseurs, et qui passaient pour très-courageux.

La paroisse faisait peu de progrès quoiqu'elle eût des concessionnaires, parce que les concessions étaient immenses, et M. de Charrite vendit à lui seul, en 1716, du terrain pour quatre grandes habitations au moins. Le 14 septembre 1717, les administrateurs réunirent tout ce qui n'était pas défriché.

Aujourd'hui la paroisse du Port-Margot a huit sucreries, dont quatre avec des moulins à eau, quinze indigoteries, cent dix-neuf cafeteries, une cacaoyère, treize places à vivres, trente-huit habitations incultes faute de bras, trois guildiveries, trois entrepôts et une briqueterie.

Sa population est de trois cent soixante-six blancs, cent quatre-vingt-quatre affranchis et cinq mille cinq cents esclaves.

La mer borde la paroisse du Port-Margot au nord, le Limbé à l'est, Plaisance au sud, et le Borgne à l'ouest. On lui donne environ 9 lieues de longueur du nord au sud, et environ 3 lieues de l'est à l'ouest.

La paroisse du Port-Margot a d'abord pour division principale le Port-Margot et le Margot. Le Port-Margot est une espèce de vallée environnée à l'est, au sud et à l'ouest par des chaînes de montagnes. Le Margot, qui est placé au-dessus du Port-Margot, n'a guère de plan que le point où coule la rivière. Les montagnes y sont fort élevées et ont une pente assez rapide.

Ensuite le Port-Margot et le Margot se subdivisent en huit cantons, que je vais parcourir, et dont les sept derniers ne sont que des penchants de montagnes ou des montagnes mêmes.

Le *Bas-Quartier*, comme l'indique le mot même, est la partie qui touche à la mer. Il gagne vers le sud-est, en rétrécissant jusqu'au bourg appelé Grand-Bourg, et il est plan. On subdivise aussi ce canton en deux parties, qui sont : l'Embarcadère et la Boularde.

Le *Grand-Bourg*, placé à environ une lieue et demie dans le sud de l'embarcadère, a quarante-deux maisons toutes numérotées ; c'est là qu'est l'église actuelle.

Le *Bas-Quartier* a six sucreries qui donnent onze cents milliers de sucre blanc. On pourrait en placer quatre de plus qui pourraient en produire huit cents milliers. On n'y compte plus que six indigoteries, parce que l'indigo y périt, et trois places à vivres. Ce canton a un quart des nègres de la paroisse et un sixième de sa surface. Il est le plus exposé aux débordements des rivières de la paroisse, et ses habitants ont, dans leur lot de répartition, l'entretien de la coupe à Noé, où passe, dans la chaîne qui sépare le Port-Margot du Limbé, le grand chemin du Cap au Port-de-Paix.

Le *Petit-Borgne* est placé au-dessus du Bas-Quartier, sans s'étendre comme lui jusqu'à l'est de la paroisse. Il n'a qu'une sucrerie en brut, qui pourrait faire trois cents milliers de sucre blanc, deux indigoteries, quinze cafeteries et deux places à vivres, un septième de la surface de la paroisse et un huitième de ses esclaves.

Le canton du *Corail* est séparé de celui du Petit-Borgne, qu'il surmonte, par une petite chaîne de montagnes. Il renferme cinq indigoteries, vingt-quatre cafeteries, une cacaotière, trois places à vivres, un huitième de la surface et un peu plus du huitième des nègres de la paroisse.

La *Grande-Plaine*, ou *Plaine à l'Anneau*, est l'espace qui est au sud du bourg et qui va jusqu'au sommet de la montagne qui sépare ce canton de celui du Margot. Il a une sucrerie, une indigoterie, seize cafeteries, trois places à vivres, une briqueterie, une guildiverie, trois entrepôts, un sixième de la surface et un huitième des nègres. C'est dans son étendue qu'est une réunion de quelques maisons formée par l'acquisition de divers petits terrains démembrés d'une habitation, et à laquelle on a donné assez improprement le nom de Petit-Bourg. Il est à environ une lieue et demie dans l'ouest-sud-ouest du Grand-Bourg.

Le canton du *Bras-Droit* tire vers l'ouest. Il a huit cafeteries, un vingt-quatrième de la surface et un trente-deuxième des nègres.

Le *Bras-Gauche*, contigu au précédent, a quinze cafeteries et deux places à vivres. Il occupe un vingtième de la surface de la paroisse et environ un dix-neuvième de ses nègres.

Le *Margot*, qui est dans le sud-ouest, et comme enclavé dans la paroisse de Plaisance, compte une indigoterie et trente et une cafeteries, trois vingtièmes de la surface et trois seizièmes des nègres.

Enfin le *boucan Michel,* dont la majeure partie dépend du Borgne, qui gagne vers le nord-ouest, n'a que dix cafeteries, un dixième environ de la surface et un dixième des nègres.

Le sol de la paroisse du Port-Margot est en général léger et pierreux. Il ne donnait autrefois que de l'indigo ; à présent il n'en fait guère que vingt milliers, et le produit des cafeteries peut être évalué à environ un million et demi de livres. Les vivres y sont bons et la consommation du Cap donne une utilité réelle à leur culture.

La partie plane est arrosée par deux rivières et par une source ; cette dernière est appelée le trou Pétra. Celle appelée du Port-Margot, qui parcourt la paroisse dans le sens de sa longueur, a, quoique elle tarisse dans plusieurs points durant les grandes sécheresses, des débordements dont les ravages s'exercent dans la partie plane, mais surtout dans le bas vers la mer. Dans cette plaine, qui paraît être le produit de son limon, tout parle de ses effets et de ses irruptions. Elle a passé autrefois par le trou Pétra et elle menace encore d'y retourner et de partager le Grand-Bourg. Sa rapidité, qu'augmente celle des torrents dont elle est grossie, la rend très-dangereuse ; et en 1722, elle causa une grande inondation.

Le 9 février 1764, la pluie fut si considérable, qu'en moins de six heures toutes les habitations furent inondées.

Dans le coup de vent de la nuit précédente, la goëlette *la Sainte-Barbe,* du Cap, venant du Môle, chercher de la chaux au Borgne, périt sur les récifs vers la partie orientale du Port-Margot. Ce malheur fut commun à une goëlette espagnole, allant du Cap à Cube, à une pirogue et au passager du Port-Margot.

D'après les observations faites par M. Le Gras sur l'habitation de Mme son épouse, il y a eu au Port-Margot :

En 1784, un coup de vent le 5 septembre, un tremblement de terre le 6 octobre, et quatre-vingt-treize jours pluvieux.

En 1782, cent douze jours pluvieux.

En 1783, cent quarante-six jours de pluie donnant 158 pouces 10 lignes d'eau. Les rivières furent débordées depuis le 1ᵉʳ jusqu'au 21 novembre et elles firent d'incroyables ravages. La plus grande crue d'eau fut le 6; il avait fait la veille une averse pendant treize heures sans la moindre discontinuation. Il y eut un tremblement de terre le 30 août.

En 1784, cent soixante jours pluvieux, donnant 123 pouces d'eau. Le mois de mars, qui d'ordinaire n'est pas pluvieux, donna, à lui seul, 20 pouces 6 lignes en quinze jours.

Il faut ajouter à ces résultats trouvés sur une habitation au centre de la plaine, que dans les points qui confinent à la mer, la quantité de pluie est à peu près moindre d'un cinquième, mais que dans le voisinage des montagnes il y a deux cinquièmes de plus.

En général, les mois les plus abondants en pluie sont ceux depuis celui d'août jusqu'à celui de janvier inclusivement. Il y a dans cet intervalle de très-violents orages.

Cependant le Port-Margot n'est pas toujours préservé des sécheresses; il en souffrit aux mois de mars et de mai 1784, mais il en fut désolé au mois de mars 1786.

Malgré des pluies aussi considérables, on ne trouve point de marais dans la plaine du Port-Margot, et l'on n'y voit que rarement des brouillards. On y voit même un nombre remarquable de vieillards. Il y a environ quinze ou seize ans, qu'on y a vu mourir Mᵐᵉ Texier, âgée de cent trente ans.

Mais avec une semblable quantité d'eau, les chemins du Port-Margot sont presque toujours mauvais. Ceux de la plaine semblent se détériorer tous les jours. Celui qui passe par la coupe à Joseph, situé à environ 700 toises dans l'est du Petit-Bourg, et qui est le chemin du Cap pour les trois quarts des habitants de la paroisse et même pour plusieurs habitants de divers cantons de Plaisance, tels que le Pilate, la rivière la Porte et le Piment, et pour des habitants du Gros-Morne et du Haut-du-Borgne, est dans un état qui le rend dangereux.

En 1772, on imagina de faire au Port-Margot un chemin neuf qui a coûté quinze mille journées de nègres et qui n'a point servi. Il serait à désirer qu'on les eût employés à baisser cette coupe de 20 pieds et à y élargir la route. La coupe à Noé, par laquelle le grand chemin de voiture venant du Cap entre dans cette paroisse en quittant celle du Limbé, aurait aussi besoin qu'on l'adoucît de 5 ou 6 pieds perpendiculaires et qu'on l'élargît dans plusieurs endroits.

Le Port-Margot n'a pas encore un véritable embarcadère quoiqu'il y ait un lieu de ce nom depuis le commencement du siècle, c'est ce qu'on jugera mieux par les détails que je vais donner sur la côte de cette paroisse.

Elle commence à la pointe est de l'anse du Port-Margot. A 160 toises dans le nord-nord-ouest de cette pointe, est l'îlet du Port-Margot, auquel Le Vasseur donna, par reconnaissance, le nom de *Refuge* et qu'on appelle aussi à présent l'*Ilet-à-Cabrit*. Il a 540 toises de long sur 400 de large, et les hommes à qui il rappelle l'époque où il était l'abri de quelques protestants persécutés, au courage desquels on doit la colonie française de Saint-Domingue, ne le contemplent pas sans un mouvement d'admiration.

A environ 80 toises dans le nord-nord-ouest de l'îlet du Port-Margot, est la Prison-d'Ogeron. C'est un rocher élevé d'environ 15 à 20 pieds, ayant à peu près 30 toises dans sa plus grande longueur, qui est de l'est à l'ouest. Il est coupé à pic et la mer y brise avec violence. Sa surface inégale est chargée d'aspérités; le temps l'a sillonné et il est entièrement stérile. C'est là, suivant la tradition, que d'Ogeron envoyait les malfaiteurs de l'île de la Tortue. Il est probable qu'on les y laissait avec des fers ou des liens, puisque sans cela ils auraient pu nager et se sauver à terre. Ils y attendaient, dit-on, une mort dont l'aspect était bien propre à exciter le désespoir. Il me semble qu'ils devaient regarder comme un bonheur de pouvoir s'élancer dans l'eau pour y trouver une fin moins hideuse.

Si ces rapports sont vrais, il n'est pas aisé de trouver une excuse à un supplice aussi atroce, à moins que l'imagination des flibustiers ne l'eût conçu elle-même comme seul capable d'imprimer la crainte à des hommes de leur trempe. Partout le cœur de l'homme sensible est brisé par la vue ou par l'idée de quelques-uns de ses semblables conjurés contre la tranquillité des autres.

De la pointe est de l'anse du Port-Margot jusqu'à la pointe ouest, nommée le morne des Dames, il y a trois quarts de lieue. L'enfoncement de cette anse est de 330 toises.

Aussitôt qu'on a tourné la pointe orientale de l'anse, et en se dirigeant au sud-sud-ouest, on trouve un ester qui mène à l'embarcadère du Port-Margot, où il y a quatorze maisons ou magasins numérotés d'après l'ordonnance du 20 octobre 1780. En 1742, il n'y avait encore, le long de la mer, qu'un seul habitant possesseur d'une immense étendue, et ses voisins étaient à une lieue dans les terres. Une vigie sur la pointe est avertissait l'embarcadère de ce qui paraissait sur la côte. M. de Vaudreuil fit faire, en 1748, à cet embarcadère une batterie, et six pièces de canon le protégent encore efficacement en ce moment.

Cet embarcadère devenant de plus en plus précaire par les sables de l'ester, les habitants, qui sollicitaient depuis vingt-cinq ans une utile réparation, obtinrent de M. d'Ennery la permission d'y travailler. On assure qu'on eut le crédit de lui faire adopter un mauvais projet en le parant du nom de M. Duportal, et quatorze mille journées de nègres, et 18,000 livres d'argent, n'ont produit qu'un plus mauvais embarcadère.

Des personnes qu'on regarde comme instruites assurent qu'il faudrait faire, un peu au-dessous du canal qui fournit l'eau au moulin de l'habitation Bayeux, un pilotis de pieux de bois incorruptibles frappés à refus de mouton, de manière à faire entrer à volonté toute l'eau de la rivière dans ce canal, à la tête duquel on mettrait une écluse de la plus grande solidité, afin que dans les débordements la totalité de l'eau restât dans la rivière. Dans les temps ordinaires elle irait du canal dans l'ester où son volume entraînerait les sables que le vent de nord-ouest charrie à l'embouchure. Ces précautions et celle de couler un vieux navire dans le nord-ouest achèveraient de rendre l'embarcadère sûr. D'ailleurs Mme de Bayeux gagnant dans ce projet un meilleur moulin et un moyen d'embarquement de ses sucres chez elle-même, son habitation pourrait être chargée de l'entretien du canal jusqu'à l'embarcadère.

Le Port-Margot a deux passagers qui font les transports au Cap. Ce passage donnait au fisc 2,850 livres par an, en 1752.

Dans l'anse du Port-Margot et à 440 toises de sa pointe orientale, est une autre petite pointe qui partage cette anse en deux autres, et à 150 toises après cette petite pointe, est l'embouchure actuelle de la rivière du Port-Margot qui porte aussi le nom de rivière du Limon.

Il n'y a point de mouillage passable dans toute l'anse du Port-Margot, qu'en dedans de l'îlet du *Refuge*, parce qu'on y est à l'abri des *Nords*. Les grosses lames, les ras de marée battent cette côte.

Le morne des Dames ou à Madame, qui sépare l'anse du Port-Margot de l'anse à Chouchou, est formé par une demi-circonférence d'environ 650 toises de côtes de fer très-élevées. Depuis la pointe ouest de ce morne jusqu'à celle est de l'anse à Chouchou, on trouve 940 toises sur environ 750 toises d'enfoncement. Cette anse est encore plus exposée à la force des vents de nord que la précédente. Il n'y a guère que des barques ou chaloupes qui fréquentent cette partie de la côte avec beaucoup de soins pour veiller le temps. On y a cependant deux canons en batterie.

Le morne qui sépare l'anse à Chouchou de la baie de la rivière Salée présente un front de côtes de fer de 335 toises dirigé est et ouest, ayant ses deux côtes nord et sud de chacune 700 toises de côtes de fer aussi et également très-élevées au-dessus de la mer. L'ouverture de cette baie jusqu'à la pointe du Baril-de-Bœuf est de 438 toises sur 1,000 de profondeur.

Au fond de cette baie est l'embouchure de la rivière Salée,

qui est à ce point la limite de la paroisse du Port-Margot et de celle du Borgne, et l'endroit où le chemin du Cap au Port-de-Paix cesse d'être praticable aux voitures. L'embouchure de la rivière Salée forme un lagon ou ester spacieux, de 9 à 10 pieds de profondeur. Le mouillage qui est devant cette embouchure se trouve abrité du nord.

On trouve dans le *Pilote* de M. de Puységur le plan de l'anse à Chouchou et de la baie de la rivière Salée. Il donne pour latitude à la pointe est de cette première 19° 50′ 40″, et pour longitude 74° 56′ 35″.

La côte de la paroisse du Port-Margot court du sud-est-quart-d'est dans le nord-ouest-quart-d'ouest, et les terres vues de la mer ont moins d'élévation que dans la partie qui les précède depuis la baie de Mancenille.

La paroisse du Port-Margot est du quartier du Limbé, du commandement et de la sénéchaussée du Cap. Cette dernière y a un substitut du procureur du roi.

La milice du Port-Margot est d'environ cent vingt individus, dont plus des deux tiers sont blancs. En 1688 elle avait la moitié de ce nombre.

On ne peut s'empêcher, en décrivant le Port-Margot, de marquer de l'étonnement de ce que le canton du Piment, qu'on a donné à la partie de Plaisance, n'appartienne pas à la première. Trois des côtés de ce canton sont du Port-Margot; il n'a point de chemin pour aller à Plaisance; il est deux fois plus loin de l'église de Plaisance que de celle du Port-Margot; il n'a d'autre débouché que l'embarcadère du Port-Margot, qu'il n'atteint cependant que par de mauvais sentiers jusqu'à ce qu'il soit parvenu dans cette dernière paroisse, dont tous les rapports religieux et civils prescrivent de le faire dépendre.

On compte de l'église du Port-Margot à celle du Limbé. . 3 lieues.
 —   —   — de Plaisance. 7 —
 —   —   — du Borgne. . 7 —

La paroisse du Port-Margot a vu mourir, le 2 novembre 1758, sur l'habitation de Mme son épouse, devenue sa demeure depuis plusieurs années, M. François Le Gras, né à Orléans en 1719. Il avait suivi son père qui était venu habiter Nantes, où M. Le Gras fut élevé chez les Oratoriens. Privé de son père, il entra dans la compagnie des cadets de Rochefort, qu'il quitta pour suivre, à l'âge de seize ans, sa mère dans la colonie, où elle était appelée par les intérêts d'une sœur. Devenu procureur de l'habitation Saint-Michel, du Quartier-Morin, il y établit une administration sage, et la preuve qu'il sentait l'importance de la conduite d'un grand atelier, c'est qu'il conçut dès lors l'idée de traiter un jour cette question qu'il avait posée lui-même : « Quelle serait la meilleure éducation, tant au physique qu'au moral, à donner aux enfants esclaves pour les rendre plus propres aux services que dans l'âge viril les maîtres ont droit d'exiger d'eux, et les mettre dans le cas, en rendant ces services, de jouir de toute la somme de bonheur que leur état d'esclavage peut comporter? »

D'agriculteur, M. Le Gras devint assesseur du conseil du Cap en 1746, titulaire en 1752, et procureur général en 1767.

L'estime publique fut le partage de M. Le Gras dans ces diverses parties de la magistrature coloniale. Juge intègre et éclairé, organe de la loi qu'il voulait qu'on respectât parce qu'il était ami de l'ordre, M. Le Gras avait une philosophie douce qui le rendit conciliateur dans des circonstances difficiles.

Ayant obtenu des lettres de noblesse en 1773 et un brevet de conseiller honoraire des deux conseils de la colonie en 1774, M. Le Gras redevint agriculteur, mais pour goûter les douceurs de la vie champêtre, qui étaient si analogues à ses penchants; et partageant ses loisirs entre les soins de sa propre sucrerie et celle de Mme Le Gras, il passait des jours doux et tranquilles. En 1784, un phénomène nouveau pour Saint-Domingue, celui de la naissance de la Société des Sciences et Arts du Cap, lui offrit une jouissance de plus. Capable d'en apercevoir l'utilité présente et future, il lui donna 1,600 livres pour un prix dont il lui laissa le choix, et reçut avec satisfaction le titre de membre honoraire de cette compagnie. Il s'occupait d'observations qu'il comptait lui offrir, lorsqu'il a vu finir une vie dont la vertu a marqué toutes les époques. Son éloge a été prononcé le 1er mai 1786, dans une séance publique de la Société, par M. Baudry Deslozières, et applaudi comme un juste hommage. Une partie de la bibliothèque de M. Le Gras, par la destination que M. son fils lui a donnée, enrichit celle de cette Société.

XVIII.

PAROISSE DU BORGNE.

En 1728, le local qui forme actuellement la paroisse du Borgne, et qu'on appelait le grand et le petit Borgne, avait dix-neuf habitations et cent vingt-cinq nègres travaillant. La plupart de ces établissements étaient des corails, et la côte était l'asile où des pêcheurs de tortue et de caret se retiraient. Comme le lieu était fort pluvieux, on faisait vers la mer un peu d'indigo, mais plus intérieurement la plante poussait rapidement et décroissait de même sans donner de fécule.

Encore en 1743, le Borgne était tellement une dépendance de la paroisse du Petit-Saint-Louis, que les habitants n'obtinrent qu'alors une chapelle succursale, où le père Levantier, supérieur de la mission des jésuites, célébra la première messe, le 1er septembre 1743.

On fit un curé du Borgne du père Frontgous, cordelier, 29 avril 1753, mais ce lieu ne fut réellement une paroisse que le 13 août 1754, époque où la dédicace de son église fut faite à saint Charles-Borromée, par le père Cabady, jésuite, en présence du curé que je viens de nommer.

Les limites de la paroisse du Borgne sont maintenant, d'après une ordonnance des administrateurs du 30 août 1786, au nord, la mer, depuis l'embouchure de la rivière Salée jusqu'à la pointe d'Icaque; à l'est, la paroisse du Port-Margot par la chaîne du boucan Michel et du boucan Tâche, jusqu'à la source de la rivière Salée ; au sud, la paroisse de Plaisance, au moyen du canton la rivière la Porte, et celle du Gros-Morne, par le canton de la rivière Mancel, et à l'ouest, la paroisse du Petit-Saint-Louis, en venant du point sud-ouest de la limite avec le Gros-Morne, gagner le piton du Genipayer, puis les Deux-Fourchons, et de là, suivre la crête qui se termine à la pointe d'Icaque, et qui sépare les cantons du Sergent et du Précipice du bas de Sainte-Anne. Le Borgne a donc environ 6 lieues du nord au sud, sur environ 5 lieues de l'est à l'ouest.

Cette paroisse est généralement en montagnes, dont la plus haute, appelée le Piton-du-Grand-Pierrot, situé à sa limite sud-ouest, est élevée de 620 toises au-dessus du niveau de la mer. De son sommet l'on découvre la Grange, la Tortue, la Gonave, et, par une gorge, la mer au port à l'Écu. Il y a néanmoins quelques petites portions planes le long de la rivière du Borgne, mais la plus considérable n'a guère que 400 toises en carré.

Ses cantons sont, à partir de la limite nord-est, pour aller chercher celle nord-ouest, en contournant la paroisse ; le Margot, le boucan Michel et le boucan Tâche, nommé d'après un ancien boucanier ; ces trois cantons touchent à la paroisse du Port-Margot. Ensuite vient le Trou-d'Enfer, que sa situation peut avoir fait appeler ainsi et dont la rivière tombe entre deux énormes rochers ; il touche au Piment et à la rivière la Porte, cantons de la paroisse de Plaisance, et à celui de la rivière Mancel, du Gros-Morne. Dans un des points communs à ce dernier canton, est une montagne à deux sommets, qu'on connaît sous le nom de Bonnet-à-l'Évêque, et qui fait découvrir le Borgne, Plaisance, le Gros-Morne et les Gonaïves.

Après vient la Petite-Rivière qui répond à l'Acul du Gros-Morne, comme le boucan Champagne répond au Pendu de la même paroisse ; enfin la vallée de Josaphat, parce que ce point était autrefois comme un bout du monde ; le boucan Mola ; le Sergent, qui répondait à la paroisse du Petit-Saint-Louis, comme le Précipice, auquel son nom doit être venu de ce que sa rivière tombe de rochers en rochers. Le canton du Grand-Boucan est dans le voisinage et dans le sud-ouest du nouveau bourg.

La principale rivière qui arrose le Borgne en porte le nom. Elle est formée par la rivière du Margot, par celle du Précipice, celle du Sergent, celle appelée Petite-Rivière, celle du Bras-Droit, celle du boucan Tâche, celle du Saut-d'Eau et celle du boucan Michel. Le Borgne a, en outre, la rivière de Barre qui, après un cours d'environ une lieue et demie dans le Borgne, va dans la paroisse du Petit-Saint-Louis où est son embouchure.

Le genre de culture qui convient le mieux à cette paroisse est celle du cafier. On recueille, année commune, environ trois millions et demi pesant de café. Il est généralement reconnu que le café du Borgne est supérieur à celui de tout le reste de la partie du nord, et il est payé 1 ou 2 sous plus cher par livre. Les vivres de tous les genres y viennent très-bien, ainsi que les légumes et les plantes potagères originaires d'Europe.

En 1741, le Borgne ne comptait que sept cent soixante-trois individus, et à présent il a quatre cent douze blancs, deux cent quatre-vingt-deux affranchis, cinq mille sept cent quarante-deux esclaves, deux indigoteries, cent dix-sept cafeteries, trente-deux places à vivres, deux hattes et une chaufournerie.

L'indigo a été l'objet des soins des premiers cultivateurs, mais des pluies trop fréquentes font renoncer à cette plante, d'ailleurs sujette à beaucoup d'inconvénients.

Au nombre de ses établissements, le Borgne compte aussi deux bourgs. L'un qui est appelé l'Embarcadère, parce que c'est vraiment sa destination, est à très-peu de distance de la rive droite de la rivière, et s'étend des deux côtés d'un ester nommé la *Savate*. On l'a créé le 8 septembre 1754, et l'on y voit aujourd'hui une quarantaine de maisons. Il est sur le terrain acheté des deniers paroissiaux, le 23 avril 1753, de Philippe Porquin, mulâtre libre, pour y construire l'église, le presbytère et ce bourg.

Mais en 1774, les marguilliers ont été autorisés à solliciter des administrateurs le transport et la construction de l'église, sur un terrain donné à la paroisse, avec cette destination, par M. Belet, le 23 décembre 1742.

Cette église, qui est celle actuelle, a été bénie le 20 avril 1777, par le père Colomban, préfet apostolique de la partie du nord, M. l'abbé de la Porte étant curé. Elle est sur la rive gauche de la rivière, ainsi que le bourg auquel elle a donné lieu et qui a été autorisé, le 24 septembre 1780, après de longs débats avec les propriétaires des maisons de l'ancien. Ce bourg réunit quarante blancs, autant d'affranchis et environ quatre-vingts esclaves.

Le Borgne, malgré son érection en paroisse, dépendait pour tous les autres rapports du Port-de-Paix. L'ordonnance des milices, du 1er avril 1768, le plaça néanmoins dans le quartier du Limbé, et une déclaration du roi, du 21 juin 1774, l'a distrait de la sénéchaussée du Port-de-Paix pour le donner à celle du Cap.

On trouve au Borgne plusieurs communications. La principale est celle du Cap au Port-de-Paix, qui va y chercher le chemin presque abandonné des Côtes-de-Fer qui suit la direction du rivage, où la gorge étroite et tortueuse du bas de Sainte-Anne qui passe dans le sud des montagnes des Côtes-de-Fer.

Il y aussi un chemin pour venir des hauteurs gagner l'église et aller à l'embarcadère dont se servent aussi des habitants de la rivière la Porte et du Piment, quoique renfermés dans les limites de la paroisse de Plaisance.

C'est sur la gauche, et à toucher le chemin en allant de l'église actuelle à l'embarcadère et à environ cinq quarts de lieue de la mer, qu'est, sur un lieu nommé la Grande-Colline, sur l'habitation Gazin, au flanc des Côtes-de-Fer, une caverne découverte en escarpant ce chemin dans le roc.

Cette caverne est divisée en sept voûtes ou grottes qui

varient dans leurs dimensions. La première, quoique la moins considérable, pourrait contenir au moins cent personnes. On y trouve des ossements humains, des fétiches, des priapes de grandeur naturelle, et des fragments de la vaisselle des naturels avec des moulures [1].

Au fond de la première voûte est une ouverture de 3 pieds de haut sur autant de large, d'où l'on sent qu'il vient un vent assez fort, et d'où l'on aperçoit une espèce de gouffre; mais en se traînant on trouve sur la droite de cette ouverture un passage qui mène à une grotte immense percée à sa voûte, ayant des niches dans le roc, et suivie de cinq autres. Dans la dernière sont des rochers entassés et entraînés, au moyen de quelques trous du haut répondant au revers de la montagne, par le torrent qui, vraisemblablement, parcourt toute la caverne et aboutit au gouffre voisin de la première grotte. Des colonnes, des pyramides renversées, des chapiteaux, des entonnoirs, des stalactites de toutes les dimensions et de toutes les formes, garnissent cet immense intérieur qui a quelque chose de sombre et de fait pour attrister. Cet effet semble augmenter encore par la lueur incertaine des flambeaux sans lesquels on ne pourrait pas s'y diriger, et qu'éteignent quelquefois des légions de chauves-souris. A cette sensation se mêle un mouvement produit par un ensemble auquel on trouve quelque chose de majestueux, et enfin l'âme est oppressée lorsqu'on songe que ce vaste souterrain a peut-être été le dernier refuge d'un grand nombre de ces indiens dévoués à la mort par la cupidité espagnole.

On remarque aussi au Borgne un étang salé qui se trouve sur l'habitation Thibaud, à mi-côte au moins de la rivière Salée,

---

1. M. Arthaud, médecin du roi au Cap, de qui je tiens une partie de ces détails depuis 1783, et qui les a fait imprimer en 1788 dans le premier volume des Mémoires de la Société royale des Sciences et Arts du Cap, a donné à M. Grandclas, médecin à Paris, une tasse de terre noire ornée de moulures, qu'il avait prise dans cette caverne en 1777, époque où, pour la première fois, elle fut visitée dans son entier par lui et par quelques autres curieux, au nombre desquels était M. l'abbé de la Porte.

et à environ 120 pieds au-dessus du niveau de la mer. On assure qu'on y a pris du poisson de mer, notamment des mulets, des brochets et des sardes.

Examinons la limite septentrionale de cette paroisse.

En parlant de l'embouchure de la rivière Salée, dans la description de la paroisse du Port-Margot, j'ai dit qu'elle était lagoneuse. Le grand chemin du Cap au Port-de-Paix passe à cette embouchure. On était obligé de faire un long circuit dans la mer sur un banc de sable étroit, et presque tous les ans il s'y noyait quelques personnes dans les hautes marées. M. Savy, habitant du voisinage, autorisé par les administrateurs le 10 décembre 1774, y a établi un bac qui est soumis au même tarif que celui du Cap, et qui est aussi d'une grande utilité; on y projette un pont.

Après l'embouchure de la rivière Salée vient, comme je l'ai déjà dit ailleurs, la pointe du Baril-de-Bœuf, à laquelle correspond, dans l'est, un îlet que sa forme a fait nommer le Baril-de-Bœuf. De celle-ci à la baie d'Argent, en avant de laquelle est aussi un rocher, on trouve 400 toises de côtes de fer. Cette baie n'a que 145 toises de largeur sur 70 de profondeur; de là l'on compte 540 toises de côtes de fer jusqu'à la pointe de Jean Aubé, qui est la pointe orientale de l'anse la Grange, de 455 toises sur environ 290 toises de profondeur. Cette baie est bonne, même pour un vaisseau au besoin.

Il règne 350 toises de côtes de fer entre l'anse de la Grange et celle du Borgne, dont l'ouverture est de 715 toises sur 180 toises d'enfoncement. Cette anse du Borgne ne peut recevoir que des canots ou de petites barques; c'est au fond qu'est placé l'embarcadère que protége une batterie mise dans un point choisi par M. de Gimel, commandant d'artillerie en 1781.

On peut dire que toute la côte, depuis le Port-Margot jusqu'à cet embarcadère, est peu abordable, et que son intérieur, composé de montagnes très-hautes et de rocs, n'est guère propre à inspirer à l'ennemi l'espoir d'y pénétrer, d'autant que durant la guerre il y a, à l'embarcadère, un poste fourni par la milice de la paroisse formée de la même manière et du même nombre d'individus que celui du Port-Margot.

C'est à deux de ces montagnes qui s'avancent de chaque côté de l'embouchure de la rivière et qui, vues de la mer, ne présentent qu'une entrée à peine aperçue, qu'on attribue le nom de la paroisse. J'avoue que sans une petite barque qui m'en marquait l'ouverture, je ne l'aurais pas discernée, quoique je n'en fusse qu'à une petite demi-lieue nord et sud (le 3 juin 1787).

Il y a près d'une demi-lieue depuis la pointe ouest de l'anse du Borgne jusqu'à l'anse à Lavaud, et qui n'a que 180 toises de large sur 90 toises d'enfoncement. C'est là qu'est l'embouchure de la rivière des Bananiers. En parcourant 1,320 toises après l'anse à Lavaud, on trouve l'embouchure de la rivière d'Enfer qui est près de la pointe du Pêcheur, et 715 toises jusqu'à l'embouchure de la rivière de Preslieu; toute la côte de cet intervalle de 2,035 toises jusqu'à 160 toises en deçà de l'embouchure de la rivière de Preslieu est de fer, inabordable et fort élevée au-dessus de l'eau, excepté dans le fond de l'anse à Lavaud.

De l'embouchure de la rivière de Preslieu à la pointe orientale de l'anse du bas de Saint-Anne, il y a 127 toises et environ 1,800 toises de cette pointe jusqu'à la pointe d'Icaque, ce qui fait l'ouverture de l'anse du bas de Sainte-Anne, qui a 640 toises de profondeur.

M. de Puységur marque la latitude de la pointe d'Icaque à 19 degrés 54 minutes 28 secondes, et la longitude à 75 degrés 3 minutes 13 secondes.

De la rivière de Preslieu un récif à fleur d'eau s'étend au nord-ouest, et un autre de la pointe d'Icaque dans l'est-nord-est, l'un et l'autre avec une largeur moyenne d'environ 120 toises. Entre eux est une passe de 260 toises pour gagner l'anse.

D'après des observations faites au canton de la Vallée de Josaphat ou à Joseph, dans le sud-ouest, par M. Odelucq sur son habitation, la plus grande chaleur de 1785 a été de 22 degrés, et la moindre de 12 degrés. Cent quarante-six jours de pluie ont donné 340 pouces 1 ligne d'eau. Mars, avril, mai et août ont été les mois des plus fortes pluies, et février, juillet, septembre et décembre ceux des moindres.

Suivant d'autres observations faites au nouveau bourg par le père Balthazar, curé, pendant les six premiers mois de 1788, la plus grande élévation du thermomètre de Réaumur, au mercure, a été de 22 degrés à midi, et la moindre élévation, de 15 degrés, à six heures du matin. Il y a eu 71 pouces 1 ligne et demie d'eau.

Le 14 août 1787, on a inhumé dans le cimetière du Borgne, Louis Bourcé, quarteron libre, né dans la paroisse de la Plaine-du-Nord, âgé de 101 ans. La maladie de quatre jours dont il mourut était la seule qu'il eût éprouvée, et six mois auparavant il avait été à une chasse de nègres marrons.

On compte de l'église du Borgne :

A celle du Port-Margot.	7 lieues.
— de Plaisance.	9 —
— du Gros-Morne.	12 —
— du Petit-Saint-Louis.	8 —

XIX.

QUARTIER DU PORT-DE-PAIX.

PAROISSE DU GROS-MORNE.

Cette paroisse, qui est environ à 18 lieues dans l'ouest-nord-ouest du Cap, a, au nord, les montagnes du boucan Champagne qui la séparent du Borgne, et ensuite les hauteurs de la rivière de Barre qui la séparent du Petit-Saint-Louis ; à l'est, le Morne, la Porte qui est entre elle et la paroisse de Plaisance ; au sud, les limites des Gonaïves connues sous le nom de Crête espagnole ; au sud-ouest, la montagne de Terre-Neuve qui la sépare de la paroisse du Port-à-Piment ; à l'ouest, les montagnes du Haut-Moustique de la paroisse du Port-de-Paix ; et au nord-ouest la falaise où est la borne qui, dans ce point, lui est commune avec le Port-de-Paix.

La paroisse du Gros-Morne a, du nord au sud, environ 7 lieues, et, de l'est à l'ouest, environ 8 lieues. Cette surface se divise en différents cantons, savoir : le boucan Richard ; la rivière Mancel ; l'Acul ; le Moulin, qui, en 1716, appartenait tout entier à M. de Brach ; le Pendu ; la rivière Blanche ; le Précipice ; la ravine aux Chiques ; la ravine des Halliers. Tous ces cantons sont montueux et très-hachés.

Il y a cependant une portion de la paroisse que l'on considère comme plane, c'est celle le long de laquelle coule les Trois-Rivières, qui traverse le Gros-Morne, et que l'on a vu qui se dirige de Plaisance au Port-de-Paix. On évalue à 22 lieues son cours depuis le point où elle arrive sur le territoire du Gros-Morne jusqu'à son embouchure. Le grand chemin la côtoie et elle fait tant de sinuosités que, dans l'intervalle de 10 lieues qui est entre le bourg du Gros-Morne jusqu'au Port-de-Paix, ce chemin la passe quinze fois. Le volume de ses eaux est fort augmenté dans la paroisse du Gros-Morne par la rivière Mancel, les rivières d'Alcul, du Moulin, du Pendu. Elle ne manque jamais d'eau, parce que sa source est dans un lieu où les pluies de nord sont abondantes, et on en a la preuve dans les crues considérables qu'elle éprouve à l'époque de ces pluies.

Le sol du Gros-Morne est presque entièrement consacré à l'indigo, et les parties inférieures lui sont très-propres, parce que les dégradations des mornes les enrichissent. Il y a même beaucoup de portions qui pourraient employer l'arrosement avec succès, et, sans les difficultés du débouché, la culture de la canne pourrait être lucrative dans quelques endroits. Il y a même une sucrerie attenante au bourg, dans l'ouest, qu'a établie, depuis 1786, M. d'Aussigné, avec un moulin mû par l'eau des Trois-Rivières ; on a planté des cannes sur celle Imbault, dans son sud-ouest, et au bas du Pendu, à un point nommé la plaine de la Croix. M. David est occupé d'une manufacture du même genre.

On peut compter environ quatre-vingt-dix indigoteries au Gros-Morne, que l'on doit diviser en quatre classes. La première en contient dix qui, dans les années favorables, donnent de trois à quatre milliers d'indigo ; la seconde, huit, qui donnent de 12 à 1,500 livres ; la troisième est formée de trente-cinq indigoteries, qui produisent de 4 à 500 livres, et la quatrième de quarante, qui ne vont que de 2 à 300 livres ; de sorte que, dans les bonnes années, le Gros-Morne peut donner de soixante-dix à quatre-vingts milliers d'indigos. On y compte, en outre, une trentaine de caféteries peu considérables. Les autres habitants font de la graine d'indigo ou cultivent des vivres du pays.

Les parties les plus élevées de la paroisse et surtout ses collines à pente douce conviennent au cafier, même la montagne qui lui donne son nom et qui est d'une grande hauteur. Elle est à environ 2 lieues dans le sud-est du bourg ; sa face méridionale est aride, tandis que celles du levant et du couchant sont chargées de bois que la hache abat chaque jour, pour faire servir un sol fertile et frais au cafier. Le sommet de ce *Gros-Morne* est plat et arrosé de plusieurs sources ; sa base a des terrains très-fertiles.

L'air du Gros-Morne est très-sain ; on n'y a pas vu régner de maladies contagieuses. Des brises d'est et d'est-nord-est, très-réglées, ont, sans doute, une grande influence sur cette salubrité. Cependant la température y est fort sèche, et quelquefois six mois entiers s'écoulent sans pluie, d'où il résulte de grandes pertes en plantations, en vivres et en animaux.

Cet inconvénient et celui d'être obligé de transporter des denrées soit aux Gonaïves, à 7 lieues ; soit au Port-de-Paix, à 10 lieues ; soit au Port-à-Piment, à 12, semblent condamner le Gros-Morne à la médiocrité.

En 1728, il n'y avait que quarante-trois habitations, dont les propriétaires étaient tous mécontents, et l'on n'y comptait que quatre cent quatre-vingt-deux nègres travaillant.

Cette paroisse a un bourg assez central, composé d'une quarantaine de maisons. Deux cents individus de toutes les nuances en forment la population, composée de marchands, d'aubergistes et de teneurs de billards. Il y a dans une maison attenant au bourg un exempt, un brigadier et quatre cavaliers de maréchaussée.

L'église, qui a été construite en 1785, a 70 pieds de long sur 40 de large; elle est jolie surtout à cause de sa charpente faite toute d'acajou. Elle a remplacé celle que le coup de vent du mois de septembre 1772 avait renversée, et elle est aussi sous l'invocation de la Purification Notre-Dame; elle est séparée du bourg par le grand chemin. On a fait rebâtir récemment aussi le presbytère.

La population totale de la paroisse du Gros-Morne est d'environ 450 blancs, 280 affranchis et 4,000 nègres. La milice a 100 blancs et 90 affranchis.

On peut aller en voiture du Gros-Morne aux Gonaïves et par conséquent au Port-au-Prince, et du Gros-Morne au Port-de-Paix et au Môle. Cette paroisse a aussi avec Plaisance une communication qui passe du boucan Richard au Pilate, et dont une branche se sépare dans ce dernier canton pour aller au Port-Margot et de là au Cap. Ces deux derniers chemins ne sont praticables qu'à cheval, jusqu'à ce que, dans chacune des deux paroisses de Plaisance et du Port-Margot, ils joignent les points où les routes sont faites pour la voiture.

Il y a de l'église du Gros-Morne :

A celle du Borgne. . . . . 12 lieues.
A celle du Port-Margot. . . . . 9 —

Au mois de mai 1765, une négresse nommée Véronique, appartenant à M. Galot, accoucha, au Gros-Morne, de trois enfants nègres, dont un était garçon. Au moyen de chèvres qu'on avait dressées à cet effet, ces enfants ne furent allaités par leur mère que durant la nuit, et l'on ne pouvait voir qu'avec un tendre intérêt l'espèce d'empressement avec lequel les chèvres semblaient lui disputer les nourrissons.

Le Gros-Morne est de la sénéchaussée et du commandement du Port-de-Paix.

XX.

PAROISSE DU PETIT-SAINT-LOUIS OU SAINT-LOUIS DU NORD.

Cette paroisse est l'une des plus petites de la colonie. Elle a, au nord, la mer; à l'est, le Borgne; au sud, d'abord le Borgne encore, par une partie du canton de celui-ci, nommé le boucan Champagne, et ensuite une partie du Gros-Morne, dont elle est séparée par une chaîne de très-hautes montagnes; et à l'ouest, la rivière de la Caye, qui la sépare de la paroisse du Port-de-Paix.

Dans sa figure irrégulière, elle peut avoir environ 4 lieues, de l'est à l'ouest, et 3 lieues et demie du nord au sud.

Cette paroisse doit son établissement à l'abandon de la Tortue, dont plusieurs habitants vinrent habiter ce local qu'ils appelèrent Pointe-Palmiste. Les Espagnols et les Anglais en ruinèrent l'église en 1695, et emmenèrent prisonnier le capucin qui en était curé. Deux jacobins y vinrent successivement après faire les fonctions curiales, mais sans s'y arrêter, parce que les paroissiens n'étaient pas en état de les entretenir. Enfin, au mois de décembre 1696, ils bâtirent une seconde église à laquelle M. Ducassé, gouverneur de la colonie, donna le patron du roi, un prêtre séculier pour curé, des vases sacrés et quelques ornements.

Les jésuites, presque au moment où ils devinrent missionnaires de la partie du nord, en 1704, achetèrent de la succession de M. Jergat une habitation située au Petit-Saint-Louis, qu'ils augmentèrent encore par une concession que MM. de Choiseul et Mithon leur accordèrent le 18 octobre 1709. L'habitation Jergat était près du bourg, dont les habitants doivent le terrain, ainsi que celui de l'église, à la générosité de M. le Jeune.

Ce bourg est entre la mer et l'habitation des jésuites qui a été vendue à M. de Rouvray, ainsi que leur sucrerie du Terrier-Rouge, par les syndics de leurs créanciers. Il contient environ cinquante maisons de bois ou de maçonnerie.

On avait fait sur une petite éminence à l'ouest du bourg une église de maçonnerie qui fut renversée par le coup de vent du mois de septembre 1772. On en a bâti une de bois incorruptible en 1780, au centre de ce bourg, et elle est dédiée, comme la première, au Saint dont la paroisse porte le nom.

La situation du Petit-Saint-Louis forme une espèce d'amphithéâtre, depuis le rivage jusqu'au pied des montagnes. Il y a quelques portions planes, mais les plus étendues n'excèdent pas deux cents carreaux, et encore ces petites étendues se trouvent-elles divisées entre plusieurs habitations.

Les collines ou monticules qui séparent ces espaces, et qui font de l'ensemble un pays irrégulier, sont arides, et il en est beaucoup d'abandonnées. Le sol y est maigre presque partout; leurs parties inférieures, que l'indigo occupe depuis longtemps, sont tellement appauvries, qu'il faut les fumer, leur accorder un repos, que l'intérêt même du cultivateur réclame, ou les destiner à d'autres productions. Ce ne serait cependant pas à la canne à sucre qu'il faudrait songer, car il y a trente ans que l'on a été obligé d'en abandonner une dont on avait fait l'essai.

Les montagnes, et principalement celles du canton de la rivière de Barre, sont généralement bonnes. Le sol y est argileux, mais couvert de pierres calcaires. Les cafeteries qu'on y a formées ne présentent pas encore de vastes manufactures, mais des espaces boisés attendent que des bras puissent seconder une plus grande industrie. La plus haute montagne de la paroisse a une hauteur évaluée à 650 toises au-dessus du niveau de la mer.

Un particulier a possédé longtemps seul un immense domaine, dans le canton de la rivière de Barre, que son abandon semblait faire adopter par les nègres fugitifs; mais il vient récemment de le livrer à l'agriculture, en en vendant plusieurs portions.

Les rivières de cette paroisse ne sont que de fortes ravines qui se précipitent du haut des montagnes vers la mer, et dont le cours se trouve un peu ralenti dans l'espace où elles ne trouvent plus qu'un plan incliné.

Les plus considérables de ces rivières sont celles du bas de Sainte-Anne et de Barre. La première, qui est la moindre des deux, est formée d'une infinité de ravines qui descendent des hauteurs jusqu'au fond du bas de Sainte-Anne, et qui se réunissent dans un lit commun qui les porte toutes à la mer. La seconde vient du Borgne et traverse la paroisse du Petit-Saint-Louis, où elle est considérable et va à la mer. Elle est très-profonde en certains endroits et elle fait courir des dangers aux hommes et aux animaux. Comme ces deux rivières ont une pente qu'on peut évaluer à 3 ou 4 pouces par toise, elles n'ont jamais de longs débordements, mais ils sont fréquents.

Les rivières du Petit-Saint-Louis sont poissonneuses vers leur embouchure, et l'on recherche les mulets et les carpes de la rivière de Barre. Depuis le mois d'août jusqu'à celui de novembre, on voit à cette embouchure une inconcevable quantité de petits poissons de 12 à 15 lignes de long, qui noircissent l'eau qu'ils couvrent; c'est vraisemblablement l'époque où le frai du poisson est éclos. Les nègres font une pêche extrêmement abondante de ce tri-tri ou pisquet, et ils en font même sécher pour les conserver.

Les rivières de Saint-Louis, des Nègres et de la Caye à Vinaigre, sont plus petites que les deux que je viens de citer.

La paroisse a, comme toutes les autres, sa division par cantons, dont les principaux sont : la rivière des Nègres, Saint-Louis, la Plaine espagnole, la rivière et la montagne de Barre, la pointe d'Icaque et le bas de Sainte-Anne.

Les trois premiers forment une plaine d'environ 3 lieues est et ouest, sur environ une demi-lieue du nord au sud. Le terrain y est assez bon en quelques endroits; c'est une terre argileuse, ameublie par un gravier fin, produit par les dégradations des montagnes ; des pluies abondantes fertilisent ce vallon, où il y a beaucoup d'indigoteries. On n'y plantait autrefois que de l'indigo bâtard, mais en 1780, au moment de sa maturité, cette plante a péri en peu de jours. Le même accident, éprouvé aussi au Borgne et au Port-Margot, s'étant renouvelé en 1781, on a recouru à l'indigo franc, qui réussit à merveille.

Toute la partie plane, depuis la rivière de la Caye jusqu'au Bas-de-Sainte-Anne, est consacrée à cette culture ; l'indigo y est en général bleu cuivré. On pourrait mettre des sucreries dans ce vallon ; il y en a eu autrefois, que l'embarras de l'exportation a fait abandonner.

La paroisse n'a plus de bois que dans ses montagnes, où l'on trouve l'amandier, le tavernon, le cèdre blanc, le bois rouge, le bois-marie, l'acoma, le bois rose, etc.

Les pierres qui couvrent presque toute la terre de ces montagnes sont calcaires. Les blocs ou moellons charriés par la petite rivière de la Caye ont une cristallisation assez régulière en parallélipipèdes, et sont propres à la bâtisse et même pour la taille. Ceux de la rivière des Nègres sont très-gros, plus blancs et presque tous roulés. Il y a des points des montagnes où l'on trouve des lits de craie de plus de 100 pieds de profondeur ; il y en a de sable, de tuf et quelques-uns de grès. Les spaths calcaires y sont communs et l'on rencontre quelques carrières d'albâtre.

Les chemins du Petit-Saint-Louis sont dans un état qui n'en fait pas l'éloge. Il semble qu'on n'y sache pas que l'agriculture et le commerce veulent des routes faciles et sûres, quoique, en temps de guerre surtout, la longue suite des précipices du chemin des Côtes-de-Fer arrache quelquefois d'inutiles regrets.

En 1780, un citoyen zélé, M. Dupont-Fortabas, a contourné cette montagne, et par la gorge du Bas-de-Sainte-Anne, il a pénétré dans l'intérieur du Borgne ; de là, tournant toujours la montagne, il a gagné l'embarcadère. M. de Reynaud, alors gouverneur général par intérim, a adopté et encouragé son plan; en 1781 on y a travaillé; l'ouverture est faite, mais ce travail si important, puisqu'il ferait communiquer en voiture avec le Cap, le Môle et le Port-au-Prince, est laissé aux efforts impuissants des deux paroisses du Borgne et du Petit-Saint-Louis; c'est-à-dire qu'il ne peut être ni perfectionné ni entretenu, car les dommages d'un seul hiver pluvieux sont plus grands que leurs moyens réunis, même sans calculer ce que ceux-ci doivent perdre à cause de l'inexpérience qui les dirige et de la lenteur qui en accompagne l'emploi.

La paroisse du Petit-Saint-Louis avait, en 1728, six sucreries, trente indigoteries, et onze places à vivres. Le canton de la rivière de Barre avait treize de ces quarante-sept établissements qui réunissaient en tout six cent trente-deux nègres travaillants. Aujourd'hui cette paroisse a vingt-cinq indigoteries qui produisent, année commune, 80 milliers d'indigo; elle a soixante cafeteries, dont quinze appartiennent à des gens de couleur; elles donnent environ 1,500 milliers de café. Elle a aussi des places à vivres dont le succès est fort utile à la ville du Cap.

La population blanche est de trois cent cinquante individus; celle des affranchis de trois cent trente; celle des esclaves de quatre mille deux cents.

L'air de Saint-Louis du nord est généralement sain, quoique la température y soit assez pluvieuse pour qu'on y regarde comme une sécheresse un mois écoulé sans pluie. Le thermomètre et le baromètre y sont comme dans les points correspondants de la paroisse du Port-de-Paix.

Le tonnerre ayant tombé sur un moulin à café de l'habitation de M. Dubuisson, ancien mousquetaire, y causa des désordres dans la charpente. M. David, autre mousquetaire, étant allé voir son camarade le lendemain, M. Dubuisson voulut démontrer l'effet du tonnerre; mais, en touchant une des pièces de bois, il fut frappé d'une violente commotion, le bras lui enfla et il en fut malade. Ce moulin fit alors sur M. Dubuisson l'effet de la bouteille de Leyde.

La côte qui termine au nord la paroisse du Petit-Saint-Louis et qui court encore du sud-est quart d'est, vers le nord-ouest quart d'ouest, commence à la pointe d'Icaque d'après l'ordonnance du 30 août 1786. A environ 900 toises plus loin est l'embouchure de la rivière du Bas-de-Sainte-Anne, que suit l'embouchure d'un ester à 180 toises de distance. Entre ces deux embouchures est un îlet de 120 toises de longueur est et ouest, sur 20 toises de large, et séparé de la terre par un petit canal d'environ 15 toises.

A environ 180 toises au nord de l'embouchure de la rivière du Bas-de-Sainte-Anne, est un banc de sable de 230 toises de largeur moyenne, qui va joindre le récif de la pointe d'Icaque.

De la pointe d'Icaque venant vers l'embouchure de la rivière du Bas-de-Sainte-Anne, il y a 260 toises de côtes de fer et 365 toises de pareilles côtes de cette embouchure à celle de Vaudroc. Ces trois points déterminent l'anse à Vaudroc, qui a environ 160 toises d'enfoncement. Il y a ensuite 290 toises de là à la pointe est de l'anse à Vivanaux, puis 530 toises jusqu'au cap Rouge, qui détermine à l'ouest l'anse à Vivanaux; en comptant ensuite 470 toises, on est à la pointe est de l'anse du cap Rouge, où finit un récif qui longe la côte depuis l'embouchure de la rivière à Vaudroc, sur environ 100 toises de largeur moyenne. Il ne peut entrer dans les anses à Vaudroc, à Vivanaux et du cap Rouge, que des barques ou des chaloupes qui sont très-exposées aux vents de nord. La rivière du cap Rouge a son embouchure au milieu de l'anse du même nom.

De l'anse du cap Rouge à la pointe est de celle du Grand-Marigot, 400 toises; 355 toises de cette pointe à celle ouest de la même anse, qui forme la pointe orientale de l'anse du Petit-Marigot. L'embouchure de la rivière de la Cacaoyère est à l'entrée de la première anse, et celle du Petit-Marigot au milieu de l'anse du même nom; et enfin près de la pointe occidentale de l'anse du Petit-Marigot, est l'embouchure de la rivière de Barre. Les mouillages du Grand et du Petit-Marigot sont aussi peu sûrs que les précédents.

On compte un bon quart de lieue de la rivière de Barre à

la petite rivière, et ensuite 660 toises de celle-ci à la batterie du bourg.

La situation de ce bourg, dans une petite plaine au bord de la mer, est commode et saine, mais son port n'est qu'un petit bassin formé par des récifs, exposé à tous les vents et où il ne peut entrer que de petits bâtiments. Ce bourg prend chaque jour de l'accroissement; mais la difficulté d'y charger et sa position éloignée pour plusieurs points de la paroisse ne lui permettront jamais d'arriver à une grande extension. Il contient en tout quatre-vingts individus et deux passagers qui font les transports au Cap.

Du bourg de Saint-Louis à la rivière de son nom, on trouve 360 toises; 945 toises plus loin est l'embouchure d'une autre rivière qui est à sec dans les temps ordinaires; puis, en faisant encore 360 toises, on trouve l'embouchure de la rivière des Nègres, guéable dans les temps secs, et dangereuse par ses débordements subits, dus au gisement des mornes et des falaises qui y jettent leurs eaux. La rivière des Nègres, qui précède la pointe à Corosse, est suivie, à 110 toises, de l'embouchure de la rivière de la Caye, limite nord-ouest du Petit-Saint-Louis avec le Port-de-Paix.

L'île la Tortue couvre absolument la côte de la paroisse du Petit-Saint-Louis, qui commence, pour ainsi dire, au point qui correspond à l'extrémité orientale de cette petite île. Dans le canal d'environ 6,000 toises de large qui est entre eux, la mer est communément belle et presque jamais grosse à terre, ce qui permet aux caboteurs, surtout en temps de guerre, de se réfugier dans les anses de la paroisse, dont la meilleure est celle de la pointe d'Icaque. Elle a été pour eux un refuge très-précieux durant la guerre de 1778, et ils venaient, d'un côté, s'y informer si le canal de la Tortue, et, de l'autre, si la côte vers le Cap, étaient sans bâtiments ennemis. On en a vu jusqu'à quarante sous la protection de la batterie et du corps de garde qu'on y a placé. Cependant on doit dire qu'en général la côte du Petit-Saint-Louis a le double inconvénient des récifs et de manquer tout à coup de vent, lorsqu'on est affalé sous la terre.

Le Petit-Saint-Louis, que Charlevoix dit s'être appelé *le Massacre* originairement, est du quartier, du commandement et de la sénéchaussée du Port-de-Paix. Sa milice, en 1688, lorsque c'était la Pointe-Palmiste, avait quatre-vingt-deux hommes. Aujourd'hui elle compte cent soixante individus, dont cinquante sont affranchis.

Il y a de son église

A celle du Cap.	8 lieues.
du Gros-Morne.	10
du Port-de-Paix.	3 1/2

Padrejan, nègre espagnol, après avoir tué son maître, se réfugia à la Tortue, d'où il alla ensuite établir un terrain au Petit-Saint-Louis. Vers 1679, il débaucha quelques nègres avec lesquels il projeta d'égorger tous les blancs. Ayant réuni vingt-cinq esclaves, il courut, à leur tête, jusqu'au Port-Margot, pillant et massacrant tout ce qu'il rencontrait. Il se retira ensuite avec eux dans la haute montagne de Tarare, vers les confins actuels de la paroisse du Borgne. De là il faisait des invasions qui grossissaient sa troupe et coûtaient toujours la vie à quelques blancs.

Il était difficile d'aller attaquer Padrejan, mais vingt boucaniers en prirent la résolution et l'exécutèrent. Padrejan fut tué avec six autres nègres.

XXI.

PAROISSE DU PORT-DE-PAIX.

Christophe Colomb sortant du Port-à-l'Écu au mois de décembre 1492, pour se diriger vers l'est, aperçut un port où il entra, et la beauté du lieu, où résidait un cacique dépendant de celui du royaume de Marien, fut cause qu'il le nomma *Valparayso;* (vallée de délices); c'est ce que les Français ont toujours appelé Port-de-Paix. L'histoire ne nous a rien transmis qui puisse faire croire que Valparayso ait jamais été choisi par les Espagnols pour y former un établissement de quelque importance; car c'est à tort que quelques personnes ont cru que le nom de l'*Assiente,* sous lequel on connaît encore l'habitation Souverbie qui touche à la ville actuelle du Port-de-Paix, annonce une possession espagnole. Cette habitation avait été achetée par la compagnie de l'*Assiente,* ainsi appelée d'après un traité fait à Madrid le 27 août 1701, par M. Ducasse, en vertu de la procuration de la compagnie de Guinée, avec le roi d'Espagne, pour se charger de l'*assiente* ou transport des nègres dans les Indes occidentales espagnoles.

La description de la paroisse du Port-Margot nous a montré comment l'île la Tortue était devenue la première capitale française de Saint-Domingue. Le Vasseur, ébloui par son succès, méconnut assez ouvertement, dès 1742, l'autorité du commandeur de Poincy et celle de la compagnie des Iles, mais il ne se cacha plus, lorsque vigoureusement attaqué par les Espagnols à la Tortue en 1643, il les eut repoussés avec une grande perte pour eux.

La compagnie ayant donné l'ordre au commandeur de Poincy, le 2 mars 1644, de s'emparer de la Tortue, il crut qu'il suffirait d'y envoyer le chevalier Longvilliers de Poincy, son neveu, pour tâcher de déterminer Le Vasseur à venir à Saint-Christophe, mais celui-ci s'y refusa. Les démêlés du commandeur de Poincy avec M. Patrocles de Thoisy, que le roi avait nommé lieutenant général des îles et auquel il ne voulait pas céder la place, mirent le commandeur dans l'impuissance de rien entreprendre avant 1652, sur la Tortue, où Le Vasseur régnait en despote. Mais à cette dernière époque le chevalier de Fontenay, chevalier de Malte de réputation, fit à Saint-Christophe, par son ordre, un armement avec lequel cet officier feignit de croiser, puis il vint au Port-à-l'Écu, rendez-vous convenu, où M. de Tréval, neveu du commandeur, le joignit avec de nouvelles forces. Ils apprirent, en arrivant au Port-à-l'Écu, que deux ministres des volontés arbitraires de Le Vasseur venaient de l'assassiner.

Alors le chevalier de Fontenay fit reconnaître son autorité, et il est le premier qui prit le titre de gouverneur pour le roi de la Tortue et côte Saint-Domingue. Tous les catholiques chassés par Le Vasseur revinrent dans cette petite île durant le nouveau gouvernement.

Les Espagnols, harcelés par les flibustiers dont la Tortue fourmillait, vinrent l'attaquer de nouveau au mois de janvier 1654 et la prirent. Le chevalier de Fontenay, forcé d'en sortir, y revint du Port-Margot, mais les moyens furent insuffisants pour en effectuer la conquête. Le peu de Français qui restaient encore avec lui allèrent se mêler aux flibustiers et aux boucaniers qui fréquentaient le Port-Margot, et qui, privés de chefs parce que le chevalier de Fontenay repassa en France, perdirent toute idée de reprendre la Tortue.

Un gentilhomme du Périgord, nommé Jérémie Deschamps, chevalier seigneur Du Rausset, qui avait aidé Le Vasseur dans la conquête de la Tortue en 1640, étant allé en France après l'expulsion du chevalier de Fontenay, proposa à la compagnie des Iles de s'en emparer. En conséquence, il reçut du roi, le 28 novembre 1656, la commission de commandant de la Tortue, sous l'autorité royale et celle des gouverneurs lieutenants généraux des îles de l'Amérique.

Du Rausset trouva le moyen de passer au Port-Margot, d'y réunir quatre ou cinq cents flibustiers ou boucaniers, avec lesquels il alla au Port-de-Paix et de là à la Tortue, qu'il reprit. Il s'intitula gouverneur lieutenant général pour le roi des Iles de la Tortue, Rotan et autres adjacentes (îles de la baie de Honduras).

Malgré ce titre, Du Rausset prétendait être le propriétaire de la Tortue, et il méconnaissait même la compagnie des îles lorsqu'il passa en France en 1663 pour y régler ses droits, laissant le commandement de cette île à Deschamps de la Place, son neveu.

Tandis que Du Rausset, arrivé en France, demandait au roi qu'il fît défendre, sous peine de la vie, de s'établir le long de la côte de Saint-Domingue, son neveu y posait les fondements du Port-de-Paix. Du Rausset élevant trop haut ses demandes, la compagnie obtint qu'il fût mis à la Bastille, d'où il ne sortit que le 15 novembre 1664 pour signer l'acte de vente de tous ses droits sur la Tortue à la compagnie des Indes occidentales, substituée par un édit du mois de mai précédent à la compagnie des îles de l'Amérique.

A peu près au même instant où Du Rausset partait de France pour aller reprendre la Tortue, en vertu de sa commission de 1656, d'Ogeron, membre d'une compagnie de la France méridionale qui devait former des établissements dans la Terre-Ferme, partait aussi pour aller diriger les entreprises de cette compagnie. Convaincu, dès la Martinique où il s'arrêta, que les obstacles surpassaient ses moyens, il alla à Saint-Domingue en 1659, repassa en France, revint à Saint-Domingue, alla à la Jamaïque, retourna dans sa patrie et se trouvait à Saint-Domingue pour la troisième fois, lorsque, ayant visité les Lucayes et les Caïques, il en demanda et en obtint la concession, à perpétuité, en 1662. Mais, persuadé que ce projet ne valait pas mieux que celui de la France méridionale, il était venu établir une habitation au Port-Margot, avec les débris échappés à ses malheureuses entreprises.

D'Ogeron, qui avait vu Du Rausset à la Tortue et qui rendait justice à sa valeur, à laquelle on devait cette île, écrivit à la compagnie des Iles de l'en récompenser, mais de se faire céder les droits de Du Rausset. Avant même de les acquérir par un acte public, la compagnie choisit d'Ogeron pour prendre possession de la Tortue en son nom, et sur sa présentation le roi l'en fit gouverneur le 27 octobre 1664.

Quoique d'Ogeron mis en possession de la Tortue, y résidât, il eut cependant dès lors le plan d'étendre les établissements de l'île même de Saint-Domingue et, en outre, celui d'en expulser, un jour, les Espagnols, de manière que cette île fût, dans sa totalité, une possession française.

Ce fut sous ce gouverneur que le Port-de-Paix commença à donner des espérances, parce que les Espagnols, qui faisaient une guerre cruelle aux boucaniers, finirent par détruire eux-mêmes, à l'aide de chiens, le bétail dont ceux-ci se nourrissaient et vendaient les cuirs; ces boucaniers étaient donc réduits à la nécessité de chercher d'autres ressources, et d'Ogeron leur vanta celle de la culture que plusieurs flibustiers adoptèrent aussi en revenant d'expéditions malheureuses.

D'Ogeron montra aux Espagnols, en faisant attaquer et rançonner Saint-Yague en 1667, que les Français n'étaient pas toujours sur la défensive, et la Tortue et la côte Saint-Domingue s'enrichirent de ces dépouilles.

D'un autre côté, des Angevins venaient en foule goûter les douceurs de l'administration de leur compatriote d'Ogeron. Il avait obtenu qu'on lui envoyât de France des épouses pour ses colons encore un peu farouches; et comme le Port-Margot et le Port-de-Paix étaient les deux points les plus voisins de la Tortue, ce furent ceux qui se ressentirent le plus des avantages que ce chef savait faire naître. En 1668, le Port-de-Paix était déjà aussi considérable que cette époque voisine de sa fondation et les vexations des Espagnols permettaient de l'espérer.

A la fin de la même année 1668, d'Ogeron passa en France, laissant le gouvernement de la Tortue et de la côte de Saint-Domingue à M. de Pouançay, son neveu, nommé par intérim depuis le 30 décembre 1667. Il revint vers le mois de juin 1669, amenant plusieurs centaines d'engagés, et il continua à résider à la Tortue.

Le projet de la suppression de la compagnie des Indes occidentales, effectué par un édit du mois de décembre 1674, étant connu de d'Ogeron, il avait demandé la permission de passer en France, qui lui fut envoyée au mois de janvier 1675. M. de Cussy, auquel il donna son intérim, résida à la Tortue.

M. de Pouançay, nommé par le roi en 1676 à la place de son oncle, mort à Paris au mois de mai 1676, eut la même résidence jusqu'à sa mort arrivée en 1683. M. de Franquesnay l'adopta aussi pendant l'intérim que fit cesser M. de Cussy qui vint de France prendre possession de la place de gouverneur au mois d'avril 1684.

Mais, même sous le gouvernement de d'Ogeron, la Tortue avait commencé à éprouver de la diminution dans sa population. La colonie qui en était sortie pour aller s'établir dans la plaine du Cap, celle envoyée en renfort à Samana; l'expédition de Porto-Rico et celle de Saint-Yague, en avaient été les causes principales. Sous M. de Pouançay, deux expéditions contre Cube, la fureur de la course et l'accroissement même des établissements faits dans l'île Saint-Domingue, dépeuplèrent encore tellement la Tortue, que M. de Cussy, désespérant de la ramener à son premier degré de splendeur, résolut de transférer ailleurs le siége du gouvernement.

Le Port-de-Paix lui parut mériter cet honneur, et au mois de mars 1685, M. de Cussy y fit commencer une maison pour lui; une batterie de vingt canons et une tranchée au bord de la mer pour mettre ce lieu hors d'insulte; ce qui n'empêcha pas toutefois que les Espagnols ne vinssent, le 6 mai suivant, détruire vers Jean Rebel un corail où il y avait plus de huit cents pourceaux, et enlever des nègres du corail des vases appartenant au sieur Galichon, héritier de M. de Pouançay. On y fit aussi une prison et un corps de garde.

Ainsi le Port-de-Paix est, dans la réalité, la première capitale française qu'ait eue l'île Saint-Domingue même, parce que ce fut le lieu que vint habiter M. de Cussy. Dans la même année 1685, le Port-de-Paix, qu'on appelait aussi quelquefois les Trois-Rivières, eut une sénéchaussée dont la Tortue ne fut plus qu'une dépendance. Bientôt après, M. Le Clerc de la Boulaye y devint major pour le roi, et le Port-de-Paix réunit alors tout ce qui désignait un point capital de la colonie.

Cependant ces succès n'étaient eux-mêmes que relatifs à

ceux de la colonie pris en masse, et sans doute ils étaient bien faibles si on les compare à ce qu'est celle-ci en ce moment. J'en ai une preuve particulière dans le procès-verbal fait le 12 avril 1688, par Gabriel Bobin, procureur du roi du Port-de-Paix, de l'état de l'église dont le père Victor, capucin, était alors curé. La visite qu'il en fait, en présence de M. Louis Remoussin, capitaine d'une compagnie de cavalerie-milices; de Philippe de Bocq, marchand, marguillier; de Thomas Le Clerc, écuyer, sieur de la Boulaye, major pour le roi; d'Antoine Queret, écuyer, sieur de la Richardière, conseiller du conseil souverain de la colonie, premier capitaine de la compagnie de milices; de Vincent Merrey, aussi conseiller; de Pierre Pelvey, sénéchal du Port-de-Paix, et de plusieurs autres, prouve que cette église était de bois, couverte d'essentes, et manquant de plusieurs choses. Mais on y trouve aussi que malgré qu'elle ait 60 pieds de long et 20 de large, elle est insuffisante pour contenir les fidèles qui s'y rassemblent; que si les trois cloches ne peuvent sonner en branle, le clocher a 30 pieds de haut. Quant au presbytère, bâti aux dépens du curé sur un terrain concédé aux capucins chargés de la mission de la partie du nord, dont le chef-lieu se trouvait alors au Port-de-Paix, il est assez spacieux pour loger trois ou quatre religieux; mais le cimetière est sans clôture, et les habitants sont exhortés, par le procureur du roi, à marquer à cet égard leur respect pour ce *lieu saint*. Ces particularités me donnent lieu d'observer que le Port-de-Paix était alors dans une situation plus florissante que la plaine du Cap, où l'on était obligé d'invoquer la charité royale pour les mêmes objets.

Ce fut encore en 1688 qu'on vit arriver à Saint-Domingue les quarante-neuf premiers soldats qui y aient été envoyés pour y demeurer, et ce fut au Port-de-Paix qu'on les plaça comme pour former la garde de M. de Cussy et relever la dignité de l'emploi du gouverneur, qui au commencement de 1689 datait ses lettres au ministre, du *Fort du Port-de-Paix*.

M. de Cussy était revenu au Port-de-Paix le 20 juillet 1690, de l'expédition de la ville de Saint-Yague, dans la partie espagnole de l'île prise et brûlée le 5 du même mois, et il projetait d'autres entreprises contre les Espagnols, lorsque le 11 août un bâtiment entra au Port-de-Paix où il conduisait quatre-vingt-deux soldats de la garnison de l'île Saint-Christophe, que les Anglais venaient de faire capituler, et cent quarante habitants expulsés par eux de cette colonie; cent vingt-huit autres arrivèrent deux jours après. Le 20, plus de deux cents entrèrent au Cap, parce que leur bâtiment, qui coulait bas d'eau et qui s'échoua à l'entrée de cette ville, ne put pas gagner le Port-de-Paix, où il s'en présenta encore deux cent cinquante le 28, dont il fallut envoyer la majeure partie à Léogane. Au mois d'octobre il en vint encore mille dans la colonie, dont, pour sa part, le Port-de-Paix eut quatre cents. Partout ces infortunés furent reçus comme des frères; partout le même accueil, la même générosité se montrèrent à leur débarquement, soit à Saint-Domingue, soit à la Martinique, où le reste de cette colonie fut transporté et où l'on transporta, par ordre du roi, tous ceux qui voulurent y aller de Saint-Domingue, le 20 octobre 1692.

Ce malheur augmenta la population de Saint-Domingue et surtout celle du Port-de-Paix; mais aussi, comme l'arrivée de ces colons suivait une sécheresse de six mois, éprouvée par la partie du nord, on en enterrait jusqu'à douze ou quinze par jour au Port-de-Paix, où la plupart était enlevés dès le second ou le troisième jour de la maladie, et quelquefois subitement. Il fallut même faire de la Tortue un lieu de convalescence où M. de Cussy les envoyait par centaines.

En 1691, les Espagnols détruisirent le Cap, et des habitants du Port-de-Paix qui avaient marché avec M. de Cussy au secours de ce lieu trouvèrent la mort comme lui à la bataille de Limonade, notamment M. Remoussin. Mais la même année devait lui faire éprouver une calamité nouvelle.

Au mois de mars 1685, Louis XIV avait envoyé le chevalier de Chaumont en ambassade au roi de Siam, en le chargeant de ramener deux mandarins siamois arrivés en France à la fin de 1682. En retour, les vaisseaux reçurent deux ambassadeurs siamois qui arrivèrent à Brest le 18 juin 1686.

Ces ambassadeurs repartirent du même port le 1er mars 1687, avec une escadre composée de deux vaisseaux, trois flûtes et une frégate, sur laquelle étaient en outre plusieurs missionnaires et environ quatre ou cinq cents hommes de troupes envoyés au roi de Siam et commandés en chef par M. Desfarges, ayant sous ses ordres M. du Bruan. M. Desfarges, déclaré général siamois, prit garnison à Bancock au mois d'octobre suivant.

Le ministre Constance, si célèbre dans les annales siamoises, ayant formé, pour mettre sur le trône le gendre du roi, une conspiration qui lui fit perdre la tête au mois de mai 1689, M. Desfarges et les troupes françaises que ce ministre avait employées furent obligés de quitter le royaume de Siam après y avoir couru de grands dangers et y avoir résisté à force ouverte. Enfin ils s'embarquèrent, emmenant aussi les Français de l'établissement que la compagnie des Indes avait à Merguy, dans un autre point du royaume de Siam; mais en faisant route pour la France, ils se virent forcés de gagner la Martinique.

On vit donc arriver au Fort-Royal de cette île, au mois de décembre 1690, le vaisseau *l'Oriflamme*, commandé par M. de Lestrille, qui convoyait deux navires de la compagnie des Indes, appelés *le Louré* et *le Saint-Nicolas*, apportant avec eux le pourpre et une fièvre pestilentielle dont les ravages étaient si cruels que, dès le 3 janvier 1691, M. de l'Estrille, MM. de Croiset, du Halgouet, de Seintre et plus de cent personnes, soit de ces bâtiments, soit de l'île, étaient déjà au nombre de ses victimes. Les habitants du Fort-Royal s'enfuirent effrayés de cette rapide destruction qu'augmenta encore l'infection de vingt-cinq barils de viande qu'on jeta à la mer, de ces vaisseaux dans le carénage. Il fallut faire camper dans un lieu écarté le peu de soldats venus de Siam, qui restaient encore.

Malheureusement M. Duquesne-Guiton, commandant deux vaisseaux et qui revenait de Pondichéry, se trouva en même temps au Fort-Royail, ainsi que le vaisseau *le Mignon*. La contagion s'y répandit, et quand ces trois vaisseaux firent route pour la France, au mois de juin 1671, ils avaient perdu au moins la moitié de leurs équipages.

M. Ducasse, arrivé d'Europe au Fort-Royal le 8 mai de la même année, vit bientôt les siens en proie à cette maladie cruelle. Elle désolait la Martinique entière, lorsque M. Ducasse en partit le 27 juillet, commandant *le Solide*, *le Cheval-Marin*, et *l'Emérillon* qui avait été atteint le premier de cette contagion. Cette escadre, mouillée à l'île Sainte-Croix, où elle avait ordre de prendre des vivres pour les habitants de Saint-Christophe qui étaient à Saint-Domingue, y perdit, du 2 au 7 août, quarante hommes et y laissa le germe de la maladie. Elle vint ensuite au Port-de-Paix le 12, où les habitants de Saint-Christophe reçurent d'elle des vivres, mais en même temps le plus affreux présent dans cette maladie qui mit, pour eux, le comble aux maux que leur faisaient déjà souffrir la guerre, l'expulsion hors de leur pays, la misère, les rigueurs du climat où ils étaient transportés; tous ces fléaux réunis en moissonnèrent plus de la moitié.

Le Port-de-Paix a été ainsi le premier lieu de Saint-Domingue où s'est manifestée la maladie qui porte encore le nom de *Maladie de Siam*, *Mal de Siam* ou *Matelote*, qui, pendant plus de soixante ans, a immolé presque chaque année des milliers d'individus dans les Antilles; dont l'effroi était tel, que dès le 27 août 1692 une ordonnance prescrivit la quarantaine à tous bâtiments venant de la Martinique à l'île d'Aix; qu'en 1694, l'amirauté de Nantes défendit aux équipages et aux personnes venant des îles d'entrer dans ce port avant une visite, à peine de la vie; et qu'en 1708, nul bâtiment venant de ces îles n'était admis dans les ports de France qu'après une visite.

Cette maladie s'offre encore quelquefois dans des êtres nouvellement arrivés d'Europe, comme pour empêcher qu'on ne perde le souvenir d'une maladie dont le hideux tableau est bien propre à inspirer la terreur. En effet, ceux qu'elle attaque rendent un sang corrompu par tous les conduits et presque par tous les pores de leur peau chargée de grandes taches noires, caractère d'une putréfaction qui menace tous ceux qui les environnent.

M. Ducasse, qui reçut à Léogane la nouvelle de sa nomination par le roi au gouvernement de Saint-Domingue, à la place de M. de Cussy, se rendit au Port-de-Paix au mois d'octobre, comme le séjour destiné au chef de la colonie; il s'occupa dès lors d'y faire élever ce qu'il appelait le château. Les habitants fournirent un nègre de corvée sur dix, ce qui en procura quarante et on en loua trente aux frais du roi. Ces soixante-dix travailleurs avaient rendu ce château capable d'avoir, en 1694, trente-deux canons et une palissade. Ces préparatifs étaient une suite de ce que depuis 1692 M. Ducasse ne cessait de recevoir de toutes parts des preuves que les Espagnols et les Anglais méditaient la ruine de Saint-Domingue, et il alla cependant en 1694 faire une incursion à la Jamaïque, qui ne servit, sans doute, qu'à irriter davantage les ennemis.

Les Espagnols et les Anglais réunis vinrent mouiller dans la baie de Mancenille le 15 mai 1695. Comme le Cap paraissait le point le plus menacé, M. Bernanos, major pour le roi de Port-de-Paix, en partit, avec un grand nombre d'habitants, le 18, et arriva au Cap le 21. Les troupes débarquées, augmentées de celles venues de la partie espagnole par terre, arrivèrent le 27 à la savane de Limonade, où M. de Cussy avait péri, et le 28 au Quartier-Morin, dirigées vers le haut du Cap, dont elles approchèrent jusque sur la paroisse de la Petite-Anse. Le 29 les ennemis débarquèrent à la Bande du Nord; de là ils prirent à revers le bourg du bas du Cap, où M. du Lyon fit sauter la poudrière, encloua le canon et mit le feu aux maisons. Les Anglais entrèrent le 30, au matin, dans la rade du Cap, mirent à terre un corps qui marchait en même temps que les Espagnols venus par Mancenille, pour mettre M. de Graffe, qui commandait au haut du Cap et les neuf cents hommes, entre deux feux. Alors M. de Graffe fit replier sur la paroisse du morne Rouge, d'où il se replia encore à la rivière Salée de l'Acul.

Les ennemis, maîtres du Cap en quatre jours et presque sans coup férir, se dirigèrent vers le Port-de-Paix par terre : les Anglais suivant l'Acul, le Limbé, etc., et les Espagnols par Plaisance et le gros Morne, tandis que la flotte s'y rendait par mer. Le 15 juin, cette dernière s'empara du bourg de Saint-Louis, où elle mouilla dans un point où nul vaisseau ne s'est hasardé, ni avant, ni depuis, et elle débarqua cinq cents hommes qui forcèrent M. Bernanos, revenu du Cap, à sortir de ce bourg et à aller camper à la rivière des Nègres où il fut attaqué le 17 sans succès. Le 18, cinq vaisseaux voulurent faire une descente pour couper la retraite à M. Bernanos, mais M. de Paty s'y opposa jusqu'au 20, que ces vaisseaux retournèrent à Saint-Louis.

Le même jour on annonça les Espagnols qui venaient par terre, et contre lesquels M. Danzé alla, à René-de-Bas, protéger la passe des Trois-Rivières. Le 23 et le 24, M. de la Boulaye, lieutenant de roi du Port-de-Paix, qui y commandait parce que M. Ducasse était en voyage à Léogane, fit retirer tous les postes et se contenta d'envoyer M. Danzé au retranchement des Pères avec cent hommes, dont la plupart s'en allèrent le 25, ce qui força à évacuer ce retranchement. Le même jour M. de la Boulaye fit mettre le feu au bourg du Port-de-Paix.

Le 30, la flotte ennemie vint mouiller à la rivière Salée de Port-de-Paix. Le 1er juillet, au matin, une batterie anglaise de la pointe des Pères commença à battre le fort. Le 2, une seconde batterie anglaise tira du morne Saint-Ouen ou du morne du petit Port-de-Paix, et une troisième du même morne. Le 3, les Espagnols mirent leur pavillon sur la batterie de la pointe des Pères et le 7 les ennemis firent jouer deux mortiers à bombes.

Le 13 juillet, ce qui restait au fort des cent quatre-vingts blancs, des cent nègres armés et des deux compagnies des troupes détachées de la marine, formant quatre-vingt-dix hommes qui s'y étaient renfermés, parlèrent de l'évacuer. On sortit à neuf heures du soir, après avoir encloué les canons, mouillé les poudres, détruit les provisions. Un soldat déserteur ayant prévenu les ennemis du projet de l'évacuation, ils placèrent plusieurs embuscades où les Français auraient tous péri, si à un passage des Trois-Rivières, M. Archambaud, colon, ne les eût dirigés vers un gué qui porte encore son nom, par reconnaissance, et d'où l'on gagna la crête des Ramiers, rendez-vous convenu et situé à 5 lieues du fort.

Pendant que les Espagnols poursuivaient les Français sortis du château, les Anglais vinrent en prendre possession et en refusèrent l'entrée aux Espagnols. Ceux-ci ravagèrent tout ce qu'ils purent, ce qu'imitèrent les Anglais qui, suivant toujours le chemin du rivage depuis le Cap, avaient pillé le Port-Margot. Les Anglais avaient neuf cents hommes de troupes grossis de six cents matelots tirés des vaisseaux, et les Espagnols mille neuf cents hommes. Nous perdîmes au Port-de-Paix cinquante-cinq hommes tués, trente-deux pris; outre trente-deux femmes, soixante-dix enfants et cinq cent quarante-trois nègres que les Espagnols amenèrent en trophée à Santo-Domingo. Le Port-de-Paix resta avec deux cent soixante-un hommes, trente-quatre femmes, cent quatre-vingt-un enfants et six cent soixante-dix nègres.

Les ennemis, après avoir perdu un nombre assez considérable d'hommes et surtout d'Anglais, que le climat traita cruellement ou qui se noyèrent dans les nombreux passages des rivières, vivant déjà entre eux dans une sorte de mésintelligence que fortifiait celle des deux chefs de terre et de mer anglais, se décidèrent à se rembarquer le 27 juillet.

L'événement de la prise du Port-de-Paix et de sa destruction, ainsi que celle de tout son voisinage, qu'on dut imputer à un officier à qui l'histoire fait des reproches de plus d'un genre, porta un coup d'autant plus funeste à ce lieu, que M. Ducasse proposa au ministre, dès le 30 août 1695, de transférer ailleurs le siége du gouvernement, parce qu'il n'était pas là dans le point le plus convenable par rapport à la totalité de la colonie et à des vues d'établissement et de défense. Cependant on envoya dans cette partie quelques-uns des habitants de la colonie de Sainte-Croix que le roi fit conduire de cette île au Cap où ils arrivèrent le 2 février 1696. Dès le 25 décembre de la même année, M. Ducasse fit retourner ces habitants dans la dépendance du Cap, où M. le comte de Boissyraimé, gouverneur de Sainte-Croix, nommé commandant de la partie du nord de la colonie française de Saint-Domingue, entra en fonctions le 10 mai 1697.

Mais presque tous les habitants du Port-de-Paix même, auxquels on voulait donner la même destination, s'obstinèrent à ne le pas quitter. En 1697, la plupart marchèrent à l'expédition de Carthagène, et ils trouvèrent presque à leur retour une défense du roi de laisser rétablir leur quartier, qui, désormais, dépendait du Cap.

C'en était fait du Port-de-Paix, et ses habitants auraient été forcés d'opter entre le Cap et Léogane, comme on le leur prescrivait, si M. Danzé, major du Port-de-Paix, n'eût concouru à faire changer cette détermination. Au lieu de s'opposer à leurs efforts pour rétablir leurs biens, il les y excita, et, dans l'année 1699, ils le livrèrent à la culture du tabac, de l'indigo et du coton ; l'on comptait même alors dix ou douze sucreries qu'on commençait à établir. Les représentations de M. Danzé et l'effet de la paix de Riswick sauvèrent enfin le Port-de-Paix de la fatale suppression que les instructions du roi à M. de la Boulaye, inspecteur général de la marine, allant visiter les Antilles, voulait encore qu'on poussât au point qu'il n'y restât qu'une compagnie et un officier major pour en interdire l'accès aux forbans. Quelle chute pour une capitale! titre dont le Port-de-Paix fut dépouillé en faveur de Léogane, qu'on lui préféra dès 1695.

M. Ducasse qui passa au Port-de-Paix au mois de décembre 1699, y donna des éloges au zèle et aux travaux des colons qui avaient, en quelque sorte, recréé cet établissement que je vais présenter dans son état actuel.

La paroisse du Port-de-Paix a pour limites, au nord, la mer; à l'est, la paroisse du Petit-Saint-Louis; au sud, celle du Gros-Morne; au sud-ouest, celle du Port-à-Piment, et à l'ouest, celle de Jean-Rabel.

La ville du Port-de-Paix, qui, suivant les observations de MM. de Verdun, Borda et Pingré, est à 19° 54′ 30″ de latitude et à 75° 14′ de longitude, et qui est bâtie dans un petit espace plan et même bas, a la mer au septentrion, la rivière du Port-de-Paix à l'est, des mornes qui la commandent au sud et un lagon à l'ouest. Elle est au fond d'une anse dont le bout oriental est plus avancé dans le nord que celui occidental, et comme la ville suit la courbe en forme en croissant que décrit le rivage, ses rues ont des directions qui semblent la diviser en deux portions. La plus est, qui contient huit îlets, commence à la rivière du Port-de-Paix et finit à la rue de l'Église; ses rues, partant de la mer, vont du nord-est au sud-ouest et sont coupées par d'autres à angles droits. La seconde, plus étendue, et qui contient vingt-cinq îlets, la plupart inégaux, a ses rues dans le sens du nord-est-quart-nord au sud-ouest-quart-sud. D'autres rues les coupent; celles-ci ont pour direction la plus commune celle de l'est à l'ouest. Cette portion de la ville va de la rue de l'Église à la rue de Vallière; sa partie supérieure s'appelle la Petite-Guinée, parce qu'elle est plus ordinairement le séjour des gens de couleur; la rue de la Petite-Guinée n'est même devenue que récemment la rue Royale.

La ville où l'on comptait cinquante-deux mille maisons en 1738; quatre-vingts en 1751, évaluées 59,000 livres de loyer; cent six en 1755, évaluées 92,000; cent quinze en 1764, évaluées 103,000, et cent quarante en 1771, comptées pour 13,200 livres, en contient maintenant deux cent vingts qui ne peuvent être estimées à moins de 250,000 livres de loyer. Ces maisons sont en majeure partie de maçonnerie entre poteaux, à simple rez-de-chaussée et presque toutes couvertes d'essentes. Cependant, depuis environ quinze ans, on y fait des maisons à un étage, et l'on peut en compter à peu près vingt de ce genre.

En vertu d'une ordonnance des administrateurs du 14 juillet 1773, la ville a été pavée et ses rues ont cessé d'être des cloaques dans les temps pluvieux. Mais de cet avantage même est résulté un grand inconvénient, c'est d'avoir, par l'exhaussement des rues, fait stagner les eaux pluviales dans les cours où elles croupissent et sont une cause de dangers pour la santé.

L'église est à l'extrémité supérieure et sur le côté gauche de la rue de son nom, et elle termine la ville dans ce point. Elle est, comme le presbytère qui l'avoisine par derrière, solidement bâtie de maçonnerie, mais sans voûte ni lambris. Son portail et toute la façade avaient été renversés par le tremblement de terre du 3 juin 1770, mais on l'a réparée. Elle est dédiée, ainsi que celles qui l'ont précédée, à la Conception de la Vierge, en souvenir de ce que Colomb avait donné le nom de Conception au Port-à-l'Écu, qui a dépendu du Port-de-Paix. Il y a un clocher aussi de maçonnerie.

Au devant de l'église et dans l'ouest, est un grand espace de forme irrégulière et portant depuis plus de cinquante ans le nom de place d'Armes. Le cimetière était autrefois autour de l'église, mais il a été mis hors de la ville et au sud du point où le nouveau chemin de la montagne vient joindre, à l'ouest, la rue du Morne.

Dans la même rue de l'Église et à environ 40 toises du rivage, est la place Louis XVI, faite récemment; elle a 20 toises en carré, y compris les rues qui la bordent. Elle est située de manière que ses quatre angles correspondent aux quatre points cardinaux.

Au milieu de cette place est la fontaine pour laquelle elle a été faite, et que l'on reproche à M. Desforges, ingénieur, d'avoir fait exécuter d'une manière contraire aux vœux des citadins. M. de Bellecombe avait, dans une assemblée de la paroisse, en 1783, agréé l'idée d'une fontaine, parce qu'il était trop coûteux d'envoyer chercher aux Trois-Rivières de l'eau, soit pour les habitants, soit pour la garnison, et il promettait que le roi payerait la moitié de la dépense. Comme elle n'a pas répondu à l'attente des habitants, le roi a payé seul cette dépense de 120,000 livres.

Indépendamment du reproche du mauvais choix de la place, de la forme et du coup d'œil gauche de la fontaine qui est un piédestal quadrangulaire où l'on a le projet de placer la statue pédestre de Louis XVI, de marbre blanc, on a soutenu que l'eau fournie par la réunion de trois sources à environ 250 toises au sud de la ville sur le terrain de la sucrerie Aubert, avait des qualités malfaisantes, et l'on a continué à faire usage de celle des puits pratiqués dans presque toutes les maisons, ou à envoyer chercher celle des Trois-Rivières, où un nègre en remplit de petits barils dont il charge un âne, ce qui multiplie assez ces animaux dans la ville. M. Gauché a vainement fait deux analyses de cette eau, dont il résulte qu'elle n'a qu'un peu de sélénite et qu'elle se purifiera de plus en plus à l'avenir, parce qu'elle ne stagne plus sur un sol argileux; le préjugé l'emporte, son coup d'œil louche en dégoûte et on s'obstine à lui attribuer des coliques d'estomac; le bienfait de la fontaine est donc nul. Son eau, qui a coulé pour la première fois le 2 février 1785, va ensuite vers une calle au bas de la rue de l'Église pour remplir des lavoirs qui ont une véritable utilité et servir aussi à l'aiguade des bâtiments. Cette fontaine a tari dans de grandes sécheresses.

On prétend que l'eau des Trois-Rivières employée à faire tourner le moulin de la sucrerie des héritiers Souverbie et Gilbert, proche de la ville, vers le sud-ouest, et qu'on aurait pu conduire dans celle-ci, est préférable à tous égards.

Le long de la ville, sur la plage, est un rang d'arbres. Chaque propriétaire choisit ceux qu'il croit les plus propres à y répandre une ombre propice. Les maisons qui bordent ce quai n'ont pas des directions bien exactes, mais elles doivent en suivre une marquée sur le plan directeur, lorsque des reconstructions en procureront la facilité.

La ville du Port-de-Paix est assez sujette à des maladies annuelles, qu'on ne peut s'empêcher d'attribuer aux marais ou lagons qui l'environnent. Le premier de ceux de la partie orientale et le plus voisin de la ville se nomme l'étang du Coq. Il a à peu près 100 toises de diamètre, et sa figure est presque ronde. Situé dans une espèce de cul-de-lampe, il est l'égout des montagnes voisines et peut-être reçoit-il les infiltrations de la mer, dont il n'est éloigné que d'environ 20 toises. Quelquefois il a 7 pieds d'eau à son milieu, mais d'ordinaire 3 ou 4 pieds. Il est bien rare qu'il soit à sec, et sa position semble rendre difficile de le dessécher. L'on a proposé d'y jeter la ravine appelée la rivière du Port-de-Paix, qui forme aussi un marais à l'entrée est de la ville, et sur lequel on a construit, à grands frais, un petit pont qui est cependant hors de la direction du chemin. Cette ravine ainsi conduite cesserait elle-même de nuire, et ses eaux donneraient du mouvement à celles de l'étang du Coq qui corrompent l'air en croupissant, et dont les émanations sont portées sur la ville par le vent presque habituel d'est.

Il y a un autre lagon, dépendant de l'habitation Du Roulin, à environ 250 toises dans le nord-est de l'étang du Coq. Il est formé par des infiltrations de l'étang dont je vais parler et de la mer, et par l'égout des eaux pluviales. Dans sa forme très-irrégulière, il peut avoir 40 toises sur 30. Des mangliers l'environnent, et quand il est sans eau, ce qui arrive très-souvent, l'odeur qu'il répand est portée sur la ville, dont il n'est qu'à un petit quart de lieue. Lorsqu'il commence à sécher et que l'air est tranquille, sa surface est couverte d'un nuage grisâtre, dont l'infection avertit de ne pas approcher. On devrait du moins couper ces arbres qui gênent la circulation de l'air.

Le troisième marais, dépendant des habitations Du Roulin et Lavaud, appelé le grand Étang, a jusqu'à 5 pieds d'eau dans les temps pluvieux. Il forme une espèce de carré long de 300 toises sur 180. On pourrait facilement, avec une écluse à bascule, en dégorger l'eau dans la mer, dont il n'est pas éloigné, et les travaux de l'un des propriétaires d'une partie de cet étang ont prouvé l'efficacité du moyen.

Enfin dans l'ouest est un marais formé par la mer, qui s'introduit durant les grandes marées dans ce terrain alors plus bas qu'elle. Il faudrait pour éviter cet inconvénient, au lieu de l'écluse simple, placée entre le grand fort et la ville, qui demeure toujours ouverte pour égoutter l'eau de la mer et celle de la vide du moulin Souverbie qu'on jette dans ce marais, en mettre une à bascule qui se fermerait à marée montante. Ce moyen, secondé par quelques fossés de retenue, disposés avec art, exhausserait peu à peu le fond du marais, qui se trouverait enfin préservé de l'inondation.

Il serait temps qu'enfin l'on songeât à des travaux qui rendraient saine une ville où l'on tient des troupes en temps de guerre et où le gouvernement devrait penser qu'il y a toujours des colons, c'est-à-dire des hommes précieux. Il pourrait aussi réaliser un projet heureusement conçu par des hommes éclairés, en faisant servir l'eau de la ravine ou ruisseau du Port-de-Paix à en arroser les rues, ce qui serait peu dispendieux, puisque à environ 250 toises au-dessus de l'église, ce ruisseau est plus élevé que la ville.

Le marché des légumes, herbages, grains, etc., qui était originairement au bord de la mer, se tenait, depuis quelques années, sur la place d'Armes, devant l'église, lorsque l'intérêt de quelques particuliers a su obtenir des administrateurs, le 16 juin 1772, une ordonnance qui l'a fait transporter de nouveau au bord de la mer. Cette position a l'inconvénient d'être exposée à un vent considérable qui charrie beaucoup de sable fin imprégné de sel marin, qui dessèche et salit les légumes. D'ailleurs des caboteurs forains qui arrivent la veille au soir, peuvent trop facilement accaparer dès le point du jour ce qu'on apporte pour vendre et priver la ville d'une ressource d'autant plus précieuse que ce marché n'a lieu que le dimanche, et que dans les temps pluvieux ou à l'époque de la récolte du café les nègres ne s'y rendent point. On voit dans le cours de la semaine quelques nègres offrant de petits suppléments de provisions, mais toujours insuffisants.

La consommation journalière de la ville du Port-de-Paix

peut être estimée à environ 300 livres de bœuf frais, un mouton ou un cochon, et à peu près 800 livres de pain ; une partie de ce dernier article est prise par les habitants voisins de la ville, qui ont leur viande au moyen de boucheries marronnes, où l'on débite deux ou trois jeunes bœufs par semaine.

La ville s'offrira encore pour d'autres détails, mais qui intéressent aussi la paroisse entière.

Celle-ci a plusieurs cantons dont les principaux sont : la plaine du Port-de-Paix, la Montagne, René-de-Bas, la Plate, le Fond-Ramier, le Haut et Bas-Moustique.

Dans le premier de ces cantons passe la rivière dite les Trois-Rivières, dont j'ai parlé à l'article de Plaisance et à celui du Gros-Morne. Sa largeur moyenne est d'environ 30 toises, sa moindre hauteur de 18 pouces ; quelquefois elle a 10 ou 12 pieds d'eau et ses débordements sont fréquents et furieux à cause de sa chute considérable. Le 2 septembre 1772, cette rivière entraîna des bâtiments entiers de plusieurs indigoteries, des hommes, des animaux, etc. Son embouchure à la mer est à une demi-lieue au couchant de la ville, entre la sucrerie Souverbie et celle Brun Larcherie. Ces deux sucreries et celle de Mme Auber sont les seules que fasse mouvoir l'eau des Trois-Rivières, qui y sert aussi pour arroser. Plusieurs ordonnances de police ont défendu d'y jeter les vides des indigoteries, parce qu'elles en altèrent l'eau et lui donnent des qualités très-nuisibles.

Le canal de l'habitation Souverbie, qui portait autrefois le nom de l'Assiente, est étonnant par sa longueur, et remarquable par les travaux qu'il a exigés, quoiqu'il ne soit pas digne du tableau qu'en a fait Raynal[1]. La prise d'eau est peut-être la plus solide qu'on puisse trouver dans la colonie. La direction de cette entreprise est un monument du talent de M. Potier, devenu depuis arpenteur aux Cayes, et un sujet de regretter qu'on ne l'ait pas employé plus souvent.

Quoique le canton de la plaine contienne beaucoup d'habi-

---

1. Tom. VI, page 239, édition in-8°, en 10 volumes. Neufchâtel, 1773.

tations propres à la culture de la canne à sucre, il n'a cependant que six sucreries, toutes avec des moulins à eau. J'ai dit que trois emploient celle des Trois-Rivières; deux autres prennent celle de la rivière de la Caye-à-Vinaigre : ce sont les deux sucreries Lavaud, appelées la Caye et la Pointe-à-Palmiste; et la dernière, celle Du Roulin, l'eau du ruisseau du Port-de-Paix, qui trompe souvent l'espoir du cultivateur. Ces six sucreries donnent deux millions de sucre blanc. Les cannes qui avoisinent la mer sont souvent attaquées par des insectes, et la tendance de leur vesou à passer à la fermentation acide exige des talents réels dans les raffineurs.

Ce canton avait autrefois un plus grand nombre de sucreries, mais les difficultés de l'exportation pendant la guerre en ont fait remettre plusieurs en indigoteries. Sans cet inconvénient majeur, les bords des Trois-Rivières pourraient avoir une vingtaine de sucreries, que leurs eaux féconderaient et dont elles feraient mouvoir les machines dans l'étendue que cette rivière parcourt depuis le Gros-Morne jusqu'au Port-de-Paix.

A une lieue à l'orient du Port-de-Paix, le ruisseau appelé la rivière de l'Orterie dépose sur les corps de son lit une terre calcaire qui forme des incrustations très-curieuses. En dix-huit mois ou deux ans, des quartiers de pierre s'y réunissent en une seule pièce et les corps semblent s'y être pétrifiés.

Le canton de la Montagne est un de ceux de la partie du nord le mieux établi en cafeteries. Son penchant nord offre un riant et riche aspect, et les trente cafeteries de ce canton donnent au moins deux millions de café par an. Son argile ocracée, presque toujours couverte de roches à ravets, compose un sol que des pluies fréquentes rendent propre au cafier. Dans plusieurs points et même à la surface, on trouve des mines de fer d'espèces différentes, des pyrites cuivreuses et arsenicales dans des couches d'une argile grisâtre. Différentes grottes montrent dans les rochers des stalactites et des stalagmites mamelonnées. Les spaths calcaires sont entre des bancs de rocs et communs. Des albâtres striés et peu durs, mais d'une éclatante blancheur, frappent aussi l'observateur. Une craie, qui vraisemblablement a subi l'action du feu et qui délayée dans l'eau prend la consistance et presque la dureté du plâtre, procure un ciment assez impénétrable à l'eau pour fournir des glacis à café sans addition de sable.

Le canton de la Plate, composé de mornes hachés par des ravines profondes, est le revers sud des montagnes du Port-de-Paix et sud-ouest de celles du Petit-Saint-Louis. L'indigo y a remplacé, vers 1777, le cafier, qui y avait parfaitement réussi depuis 1770, mais dont le prix vénal ne dédommageait plus le cultivateur. Les productions y sont semblables à celles du canton de la Montagne ; son sol est cependant meilleur, mais les pluies y sont moindres et la chaleur y est plus forte. Toutes les eaux de ce canton viennent former la rivière qui porte son nom et décèle une origine espagnole et des mines d'argent, opinion fortifiée par des échantillons que le père Plumier dit y avoir trouvés en 1690. Cette rivière, qui va se jeter dans les Trois-Rivières, devient un torrent d'autant plus dangereux pendant les nords et les orages, que son lit est l'unique sentier par lequel les habitants vont gagner le grand chemin qui mène au Port-de-Paix. On y trouve les mêmes bois qu'au Haut-Moustique.

René-de-Bas est composé d'une portion plane chargée de monticules et coupée par un grand nombre de ravines qui, presque toujours à sec, sont terribles dans les grands orages. Son sol marneux, profond et très-fertile, produit, malgré les ravages des sécheresses (d'autant plus fréquentes que les pluies du nord ne gagnent pas ce point), beaucoup d'indigo d'une belle qualité et auquel plusieurs habitants doivent de grands succès. Ce canton avait de très-beau bois que les abatis ont fait réduire en cendres. On regrette que plusieurs terrains épuisés par l'indigo soient laissés en friche, tandis que le cotonnier y réussirait à merveille. Les Trois-Rivières, en traversant ce canton, seraient susceptibles de donner des moulins à eau aux sucreries qu'on y formerait. Le grand chemin du Gros-Morne au

Port-de-Paix y offre aussi un précieux avantage. René-de-Bas fournit des bois semblables à ceux du Haut-Moustique.

Le Fond-Ramier, le plus petit canton de cette paroisse, est entre le canton du Port-de-Paix et celui du Bas-Moustique. L'indigo, qu'il produit abondamment, est, quoique d'une bonne qualité, le plus pesant du Port-de-Paix, ce qu'il faut attribuer aux eaux saumâtres où l'on fait macérer la plante. Pour les besoins de la vie et les usages domestiques, les habitants de ce lieu sont obligés d'envoyer chercher l'eau aux Trois-Rivières. Le sol y est composé d'une couche profonde de terre marneuse. Ce canton avait autrefois, vers la mer, une grande baie que les alluvions ont comblée. Plus récemment encore, on y voyait une saline tellement abondante que M. Durecourt, major du Port-de-Paix, écrivait en 1728 au ministre qu'elle pouvait fournir annuellement 4,000 barils de sel d'un gros grain et très-blanc. On l'a laissée s'anéantir faute d'entretien, tandis que son produit, réuni à celui des salines de la baie de Moustique et du Port-à-l'Écu, dont les travaux presque nuls en ce moment pouvaient être augmentés, aurait surpassé les besoins de la partie du nord.

Le Bas-Moustique, quoique terminé au nord par la mer, en est cependant séparé par une chaîne de montagnes assez hautes et qui semble avoir été un ancien récif gisant comme la côte actuelle. C'est dans cette chaîne que la rivière de Moustique a fait une coupure. La plaine qui est entre la saline du Fond-Ramier et de la rivière du Moustique est mamelonnée par une infinité de monticules qui, dans leurs pierres roulées ou galets, montrent bien leur origine toute marine. La rivière de Moustique, qui ne tarit que dans les grandes sécheresses des mois de mars et avril, a des débordements courts mais fréquents. Elle en a eu un terrible en 1772; elle s'éleva dans le Haut-Moustique à 30 pieds sur une largeur moyenne d'au moins 150 pieds; elle creusa beaucoup son lit dans les points où elle était resserrée entre des rochers, et dans la plaine elle inonda plus d'une demi-lieue de terrain avec une hauteur depuis 9 jusqu'à

15 pieds. Et cependant cet immense volume d'eau que les cataractes versèrent sur la colonie alors, n'est pas à comparer aux pluies qui contraignaient, il y a quarante ans, à abandonner la culture de l'indigo dans ce canton, et à celles qui ont dû produire les ravines qui y font voir le roc vif à d'immenses profondeurs.

Tous le Bas-Moustique est un ancien bassin de la mer que des alluvions ont comblé. Des fouilles de 60 pieds, faites en 1776, ont toujours montré la même terre. La qualité en est marneuse, et avec des pluies suffisantes elle peut le disputer, de fertilité, à toutes celles de la colonie; c'est une de celles qui produit le meilleur indigo. Sa nature, extrêmement ameublie et donnant passage à des courants souterrains, y rend les sources fort rares. Il en résulte que toutes les plantes pivotantes y réussissent bien, tandis que celles à racines horizontales y périssent pendant les sécheresses qui désolent souvent ce canton. Le Bas-Moustique n'a que des arbres rabougris; cependant ses gorges ont de beaux bois à veines et à nuances magnifiques et produisent des gayacs de la plus grande beauté; toutes les espèces d'*Opuntia* ou Nopal y croissent spontanément. Celui appelé patte-de-tortue et un cardasse, y acquièrent les dimensions des arbres. Le canton du Bas-Moustique est traversé de l'est à l'ouest par le chemin royal du Port-de-Paix au Môle.

Enfin le canton du Haut-Moustique est séparé de celui du Bas-Moustique par une chaîne de montagnes d'une hauteur médiocre, et qui peut-être bordaient la côte autrefois. De là le terrain va en amphithéâtre jusqu'aux montagnes qui séparent ce canton de la paroisse du Port-à-Piment. J'ai déjà dit combien il offrait, dans ses ravines, de preuves du mouvement des eaux; les rochers y sont calcaires. Le sol, qui est excellent en beaucoup d'endroits, quoique aride dans d'autres, est formé d'une terre végétale noire portée par une couche profonde de marne, où les proportions de l'argile et de la terre calcaire varient et où les sécheresses ne sont pas destructives. Il y a aussi des points où le fond est du grès verdâtre parsemé de pyrites ferrugineuses. L'indigo réussit dans ce canton, il est bleu flottant, mais il rend peu et les pluies de nord qui le font périr excitent à lui préférer le cafier qu'on y avait mis par pure curiosité il y a environ quarante-cinq ans. On y compte déjà plus de trente cafeteries qui donnent un grain qu'on regarde comme supérieur à celui de toutes les Antilles, et qui semble être un rival de celui de Moka. En 1784, M. Bonseigneur, habitant des hauteurs de ce canton, a récolté 90 milliers de ce café avec vingt-cinq nègres seulement. Il semble que le ciel ait voulu, par cette abondance, encourager le père de seize enfants vivants.

Le canton vient aussi d'acquérir un grand avantage par le beau chemin de voiture que ses habitants ont fait, il y a cinq ans, pour gagner l'embarcadère du Port-de-Paix ou celui de la baie de Moustique. On peut, dans certains points, cultiver utilement le cotonnier, et de belles cannes à sucre disent qu'il en est d'autres où l'industrie pourrait former des sucreries. Tout promet que ce canton, naguère très-ignoré, offrira de riches productions au commerce.

Le Haut-Moustique est encore tout couvert de bois, et presque toutes les espèces que l'île produit s'y trouvent, surtout ceux appelés incorruptibles, tels que les trois espèces de bois chandelle, où l'on peut trouver les propriétés du santal, le bresillet, le bois-marbré, le gratte-galle, le bois à petites feuilles, le bois de savane franc, le bois de rose, le bois cannelle, le gri-gri de montagne, le raisinier et le sapotillier des mornes, le bois de fer, le tendre-à-cailloux, le cypre, qui est le cèdre des Bermudes, comme le disait le père Plumier dès 1790; des pins propres à la mâture, surtout dans la chaîne qui est commune au Port-à-Piment, où le père Plumier en vit de 80 pieds de haut et de plus de 2 pieds de diamètre, et recueillit une demi-livre de résine claire comme de la térébenthine une demi-heure après avoir entaillé deux ou trois de ces pins à coups de hache. Il ajoutait même qu'on s'en servait à la paroisse de Port-de-Paix en guise d'encens. Les acajous mouchetés et ondés, le *Morus tinctoria*, si recherché à cause de sa belle teinture jaune, s'y rencontrent presque partout; on y voit le bois pelé ou tavernon, le bois-marie, l'ébène, le palmiste franc, à vin et à chapelets, plusieurs sortes de lataniers, dont un très-grand passe pour être le talipot des Indes orientales, et a des feuilles dont on couvre les maisons du Haut-Moustique.

Là sont aussi des pierres calcaires de toute espèce, des spaths calcaires, et même celui appelé *Cristal d'Islande*. Il y a des mines de fer noirâtre attirables à l'aimant, et d'autres ; des mines de cuivre, du zinc, des bancs de pyrites martiales et cuivreuses, de grands blocs de silex dans des lits de marne, des géodes tapissées intérieurement de cristaux, de quartz ou de cristal de roche, blancs, noirs, rougeâtres. Dans d'autres points, sont des blocs de grès parsemés de marcassites.

Au pied des montagnes qui séparent le Haut et le Bas-Moustique, est l'endroit que les premiers habitants ont nommé la Cuivrière, à cause d'une source très-fétide, à la surface de laquelle est une crème gorge-de-pigeon. M. Gauché prenant l'ancien chemin du Haut-Moustique au Fond-Ramier, s'y est rendu le 24 juillet 1785. La source sort d'un rocher calcaire par une fente, auprès d'une ravine très-creuse, qui là a creusé dans le roc un bassin de 10 pieds de profondeur et de diamètre, d'où elle tombe, dans les temps pluvieux, d'environ 20 pieds de hauteur.

L'eau de source, froide, limpide et sans couleur au sortir du rocher, répand dans l'atmosphère voisine une forte odeur de soufre décomposé, et des exhalaisons suffocantes à l'approche des pluies ou des orages. Arrivée au bassin de la ravine, l'eau paraît blanche, bleuâtre et même savonneuse.

M. Gauché pense que la qualité sulfureuse de cette eau minérale est due à une mine de charbon de terre où cette eau passe; elle sert à manufacturer l'indigo de l'habitation Tardif, sur lequel elle ne paraît point agir, quoiqu'elle semble rendre très-variable la durée de la macération de l'anil. Les nègres de l'habitation ne boivent que de cette eau, qui perd toute son odeur en s'éloignant de la source. Ils y sont exempts de maladies cutanées, et l'on y trouve des vieillards qui semblent faire l'éloge de son usage.

M. Gauché a découvert, dans le même mois de juillet 1785, une mine de cuivre à l'entrée du canton du Haut-Moustique, au nord-ouest des montagnes qui sont considérées comme ayant fait la côte autrefois. Ce naturaliste a jugé qu'elle était de la nature de celles qui donnent de 70 à 72 livres par quintal de mine.

Suivant des observations météorologiques faites sur l'habitation Souverbie qui touche la ville du Port-de-Paix, depuis 1775 jusqu'en 1785, le thermomètre de Réaumur n'est monté que deux fois à 28 degrés (le 15 juin 1775 et le 25 octobre 1776), et n'a pas descendu au-dessous de 14 degrés au-dessus de glace. Celles faites sur l'habitation de M. Gauché, à l'entrée inférieure du canton du Haut-Moustique, donnent pour température moyenne entre 15 et 20 degrés à 6 heures du matin, entre 22 et 26 à midi (il n'a monté que trois fois à 26° et demi), excepté en mars et en avril, que le thermomètre marque quelquefois 13 degrés le matin et 19 à midi.

Les pluies d'orage tombent ordinairement entre midi et deux heures. Il en vient autant de l'ouest que de l'est, mais peu du sud. Les pluies furent excessives au mois de mai et de juin 1689.

La position du Haut-Moustique entre la mer qui borde la côte de la partie du nord de la colonie et celle qui termine la partie de l'ouest, et à une distance à peu près égale de chacune qu'on peut évaluer à 6 lieues, est cause qu'on y éprouve très-fréquemment des tourbillons de vent. La brise du large qui vient de l'est et qui se fait sentir tous les matins vers onze heures ou midi, finissant par être dominée par la brise d'ouest à peu près la moitié des jours de l'année, au moment où leur action devient à peu près égale, les corps légers qu'ils agitent pirouettent.

La paroisse souffrit, le 15 août 1784, un petit coup de vent qui renversa presque tous les bananiers.

Outre le tremblement de terre du 3 juin 1770, dont j'ai parlé à l'article de l'Église, on en ressentit une secousse très-sensible le 31 janvier 1784, à midi quarante minutes ; elle a duré deux secondes et était dans la direction de l'ouest à l'est. On a éprouvé un autre tremblement de terre assez violent le 2 décembre 1787, à sept heures vingt-huit minutes du soir. Le 5 janvier 1788, à midi un quart, il en fit une secousse assez violente pour casser de la vaisselle.

La température de la paroisse est très-propre aux vivres et aux fruits du pays, qui réussissent surtout dans les terrains marneux. Les légumes y sont beaux, et tout le monde connaît les énormes et excellents artichauts du Port-de-Paix, dont trois ne sont payés que 10 sous de France. Le muscat y a aussi une grande renommée, et l'on regrette que les guêpes en soient aussi friandes. Il y a bien longtemps que le raisin et le muscat ont été heureusement naturalisés au Port-de-Paix, puisque M. Ducasse vantait, dans une lettre du 4 avril 1694, celui dont il faisait trois récoltes en treize mois *dans son beau jardin*. Il avait récolté aussi au mois de février du froment que M. Boyer lui avait apporté de la partie espagnole, et qu'il avait semé au mois d'octobre précédent. Il ne pouvait tarir sur l'éloge des pois verts, des excellents melons et des asperges. Le père Plumier dit aussi avoir vu, en 1690, au Port-de-Paix, dans le jardin des Capucins, de beaux mûriers dont il a même mangé du fruit.

Le climat y est très-favorable à la santé (la ville exceptée), et dans les parties élevées on respire un air sain qui est cependant humide dans le canton de la Montagne, et toujours sec et vif au Moustique. Les femmes y sont extrêmement fécondes, et l'on y voit des familles de dix, douze et quinze enfants, ce qui serait un phénomène dans d'autres lieux de la colonie. Des centenaires de toutes les couleurs parlent aussi en faveur de cette paroisse.

Les animaux domestiques sont nombreux. Les forêts ont des cochons marrons, et la pintade, le ramier, les tourterelles, le gibier aquatique, les crabiers, les frégates, les paille-en-cul, les perroquets, les merles, les bouts-de-tabac, les charpentiers, des oiseaux de proie, des rossignols, des colibris, des bouvreuils, des oiseaux-mouches, des évêques, des pivoinets, etc., etc., peuplent ces forêts et y vivent dans l'union ou dans l'état de guerre, selon l'instinct qu'ils ont reçu de la nature pour remplir une destination qui échappe à notre faible intelligence.

A cette incomplète nomenclature du règne animal, on peut ajouter des couleuvres et des lézards de plusieurs espèces, et les insectes venimeux que j'ai nommés à l'article du Dondon.

Les Trois-Rivières ont aussi en abondance les poissons que j'ai cités au même endroit. Mais c'est la côte de cette paroisse qui en procure beaucoup.

Cette côte commence à la rivière de la Caye, où finit la côte de la paroisse du Petit-Saint-Louis. A un quart de lieue de l'embouchure de cette rivière est la ravine Sèche, où est la sucrerie, et à 675 toises plus loin la pointe à Palmiste, dont la seconde sucrerie Lavaud porte le nom.

Il y a 1,780 toises de la pointe à Palmiste à la Grande-Pointe, où est un ester. Entre elles deux est la pointe des Martiniquais, le trou Carangue, l'anse à Bodin et la pointe de la Table. Après avoir doublé cette dernière et à environ 700 toises avant d'arriver à la Grande-Pointe, est un étang qui se comble, et l'anse qui se trouve entre lui et la Grande-Pointe est propre à un carénage et en a même le nom. Une batterie le protégerait en croisant ses feux avec ceux du fort de la pointe des Pères capucins, qui n'est qu'à 540 toises.

Ce fortin, ou plutôt la batterie qui porte ce nom, que la pointe a elle-même, parce qu'elle faisait partie du terrain originairement concédé à la mission des capucins, ayant alors son principal établissement au Port-de-Paix, a été commencé en 1756, par les ordres de M. de Vaudreuil, sur les plans et la direction de M. de Villers, ingénieur. Elle avait été projetée par M. de Larnage en 1742, ainsi que tous les changements et les embellissements qu'on a faits depuis cette époque jusqu'à présent dans la ville du Port-de-Paix. Ce fortin, qui est au point où l'on avait mis, en 1747, la batterie de la Marine dont je parle un peu plus loin, est à la chute d'un mornet, et les hommes du métier assurent que ce n'est pas un chef-d'œuvre de l'art. Ses vingt-deux pièces de canon protégent la rade du Port-de-Paix ; il a environ 24 pieds d'élévation.

Du fort de la pointe des Pères, appelé aussi le Petit-Fort, jusqu'à la pointe du Grand-Fort, il y a 530 toises. C'est la mesure de l'ouverture de la baie du Port-de-Paix qui a 250 toises d'enfoncement, et à laquelle cette faible dimension ne permet guère de donner le nom de port. Ce mouillage est battu en plein par les vents du nord, contre lesquels on ne peut tenir durant environ six mois de l'année. Il l'est aussi des vents d'ouest et de nord-ouest qui y excitent des ras de marée et assez souvent pour que les bâtiments chassent sur leurs ancres. D'ailleurs on peut y entrer la nuit ; mais aussi ces inconvénients empêchent qu'il ne puisse servir de point d'appui à l'ennemi.

Le Grand-Fort, ruiné en 1695 par les ennemis qui n'y avaient laissé que la batterie basse du nord-est, resta avec cette seule batterie (où l'on avait neuf pièces de canon en 1727) jusqu'en 1757. A cette dernière époque le fort a été réparé, mais dans des dimensions plus petites. Son tracé originaire, fait sous M. de Cussy, était une fortification à la romaine, à laquelle trois petites tours donnaient un aspect antique. La vieille enceinte a été coupée en deux par la nouvelle. Ce fort est sur un plateau de 120 toises de large sud-est et nord-ouest, de 160 toises de long est et ouest, et 45 pieds au-dessus du niveau de la mer. Le sommet du plateau forme une espèce de cavalier. Ce trapézoïde, dans l'étendue duquel il n'y a point d'eau, a, dans sa partie orientale donnant sur le mouillage, trente-deux pièces de canon. Les récifs le défendent au nord, du côté de la mer, et la lame bat sur son escarpement, qui est plus à pic vers la terre.

Le Grand et le Petit-Fort, dont les feux se croisent, et qui ont été réparés en 1771, à cause des dégradations que le tremblement de terre de l'année précédente y avait causées, dominent les extrémités de la ville. Leur communication avec elle est assurée par des ponts établis depuis 1757 aussi, pour n'avoir pas à redouter les inondations de la rivière du Port-de-Paix et du lagon de l'ouest.

Le Grand-Fort est dominé par le morne des Pères, qu'il a à l'est, par celui des Anglais qui est vers le sud et par le morne Saint-Ouen qui est dans l'ouest. L'attaque de 1695 en a donné des preuves sans réplique, et l'on voit encore dans sa muraille des boulets à 18 pouces de profondeur, qui l'honorent, pour me servir de l'expression d'un ancien gouverneur général. Cependant les côtes opposées aux mornes des Anglais et Saint-Ouen sont plus élevées que celles de l'est et du nord, et il est même à remarquer que les boulets venus de la batterie du morne Saint-Ouen ont une direction presque horizontale.

L'observation de l'incrustation des boulets donne l'occasion de dire que la roche de mer de tous ces parages est propre à la maçonnerie.

C'est vers l'angle sud-ouest du Grand-Fort et dans le voisinage du point où étaient les bâtiments de la compagnie de l'Assiente, qu'on a transféré le cimetière des nègres qui était autrefois à l'extrémité nord-est de la ville.

A 160 toises de la pointe du Grand-Fort est la pointe est du petit Port-de-Paix, qui, avec celle qui est à 110 toises dans l'ouest, forme la petite anse du même nom, de 80 toises de profondeur; les bateaux peuvent y mouiller et les canons du fort défendent ce point. C'est dans la partie occidentale de cette anse qu'est le morne Saint-Ouen, le long duquel règne un fond de roches et qui est à 300 toises de la petite embouchure de la rivière des Trois-Rivières, car son embouchure principale est à 160 toises plus loin, ce qui fait environ 1,200 toises à partir de la calle qui est sur le quai de la ville.

A un bon quart de lieue de l'embouchure des Trois-Rivières est la pointe de la Baleine, qui elle-même est à 835 toises de la rivière Salée, dénomination que nous retrouverons encore plus d'une fois. Cette dernière distance forme l'anse de la rivière Salée où les boucaniers et les flibustiers venaient prendre du sel, à la saline que j'ai citée, lorsque la colonie était à la Tortue ; elle a 330 toises de profondeur et les huîtres de mangles y sont en abondance.

La pointe de la Vigie est à 230 toises plus loin ; après vient la pointe du Fourneau, puis celle de la baie de Moustique à une lieue de la précédente, avec une côte de fer.

La baie de Moustique a 455 toises d'ouverture sur autant de profondeur. Toute sa côte est assez abordable et la tenue est bonne ; mais une grosse mer y tourmente beaucoup et l'on y est fort exposé dans les nords. Cette baie, par sa situation entre le môle Saint-Nicolas et le Cap, sert souvent de refuge aux caboteurs durant la guerre, et, quoique petite, elle pourrait au besoin donner asile à un vaisseau. Ce point, qu'une batterie protége, serait un embarcadère commode pour les cantons du haut et du bas Moustique, et l'inconvénient de voir la rivière qui s'y jette tarir presque tous les ans aux mois de mars et d'avril, n'est peut-être pas sans remède, par rapport à l'eau qui serait nécessaire à la petite bourgade qui s'y formerait. On y trouve beaucoup de tortues.

C'est à la rivière de Moustique, qui tombe dans cette baie, que se termine la côte de la paroisse du Port-de-Paix et que commence celle de la paroisse de Jean-Rabel. Depuis l'embouchure de la rivière de la Caye jusqu'à la ville du Port-de-Paix, les montagnes s'éloignent de la côte et laissent une portion intermédiaire assez praticable. Depuis le Port-de-Paix jusqu'à l'extrémité ouest de la paroisse, toute la côte est presque de fer et absolument inabordable, excepté dans les points que j'ai indiqués.

Toute cette côte est poissonneuse. Le canal que forme avec elle l'île de la Tortue procure une multitude d'espèces de poissons, et le marché du Port-de-Paix offre continuellement le tasard, le brochet, la carangue, le vivanneau, la bécune, le rouget, le coffre, le perroquet, la lune, le haut-dos, le chirurgien ; quelquefois des thons et des bonites.

Des habitations qui voient le canal de la Tortue, on a quelquefois le spectacle du combat de l'espadon et du souffleur, que l'on prétend annoncer quelque tempête. On y a pêché des lamantins pesant plus d'un millier, et, en 1774, près de l'embouchure des Trois-Rivières, un pantouflier ou marteau qui pesait plus de 1,500 livres s'échoua lui-même en s'élançant sur les nègres pêcheurs. Le pisquet ou *tri-tri*, dont j'ai déjà parlé à l'article du Petit-Saint-Louis, s'offre aussi dans les Trois-Rivières, durant le dernier quartier de la lune, depuis le mois d'août jusqu'à celui de novembre. Il remonte rapidement cette rivière jusqu'au Gros-Morne, où il arrive ayant déjà triplé en grosseur. La matière visqueuse dont il est couvert le fait adhérer aux corps qu'il rencontre, et il est englouti par milliers dans un seul repas, parce qu'il forme un mets très-délicat, quoiqu'un peu indigeste.

La conchyliologie trouve aussi des richesses sur cette côte. Des nautiles papyracées d'une grandeur étonnante, de nombreux limaçons, les lambis, les casques, les sabots, les burgos, les palourdes, les oursins, les murex, les vis, la musique, le ducal, etc., etc., peuvent y offrir des ressources aux curieux de cette classe de beautés naturelles.

De la pointe de la Caye, la côte s'élève dans le nord jusqu'à la Grande-Pointe; et même la pointe de la Table, plus communément appelée la pointe du Carénage, est le point le plus nord de la côte de la partie française de l'île Saint-Domingue. Sa latitude observée par M. de Chastenet-Puységur, le 7 juillet 1784, est de 19° 56', et sa longitude de 75° 12' 15", ce qui place ce lieu à 0° 33' 50", ou environ 15 lieues à l'ouest du Cap.

De la Grande-Pointe, la côte va vers le sud-ouest jusqu'à la ville du Port-de-Paix, d'où elle prend le nord-est jusqu'à la pointe de la Baleine, où elle regagne le sud-ouest assez rapidement pour que la pointe est de la baie de Moustique soit de 0° 3' au moins plus méridionale que celle du Carénage.

La vue des terres de la paroisse a un aspect assez marquant, et lorsqu'on vient de l'est avec l'intention d'entrer dans le Port-de-Paix, l'anse où il se trouve se développant successivement, le site des montagnes qui le dominent, les deux forts et les arbres du quai ne sont pas privés d'effet.

La vue perspective et le plan géométrique de la ville du Port-de-Paix (voyez l'Atlas) suffisent pour faire prendre une idée exacte de cette ancienne capitale, qui ne peut plus être comparée à plusieurs autres établissements de la colonie. Désormais ce n'est plus qu'un asile pour des bâtiments poursuivis ou pour ceux qui viennent s'y charger. On y dépose les objets d'importation ou d'exportation dont ce lieu est l'entrepôt.

Le Port-de-Paix était autrefois le chef-lieu de l'un des deux quartiers qui composaient alors, à eux seuls, toute la partie du nord de la colonie, et, comme on l'a vu, ce quartier s'étendait, en 1685, depuis le Môle jusqu'au Port-Français, c'est-à-dire jusqu'aux portes du Cap. Il avait même été porté encore plus loin dans l'ouest par le fait, et jusqu'à y faire entrer les Gonaïves; mais on le dépouilla successivement des paroisses qu'on créa au couchant du Cap jusqu'au Port-Margot, et qu'on crut si naturel de regarder comme des dépendances du Cap, qu'on ne se rappela même pas que le Port-de-Paix y avait quelque droit. Une ordonnance des administrateurs du 20 juillet 1718, retira les Gonaïves du commandement de la Sénéchaussée et de la paroisse du Port-de-Paix. Le 16 juin et le 26 octobre 1746, la même chose eut lieu par rapport à la paroisse de Plaisance, et enfin, le 21 juin 1774, le Borgne en a encore été détaché. Le quartier du Port-de-Paix se trouve réellement réduit en ce moment aux trois paroisses du Gros-Morne, du Petit-Saint-Louis et du Port-de-Paix.

Cependant la Sénéchaussée a un territoire plus étendu, puisqu'elle comprend en outre les quatre paroisses de Jean-Rabel, du Môle, de Bombarde et du Port-à-Piment, de manière qu'elle s'étend en même temps sur des points de la partie du nord et de la partie de l'ouest. Elle est composée comme celle du Cap et a la même compétence qu'elle. Chaque paroisse a un substitut de son procureur du roi chargé de la police. Elle compte huit procureurs et autant de notaires. L'Amirauté, composée aussi comme celle du Cap, a pour officiers ceux de la Sénéchaussée. Les pièces de cette dernière ont été absolument détruites en 1695.

La ville du Port-de-Paix, après avoir eu le gouverneur de la colonie pour chef, et en même temps un lieutenant du roi et un major, n'a plus eu que ces deux derniers depuis 1695 jusque vers 1727, qu'on y ajouta un aide-major. En 1735, on cessa d'y avoir un lieutenant du roi, puis, en 1740, on rétablit le lieutenant du roi et l'on retira le major que l'ordonnance du roi, du 23 juillet 1759, supprima réellement. Puis, l'ordonnance de 1763 révoqua les états-majors, et celle du 15 mars 1769 rendit un major au Port-de-Paix qui eut de plus, un moment, un aide-major en 1770. Mais enfin, depuis 1771 que cet aide-major est devenu major, le Port-de-Paix n'a eu qu'un officier de ce grade, et c'est ce que lui alloue encore l'ordonnance du roi du 20 décembre 1783. Ce major, qui loge dans une maison particulière, rend compte au commandant particulier du Cap.

Il y a aussi toujours dans cette ville un officier d'administration chargé des différents détails du port, des magasins, des troupes, etc.; car le Port-de-Paix a une garnison durant la guerre et un détachement d'artillerie pour la garde des forts. On y a un capitaine de port. Jusqu'en 1732 on envoyait les soldats malades à l'hôpital du Cap; on les met à présent dans un logement qu'on choisit à cet effet, et c'est un semblable choix qui procure des casernes à la garnison.

La maréchaussée établie au Port-de-Paix, le 10 mai 1770, est actuellement composée d'un prévôt, d'un exempt, d'un brigadier et de sept archers. Celle du Gros-Morne obéit à ce prévôt. On a trouvé cette ville susceptible d'avoir une troupe de police créée par l'ordonnance du 17 juin 1788, et formée d'un exempt, un brigadier et trois archers-sergents; elle fait le service auprès de la sénéchaussée comme celle du Cap.

En 1681, la dépendance du Port-de-Paix avait quatre cent quarante blancs, dont deux cents portant armes, onze mulâtres ou Indiens, et trois cent cinquante-sept nègres. En 1688, on y comptait quatre-vingt-deux hommes de milice. En 1692, elle pouvait armer deux cent trente hommes; en 1697 on n'y comptait que trois cent soixante et un nègres. En 1705, elle eut un régiment de milices de son nom. En 1714, ses nègres taxables étaient au nombre de six cent quatre-vingt-quinze, et, en 1723, elle en avait dix-huit cent de tout âge et de tout sexe, et sa milice était réduite à cent trente hommes.

A présent la seule paroisse du Port-de-Paix a quatre cent cinquante blancs, cent trente affranchis et huit mille neuf cent soixante-douze esclaves. Dans ce total la ville est pour trois cent trente-six blancs, soixante-dix affranchis et cinq cent vingt-sept esclaves.

Sa milice est de cent quatre-vingt-quinze blancs et cent trente affranchis. Au siége du fort du Port-de-Paix, en 1695, les nègres qui y étaient renfermés étaient commandés par l'un d'eux appelé Scipion.

Outre les six sucreries dont j'ai parlé, cette paroisse a quatre-vingt-deux cafeteries qui donnent pour taux annuel moyen, 3 millions 600 milliers d'un café très-estimé; soixante et onze indigoteries; quelques points plantés de cotonniers; quelques hattes; des places à vivres ou à graine d'indigo. En 1728, la paroisse n'avait que soixante et une manufactures, dont quatre en sucreries.

D'Ogeron y avait fait planter des cacaoyers en 1666; mais il ne paraît pas qu'ils y aient prospéré.

Encore en 1703, il n'y avait point de chemin du Port-de-Paix au Cap, ni vers Léogane. Le 30 juillet 1709, une ordonnance des administrateurs établit un postillon qui portait les lettres de ce quartier à l'Artibonite et y reprenait celles qu'y laissait le courrier établi entre le Cap et Léogane. En 1727, ils avaient ordonné qu'un courrier irait du Cap au Port-de-Paix et que les lettres de ce dernier lieu seraient prises au premier pour Léogane; mais les négociants demandèrent qu'on préférât, comme en 1709, le courrier particulier allant à l'Artibonite. Encore en 1735, les barques servaient autant que les courriers à la communication épistolaire entre le Capet le Port-au-Prince, puisqu'une ordonnance du mois d'octobre assujettit les maîtres de ces barques à remettre les lettres aux bureaux des postes des deux villes, afin que leur taxe aide à payer le courrier.

Maintenant le Port-de-Paix a trois chemins de voitures : l'un qui conduit jusqu'au point où le chemin du Môle trouve le commencement de la presqu'île ; un qui va jusqu'à la limite orientale du Petit-Saint-Louis et un troisième qui va aux Gonaïves et par conséquent au Cap et au Port-au-Prince, en passant par le Gros-Morne. Ces chemins viennent aboutir sur la place Louis XVI.

Le débouché des denrées du Port-de-Paix, et, par conséquent, son lieu d'approvisionnement, est le Cap ; car son port ne reçoit d'ordinaire que trois bâtiments de Bordeaux et du Havre par an ; un ou deux autres viennent y apporter ou y prendre du fret. Les transports sont faits par des barques passagères à bord desquelles on peut faire charger par des acons. Il y a six passagers à la ville du Port-de-Paix.

Depuis le 28 janvier 1777, les patrons de ces passagers sont assujettis à justifier, par des certificats des receveurs de l'octrois de la quantité de denrées qu'ils ont chargées et du déchargement qu'ils en font au Cap.

Le zèle et le courage qu'ont toujours montrés les habitants de la dépendance du Port-de-Paix à se défendre contre les ennemis, exige que j'en rappelle ici une preuve.

Les deux frégates *l'Atalante* et *la Sirène,* commandées par MM. Duchaffault et de Guichen, étant sorties du Cap le 14 juin 1747, pour aller au Petit-Goave, furent chassées et forcées d'entrer au Port-de-Paix le 15. Le 16, au matin, l'on vit paraître quatre vaisseaux de guerre anglais, dont un de quatre-vingts canons, et deux frégates. Les deux frégates françaises s'embossèrent tout à terre, et M. Durecourt, lieutenant du roi au Port-de-Paix, fit, à la pointe des Pères, une batterie de six canons de douze, que lui donna M. Duchaffault, et qui fut en état de tirer à quatre heures de l'après-midi sur les trois premiers vaisseaux. M. Le Roy, enseigne de vaisseau, commandait cette batterie qui a porté dix ans le nom de batterie de la Marine.

Le 17, au matin, tous les vaisseaux anglais vinrent canonner et la batterie et les frégates qui leur ripostèrent, ainsi que l'unique batterie qui existât alors au Grand-Fort, et le soir du même jour ils disparurent.

Pendant ces quarante-huit heures, la compagnie des dragons-milices du Petit-Saint-Louis fut constamment sous les armes au revers est de la pointe des Pères; celle des dragons du Port-de-Paix sur le quai, au bout oriental de la ville, ayant à sa gauche la milice à pied du Port-de-Paix et soixante nègres esclaves lanciers, dressés et formés en compagnie par M. Durecourt, depuis la guerre. Il y avait dans le Grand-Fort quatre-vingts blancs ou affranchis qui servaient le canon, et M. de Bombelles, aide-major de la place, qui était en convalescence au Gros-Morne, en vint en toute hâte, avec cent hommes de ce dernier lieu ou des hauteurs du Port-de-Paix. On se disputa de zèle et de bonne volonté et les officiers de la Sénéchaussée se tinrent près de M. Durecourt dont ils faisaient exécuter les ordres. Toutes les milices commandées par MM. Bonnault, Ballant et Grasset, commandants des paroisses de Saint-Louis, du Gros-Morne et du Port-de-Paix, essuyèrent, avec un grand sang-froid, le feu des vaisseaux qui était dirigé tellement haut qu'il n'y eut que quelques maisons du Port-de-Paix endommagées et qu'on ne perdit que quelques hommes, morts des suites d'une imprudence qui fit brûler quelques cartouches au fort. Les milices restèrent assemblées jusqu'au 21, que M. Durecourt les renvoya en les comblant d'éloges. Les frégates *l'Atalante* et *la Sirène* sortirent du Port-de-Paix le 1ᵉʳ juillet.

Je terminerai l'article du Port-de-Paix en regrettant que la destination faite par M. Jacques Verjus, créole et habitant de cette paroisse, le 27 août 1739, ne se soit pas encore réalisée. Il a consacré sa succession à l'établissement d'un hôpital pour les pauvres de la paroisse, et cinquante ans après ce n'est encore qu'un projet. Les administrateurs des Providences du Cap avaient demandé ces fonds, à la charge de recevoir les pauvres du Port-de-Paix. On a plaidé, et un arrêt du conseil du Cap, du 3 décembre 1781, a renvoyé à solliciter du roi des lettres patentes pour autoriser cet établissement. On est tenté de croire que quelqu'un est coupable de négligence relativement à cet objet qui intéresse l'humanité.

Il y a de l'église du Port-de-Paix

A celle du Petit Saint-Louis. . . . . 3 lieues 1/2
— Gros-Morne. 10
— de Jean-Rabel. 12

Quoique je nomme ailleurs M. Gauché, qui a habité longtemps la paroisse du Port-de-Paix, je crois devoir dire ici que c'est à son zèle pour tout ce qui est utile, que je dois une partie des détails descriptifs du Port-de-Paix qu'il m'avait fournis d'après une copie manuscrite de ma *Description de Limonade*, que je lui avais envoyée comme une espèce d'indication de mon plan. M. Gauché a depuis enrichi le premier volume des Mémoires de la Société des Sciences et Arts du Cap-Français, dont il est un des membres distingués, des détails qu'il m'avait fournis.

Après voir décrit les vingt et une paroisses dont se trouve actuellement composée la partie du nord de Saint-Domingue, il est naturel et même indispensable de parler de l'île la Tortue, qui appartient à cette partie de la colonie par sa situation et par tous ses rapports.

ILE LA TORTUE.

Je te salue, berceau de la plus brillante colonie que possède la France dans le nouveau monde! Asile de ces hommes qui, après avoir étonné l'univers par leur audace, consacrèrent à l'agriculture des bras si longtemps employés par la victoire!

Lieu où a été préparé l'un des plus grands succès obtenus par les puissances européennes au delà des mers! Je te salue, rocher où les destinées de Saint-Domingue ont été si longtemps agitées; et encore dans l'état auquel t'a réduit ta propre utilité, je vénère en toi la cause de tous les miracles que l'industrie a créés dans une vaste colonie. Plus la gloire de celle-ci a été rapidement acquise et plus elle me rappelle que tu en posas les premiers fondements.

Qu'on me pardonne cet élan, il exprime ce que j'ai senti lorsque j'ai mis le pied sur le sol de l'île la Tortue.

Située dans le nord de l'île Saint-Domingue dont elle n'est séparée que par un canal d'environ 6,000 toises de largeur moyenne, l'île la Tortue s'étend, suivant les observations de M. de Puységur, depuis 75° 2′ 35″, jusqu'à 0° 24′ 36″ du même degré de longitude occidentale du méridien de Paris, ce qui lui donne environ 9 lieues de long sur une largeur moyenne qu'on peut évaluer à 3,000 toises. La latitude de son milieu peut être comptée à 20° 4′. Sa direction est de l'est-quart-sud-est à l'ouest-quart-nord-ouest, de manière que la ligne de ce dernier rumb de vent prolongée irait rencontrer la pointe de Maisy, de l'île de Cuba, dont le bout occidental de la Tortue est à environ 37 lieues, tandis que son bout oriental est à environ 14 lieues du Cap-Français.

Le nom de Tortue a été donné à cette île, parce que, vue de la mer, dans le sens de l'un de ses côtés, elle présente une forme qui est à peu près celle d'une tortue fort étendue, au moyen de ce que ses deux extrémités, n'étant pas surmontées de la plate-forme qui compose la plus grande élévation de l'île, l'extrémité de l'ouest ressemble assez à la tête d'une tortue de terre sortie de son écaille, tandis que le bout oriental montre l'extrémité postérieure du même animal. Les deux pointes vont même tellement en s'amincissant, que le front de celle de l'est n'a que 250 toises et celle de l'ouest que 300 toises.

Cette île a environ 41,000 toises de tour, dont 21,000 forment la portion qui, à partir du point le plus ouest jusqu'au plus est, passe par le côté nord, et 20,000 toises la portion opposée du sud.

La côte méridionale court dans une direction beaucoup plus rapprochée de la ligne droite que la septentrionale, qui va toujours vers le nord-est dans une longueur d'environ 6,000 toises, depuis la pointe ouest, tandis qu'à partir de la pointe est elle tire vers le nord-ouest pendant environ 4,000 toises. Dans l'intervalle de 11,100 toises qui reste, la côte est assez droite.

Toute la côte du nord est de fer et inaccessible, si ce n'est dans deux points dont je parlerai.

La partie du sud est remplie de petits mouillages plus ou moins sûrs, dont le principal est celui que je vais commencer à décrire, après avoir jeté un coup d'œil rapide sur les différents états où la Tortue s'est trouvée, depuis que les aventuriers s'y sont établis jusqu'à présent.

On a vu par la description des paroisses du Port-Margot et du Port-de-Paix, la série des principaux événements qui avaient fait de la Tortue la première possession française de Saint-Domingue, et de ceux qui l'avaient réduite ensuite à n'être plus, dès 1685, qu'un point secondaire.

Lorsque d'Ogeron fut mis en possession de la Tortue, le 6 juin 1665, cette île avait quatre cents hommes portant armes. Ce fut en 1666 qu'il forma le projet de la fortification appelée *la Tour*, que M. Blondel, ingénieur envoyé par le roi, vint faire commencer au mois d'avril 1667. La Tortue était considérable lorsque les habitants de toute la colonie de Saint-Domingue se révoltèrent, en 1670, contre l'autorité de d'Ogeron, qui voulait les empêcher de commercer avec des Flessinguois, et même le prêtre Lamarre, curé de la Tortue, et Morel, *syndic* de ses habitants, furent envoyés en France par d'Ogeron et gardés au château de Nantes jusqu'au mois de mars 1672 qu'un ordre du roi les en fit sortir.

Après que d'Ogeron, sur les ordres de M. de Baas, gouverneur général des îles, eut envoyé de Saint-Domingue à la

Martinique cent flibustiers pour attaquer Curaçao, il partit lui-même avec d'autres habitants pour aller se joindre à cette expédition, mais il fit naufrage à Porto-Rico, et M. de Baas, qui n'avait pas réussi, vint savoir des nouvelles de d'Ogeron à la Tortue même. Il y mouilla le 15 avril 1673; il trouva cette île très-appauvrie par ses pertes en hommes, et ceux qui y étaient encore fort dégoûtés. Il eut même beaucoup de peine à déterminer M. de la Perière, officier venu de la Martinique avec lui, à prendre le commandement de la Tortue dans l'absence de d'Ogeron, qu'on croyait mort et qui revint presque aussitôt.

D'Ogeron voulant aller retirer de leur situation les malheureux Français qu'il avait laissés à Porto-Rico, fit une nouvelle expédition avec cinq cents hommes, qui fut encore moins heureuse, et la Tortue se trouva presque dépeuplée.

Elle n'avait pas cessé de décroître, comme je l'ai dit ailleurs, lorsque M. de Cussy alla s'établir au Port-de-Paix. Elle avait cependant des habitants et ils conservaient encore un curé en 1689. On ne comptait plus que soixante-dix hommes portant armes en 1692; ce nombre diminua de moitié l'année suivante, d'autant que M. Ducasse les excitait à passer au Port-de-Paix, et, en 1694, la Tortue fut totalement abandonnée, comme désormais sans utilité, elle qui avait réuni, soixante-cinq ans auparavant, tous ceux qui ne voulaient pas que les Espagnols possédassent seuls la grande île.

On ne se rappela l'existence de la Tortue que dix-huit ans après, lorsque voulant isoler dans la partie du nord les personnes attaquées de la lèpre, on la choisit pour être leur asile. Le ministre blâma, le 29 mars 1713, ce parti adopté par un arrêt du conseil du Cap du 25 avril 1712; parce que, selon lui, il fallait réserver la Tortue pour servir de refuge, soit contre quelque contagion, soit contre les attaques des ennemis.

La Tortue fut donc encore une fois sans habitants, et cet état d'abandon y avait tant fait multiplier les pourceaux, dont la propagation y a toujours été prodigieuse, comme le prouve même la dénomination d'île aux Pourceaux, sous laquelle les

Hollandais la distinguaient, que les chefs furent obligés d'y faire faire une chasse qui en détruisit des milliers.

Il n'en fallut pas davantage pour inspirer à tous les habitants de la partie du nord l'idée d'aller à la chasse à la tortue : en chassant on vit de superbes bois et la guerre leur fut aussitôt jurée. On défendit la chasse et la coupe des bois, ce qu'on renouvela encore le 23 octobre 1731, en disant que cette île était destinée à fournir les bois nécessaires aux objets publics.

Comme l'île fut laissée dans un état plus tranquille, il lui vint des habitants d'une autre espèce : des nègres marrons ; et une ordonnance des administrateurs, du 14 juin 1741, accorda 100 livres par chacun de ceux qu'on y capturerait. Leur poursuite étant un prétexte plausible, on recommença à couper les bois et à chasser, de manière que le 21 février 1750 on établit un M. Tourni pour garder l'île et on lui donna même la moitié des amendes prononcées contre les délinquants, l'autre moitié était appliquée aux Providences du Cap. Cette mesure fut encore inefficace, puisque dès le 30 avril suivant il fallut ordonner des visites dans l'île par la maréchaussée.

Alors on feignit de prendre des permissions particulières pour la chasse du cochon marron ; mais comme l'une de ces permissions avait produit un chargement de bois, une nouvelle ordonnance du 27 mai 1766 les supprima toutes et interdit absolument l'accès de la Tortue, dont on rendit M. Collineau gardien.

Tel était l'état des choses lorsque l'on jeta, quoique de fort loin, des yeux de convoitise sur la Tortue. M. le duc de Choiseul et M. le duc de Praslin, réunissant à eux deux les parties les plus importantes de l'administration du royaume, et leur immense crédit les autorisant à disposer de tout à leur gré, les trois petites îles qui bordent les trois parties de la colonie française leur parurent dignes de leur protection, et la Tortue fut la première qui en reçut la preuve.

Le 26 avril 1767, le roi accorda à Élisabeth-Céleste-Adélaïde de Choiseul, femme du comte de Montrevel, colonel du régiment de Berry, et fille de César-Gabriel de Choiseul, duc de Praslin, alors *ministre de la marine*, le brevet de concession de l'île de la Tortue. Les motifs consignés dans ce brevet [1] sont que la Tortue renferme des bois précieux, qu'il est presque impossible d'en tirer, faute de chemins et d'embarcadères, obstacle qu'un concessionnaire aurait intérêt à lever, d'où résulterait un avantage notable pour la colonie, qui commence à manquer de bois. Par ces motifs et *autres considérations particulières*, Mme de Montrevel en obtint le don en toute propriété, pour être régie par elle sans que ni son mari ni les héritiers de son mari puissent jamais y avoir ni administration ni droit quelconque. Sa Majesté se réserve cependant les droits de souveraineté et de justice, et tous les bois de gaïac comme nécessaires au service de la marine. Elle défend de plus : 1° d'y avoir ni bourg ni hameau, sauf à y avoir une église paroissiale ou succursale; 2° d'y souffrir aucun marchand; 3° d'y cultiver des cannes à sucre et d'y avoir plus de subsistances que celles nécessaires à la consommation de ceux qui y seront entretenus; 4° d'y former aucun embarcadère sans la permission expresse des administrateurs. Avec ces prohibitions qui paraissent toutes relatives à la protection de la colonie contre les ennemis qu'on craint d'attirer à la Tortue, le brevet de don permet tous les autres usages qu'on voudra faire de l'île, même de la vendre en tout ou en partie pourvu qu'elle soit établie, sans cependant que la loi générale qui prononce la réunion au domaine de tout ce qui n'est pas défriché puisse s'appliquer à la Tortue.

Enfin, pour faire mieux connaître ce que les administrateurs peuvent avoir à permettre ou à empêcher, le brevet disait que deux ingénieurs géographes arpenteraient et lèveraient la carte topographique de la Tortue.

En vertu de ce brevet enregistré au conseil du Cap, l'intendant fit, avec MM. Roger et de Calogne, arpenteurs, le 25 janvier 1768, un marché par lequel ces derniers s'obli-

---

1. Lois et Constitutions de Saint-Domingue, tome V, page 100.

geaient à faire cet arpentage et ce plan topographique, qui, commencés le 15 mars de la même année et achevés le 3 décembre suivant, ont coûté plus de 60,000 livres au roi. Je tire de ces opérations plusieurs des détails que je rapporte. J'y trouve, par exemple, que la superficie de la Tortue est de 44,365 arpents $\frac{13}{60}$ de Paris, ou 11,734 carreaux $\frac{36}{245}$ de Saint-Domingue.

Voilà comme la Tortue, autrefois l'orgueil du nom français dans les Antilles, est devenue la propriété d'une seule personne, bien étrangère sans doute à tout ce que cette petite île a de renom et pouvait encore avoir d'utilité pour la colonie.

Mme de Montrevel étant morte, peu après, le don a passé au vicomte de Choiseul-Praslin, depuis duc de Praslin, son frère et son légataire universel, qui l'afferma à M. Labattut, négociant du Cap, à raison de 18,000 livres par an, sous la condition que la guerre suspendrait les fermages; mais M. Labattut, qui avait tiré d'immenses avantages de la fourniture des bois à l'État durant la guerre de 1778, n'a pas voulu profiter de cette clause. Enfin, le 31 mars 1785, M. de Praslin ayant obtenu du roi la permission de vendre la Tortue telle qu'elle était, mais à condition que l'acquéreur serait strictement tenu à exécuter les clauses de la concession de 1767, M. Labattut a acheté par contrat devant M. Truchat, notaire à Paris, le 20 avril 1735, l'île la Tortue, dont il est le possesseur actuel.

Le lieu principal de la Tortue a toujours été invariablement celui qui porte encore le nom de Basse-Terre, que les Espagnols appelaient *Porto-Rey* ou Port-du-Roi, et qui est située dans sa partie méridionale. Il doit cet avantage à son mouillage qui est le plus sûr, et à la facilité qu'a ce point de pouvoir communiquer de là à presque tout le reste de l'île. C'est à la Basse-Terre que le vaisseau *la Notre-Dame*, monté par M. de Petitière et faisant partie de l'escadre de M. de Cahuzac, la première que la France ait envoyée aux Iles, alla, le 29 juin 1629, pour réparer une voie d'eau. Ce mouillage est, d'après les observations de M. de Puységur, par 20° 1′ 40″ de latitude nord, et par 75° 7′ 30″ de longitude du méridien de Paris. Le fond de ce mouillage est d'un beau sable fin et blanc. Il a 350 toises de profondeur depuis son entrée et environ la moitié en largeur, et peut recevoir des bâtiments tirant de 14 à 16 pieds d'eau. La direction de l'entrée est du sud-est au nord-ouest, avec 22 pieds d'eau à la passe et une profondeur qui arrive à sept brasses en gagnant vers la terre.

Ce port est formé par deux bancs ou hauts-fonds, dont le plus considérable part de l'entrée et se dirige vers la pointe à Masson, dans l'est. Comme les bords de ce banc sont presque verticaux, on peut le ranger à une petite portée de fusil depuis cette pointe jusqu'au port. L'autre banc de l'ouest de l'entrée laisse entre lui et la terre une seconde passe appelée petite passe, parce que n'ayant que 12 pieds d'eau à basse mer, elle n'admet que de petits bâtiments. Je suis sorti par cette dernière sur la goëlette *la Minerve*, de 80 tonneaux, appartenant à M. Labattut, le 6 juin 1787, pour aller de la Tortue au Môle.

Les bancs n'ont que très-peu d'eau, et même ils découvrent vers l'entrée à basse mer. C'est ce qui les rend plus propres à arrêter et à briser les vagues, la mer étant ordinairement assez grosse dans le canal. Le port de la Basse-Terre est abrité, si ce n'est du vent de sud, qui souffle rarement sur cette côte.

A 20 toises dans le couchant de l'embarcadère de la Basse-Terre qui est au fond du port, on trouve sur le bord de la mer un vieux pignon de maçonnerie bâti à chaux et à sable, qui paraît être les restes d'un ancien corps de garde ou maison-forte, construit du temps des flibustiers. Le bas était percé de meurtrières, et au-dessus était un plancher d'où l'on faisait jouer l'artillerie sur le port par une embrasure qu'on voit encore dans ce pignon, à 8 pieds de haut.

M. Labattut a fait, à ses frais, au bord de la mer, dans la guerre de 1778, une batterie de onze pièces de 12.

Il a trouvé dix-sept pièces de canon au bord de la mer dans le mouillage de la Basse-Terre; il y en avait du calibre de 18. Quelques-unes ont été montées sur la batterie d'en haut, qui défend aussi ce point avec neuf pièces de 18 et de 24, afin d'empêcher que les ennemis n'en fassent en temps de guerre un lieu de relâche et de repos, d'autant plus propre à cette fin qu'une eau pure et qu'une chasse abondante y assureraient des ressources, et que de là on pourrait courir sur les bâtiments et s'emparer surtout des passagers qui se présenteraient dans le canal.

Cette batterie d'en haut, placée à 120 toises de la mer et à environ 80 pieds au-dessus de son niveau, aux dépens de M. Labattut auquel l'État n'a fourni que les canons, est précisément au point où était ce qu'on appelait la Tour. On a vu que celle-ci avait été construite en 1667, sous d'Ogeron. Les murs de cette tour, dont le diamètre intérieur avait 36 pieds, étaient faits de pierres liées par une espèce de tuf argileux consistant, et avaient eux-mêmes 10 pieds d'épaisseur. Tout autour régnait extérieurement un parapet de 2 pieds. L'entrée faisait face au nord et était recouverte par une avancée de pierres aussi. A gauche, en entrant, était un escalier de pierre en forme de limaçon, appuyé contre le mur intérieur et conduisant au haut de la Tour qui avait 24 pieds d'élévation. Cette tour ronde était à trois batteries, l'une sur l'autre, dont les embrasures ne se trouvaient point sur la même ligne de haut en bas. Elle donnait l'alarme, dans toute l'île, par trois coups de canon. De chaque côté de la tour, il y avait des plates-formes ou batteries à barbette qui tiraient sur le port. Cette tour, qui tombait en ruine, a été démolie par M. Labattut en 1776.

A 380 toises du rivage sur une plate-forme naturelle, à mi-côte du morne qui domine le mouillage et ses alentours, parce qu'il est à 200 pieds au-dessus du niveau de la mer, sont les ruines d'une espèce de pentagone irrégulier; c'est le fort le Vasseur, ainsi nommé parce que cet officier l'avait fait construire. Les murs d'enceinte sont de pierres sèches, excepté dans la partie qui fait face à la mer, où il paraît avoir été maçonné ou plutôt lié par une espèce de terre glaise détrempée.

Au centre de cette enceinte est un rocher de 20 à 25 pieds de haut sur environ 36 pieds de diamètre, dont des portions sont soutenues ou appuyées par des murs de la nature de ceux de l'enceinte. L'intervalle entre la muraille et le rocher est de 35 pieds. L'histoire nous dit que le gouverneur résidait au haut de ce rocher où il tenait les munitions, et la garnison au pied dans des appentis qui y étaient adossés, et qu'on ne communiquait au rocher que par une échelle de fer et mobile.

Cette enceinte, où l'on ne pouvait guère mettre plus de deux cents hommes et de douze pièces de canon, a son entrée de 6 pieds de large vers le sud-est. Venant d'abord du sud, le chemin fait le sud-est pendant 25 pieds et gagne ensuite l'enceinte un peu obliquement. Il paraît que l'un des objets principaux de ce fort, après celui de défendre le mouillage, était de conserver un ruisseau dont la source, qui est très-abondante, fournit de l'eau à la basse terre; car cette source, renfermée dans le fort même, coule par un ravin qu'enfilait le feu de l'une des faces et d'un redan.

A 1,200 toises dans l'est du mouillage de la basse terre est la pointe à Masson, nom de l'un des six anciens établissements de la Tortue. Près de la Basse-Terre, on trouve la source des Paresseux, ainsi nommée parce qu'étant couverte par la haute mer, on aimait mieux attendre qu'elle découvrît que d'aller chercher de l'eau au fort le Vasseur. La petite bande de terrain plat qui est entre ces deux points, le long de la mer, est un peu sablonneuse; mais arrivée à la pointe à Masson, ce n'est plus qu'un lieu bas et à fleur d'eau, couvert de roches mobiles et bordé d'un roc vif, le long de la mer, jusqu'à un lagon qui en occupe une grande partie. Les montagnes dont le lagon baigne le pied ne sont que des rochers nus et escarpés. On pourrait seulement espérer, de cet espace, quelques bois et de la chaux, mais où prendre l'eau douce pour éteindre cette dernière?

500 toises après la pointe à Masson et allant toujours à l'est, est le *Carénage*, dénomination dont il n'est pas aisé de

soupçonner l'origine, quand on voit les récifs et les hauts-fonds qui bordent la côte.

Les plaines sont 1,200 toises plus à l'orient. Ce point, où l'on a vu quelquefois des baraques de pêcheurs, doit aussi ce nom à quelque circonstance que son aspect ne fait pas soupçonner. C'est à environ 1,000 toises des plaines qu'est la pointe aux Coquillages, que plusieurs cartes appellent aussi pointe de Portugal, et qui est formée de rochers qui vont de l'intérieur en s'élevant. Je ne puis attribuer ce nom de pointe de Portugal qu'à la circonstance qui faisait que plusieurs flibustiers de la Tortue prenaient des commissions de guerre du roi de Portugal pour courir sur les Espagnols. Tel était un capitaine Champagne qui était avec son bâtiment à la Tortue à la fin de 1666.

Depuis le lagon, qui est dans l'est de la pointe à Masson, jusqu'à la pointe aux Coquillages, il règne une plate-bande qui varie, dans sa largeur inégale, depuis 100 jusqu'à 200 toises, et encore ce sol, composé de limon mêlé de sable, est-il marécageux dans plusieurs points. Des ouvriers du roi y avaient cependant des vivres de terre en 1768 et surtout des patates exquises ; mais après les avoir mangées, il faut boire l'eau bourbeuse et saumâtre d'une mare, la seule qu'offre tout ce canton.

Les hauteurs par lesquelles cette étendue est dominée sont de grands rochers caverneux, dont la hauteur et la pente sont effrayantes. On trouve dans le nord de la pointe aux Coquillages une caverne d'environ 18 pieds de haut sur autant de profondeur, remplie d'ossements humains.

A 350 toises plus loin que la pointe des Coquillages, on voit encore, dans une anse de terrain sablonneux de 350 toises de long sur 80 de large et terminée par des rochers bordés de précipices, les ruines d'un ancien corps de garde ou maison-forte. Il n'en reste plus que les murs, dont la maçonnerie est excellente ; une embrasure pratiquée dans le pignon et tournée vers la mer annonce qu'on y avait placé de l'artillerie sur un plancher dont on trouve des restes, et le rez-de-chaussée est crénelé à hauteur d'appui. Il n'y a cependant là de passage que pour des chaloupes. On n'a dans cet asile que de détestable eau de mare.

Du corps de garde jusqu'à la pointe est de la Tortue, qui est de 38″ plus ouest que la pointe d'Icaque, et qui sépare le Borgne du Petit-Saint-Louis, il y a environ 1,000 toises. Une ligne de toute la largeur de l'île tirée nord et sud à 700 toises de cette pointe laisserait dans l'est toute la portion qui ne forme qu'un seul rocher, dont on peut évaluer la hauteur à 40 pieds au-dessus du niveau de la mer. La surface supérieure de cet immense roc, quoiqu'elle soit en quelque sorte horizontale, est cependant crevassée et garnie d'aspérités tranchantes comme des rasoirs, de manière qu'on ne peut y marcher qu'avec danger. Les bords de ce massif énorme sont excavés à leur base jusqu'à 5 ou 6 pieds de profondeur, par les flots qui viennent s'y briser sans relâche et lors même que l'état de l'atmosphère semblerait devoir apaiser leur furie. Dans les tempêtes ils s'élèvent jusque sur le haut du massif même et avec un mugissement épouvantable. Leur rage est si forte alors, qu'une profondeur de 200 pieds d'eau ne garantit pas les coquillages, d'autres corps sousmarins, du sable, des plantes et d'énormes morceaux de pierres, d'être tirés du fond de l'abîme et lancés à plus de 150 toises sur le massif.

En allant de la Basse-Terre dans l'ouest, on trouve, à environ 1,000 toises, Cayonne, l'un des points les plus célèbres de la Tortue, parce que le chevalier de Fontenay y fit sa descente en 1652; après la mort de le Vasseur, ce fut encore par là que les Espagnols, qui attaquèrent ce chevalier en 1654, débarquèrent et que lui-même rentra peu après à la Tortue, pour essayer, mais en vain, de la ravir à ses vainqueurs. Cayonne est d'ailleurs, dans sa petite étendue, l'un des meilleurs terrains de la Tortue, avantage que rend encore plus précieux la rivière de son nom qui y coule et dont l'eau est aussi bonne que celle de la Basse-Terre. On y voit encore des vestiges d'indigoteries qui prouvent que cette plante y a été cultivée. Cayonne, dont la petite plaine a été en 1654 le théâtre du combat le plus opiniâtre et le plus meurtrier de ceux donnés à la Tortue entre les Français et les Espagnols, était un des six établissements que comptait la Tortue à l'époque de sa splendeur, et dans les commencements on y a cultivé du tabac. Je ne sais pourquoi ce nom indien est prononcé *Cayorne* depuis quelque temps.

A 400 toises du mouillage de Cayonne est la pointe de son nom, et à environ 1,000 de celle-ci la pointe aux Oiseaux, dont des cartes inexactes indiquent le nom au morne de l'ouest de la Basse-Terre. Tout prêt de cette pointe, mais dans l'est, est l'anse du Cabaret, dont il est aisé de concevoir que le nom vient d'un cabaret qu'aura eu cette petite anse, unique point praticable, et encore pour des chaloupes, qui soit dans l'intervalle de la pointe de Cayonne à celle des Oiseaux, tout garni d'affreux rochers entassés les uns sur les autres. On trouve cependant là les vestiges d'une indigoterie et d'une mare ou puits. A environ 100 toises dans l'est de l'anse du Cabaret est une caverne de 7 ou 8 pieds d'élévation et d'environ 10 pieds d'enfoncement, où l'on trouve beaucoup d'ossements humains.

La pointe des Oiseaux, élevée seulement au-dessus de la mer de 50 ou 60 pieds, a un sommet plat, avec un peu de terre mêlée de pierres. A la toucher dans l'est, sont plusieurs rochers détachés de terre d'environ 30 toises et dont l'aspect est curieux. Comme ils ont été rongés par la mer dans le bas et que leur surface, formée elle-même d'une pierre durcie, est couverte d'arbustes, ils ressemblent assez à des pots de fleurs. Ces bois, et les rochers mêmes, sont l'asile d'innombrables oiseaux, parmi lesquels dominent les merles, dont on démêle de très-loin l'importune loquacité. C'est de cette circonstance que la pointe tire son nom.

Dans l'ouest de la pointe aux Oiseaux il y a un mouillage de 6 à 8 pieds de profondeur, au fond duquel coule une rivière, ou, pour parler plus vrai, un ruisseau, dont l'eau est réputée la meilleure de l'île et qu'on voit avec regret se perdre dans un lieu où nulle culture ne peut être tentée. Depuis cette rivière jusqu'au Petit-Mahé, qui est à 1,600 toises de la pointe aux Oiseaux, toute la bande vers la côte est étroite et d'un roc qu'on ne pourrait que convertir en chaux. Le Petit-Mahé lui-même est formé d'un ruban qui borde quelques éminences susceptibles d'être cultivées quoique roides. Un reste d'indigoterie proche de la mer annonce qu'on a tenté la culture de cette plante, favorisée par une source ou pleureuse qui vient des hauteurs.

En faisant encore 650 toises, on est au Grand-Mahé, dont on ne peut rien citer. Milplantage, qui le suit à 750 toises, a été l'un des établissements de la Tortue primitive et conquérante. Il a une portion plane et ses hauteurs sont fertiles. Les sources de ces dernières sont cependant très-faibles et semblent ne se réunir dans un ravin que pour s'y épuiser. Le tabac a pu seul être le partage de cet endroit, ou plutôt le mil ou maïs, comme semble l'indiquer son nom lui-même.

On compte 700 toises du Milplantage au Ringot, dont on a modernement fait le Gringot, petit intervalle plan où un ruisseau donne constamment une eau cristalline et pure. Des rochers aigus et presque perpendiculaires le terminent. On y voit une indigoterie ruinée.

Entre le Ringot et la Roselière, qui le suit à 900 toises, mais plus près du premier, est le Terrier-Rouge, au-dessus duquel sont quelques plateaux. Une source vient des hauteurs et se consume en route. La Roselière est ainsi nommée à cause de quelques roseaux qui bordent la rive et qui doivent, sans doute, la vie à la rivière abondante du nom du lieu, dont les eaux, perdues en apparence dans les crevasses des rochers, s'infiltrent sûrement à travers le sol. La Roselière est nord et sud avec le Grand ou Vieux fort de la ville du Port-de-Paix.

L'intervalle est d'environ 1,600 toises entre la Roselière et le bord est de la Saline, avant lequel est la Vallée. La Saline elle-même en parcourt 750, et à 600 toises de là est le milieu du Trou vaseux, qui n'est qu'un lagon peu étendu au devant duquel est cependant un mouillage plus abrité et plus grand que celui de la Basse-Terre, mais dont la passe n'a que 12 pieds d'eau. Après le Trou vaseux, et à 800 toises, est le Carénage anglais, où de petits bâtiments peuvent aller se virer jusqu'à terre; puis l'hôpital à 1,900 toises encore plus à l'ouest; et enfin il y a 1,700 toises de l'hôpital à la pointe occidentale de l'île.

Depuis l'entrée de la gorge appelée la Vallée jusqu'au Trou vaseux, le terrain est plat et l'on pourrait même y aller en voiture. Mais cette étendue n'est guère propre à la culture et l'eau y manque, si ce n'est à la Vallée même.

Cette dernière a environ 200 toises d'ouverture et 500 toises de profondeur, depuis le rivage jusqu'à un point où elle se bifurque en deux vallons; celui de l'est s'appelle la *Petite Vallée*, celui de l'ouest la *Grande Vallée*. Une source coule entre les deux, mais dans les temps de sécheresse elle tarit dans son lit sablonneux; à environ 600 toises de la bifurcation, tout le terrain, pendant un quart de lieue depuis la mer, est propre à la culture, et deux anciennes indigoteries l'attesteraient au besoin. Plus haut le sol est aride et pierreux.

Quant à la Saline, dont on distingue les deux portions en grande et petite Saline, elles sont maintenant sans utilité, et ce sort est commun à une autre saline qui est près de l'hôpital et qui fait même appeler pointe de la Saline la pointe la plus sud-ouest de la Tortue. Il est encore remarquable que cette dernière saline corresponde à peu près à celle de la rivière Salée du Port-de-Paix.

Du Trou vaseux jusqu'à la moitié de la distance entre l'hôpital et la pointe de l'ouest, la côte est escarpée et son sommet est couronné de chaînes qui s'étendent elles-mêmes jusqu'à cette pointe. Dans quelques points il y a de grandes laisses de sable. Cette portion de côte a plusieurs bons mouillages même pour les vaisseaux du premier rang, mais pas une aiguade. Les noms de Carénage et d'Hôpital sont assez anciens pour que je n'en puisse pas trouver l'origine. Près de l'hôpital se trouvent des ruines d'indigoteries qui offrent une difficulté encore plus difficile à résoudre, puisqu'il est impossible de concevoir comment on suppléait l'eau qu'exige cette manufacture, et qui n'existe pas dans toute cette étendue.

La pointe occidentale de la Tortue, qui est, selon M. de Puységur, de cinq minutes plus orientale que la baie de Moustique, n'a qu'environ 12 pieds d'élévation au-dessus de la mer. Comme celle orientale, elle est formée d'un massif de roches tranchantes, terminé par une côte de fer.

D'une ligne tirée nord et sud à environ 900 toises dans l'est de cette pointe, commencent des rochers qui vont vers l'est. Entre eux et la pointe, et à partir de celle-ci, est d'abord un monticule pierreux dont la surface est couverte de pierres marines, calcaires et mobiles. Après est une vaste plaine de sable qui traverse toute la largeur de l'île dans ce point, et va se terminer dans l'est au pied d'une falaise presque verticale et à des côtes de fer au nord et au sud. Cette falaise arrondie en croupe, et dont la sommité est sensiblement convexe, s'élève graduellement et même par deux zones assez marquées, jusqu'à ce qu'elle soit parvenue au point qui correspond dans le nord aux hauteurs de la gorge de la Vallée. C'est sûrement par cette configuration que l'idée d'une tortue sera venue à Colomb. La plaine sablonneuse est aride et n'a que quelques petits arbres, qui n'excèdent pas 20 pieds d'élévation. Sur la croupe, au contraire, on en trouve de surprenants par leurs dimensions, et les espèces en sont très-variées. On ne sait pas comment une espèce de roc, à peine recouvert d'un pouce de terre, peut leur procurer une nourriture suffisante.

Dans toute la côte de la partie nord, qui n'est qu'un rocher continu dont les bords sont à pic, et que j'ai déjà désignée comme inaccessible, il y a, à environ 900 toises de la pointe de l'ouest, un enfoncement qu'on a nommé Port-des-Fous; et cela même dit assez quel degré de confiance il doit inspirer. A peu près à l'opposite du Carénage anglais, mais aussi au nord, est la pointe à Souffleur.

Vers le milieu de cette côte septentrionale, mais cependant un peu plus à l'ouest, est l'anse à Trésor, où se jette une petite ravine du même nom et où de petits canots peuvent s'approcher assez près pour qu'on saute à terre, mais dans un temps extrêmement calme, ce qui est presque un phénomène sur cette côte, où le moindre vent rend la mer furieuse. On dit que ce nom d'anse à Trésor vient de la perte d'un galion chargé d'or et d'argent. Mais ce qu'on a peine à croire, lorsqu'on a vu ce lieu, c'est ce qu'en dit la tradition : que ce fut par là que du Rausset rentra dans la Tortue, où il surprit et défit les Espagnols, vers 1657. La seule vue de ce point suffit pour qu'on juge du caractère des aventuriers. Et de quoi n'étaient pas capables les hommes assez téméraires pour côtoyer et aborder d'affreux rochers et tenter une expédition, où la rencontre de l'ennemi était la chose la moins redoutable? Quel temps il aura fallu pour débarquer quatre ou cinq cents hommes à travers des vagues qui, dans leur impulsion, comme dans leur retour après qu'elles se sont brisées contre le roc, ouvrent des gouffres dévorants!

Mais ce débarquement enfin effectué, quel courage il fallait encore pour parvenir au but! Le massif sur lequel ils mirent pied à terre est, comme je l'ai dit en parlant de la pointe de l'est, hérissé de pointes de rochers, où chaque pas fait courir le risque de la vie. Ce massif n'est traversé que pour aller trouver plusieurs chaînes de rochers d'une hauteur et d'une roideur affreuses, s'élevant par gradins les uns au-dessus des autres, qui ont presque toute la longueur de l'île et où il n'y a d'intervalle que ceux de quelques crevasses ou précipices. Enfin tous ces obstacles vaincus, il leur aura fallu traverser encore l'espace qui est depuis le haut de l'île, en face de l'anse à Trésor, jusqu'au fort le Vasseur, où ils s'emparèrent du corps de garde espagnol; d'autant moins défendu dans ses derrières, qu'il eût semblé extravagant de les croire exposés.

Au point qui correspond à Cayonne, sur la côte nord, est la Roussière, rivière qui coule dans un lit profond bordé de précipices où elle se perd avant d'arriver à la mer. A la Basse-Terre correspond la rivière à Robin, qui est du même genre. Entre les deux est la pointe appelée Tête-de-Chien.

Le lecteur doit voir, par les détails où je suis entré, qu'il me reste une portion de l'île à lui faire connaître.

Cette portion est une véritable plate-forme d'environ 400 pieds de hauteur au-dessus du niveau de la mer, posée sur le massif que j'ai décrit comme borné par la mer et terminé par des rochers, qui sont à leur tour les bords de la plate-forme ou du massif supérieur. Ces bords sont dans l'est, le nord et l'ouest, déchirés et presque verticaux, excepté vers le nord-est où leur pied est excavé et caverneux dans une longueur de plus de 7,000 toises. Dans cet escarpement, et toujours dans le nord-est, sont encore des traces de dépôts de sable, des mangliers et des raisiniers du bord de la mer, qui, dans leurs formes chétives, semblent attester, cependant, qu'autrefois les vagues ont battu cette seconde plate-forme, aujourd'hui intérieure de près d'une demi-lieue.

Le massif supérieur part, comme on l'a vu, d'un point qui est à 700 toises dans l'ouest de la pointe de l'est de l'île, et se termine à la falaise située par le travers de la gorge de la Vallée, c'est-à-dire qu'il parcourt environ 15,000 toises dans la direction de l'île même, avec une largeur moyenne nord et sud d'environ 1,000 toises.

Cette seconde plate-forme est, comme celle qui lui sert de base, d'un roc vif. Sa surface supérieure forme une longue plaine doucement inclinée vers le nord jusqu'au point où l'on arrive à son escarpe.

Cette conformation de l'île la Tortue est d'autant plus faite pour frapper le physicien, que l'île Saint-Domingue, dans ses parties correspondantes à celles de la Tortue, surtout dans le sud-ouest de la pointe occidentale de celle-ci et jusqu'à la plate-forme du Môle, a une côte divisée par couches ou plates-formes placées les unes sur les autres et de manière que celles inférieures forment toujours un entablement par rapport aux autres ou un plan incliné. S'il porte ses regards jusque sur l'île de Cube, il y retrouve encore cette analogie, et tirant une ligne de l'est-sud-est à l'ouest-nord-ouest, du Cap-à-Foux du Môle au point de l'île de Cube qu'elle atteint et qui est par 78° 7′ de longitude, il y rencontre le lieu auquel on a donné le nom des Autels, parce qu'il est composé de plates-formes ou massifs posés les uns sur les autres.

La surface de la plus haute plate-forme de la Tortue est en général calcaire, comme presque celle de toute l'île. On y voit çà et là de grandes masses de rochers également calcaires, et le plus souvent de la nature des roches à ravets. On y trouve cependant aussi du granit et des pierres quartzeuses; mais il n'y a pas sur cette haute surface une seule goutte d'eau courante; on y rencontre seulement des mares en grand nombre. Le père Plumier écrivait, le 8 octobre 1690, qu'il avait vu du marbre bleu-verdoyant, en descendant de l'habitation de M. la Franchise à Milplantage, par la Vallée. Il dit aussi que chez M. la Franchise on avait trouvé une matière minérale qui, fondue, avait donné de très-bon argent.

Le sol de la Tortue est encore digne de la réputation dont Charlevoix dit qu'il jouissait. On ne peut se refuser à partager cette opinion, lorsqu'on voit que tout y croît presque spontanément et que toutes les productions de la nature y ont un caractère qui annonce la fertilité. Ses inépuisables forêts fournissent toujours abondamment le bois d'acajou que le luxe de la mode fait tant rechercher à cause du lustre dont la nature l'a embelli, et le gaïac, si propre aux poulies pour le gréement des vaisseaux. Presque tous les autres beaux bois de la grande île s'y trouvent aussi, et particulièrement le bois-marie ou dame-marie, mais nulle part les espèces ne sont aussi belles. La Tortue a donné au vaisseau l'*Annibal*, de 74 canons, une grande vergue de 64 pieds, et, en 1779, au *Robuste*, aussi de 74 canons, une pièce de 38 pieds de long sur 19 pouces d'équarrissage en tout sens pour son gouvernail.

L'affreux mancenillier naît à la Tortue, mais il devient la proie des flammes dès qu'il est aperçu, afin que les crabes ne puissent pas manger son fruit et empoisonner les nègres, pour lesquels ceux-ci sont un mets recherché.

Ces forêts, où il existe peut-être des arbres aussi anciens que l'île même, sont peuplées de ramiers dont le goût délicat flatte agréablement le palais, et que leur étonnante multiplication offre toujours par milliers.

À cette ressource se réunit celle des cochons marrons que, malgré la guerre continuelle qu'on leur fait, l'on trouve à chaque pas, et dans une telle proportion, que quelques années de repos pour eux exigeraient sûrement qu'on renouvelât la précaution d'en faire faire une chasse générale, parce que l'île ne pourrait plus les nourrir. La chair en est excellente.

Le canal de la Tortue a aussi, comme je l'ai annoncé à l'article du Port-de-Paix, de grandes ressources en approvisionnements. On s'étonne assez de ce qu'il n'y a point d'huîtres à la Tortue, ce qu'il faut attribuer à ce que les mangliers ne sont que dans des points où la côte est sablonneuse.

En lisant le procès-verbal de remise de la Tortue à d'Ogeron par M. Deschamps de la Place, neveu de du Rausset, le 7 juin 1665[1], on voit que dès lors elle avait diminué en importance ; le fort le Vasseur, appelé *la Roche*, avait seul des canons montés, et ces canons n'étaient qu'au nombre de quatre. Mais la Tortue avait, à cette époque, quatre cents habitants sédentaires qui cultivaient du tabac, et M. de la Place avait des cannes plantées au canton de la Montagne, l'un des six établissements de l'île, et situé sur la grande plate-forme, au delà de la Basse-Terre. En 1669 d'Ogeron y comptait mille cinq cents individus, tous blancs ; en 1670 on y fit vingt-quatre-mille rôles ou andouilles de tabac ; mais dans le recensement de 1681 je ne trouve plus dans toute la Tortue que cent-soixante-huit blancs, quatre-vingt-neuf nègres et dix-sept mulâtres ou Indiens. En 1688 le canton de Cayonne avait cinquante-quatre hommes portant armes, et celui de la Vallée soixante-dix. Rien ne m'apprend quelle quantité d'indigo on a jamais retirée de cette petite île.

Tout ce que je rapporte de la Tortue doit convaincre que

---

[1]. *Lois et Constitutions de Saint-Domingue*, tome Ier, page 146.

la Basse-Terre en a toujours été l'espèce de capitale. C'est de là que la communication est la plus facile avec tout le reste de l'île. On en part à cheval, soit pour aller vers Cayonne ou vers la pointe à Masson, soit pour aller gagner la plate-forme supérieure, où est un chemin praticable à cheval aussi, et par lequel on va depuis la Vallée jusqu'à l'extrémité orientale du haut massif, tandis qu'un autre mène du Grand et du Petit-Mahé à la partie nord. Ces chemins, qui sont l'ouvrage soit des anciens habitants dont les six établissements communiquaient entre eux, soit des gardiens ou ouvriers que le roi y a mis, servent à l'extraction des beaux bois si utiles à la partie du nord de Saint-Domingue, surtout pour les ouvrages de fortifications, et pour lesquels l'État a payé des sommes très-considérables durant la guerre de 1778. Le roi y achetait également du bois à brûler à raison de 15 livres la corde, en l'envoyant chercher, ce qui l'élevait à 36 livres, et l'on en consommait trois mille cordes par an au Cap.

Depuis 1785 que M. Labattut a acheté la Tortue, c'est encore la Basse-Terre qui est le chef-lieu de tout le mouvement qu'il s'efforce d'imprimer à l'île entière. Là une maison vaste et commode, à laquelle conduit une belle allée de palmiers, semble dire à quiconque y est attiré par la curiosité, par un air pur et salubre ou par l'amitié, qu'il y sera reçu avec cette aménité franche qui est le caractère du maître. De cet asile, l'œil étonné parcourt dans la grande île une étendue de côtes que des manufactures de tous les genres égayent, et que des sites plus ou moins variés rendent encore plus piquante. Au bas de ce rideau richement décoré et dans un point qui forme perspective pour la Basse-Terre, est le bourg du Petit-Saint-Louis. Le canal qui est entre la Tortue et Saint-Domingue mêle une sorte de fraîcheur à ce tableau, que la vue de canots, de petits bâtiments et de barques passagères anime encore.

Si l'on cherche la promenade, la vue des batteries dont on est proche éveille des idées de protection. Va-t-on vers le fort le Vasseur, on croit lire, on commente l'histoire des aventuriers. Si l'on gagne Cayonne, au charme qu'y fait trouver une immense bananerie où une ombre douce invite au calme et au repos, se mêle le souvenir des efforts qui ont procuré à la France la plus florissante colonie, et rendu le nom des flibustiers redoutable. En chassant, on croit suivre la trace des premiers habitants, qui maniaient continuellement le fusil pour défendre leur existence, pour chercher leur subsistance, et, presque malgré soi, l'on se trouve associé aux boucaniers. Si l'on contemple les rocs par lesquels on est fréquemment arrêté ; si l'œil mesure des hauteurs escarpées ou des descentes qui font autant d'abîmes, on sent un mouvement qui tient presque à l'audace et que semble inspirer le séjour des premiers Français environnés de troubles, et n'attendant rien que de leur persévérance. Enfin, soit qu'on admire ces arbres dont la cime altière semble aussi avoir son orgueil, soit qu'entré dans une caverne on se sente attendri en songeant aux malheureux Indiens qui paraissent y avoir cherché du moins une mort paisible, partout à la Tortue l'âme et la pensée sont occupées. Ah! je ne tenterai pas de faire partager toutes les sensations que j'y ai éprouvées. Peut-être même faut-il avoir entrepris de décrire Saint-Domingue et d'en publier l'histoire pour goûter, en visitant cette petite île à jamais mémorable, toutes les jouissances qu'elle m'a procurées.

M. Labattut, qui s'occupe d'y faire réussir la culture du cafier dont il a déjà formé une immense plantation sur la plate-forme au-dessus de la Basse-Terre, s'est aussi déterminé à faire partager à des hommes industrieux les avantages que promet le sol de la Tortue, et il en compte déjà vingt-cinq auxquels il en a vendu une grande partie dans l'ouest.

Ainsi la Tortue reprendra, sans doute, ses droits à l'utilité générale, et déjà se tait le cri qui s'était élevé contre un abus de la faveur. Si l'on n'en voit plus sortir comme autrefois de farouches conquérants, elle sera encore recommandable par les biens dont elle peut enrichir ses nouveaux maîtres, et puisque le sort semble l'avoir destinée à étonner, qu'elle exerce de nouveau cette belle prérogative en produisant des richesses dont la masse comparée à sa petitesse, rappelle que sa fécondité a été longtemps vantée !

Que le propriétaire de cette terre fortunée qui a su signaler son patriotisme par deux prêts de 880,000 livres, généreusement faits, en 1783, à don Bernard de Galvez, pour les troupes espagnoles et au roi pour l'escadre de M. de Vaudreuil, jouisse bientôt de la satisfaction de contempler tout ce qu'aura créé son utile exemple ! Un jour, peut-être, la reconnaissance appliquera son nom à l'une des parties de cette île glorieuse, et j'aime à penser que ma faible plume, en le répétant plusieurs fois, ne méritera pas le reproche d'avoir été dirigée par une trop complaisante amitié.

La Tortue dépend de la sénéchaussée et du commandement du Port-de-Paix. Mais la paroisse du Petit-Saint-Louis et celle du Port-de-Paix se disputent l'honneur de l'avoir dans leurs limites, elle qui les a immédiatement créées l'une et l'autre.

En quittant cette petite île pour retourner dans la grande, il est naturel de dire que les vents les plus ordinaires du canal qui les sépare, et qu'on nomme canal de la Tortue, sont ceux de l'est, et que la mer y est quelquefois houleuse et fatigante. Il est donc difficile, en général, de remonter ce canal ; mais après de fortes brises de nord-est, les courants portent à l'est avec assez de force pour gagner au vent en peu de temps.

Le vaisseau du roi *le Solide* a péri sur la Tortue en 1691.

La position de la Tortue rend encore plus désavantageuse celle du Port-de-Paix que le canal permet de bloquer ou au sortir duquel on peut trouver des forces supérieures. Ce devrait être une raison pour mettre sur la Tortue une vigie qui instruirait la grande terre de ce qui se passe au nord de cette île.

Je termine ici la description de la partie du nord dont je trouverai à parler encore dans des comparaisons que m'offrira la description des deux autres parties : elles qui, sans être en tout aussi importantes que la première, ont aussi de grands droits à la curiosité et à l'intérêt du lecteur.

PARTIE DE L'OUEST

Les limites de la partie de l'ouest de la colonie française de l'île Saint-Domingue sont actuellement :

Au septentrion, la ligne qui sépare cette partie de celle du nord de la même colonie, depuis le point le plus nord-ouest de la côte de la paroisse du Port-de-Paix jusqu'au point le plus sud-est de la paroisse de la Marmelade; ligne qui, dans sa longueur, divise successivement les paroisses du Port-de-Paix, du Gros-Morne, de Plaisance et de la Marmelade d'avec celles de Jean-Rabel, du Port-à-Piment et des Gonaïves;

A l'orient, la frontière espagnole depuis la pyramide n° 125, posée à un point qui est commun et à la paroisse espagnole de l'Atalaye et aux deux paroisses françaises de la Marmelade et des Gonaïves jusqu'à la pyramide n° 224, la plus méridionale de cette frontière et qui est placée à l'embouchure de la rivière des *Pédernales* ou des Anses-à-Pitre;

Au midi, la mer, à partir de l'embouchure de la rivière des Anses-à-Pitre jusqu'au point de la côte du sud de l'île Saint-Domingue qui est commun aux deux paroisses de Baynet et d'Aquin;

Et enfin à l'occident : 1° une ligne qui, du point que je viens d'indiquer comme commun à Baynet et à Aquin, sur la côte, va gagner obliquement un point de la côte opposée, commun aux deux paroisses du Grand et du Petit-Goave, en séparant, dans sa longueur, la partie de l'ouest de la partie du sud de la colonie, et conséquemment les paroisses de Baynet et du Grand-Goave, de celles d'Aquin, du Fond-des-Nègres et du Petit-Goave; et 2° la mer ou plutôt les côtes qui la bordent depuis l'extrémité occidentale de la paroisse du Grand-Goave jusqu'à l'extrémité orientale de la paroisse de Jean-Rabel.

Les différentes sinuosités des côtes, celles des lignes qui déterminent intérieurement la partie de l'ouest, lui donnent une forme très-irrégulière qui rend d'autant plus difficile l'évaluation de son étendue, que des chaînes de montagnes la parcourent dans divers sens. Un calcul d'approximation permet cependant de croire que la partie de l'ouest a une surface d'environ 820 lieues carrées.

Cette surface, qui fait de la partie de l'ouest la plus considérable des trois qui composent la colonie française, n'a pas toujours été celle qui comprenait cette dénomination. Lorsque les premiers établissements français de la partie de l'ouest commencèrent, vers 1653, ils étaient dans ce qu'on appela alors le Cul-de-Sac, mot qui désignait tout l'espace compris depuis les Gonaïves jusque vers Léogane; mais il se passa encore bien des années sans que la colonie méritât d'être considérée comme divisée en plusieurs parties. Il est même aisé de voir par l'édit du mois d'août 1685, qui créa le conseil souverain du Petit-Goave, dont le ressort comprenait toute la colonie et qui fixa le territoire des quatre sénéchaussées entre lesquelles ce ressort était partagé, que la distinction n'existait pas encore.

C'est avec le siècle actuel qu'on commença à la faire, et la première preuve de son adoption légale est consignée dans un ordre du roi du 29 mars 1713, qui nomme M. De Paty commandant des parties de l'ouest et du sud. Ce n'est pas qu'à la nomination de M. de Boissyraimé, en 1697, il n'y eût, par le fait, un gouverneur de la partie du nord, mais il était différemment qualifié, et l'on ne reconnaissait pas plus dans l'énonciation de ses titres une partie du nord qu'une partie de l'ouest ou du sud, dans les provisions qui avaient fait des gouverneurs du Petit-Goave ou de Saint-Louis.

La réunion des deux commandements de l'ouest et du sud dans la personne de M. De Paty, qui fut nommé, en 1720, *gouverneur* de ces deux parties, n'était pas propre à rendre les limites de chacune d'elles plus certaines; mais, en 1724, M. de Brach étant devenu gouverneur de la partie du sud, les trois gouvernements particuliers eurent une étendue bien distinctement marquée. Celle du nord comprit Bayaha, le Cap, le Port-de-Paix et leurs dépendances; celle de l'ouest, l'Artibonite,

Saint-Marc, le Mirebalais, le Cul-de-Sac, Léogane, l'Ester, le Petit-Goave, la Grande-Anse ou Jérémie et le Cap-Tiburon ; et celle du sud Saint-Louis et le surplus des terres originairement concédées à la compagnie de Saint-Domingue ; c'est-à-dire dans l'ouest de Saint-Louis, le fond de l'île à Vache, et dans l'est ce qui s'étendait jusqu'aux frontières espagnoles.

Au mois de septembre 1726, le roi, en nommant M. de Nolivos de la Bardenne commandant du *Quartier* de l'ouest (mot qu'on employait aussi quelquefois dans le même sens que celui de *Partie* de l'ouest), étendit le pouvoir de cet officier sur le quartier de Jacmel, ce qui mit ce dernier dans la partie de l'ouest, dont il était, pour ainsi dire, devenu un lieu principal, puisque M. de Nolivos y résida. A la mort de ce commandant, arrivée en 1733, la partie de l'ouest fut considérée comme ne devant pas avoir d'autre chef que le gouverneur général de la colonie, qui résidait dans son étendue ; cependant M. de l'Écossais le devint en 1737, avec résidence au Petit-Goave.

Le 1er novembre 1749, M. le marquis de Vaudreuil eut des provisions de gouverneur de la partie de l'ouest et un ordre pour commander celle du sud. Mais depuis 1758, l'une et l'autre ont eu leur chef particulier qui, d'après l'ordonnance du 24 mars 1763, est un commandement en second.

La partie de l'ouest reçut de l'ordonnance du roi, du 1er avril 1768, une autre division. Elle eut les quatre quartiers du Port-au-Prince, de Saint-Marc, de Léogane et de la Grande-Anse. Le premier fut formé alors des quatre paroisses du Port-au-Prince, de la Croix-des-Bouquets, du Mirebalais, et de celle de l'Arcahaye, compris le Boucassin ; le second, des quatre paroisses de Saint-Marc, des Gonaïves, des Vérettes et de la Petite-Rivière, qui renferment entre elles ce qu'on désigne sous le nom générique de l'Artibonite ; le troisième, des quatre paroisses de Léogane, du Petit-Goave, du Grand-Goave et du Fond-des-Nègres ; et le quatrième, des quatre paroisses de la Grande-Anse ou Jérémie, de l'Anse-à-Veau, du Petit-Trou et du cap Dame-Marie. Mais c'est l'ordonnance du roi, du 20 septembre 1776, qui a donné à la partie de l'ouest ses limites actuelles.

Elle est composée des six quartiers du môle Saint-Nicolas, de Saint-Marc, du Mirebalais, du Port-au-Prince, de Léogane et de Jacmel.

La partie de l'ouest, contenant le Port-au-Prince qui est la capitale de la colonie. Elle renferme ainsi le siége principal du gouvernement et celui de l'administration générale, formés par gouverneur général et l'intendant. Elle a pour chef particulier son commandant en second dont la même ordonnance du 20 septembre 1776 fixe la résidence à Saint-Marc, sauf à venir séjourner au Port-au-Prince pendant les absences du gouverneur général. Il y a de plus, au môle Saint-Nicolas, un commandant particulier et un aide-major, qui ont le quartier du Môle pour district; à Saint-Marc un major pour le quartier du même nom; au Mirebalais un aide-major pour commander cette paroisse, qui forme à elle seule le quartier; au Port-au-Prince un commandant particulier et un aide-major dont l'autorité s'étend sur tout le territoire du quartier du Port-au-Prince; et à Léogane et à Jacmel un major pour chacun de ces deux quartiers.

Le chef-lieu des cinq quartiers, celui du Mirebalais excepté, a aussi un officier d'administration pour y exercer les fonctions relatives à la marine, aux finances et aux détails des troupes, et il s'en trouve plusieurs au Port-au-Prince de différents grades, par cela même que cette ville est le point de réunion de toutes les opérations dont l'intendant est le premier agent.

C'est dans l'étendue de la partie de l'ouest que la première cour souveraine de la colonie fut placée. Le conseil du Petit-Goave, démembré en 1701 pour former le conseil supérieur du Cap, devint lui-même alternativement conseil de Léogane et conseil du Petit-Goave, selon que l'une de ces deux villes fut choisie à diverses reprises pour être le siége du gouvernement; mais le conseil étant passé de Léogane au Port-au-Prince en 1752, il portait la dénomination de cette dernière capitale et s'étendait sur les deux parties de l'ouest et du sud, en exceptant le quartier du môle Saint-Nicolas, comme je l'ai observé ailleurs, lorsque l'édit du mois de janvier 1787 l'a supprimé pour former, par sa réunion avec le conseil du Cap, le conseil supérieur de Saint-Domingue, installé au Port-au-Prince le 11 juin 1787.

La partie de l'ouest a trois sénéchaussées et trois amirautés, fixées à Saint-Marc, au Port-au-Prince et à Jacmel.

Le nombre de ses paroisses est de dix-sept, savoir : Jean-Rabel, le môle Saint-Nicolas, Bombardopolis ou Bombarde et le Port-à-Piment, qui ressortissent à la sénéchaussée et à l'amirauté du Port-de-Paix ; les Gonaïves, la Petite-Rivière, les Vérettes et Saint-Marc, qui dépendent de la sénéchaussée et de l'amirauté de Saint-Marc ; le Mirebalais, l'Arcahaye, la Croix-des-Bouquets, le Port-au-Prince et Léogane, qui sont de la sénéchaussée et de l'amirauté du Port-au-Prince ; le Grand-Goave, qui appartient à la sénéchaussée et à l'amirauté du Petit-Goave, quoique ce dernier lieu soit de la partie du sud ; et enfin Baynet, Jacmel et les Cayes de Jacmel, qui forment le territoire de la sénéchaussée et de l'amirauté de Jacmel.

On voit trois plaines dans la partie de l'ouest, celle de l'Artibonite, celle du Cul-de-Sac et celle de Léogane, toutes susceptibles d'observations, que le lecteur trouvera dans l'ordre de la description.

Quant aux montagnes, celles qui courent de l'est à l'ouest vers Jean-Rabel et le môle Saint-Nicolas sont visiblement une prolongation de la première chaîne du Cibao, mais subdivisée en plusieurs contre-forts ou épatements, dont les directions, quelquefois très-opposées, offrent de grandes irrégularités, si on les considère d'une manière séparée de la chaîne principale, dont ils ne sont que des rameaux destinés à fortifier et à lier l'ensemble montagneux de l'île entière. Avec le même œil observateur, on trouvera la connexion qu'il y a entre les différentes portions qui semblent former une chaîne de montagnes dans presque toute la longueur de la ligne des frontières espagnoles, depuis Saint-Raphaël jusqu'à l'extrémité de Bahoruco, sur la côte méridionale, avec la dixième, la onzième, la douzième, la treizième, la quatorzième et la troisième chaîne partant du groupe de Cibao et que marque clairement la carte de cet ouvrage. On y trouve même les intervalles qui correspondent à ceux que ces dernières chaînes laissent entre elles sur le territoire espagnol et ces intervalles forment les passages des Cahots, du Mirebalais et des Étangs. C'est ainsi qu'on se convainc que la montagne de la Selle, la plus élevée de la partie de l'ouest, est une suite de la troisième chaîne du Cibao, et que la chaîne de Bahoruco est, à son tour, un appui, un contre-fort de la montagne de la Selle. Et ces rapports, cette concordance du système montagneux, que je ne fais que présenter ici rapidement, le lecteur les trouvera appuyés et mieux établis par les détails partiels de la description.

La côte de la partie de l'ouest présente aussi beaucoup d'intérêt, à cause du port du Môle, de la baie des Gonaïves, de celle de Saint-Marc et de la rade du Port-au-Prince, qui, sans mériter également les éloges, ont cependant chacun leur utilité, ainsi que je le montrerai.

On a vu comment la partie de l'ouest communique avec celle du nord. On va de la première dans celle du sud, par une belle route de voiture, qui sert à toute la portion plane de la partie de l'ouest elle-même. Le seul quartier de Jacmel et quelques points de celui du Môle sont comme exclus de cette communication aisée, parce que leurs chemins ne sont pas encore praticables de la même manière, quoique la possibilité de les amener à ce terme soit bien constatée. C'est du temps qu'il faut obtenir cette nouvelle amélioration.

Si la partie de l'ouest est obligée de reconnaître la supériorité de la partie du nord sur elle, cette supériorité elle l'exerce à son tour sur la partie du sud. Moins éloignée qu'elle de l'abord des vaisseaux venant d'Europe; moins dangereusement placée durant la guerre, parce qu'elle n'est pas aussi voisine de la Jamaïque; plus et mieux cultivée ; ayant dans son étendue le siége du gouvernement, la résidence d'une cour souveraine, la garnison habituelle d'un régiment, elle tire de ces circonstances, qui produisent une plus grande réunion d'individus et par conséquent plus de consommateurs, des avantages dont la partie du sud est privée.

Autant qu'on peut risquer une comparaison générale, on peut annoncer que le sol de la partie de l'ouest est plus sec, plus léger que celui de la partie du nord; mais je redis que ce dernier a une qualité qui lui assigne le premier rang, parce qu'il peut se passer de l'arrosement, sans lequel de grandes portions de la partie de l'ouest seraient condamnées à la stérilité, quoique cet emploi des moyens même de la nature, mis en usage par un art ingénieux, rendent des lieux de l'ouest aussi productifs que ceux du nord qui sont le plus vantés.

Ce besoin d'arrosement est le résultat d'un air plus vif, de brises plus fortes, de la moindre quantité de pluie. Aussi trouve-t-on dans plus d'un endroit des campagnes arides et desséchées.

La constitution de l'air dans la partie de l'ouest dépend beaucoup de la situation et de la configuration de cette partie. Si l'on jette les yeux sur la carte, on voit que les montagnes dont j'ai parlé comme formant une espèce de chaîne depuis Saint-Raphaël jusqu'à Bahoruco dans le sens de la ligne des frontières, doivent être un obstacle au vent d'est ou alisé. Ce vent, après avoir parcouru la partie espagnole, est donc obligé de longer d'un côté la plaine du Cap, qu'il parcourt jusqu'à la rencontre de l'extrémité de la première chaîne du Cibao vers Jean-Rabel et le Môle, tandis que de l'autre côté il est forcé de suivre la côte méridionale de la partie du sud jusque vers Tiburon.

Parvenu à ces deux points, le vent ne tarde pas à éprouver, dans les parties latérales et intérieures des deux colonnes que je viens d'indiquer, l'effet de l'espèce de raréfaction qui s'est produite dans l'intervalle où la chaîne de montagnes des frontières a intercepté son cours; il tend donc à se précipiter dans cet intervalle ; et comme il doit y arriver par l'espèce de golfe que forment entre elles les deux pointes de terre qui se terminent au Môle et à Tiburon, son mouvement s'accélère et sa direction devient celle du point vers lequel il tend ; voilà comment le vent d'est est changé en une vraie brise d'ouest pour toute la partie de la colonie qui fait face à l'occident, et comment la brise de terre, presque toujours opposée en direction à l'autre, y souffle de l'est.

Il est aisé de concevoir, d'après cela, pourquoi la partie de l'ouest a moins de pluie que la partie du nord. Cet effet a une triple cause. La première est la chaîne de montagnes que j'appellerai *chaîne frontière*, pour me rendre plus clair, parce qu'elle s'oppose au passage des nuées que pousse le vent d'est. La seconde est le golfe de la partie de l'ouest, qui, en changeant la direction du vent général d'est et en le convertissant en vent d'ouest, favorise la première cause, de manière que ce dernier vent contribue à retenir les nuages sur la chaîne frontière. La troisième est produite par la situation de la pointe avancée de l'île qui finit au Môle, parce qu'en couvrant absolument la partie de l'ouest au nord, elle empêche que le vent qui souffle de ce point du ciel, durant plusieurs mois de l'année, ne lui porte son humide influence et ses pluies bénignes, effet qu'augmente encore la position de la première chaîne du Cibao, qui a pour terme l'extrémité même de la pointe de l'île où est le Môle.

Il pleut cependant dans la partie de l'ouest, mais c'est lorsqu'un agent plus puissant que ces obstacles les surmonte ; c'est lorsque le soleil a acquis assez de force pour maîtriser celle des différentes brises et pour condenser sur la chaîne frontière, couverte de forêts, l'immense quantité de vapeurs qu'il pompe sur une vaste surface. Ce triomphe de l'astre qui vivifie la nature est communément annoncé par des brumes légères qui se montrent dans la partie de l'ouest durant le jour, depuis la fin du mois de mars jusque vers la mi-mai, ou même par des brouillards assez marqués le matin pour voiler le père du jour lorsqu'il arrive au-dessus de l'horizon. Enfin le soleil finit par amonceler sur cette chaîne la matière de ces orages et de ces pluies dont la partie de l'ouest obtient aussi sa part, quoiqu'elle ait des portions plus ou moins favorisées alors, parce que la direction d'une chaîne de montagnes secondaires ou le cours d'une rivière devient un conducteur plus ou moins puissant.

Mais dans la partie de l'ouest comme dans le reste de la colonie, les phénomènes météorologiques présentent des irrégularités, soit quant aux époques, soit quant à la durée, et les sécheresses dévorantes et les inondations dévastatrices y trouvent leur place.

La partie de l'ouest éprouve aussi quelquefois, quoiqu'avec une bien moindre intensité, les coups de vent dont la partie du sud est trop souvent désolée. C'est surtout dans les points où les montagnes qui sont communes à ces deux parties offrent des passages, que le vent exerce des ravages dont il semble que l'île la Gonave garantisse ce qui est situé dans le nord du Port-au-Prince.

Mais le vrai fléau de la partie de l'ouest, celui dont on croit qu'elle recèle la cause dans son sein, celui dont il semble qu'elle pourrait craindre de devenir un jour la victime, c'est le tremblement de terre. L'opinion la plus accréditée sur la cause de ce redoutable phénomène (quoiqu'elle-même ait encore besoin de preuves), c'est que la partie de l'ouest, dans l'espace qui forme ce qu'on nomme aujourd'hui le Cul-de-Sac et dont la ville du Port-au-Prince occupe un point, est remplie de cavités souterraines qui se propagent dans des directions variées et avec des dimensions différentes, jusqu'à la portion de côte, qui, au sud de l'île, va des Anses-à-Pitre jusque vers Jacmel. Dans ces cavités, auxquelles on suppose des communications également souterraines avec la mer, soit à l'ouest, soit au sud, se trouvent, ajoute-t-on, des substances minérales que trois puissants agents font servir à ces commotions violentes, qui ont déjà produit tant de désastres dans la partie de l'ouest. L'air plus agité dans cette partie, à cause du golfe qu'elle borde, tend toujours, en se précipitant vers l'enfoncement de celui-ci, à pénétrer dans ces cavités, par rapport auxquelles il a un double effet. D'abord il y comprime le volume de la portion d'air qui est propre à ces cavités et il en augmente la puissance lorsque les matières pyriteuses enflammées le contraignent à déployer toute son expansibilité. D'un autre côté, poussant avec force une quantité quelconque de l'eau de la mer ou des lacs qui communiquent avec ces cavités, cette eau accélère l'explosion ou y ajoute du moins, par l'air qu'elle procure encore. On peut donc dire qu'alors les éléments, en quelque sorte déchaînés, doivent y produire une commotion d'autant plus effrayante, d'autant plus désastreuse, que la crise capable de les ramener à l'état d'équilibre veut un combat plus long et plus opiniâtre.

Cette théorie, qui est conforme aux principes de la saine physique, n'a rien que ne puissent autoriser les circonstances prises du sol et de la conformation de l'espace qui nous occupe en ce moment. Vers l'ouest le sol est composé d'une terre légère, et des traces salineuses semblent indiquer une communication entre le terrain du Cul-de-Sac et les étangs qui sont dans sa partie supérieure. Ces étangs donnent à ce local un aspect particulier, et il est assez vraisemblable que, par quelques points, leurs eaux peuvent parvenir, ne fût-ce qu'en s'infiltrant, jusqu'aux matières minérales qui les avoisinent plus ou moins. La nature montueuse et hachée du sol qui va des étangs gagner la côte méridionale qui leur correspond; le caractère évidemment polypeux qu'ont encore les pierres calcaires de ces montagnes; les fentes, les crevasses, les éboulements que la surface offre fréquemment dans toute cette zone qui s'appuie à la mer de chaque côté; tout concourt pour annoncer que les matériaux de grandes agitations, et par conséquent de grands désordres, y sont tous rassemblés, et qu'ils ont déjà subi un assez grand travail pour que les exhalaisons souterraines et les feux internes aient des issues vers l'extérieur.

Si l'on se rappelle ensuite ce que j'ai dit de la partie de

l'ouest, relativement aux vents et aux pluies, on y trouve encore des causes ou des effets communs aux lieux exposés aux grandes secousses.

Mais combien d'observations nous manquent, même quant aux données que j'ai indiquées, pour asseoir un jugement certain sur le vrai foyer des tremblements de terre qui sont, dans la partie de l'ouest, une cause si fréquente d'effroi et de terreur ! Combien il faudrait de perspicacité et de soins pour l'examen des lieux, pour l'analyse des faits et pour former, d'un grand nombre de détails épars, un ensemble où la vérité ou du moins la propabilité serait aperçue !

Sans attendre ces préalables, il y a déjà longtemps qu'on a prononcé que par un déchirement horrible la nature ouvrira un jour, à travers le Cul-de-Sac, un passage où la mer verra se mêler les eaux dont elle baigne les côtes du golfe de l'ouest et la côte méridionale de l'île. Une imagination ardente [1], supposant même le moment de ce désastre arrivé, et s'en peignant les horreurs, en a tracé un tableau capable d'épouvanter tous les habitants dont est encore couverte cette surface, présentée comme toute minée, et où la main du temps peut allumer, à chaque minute, l'étincelle électrique qui, selon cette version, fera de l'île de Saint-Domingue deux îles, en laissant dans le souvenir des hommes une preuve de plus, que le globe qu'ils habitent a aussi ses convulsions.

Ce qu'on ne peut désavouer, c'est que le point où est le Port-au-Prince, et qui se trouve précisément au plus grand enfoncement de la mer dans le golfe de l'ouest, a toujours été le plus cruellement agité par les tremblements de terre; c'est qu'à ce point l'on entend plus ou moins fréquemment un bruit qui semble imiter celui d'un taureau mugissant au loin : bruit qui se propage à d'assez grandes distances, à des périodes plus ou moins rapprochées, quelquefois sans que la terre tremble, même de longtemps après, mais qui précède toujours les secousses d'une manière assez rapprochée ; bruit connu sur les

---

1. Voyez Raynal, tome VI, page 233 ; édition de Neufchatel, in-8°.

lieux sous le nom de *gouffre*, à cause de l'opinion qui l'attribue au mouvement de l'air ou des eaux dans des cavités; tellement que s'il a lieu le jour, chacun s'écrie simultanément : *le gouffre crie; entendez-vous le gouffre?* et qu'un sentiment général produit une consternation soudaine. Enfin il est vrai qu'à chaque tremblement de terre éprouvé dans la partie de l'ouest, l'effet des secousses diminue à mesure qu'on est plus éloigné du Port-au-Prince, soit en tirant vers la partie du nord de la colonie, soit en allant dans la direction du prolongement de terre qui finit à Tiburon.

Je dois ajouter encore à ces faits, qui ne sauraient être sans intérêt pour le lecteur, que le Cul-de-Sac est aussi, non-seulement de la partie de l'ouest, mais de toute la colonie, le lieu où l'on remarque le plus d'énergie, le plus d'activité dans le règne animal et dans le règne végétal. L'espèce humaine elle-même y est plus forte, elle y a des formes plus développées, une constitution plus ferme; les légumes, les fruits y acquièrent des dimensions et une maturité qu'on chercherait vainement dans le reste de la colonie. La nature est donc là dans un travail plus grand, plus continuel. Elle y a donc des moyens particuliers. Elle y prépare ou y combine donc des substances dont la destination entière peut ne nous être pas connue. Que de raisons pour tenir les observateurs éveillés et pour faire désirer des résultats qu'on puisse enfin substituer aux conjectures! Heureux s'ils faisaient taire cette voix déchirante qui crie aux habitants du Cul-de-Sac, que la mort est sous leurs pas et qu'une effroyable calamité doit les confondre tous dans un seul tombeau [1]!

---

[1]. Je ne puis résister au désir de mettre ici un passage de l'*Histoire philosophique du monde primitif*, ouvrage de Delille, publié en 1795; parce qu'il est un des milliers d'exemples de l'audace avec laquelle on abuse de la confiance des auteurs qui parlent en France des colonies qu'ils ne connaissent pas : « C'est un fleuve de la nature du Rhône, qui se précipite au travers d'une montagne située à l'ouest de l'île Saint-Domingue et qui s'y est creusé un lit, malgré les rochers qui lui servaient de barrière : le fracas de sa chute est tel qu'on l'entend à cinq milles de distance. » Tome IV, page 145.

Il est très-probable que les localités de la partie de l'ouest influent sur les maladies qui y règnent. Elle est, en général, plus sujette que les deux autres parties à des épidémies dont les époques semblent toujours s'unir à celles de quelques tremblements de terre qui, eux-mêmes, arrivent assez souvent à la suite de pluies abondantes par lesquelles d'âpres et longues sécheresses ont été terminées. Quoiqu'on y éprouve les maladies générales des climats chauds, les fièvres inflammatoires ou bilieuses et les malignes des divers genres, celles qui tiennent à une constitution plus sèche de l'atmosphère semblent y être plus communes que dans le reste de la colonie. Les maux de gorge simples, les esquinancies, les maux de gorge gangréneux s'y montrent plus souvent. Les maladies éruptives y sont plus rebelles ; la petite vérole y est meurtrière, et la rougeole, qu'on y appelle *sarampion*, y cause quelquefois des ravages dont les adultes semblent être encore plus facilement les victimes. Mais là, comme ailleurs, les montagnes sont plus saines, parce que l'air et les eaux y sont plus purs.

On a observé que les mois les plus favorables à la santé sont les cinq premiers de l'année ; tandis que ceux depuis août jusqu'en novembre le sont le moins, et que juin et juillet semblent tenir le milieu entre les autres. C'est surtout d'août en novembre que règnent les fièvres malignes et les dyssenteries épidémiques, qui moissonnent tant de nouveaux arrivés, de matelots et de soldats. Des chaleurs violentes et presque continuelles, accompagnées de vents brûlants, principalement au mois de septembre, et que ne tempèrent pas les pluies que des orages versent avec excès, sont autant de causes d'une destruction qui est encore plus rapide si de grandes inondations produisent des amas d'eau qui croupissent dans des points bas.

Les animaux souffrent aussi de la constitution de l'air sec de la partie de l'ouest, et, à plusieurs époques, des épizooties plus ou moins cruelles, plus ou moins prolongées, ont détruit ceux qui sont si utiles à l'homme et qui semblent l'être encore davantage au colon agricole.

Quant aux colons blancs, leur genre de vie contribue sans doute aussi à rendre leurs maladies plus vives; car dans toute la partie de l'ouest, leur déjeuner ne diffère en rien du dîner, par la nature des aliments qu'ils y prennent. Or il paraît impossible que dans un climat aussi chaud, un usage qui cause nécessairement une surchage dans l'estomac et qui fait employer plus d'aliments tirés de la classe des substances animales, n'augmente pas l'alcalescence des humeurs et ne soit pas une cause prédisposante pour les putrides bilieuses ou putrides malignes.

Les nègres de la partie de l'ouest ont pour leur nourriture un goût qui n'est pas celui des nègres de la partie du nord. Elle a pour base le petit mil et les patates, qu'ils préfèrent à la cassave. Mais partout la chair ou le poisson salé est ce qui compose leur bonne chère, qu'ils entremêlent de quelques ragoûts créoles, où le piment n'est jamais épargné.

Les 820 lieues carrées de la surface de la partie de l'ouest contiennent à peu près quatorze mille blancs de tout âge, dont deux tiers sont du sexe masculin; douze mille cinq cents gens de couleur libres, dont les neuf seizièmes sont du sexe masculin et cent soixante-huit mille esclaves, parmi lesquels le rapport des nègres est à celui des négresses à peu près comme huit est à sept. Il résulte de ce calcul que la population totale de la partie de l'ouest peut être considérée comme égale à celle de la partie du nord, mais avec cette différence que cette dernière n'a que les trois cinquièmes de la surface de l'autre.

On compte dans la partie de l'ouest trois cent quatorze sucreries, dont cent quatre-vingts ne font que du sucre brut; dix-huit cent quatre indigoteries; cinq cent quarante et une cotonneries; huit cent onze cafeteries; quatre-vingts guildiveries; dix briqueteries-tuileries; cent cinquante-cinq fours à chaux; huit poteries; sept cacaoyères; dix-huit mille chevaux; dix-sept mille mulets et quatre-vingt-dix-neuf mille autres animaux; c'est-à-dire bœufs, moutons, pourceaux et chèvres.

Dès que la partie de l'ouest a commencé à avoir des pasteurs soumis à un chef et formant une véritable mission, celle-ci a été confiée aux religieux dominicains ou jacobins, qui ont également le soin spirituel des âmes dans la partie du sud. Il n'y a que le quartier du Môle, dans toute l'étendue de ces deux parties, dont les cures soient desservies par des capucins, parce qu'elles ont continué à dépendre de la mission de la partie du nord.

Telles sont les observations générales dont j'ai cru devoir faire précéder la description des paroisses de la partie de l'ouest.

FIN DU TOME DEUXIÈME.

TABLE DES MATIÈRES

CONTENUES DANS LE DEUXIÈME VOLUME

Quatrième section.	1
Cinquième section.	74
Sixième section.	81
Septième section	92
Huitième section	111
Du Port du Cap.	120
Des Incendies.	135
De la Police.	137
Nombre des maisons et population du Cap.	143
Du Cap considéré comme capitale.	146
État-major et officiers d'administration du Cap.	148
Partie militaire, garnison du Cap.	150
Des Milices du Cap.	154
Des médecins, chirurgiens et apothicaires.	156
De la Chambre d'agriculture.	158
De la Chambre de commerce	161
De la Gazette.	162
De l'Almanach et de quelques ouvrages imprimés à Saint-Domingue.	166
Du climat et de la température du Cap	168
Des maladies.	188
Étrangers et autres personnes remarquables venues au Cap.	200
De l'éducation.	209
Des environs du Cap.	211
De la ravine du Cap.	212
Chemin du fort Picolet.	220
La Fossette.	222
Cours Villeverd.	227
De la Boucherie.	231
De l'hôpital des religieux de la Charité.	233

Du canton appelé le Haut-du-Cap.		266
Du Morne du Cap.		272
De la bande du nord, du grand et du petit Port-Français.		277
De la défense de la partie du nord.		283
XIII.	Paroisse de la Plaine du Nord.	309
XIV.	— l'Acul.	316
	Quartier du Limbé.	326
XV.	Paroisse du Limbé.	326
XVI.	— de Plaisance.	341
XVII.	— du Port-Margot.	359
XVIII.	— du Borgne.	371
	Quartier du Port-de-Paix.	378
XIX.	Paroisse du Gros-Morne.	378
XX.	— du Petit-Saint-Louis ou Saint-Louis du Nord.	382
XXI.	Paroisse du Port-de-Paix.	389
Ile la Tortue.		427

FIN DE LA TABLE DU DEUXIÈME VOLUME.

PARIS. — J. CLAYE, IMPRIMEUR, 7, RUE SAINT-BENOÎT. — [794]

CARTE DU DÉPARTEMENT DE L'ARTIBONITE TRAVERSÉ PAR LE FLEUVE du MÊME NOM

Parcours de la Rivière de son embouchure à la limite : 450 milles environ.

www.ingramcontent.com/pod-product-compliance
Lightning Source LLC
Chambersburg PA
CBHW071622230426
43669CB00012B/2043